日本中世境界史論

日本中世境界史論

村井章介

岩波書店

序　言

本書において私は、中世日本における「境界史」を論じようと思う。「何々史」という部門史はたくさんあっても、「境界史」というのは初めてかもしれない。しかし中世の境界とは、多くの場合、たんなる線ではなく、輪郭はあいまいながらも面積をもつ空間であり、生産や交換が行なわれる人間活動の場であった。そうした活動を担った人間ないし人間集団を、本書では「境界人 marginal man」とよぶ。このように把握された境界空間や境界人に即して、「境界史」を構想することは、可能であり必要である。

前近代における境界とは、内/外のはざまにあって、内/外を媒介する空間である。したがって前近代の対外関係は、境界空間を貫いて内/外を結ぶ交通として実存する。それは境界空間を抜きにしてはなりたたず、境界空間の性格に大きく左右される。ここでいう「交通」は広義のそれであり、戦争、外交、貿易、漂流、文化交流などの諸領域をふくむ。外交や戦争を契機にあらわれる境界は、併存する政治権力や国家の存在を前提とするがゆえに、現代の国境のような「線」に接近したものになるが、なお境界人の活動からのインパクトは無視できない。貿易や商業を契機に形成される境界は、境界人自身が境界の形成者であり、かれらの活動によって一定の広がりをもち、かつのびちぢみする空間であり、「辺境」という通念にそむく活発な生産活動の場ともなった。

本書が措定する「内」とは、ほとんどの場合「日本国」という国家であり、その境界とは国境である。しかし、現代とはちがって「日本国」のひろがりは不変ではなく、しかも「異域」とよばれた国外との間に、輪郭のあいまいな境界空間がよこたわっていた。空間としての境界は、そこを場とする境界人の活動によって、境界の両側——理念型としては二者であるが、現実には三者以上が入り混じっていることがめずらしくない——をまきこみ、国の別を超えた「地域」を生成させる。こうして生成された地域空間は、それを成立させる契機がなんであるか、また、なにによってその存在が認識できるのかによって、ほとんど融通無礙な広がりとしてとらえられる。

近代以降、排他的に領土と国民を支配下におく「国民国家」という理念が正当性を獲得し、公海をのぞく地球上のあらゆる空間はいずれかの「国民国家」の所有物であるべきだとする観念が確立した。そうなると、複数の「国民国家」間の境界は面積のない線として理念化され、その線でとりまかれた国土は均質な内部空間として理念化されることになる。そこに「民族国家」の理念が重なって、次元のことなる民族境界をむりやり国境と一致させようとする「民族浄化」という蛮行が跡をたたなくなった。そのいっぽうで、どんな小さな岩礁をも「固有の領土」と強弁して囲いこもうとする試みが、「国民国家」間の戦争に直結しかねない危機を生じさせている。

民族浄化にせよ領土紛争にせよ、近代以降の国土観・境界観を自明の前提とするかぎり、根本的解決はきわめて困難で、これまでもさんざんくりかえされてきたように、最終的には戦争で決着をつけるしかない。しかしその決着は、敗者の側に怨恨というつぎなる紛争の火種を残すだけでなく、勝者にも領土確保のために不断の緊張を強いることになる。両者あいまって、境界が境界ゆえにはらむゆたかな可能性（たとえば、海底油田や自由貿易ゾーン）の開発を封殺することにならざるをえない。

境界をめぐって、血で血を洗う紛争がはてしなく続くという悲しい事態は、いつまで続くのだろうか。ここいらで、自明とされてきた近代（モダン）以降の国土観・境界観を、その前提にさかのぼって見直すことが必要ではないか。そのさい、一見迂遠な前近代の境界研究（境界史）は、有効な手がかりを与えてくれるのではないか。

もちろん、現今の領土紛争のなかで、境界にかかわる前近代の史料も、双方が係争地を「固有の領土」だと主張する根拠として、動員されている。しかし、論者の多くは、史料が同時代の文脈で語るものに耳を傾けるのでなく、「固有の領土」という近代的理念（あえていえば虚構）の根拠をそこからむりやりひきだそうとする。問いを発する前に答えは決まっているのである。私には史料があげている悲鳴が聞こえるような気がする。

境界史からみた前近代の境界は、多くのばあい、いずれの国家の所有物ともいえない輪郭のあいまいな空間であり、いずれの国家に属するともいえない境界人たちの生活や生産の場であった。そのような境界空間を、たんなるユートピア回帰ではなく、国際的協調を積み重ねながら、現代の地平にたって再創造することはできないか。それこそが現代後（ポストモダン）の世界がとりくむべき最大の課題のひとつではないだろうか。

＊　＊　＊

近年の日本前近代史研究のなかで、境界論への問題関心が急速に広がりをみせている。ここ一〇年ほどに刊行された著作物で、管見にはいったものをあげてみよう。

①史学会編『歴史学の最前線』東京大学出版会、二〇〇四年＊
②五味文彦・馬淵和雄編『中世都市鎌倉の実像と境界』高志書院、二〇〇四年＊
③村井章介『境界をまたぐ人びと（日本史リブレット28）』山川出版社、二〇〇六年＊
④菊池勇夫・真栄平房昭編『列島史の南と北（近世地域史フォーラム①）』吉川弘文館、二〇〇六年
⑤九州史学研究会編『境界のアイデンティティ（『九州史学』創刊五〇周年記念論文集 上）』岩田書院、二〇〇八年
⑥九州史学研究会編『境界からみた内と外（『九州史学』創刊五〇周年記念論文集 下）』岩田書院、二〇〇八年
⑦池田榮史編『古代中世の境界領域――キカイガシマの世界』高志書院、二〇〇八年＊

⑧大石直正『中世北方の政治と社会』校倉書房、二〇一〇年
⑨ヨーゼフ＝クライナー・吉成直樹・小口雅史編『古代末期・日本の境界――城久遺跡群と石江遺跡群』森話社、二〇一〇年＊
⑩柳原敏昭『中世日本の周縁と東アジア』吉川弘文館、二〇一一年
⑪竹田和夫編『古代・中世の境界意識と文化交流』勉誠出版、二〇一一年＊

①は二〇〇二年に史学会第一〇〇会大会を記念して開催された国際シンポジウムの記録で、四つのテーマのひとつに「境界と領域」が掲げられている。同様に学会の節目に刊行された論集⑤⑥でも、九州の地域性を反映してか、二冊ともに境界が標題にはいっている。研究者の指向を出版社が受けとめた企画物にも、④⑪のように、古代から近世までの境界のありかたを展望する著作がみられる。さらには、遺跡発掘がもたらした発見をふまえて「日本」の両端の境界領域を見直した⑦⑨は、境界論の学際的性格をよく示している。鎌倉という都市を素材とする②にもそうした性格は顕著である。また、個人の著作にも境界を正面からテーマ化したものが、③⑧⑩のように出ている。⑧は三部構成のⅠが「境界で考える」、Ⅱが「安藤氏を追う」、Ⅲが「北への道・北からの道」となっている。⑩については、筆者による書評が東北史学会の機関誌『歴史』一一九号（二〇一二年）に掲載された。ちなみに、「＊」印を付した著作は筆者が直接関係したもので、うち⑦と⑪に掲載された論考は、第Ⅳ部第二章・第三章として本書に収録されている。

本書の出発点となった拙論の第一は、一九八五年に雑誌『思想』七三二号に発表した「中世日本列島の地域空間と国家」（拙著『アジアのなかの中世日本』校倉書房、一九八八年に収録）である。境界を空間論の視点から俯瞰したもので、拙論のなかではもっとも多く引用されてきた。さいきん刊行された大石直正『中世北方の政治と社会』（上記⑧、第二章）、柳原敏昭『中世日本の周縁と東アジア』（上記⑩、八―九頁）、須田牧子『中世日朝関係と大内氏』（東京大学出

版会、二〇一一年、六―九頁）などにおいても、研究史上の位置づけが語られている。また、故二宮宏之氏の紹介で、*Annales-Histoire, Sciences Sociales*（通称『アナール』）五八巻五号（二〇〇三年）に、フランス語訳 "Espace régional et construction de l'État dans l'archipel japonais au Moyen Âge" が掲載された。

第二は、一九九三年に岩波新書の一冊として刊行した『中世倭人伝』である。境界人の典型ともいうべき「倭人」の視点から日朝間の境界を動的に描いたもので、拙著のなかではもっともよく読まれたようである（二〇〇六年に第六刷を発行）。一九九八年に李領氏の訳になる韓国語版が『中世倭人の世界』と題して刊行された（翰林新書・日本学叢書37、小花、ソウル）。

＊　＊　＊

本書は、上記ふたつの拙論を出発点に、一九九〇年代なかば以降に発表してきた論考に、加除訂正を加え抜本的に再構成したものである。全体を四部構成とした。

第Ⅰ部「日本中世の国家と境界」には、「中世日本列島の地域空間と国家」以降に境界空間について考えた論考を収めた。第一章「王土王民思想と九世紀の転換」は、『思想』八四七号（一九九五年一月）に発表した論文である。全編が境界論というわけではないが、前半で国家による境界観が古代から中世にかけてどのように変貌したかを論じた。第二章「外浜と鬼界島――中世国家の境界」は、「中世国家の境界――外浜・津軽を中心に」（村井章介・斉藤利男・小口雅史編『北の環日本海世界――書きかえられる津軽安藤氏』山川出版社、二〇〇二年五月）および「鬼界が島考――中世国家の西境」（『東アジアの古代文化』一三〇号、大和書房、二〇〇七年二月）の二編をもとに、大幅な統合・増補をほどこした新稿である。荘園等の領域観と国の四至との連続性を指摘し、「中世日本列島の地域空間と国家」で表にまとめた境界地名をテキストに即してたどり、列島東西の境界空間の動態を領主支配の観点から跡づけた。第三章「中世国家の境界と琉球・蝦夷」は、村井章介・佐藤信・吉田伸之編『境界の日本史』(山川出版社、一九九七年一一月)に発表した論文で、前年一一月一〇日の史学会大会日本史部会シンポジウム「自己・他者・境界――前近代の日本を中心に」における同題の報告がもとになっている。境界領域を所領としたふたつの武士家の相続事例を中心に、境界のゆらぎや移動を論じた。

第Ⅱ部「海域社会と境界人」には、『中世倭人伝』以降に書いた境界人論を収めたが、国際的にも議論の多い倭寇についての考察が中心となった。第一章「倭寇とはだれか――一四―一五世紀の朝鮮半島を中心に」は、『東方学』一一九輯(二〇一〇年一月)に発表した論文。二〇〇八年一〇月一五日にドイツ・ブラウンシュヴァイク市のゲオルク・エッカート国際教科書研究所で開かれた国際会議 "History Education and Reconciliation: comparative perspectives on East Asia" で行なった報告 "Who are medieval 'Japanese pirates' (*Wako*)?—From the polemic at the Japanese-Chinese joint research in history" と、二〇〇九年五月二六日の東洋文庫主催春期東洋学講座で行なった講演「倭寇と日本・アジアの交流史」をもとにしている。とくにするどく見解の対立する「前期倭寇」について、史料の厳密な読みからその構成者の実態を明らかにした。第二章「倭寇の多民族性をめぐって」は、大隅和雄・村井章介編『中世後期における東アジアの国際関係』(山川出版社、一九九七年七月)所収の同題の文章をもとに、会話体を論文体に変更し、大幅な増補を加えた新稿。一九九六年八月一二日に札幌で開かれた第二〇回北海道高等学校日本史教育研究大会主催のシンポジウム「日本史教育における国際化とは――中世後期における東アジアの国際関係」で行なった報告をもとにしている。前期、後期を貫通する倭寇集団の多民族性を、朝鮮・中国・ヨーロッパの史料から論じた。第三章「松浦党の壱岐島「分治」と境界人ネットワーク」は、村井章介編『「人のつながり」の中世』(山川出版社、二〇〇八年一〇月)に発表。前年一一月一八日の史学会大会日本中世史部会におけるシンポジウム「「人のつながり」の中世」に基づく編著に、編者の立場からあらたに加えた論文で、一五世紀の壱岐島で活動した境界人たちの階層構成から、倭寇の実態に迫ろうとした。第四章「一五世紀日朝間の境界人たち——井家次・職家父子の場合」は、佐藤信・藤田覚編『前近代の日本列島と朝鮮半島』(山川出版社、二〇〇七年一一月)に発表した対馬の境界人のケース・スタディ。なお第Ⅱ部のテーマについては、拙著『国境を超えて——東アジア海域世界の中世』(校倉書房、一九九七年)の第Ⅲ部「倭人群像」に、関連する文章を収めている。

第Ⅲ部「境界を往来するモノ」には、第Ⅰ部の空間、第Ⅱ部のヒトの観点をふまえて、一六世紀アジア史に巨大な影響を与えたふたつのモノ、銀と鉄砲に焦点をあわせた論考を収めた。第一章「中世倭人と日本銀」は、竹内実・村井章介・川勝平太・清水元・高谷好一『日本史を海から洗う』(南風社、一九九六年七月)に発表した論文で、一九九四年一一月二五日に福岡市と文部省重点領域研究「総合的地域研究」との共催のもと福岡で開かれた公開講座「アジアをどうみるか——地域と交流」での講演をもとにしている。二〇〇七年に世界文化遺産に登録された石見銀山遺跡を歩きながら、石見で爆発的な銀産を実現させた境界人ネットワークと統一権力について論じた。第二章「鉄砲伝来再考」は、『東方学会創立五十周年記念東方学論集』(東方学会、一九九七年五月)に発表した論文で、日本・中国・ヨーロッパに残る関連史料をつきあわせて、一五四二年鉄砲伝来説を提起した。その当否はともかくとして、以後現在にいたる鉄砲伝来研究隆盛の呼び水になった。なお、以上二編については、かみくだいた叙述が拙著『世界史のなかの戦国日本』(ちくま学芸文庫、二〇一二年)第五章・第四章にある。第三章「鉄砲伝来研究の現在」は、a「鉄砲はいつ、だれが、どこに伝えたか」(『歴史学研究』七八五号、二〇〇四年二月)、b「鉄砲伝来と大分」(大分先哲史料館『史料館研究紀要』九号、二〇〇四年六月)、c「鉄砲伝来研究の現在」(二〇〇六年一一月四日の東方学会第五六回全国会員総会〈京都市〉および二〇〇八年八月二三日のシンポジウム「鉄砲伝来・今よみがえる種子島」〈西之表市〉の講演レジュメ)の三者を統合・増補して書き下ろした新稿。1・2・3・6節がa、5・7節がb、2・4節がcを下敷きにしている。「鉄砲伝来再考」発表以降の諸説乱立を解きほぐし、現在の筆者の考えを示した。

第Ⅳ部「境界と中心の古琉球」では、近年筆者がとりわけ関心を注いでいる古琉球を素材に、それが日本と華南の境界に位置しつつ、一五―一六世紀に「海洋アジア」の中心として大きな存在感を示したことを論じた。第一章「東南アジアのなかの古琉球――『歴代宝案』第一集の射程」は、『歴史評論』六〇三号(二〇〇〇年七月)の特集「対外関係史からみた沖縄・琉球」に寄稿した論文。『歴代宝案』文書の分析的読解から、東南アジアと琉球を結ぶ海域ネットワークを復元した。第二章「中世日本と古琉球のはざま」は、池田榮史編『古代中世の境界領域――キカイガシマの世界』(高志書院、二〇〇八年三月)に発表した論文で、文科省特定領域研究「中世考古学の総合的研究」傘下で池田榮史氏が率いる研究班が主催して、前年二月一一日に鹿児島県喜界町で開かれたシンポジウム「古代・中世の境界領域――キカイガシマの位置付けをめぐって」(喜界大会)の基調講演「古代・中世のキカイガシマ」をもとにしている。喜界島の城久《ぐすく》遺跡発見に沸くなかで大きな関心を呼んだ催しで、キカイガシマ海域を古琉球と朝鮮との境界として位置づける観点をうちだしてみた。第三章「古琉球をめぐる冊封関係と海域交流」は、村井章介・三谷博編『琉球からみた世界史』(山川出版社、二〇一一年六月)に発表した論文で、二〇〇七年一一月一七日の史学会大会公開シンポジウム「琉球からみた世界史」における同題の報告をもとにしている。冊封関係とは別次元で展開する海域交流の姿を復元するなかで、ある時期古琉球が島津氏をふくむ南九州の諸勢力を君臣関係のもとに従えていたことを発見した。第四章「Lequios のなかの Iapam――境界の琉球、中心の琉球」は、竹田和夫編『古代・中世の境界意識と文化交流』(勉誠出版、二〇一一年五月)に寄稿した論文。一六世紀にヨーロッパ人が作成した琉球・日本周辺の諸地図を追いながら、当初日本が広い地域名称である琉球の一部として描かれていたことに注目した。

目　次

第Ⅰ部

日本中世の国家と境界

第一章　王土王民思想と九世紀の転換

はじめに

石母田正が一九五〇年刊行の『古代末期の政治過程および政治形態』〔石母田一九六四所収〕で「古代の転換期としての十世紀」というテーゼを示して以来、一〇世紀に日本古代の国家や社会が深刻な転換をとげ、鎌倉幕府において完成する中世的政治形態の最初の前提がかたちづくられる、という学説は、きわめて強固なパラダイムとして今日にいたっている。あたかもこの世紀は、唐帝国の滅亡を軸に、新羅の滅亡と後三国の分裂から高麗の建国、五代十国の分裂から宋の建国、渤海の滅亡と征服王朝契丹の登場と、東アジアの大動乱の時代であり、日本における将門・純友の乱がその動乱の一翼を構成するという理解は、ますます転換期という印象を強固なものにした。

しかし一〇世紀前半の将門・純友の乱が東アジアの動乱と連動していた証拠はない。朝鮮半島や大陸における政治や社会の変貌が、日本の支配層によって深刻にうけとめられ、国家政策に反映され、それを通じて国家の対外姿勢の骨格が形成されていったのは、むしろ九世紀の特徴であって、遣唐使の廃絶はその指標となる事件である。そして九世紀に転換が求められる事象は、対外関係ばかりではない。石母田が指標とした国制にせよ思想や宗教にせよ、律令制的な要素が決定的な変貌をとげるのは、むしろ九世紀においてである(1)。ただ、石母田が唯一具体的な分析を加えた土地所有制度や所領の経営形態の変化については、それを再検討する準備が私にはまだ充分でない。

そこで本章では、日本の国家が自己の支配の客体を認識し、支配の正当性を再確認するイデオロギーとして、王土王民思想をとりあげ、それがどの時点でどのように変貌して、中世国家の支配イデオロギーの一翼を構成するにいたったかを検討したい。そのさい、国家支配の客体となるべき空間——すなわち「王土」——がどのようなものとして意識されているかに注目する。「王土」とは「王民」の生活する空間であると同時に、王化のおよばぬ「化外」との関係で規定される空間でもあるから、その分析は、国家支配の〈内〉と〈外〉を同時に視野にいれることを可能とするだろうし、社会的経済的な構造の変化を追求するための枠組みを提供することにもなるだろう。

一　中世的王土思想の成立

保元元年(一一五六)七月一一日、後白河天皇は、平清盛・源義朝ら武者の力を借りて、崇徳上皇・藤原頼長・源為義・平忠正らの勢力をうち破った。『愚管抄』が「保元元年七月二日鳥羽院ウ(失)セサセ給テ後、日本国ノ乱逆ト云コトハヲ(起)コリテ後、ムサ(武者)ノ世ニナリニケルナリ」と表現した大きな時代の変わり目、保元の乱である。乱後三か月たった閏九月一八日、後白河天皇は七か条の新制を発した(『兵範記』同日条)。その第一条は、後白河の即位した去年七月二四日以後将来にわたって、あらたに立てられた荘園のうち、宣旨による確認をうけないものをすべて停止するという内容で、世にいう保元荘園整理令の骨格をなす法令である。

A　一、諸国司に下知し、且つうは停止に従ひ、且つうは状を録して言上せしむべき、神社・仏寺・院宮・諸家の新立庄園の事。

仰す、九州の地は、一人の有なり、王命の外、何ぞ私威を施さん。而るに聞くならく、近年、或いは国判を語り取り、或いは公験を伝ふると称し、官奏を経ずして恣に庄園を立つ。之を朝章に論ずるに、理、然るべからず。

久寿二年七月廿四日以後、宣旨を帯せず、若し庄園を立つれば、且つうは停廃に従ひ、且つうは注進せしめ、国宰容隠して上奏せざれば、即ち見任を解いて違勅の罪を科し、子孫に至るまで永く叙用せざれ。

石井進は、律令体制の公地公民制を基礎づける王土王民思想の典型的な表現としてしばしば引用される傍線部の文言について、①ここに示されているのは王土思想のみである、②一二世紀なかばの史料をもって八世紀の公地公民制を基礎づける理念の表現とするのは疑問である、と二点の疑問を呈し、この文言をつぎのように位置づけなおした〔石井進一九七〇：二一六頁（傍点は原文のもの）〕。

これ（②のような無理が起きること）はおそらく八・九世紀ごろの史料に、典型的な王土王民思想の表現が見られないためではないかと推察されるのであるが、もしそうだとすれば、この保元新制の一句はけっして単純な「律令制的国家意識」の再生として理解されるべきものではあるまい。むしろ逆に荘園・国衙の領域支配の成熟に対応した、こうした王土思想が院政時代に入ってはじめて表面化し、国制を基礎づける理念として成長してきたことを物語る事実なのではなかろうか。

ただし石井は、戸田芳実から「一天の下、寧《いずく》んぞ王土に非《あら》ざらん。九州の内、誰か公民に非ざらん」という文言をもつ天慶三年（九四〇）正月一一日官符（後掲C）の存在を指摘され、右の文章に「けれども私はまだ、八・九世紀の史料にこれと同様な表現のあることを知らない。……それ以後、上に引用した天慶の乱当時の官符にみえるような王土王民思想の表現が出現したとしても、それはまだ保元新制の場合のように国制を基礎づける理念としてははたらいていないと私は思うのである」という注記を付している。

石井の右の見地は、その後の論文でもほぼそのまままくりかえされており〔石井進一九九三：四一頁〕、また五味文彦に継承されて、保元新制は「保元以前からある様々な中世的な法を集大成して、中世国家の法として出された」もので、中世国家の成立のメルクマールという重要な位置づけを与えられるにいたった〔五味一九八四：二一四頁以下（傍点は原文のもの)」。

いっぽう、律令制的公地公民イデオロギーの解体過程を通じて中世的百姓身分が生成し、これを賦課対象とする一国平均役を根拠づける思想として、中世的王土思想が成立した、と主張したのが、河音能平である〔河音一九七六〕。河音は、自説の主要な根拠として、A保元新制のほか、B『三代実録』貞観五年(八六三)九月六日条と、石井も言及したC『本朝文粋』二・天慶三年(九四〇)正月一一日官符を提示した。

B 夫れ僧の俗家を買ふは、律令の制する所、私に道場を立つるは、格式の禁ずる所なり。此の禁制を犯し、彼の道場を立つるは、是れ敢えて法禁に狎《な》るるが故に罪名を招くには非ず。誠に先帝の鴻恩に報ひ、区々の至願を果さんと欲す。夫れ普天の下、王地にあらざるは莫し。所作の功徳、皆悉く国王・大臣に資す。此れ則ち聖教の明らかにする所にして、凡愚の私造に非ず。

C 平将門、積悪弥《いよ》いよ長く、宿暴暗《ひそ》かに成る。猥りに烏合の群を招き、只狼戻《ろうれい》の事を宗とす。国宰を冤《うら》みて印鎰《いんやく》を奪ひ、県邑を領して抄掠を事とす。……開闢以来、本朝の間、叛逆の甚しきこと、未だ此の比有らず。適《たま》たま異心の志を懐き、空しく殄滅《てんめつ》の殃《おう》に遇ふ。皇天自ら天誅を施すべし、神明何ぞ神兵を秘《かく》すこと有らんや。抑も一天の下、寧んぞ王土に非ざらん。九州の内、誰か公民に非ざらん。官軍黠虜《かつりょ》の間、豈に憂国の士無からんや。田夫野叟の中、豈に忘身の民無からんや。

Bは真紹という僧が、藤原関雄の東山の家を買得して造立した一道場に、定額の資格を授かり、禅林寺と名づけることを朝廷に申請した牒の一節だが、律令・格式の規定をあえて犯す行為を、王土思想で合理化している。河音自身は、石井説を自説を支えるものとして引用するのだが〔河音一九七六：二九三頁〕、九世紀の本史料に王土思想の明瞭な表明が見られることは、むしろ「八・九世紀の史料にこれと同様な表現のあることを知らない」という石井の言説をくつがえすものといわねばならない。

また、石井・五味ともにCにあらわれた王土王民思想を、「国制を基礎づける理念としてははたらいていない」あるいは「謀反人の追捕を促したもの」(五味一九八四：一二五頁)として、重きをおかない。しかしCは、坂東という王土の重要な一部分を「新皇」を自称する将門に掠奪されかかるという危機にみまわれた国家が、国司を通じて東海・東山の士民に決起を呼びかけたアピールであって、単純な謀反人追捕令ではないし、そこに表明された王土王民思想が国制を基礎づける理念でないという主張にも納得がいかない。院政時代の画期性を強調したいという動機にひきずられた史料解釈ではないか。

このことは、つぎに掲げる一〇世紀初頭、延喜二年(九〇二)四月一一日の官符(『類聚三代格』巻二十)を見ることで、いっそう明瞭になる。

D　如今、部内に居住せる諸司の史生已下使部已上にして本司に直せざるもの、六衛府舎人にして宿衛を勤めず供節に関はらざるもの、諸院・諸宮・諸王臣家の雑色《ぞうしき》・喚継《よびつぎ》・舎人・帳内・資人にして本主に従はざるもの、及び文武の散位・位子・留省・諸勘籍人等の事に堪ゆるもの、数有り。竊《ひそ》かに貞観以来の諸国の例を検するに、此の如き輩を以て進官・留国の雑役に差使すべきの状、国の言はざる無く、随即に聴許を被《こうむ》る有り。是れ則ち事已《や》むを獲ず、官物を済まさんが為なり。夫れ普天の下、王土に非ざるは無し。率土の民、何ぞ公役を拒まん。望み請ふらくは、前件の色々人等の、供節に見任するを除くの外、晏然私居して豊かに産業を殖《ふや》し、并びに位を帯び肩を息め蔭を承け手を遊ばするの徒、任中一度を例と為《し》て、差用して以て貢納を済まさんことを。

これは、さまざまな事情から国家的な公役に携わっていない「色々人等」を、「進官・留国の雑役に差使すべき」むね、各国司に命じた太政官符で、[2] その措置を根拠づけるものとして、傍線部のような王土王民思想がもちだされている。「率土の民」を「公役」に駆りたてることは「国制」の根幹のひとつではないだろうか？　傍線部の文言が国制を基礎づける理念としてはたらいていることは疑いの余地がない。

保元新制の文言に連続していくような王土王民思想の表出は、さらにさかのぼって、八二二年ころの成立とされる『日本霊異記』下巻第三十九話にも見られる(訓読は角川文庫版の板橋倫行のものに従った)。

E　世俗《よのひと》の云はく「国皇の法は、人を殺す罪人は、必《かならず》法のままに殺す。しかるにこの天皇(嵯峨)は、弘仁の年号を出して世に伝へ、殺すべき人を流罪となし、その命を活かし、もちて人を治む。ここをもちて、あきらかに聖君なることを知るなり」といふ。或る人は、聖君にあらずと誹謗《そし》る。「何をもちての故にとならば、この天皇の時、天の下旱癘《かんれい》あり。また天の災、地の妖、飢饉の難しげし。また鷹犬を養ひ、鳥猪鹿《しし》を取る。これ慈悲の心にあらず」といふ。この議然らず。食《お》す国の内の物は、みな国皇の物にして、針指すばかりの末だに、私の物かつて無し。国皇とは随自在の義たればなり。百姓たりといへども、敢へて誹らめや。また聖君尭舜の世すら、なほ旱癘ありき。故に誹るべからざるなり。

ここでは〈土〉と〈民〉とが区別されず、「食す国の内の物」として一括されているが、天変・地妖・飢饉と殺生行為を根拠に嵯峨天皇が有徳の聖君であることを疑う言説に対抗する論理が、王土王民思想に直結するものであることは明らかだろう[3]。

ここで河音説にもどってその主張を検討してみよう(河音一九七六：二九一—二九二頁)。

律令制的公地公民イデオロギーとは、天照大神の子孫たる「現神」(天皇)が「天の下」(大八州)の「公民」を無制限に支配することを当然とする支配思想であって、「王土思想」としてはきわめてアンジッヒなものであった。儀制令には「率土の内」という言葉はあるが、『令集解』諸説をみれば、『詩経』から直輸入された言葉にすぎず、古記が「大八州是なり」と注しているのが唯一具体的解釈である。そして支配思想としての「王土」概念は、律令制支配体制の解体がすすむなかで成熟してくるのである。たとえば(……B・Cの提示……)また『勝尾寺縁起』や『巻尾山縁起』にみえる一連の仏教説話もまた旧来の国家によるアンジッヒな支配秩序が否定されるなかで、それに対抗するフュアジッヒな支配思想として「王土」思想が形成されてきたことを物語っている。

河音は古代の「律令制的公地公民イデオロギー」のなかにも王土思想の存在を認めるが、それをきわめてアンジッヒ(即自的)なものとし、律令制支配体制の解体が進むなかで王土思想はフュアジッヒ(対自的)な支配思想として成熟したという。しかしこの議論には、古代の王土思想をアンジッヒ、中世のそれをフュアジッヒと特徴づけるさいの座標軸が示されていない。古代から中世への移行過程において、日本の王権が、自己の支配の客体に関して、対自的なものとして発見したものはなんであり、またその発見はいつ行なわれたのだろうか。

右の引用文の傍線部で言及されている「儀制令」第三条を手がかりに、古代の王土王民思想を検討してみよう。

Ｆ　凡そ皇后・皇太子以下率土の内、天皇・太上天皇に於きて上表せむときは、同じく臣妾名を称せよ。対揚には名を称せよ。
皇后・皇太子、太皇太后・皇太后に於きて、率土の内、三后・皇太子に於きて、上啓せむときは、殿下と称せよ。
自ら称せむときは、皆臣妾とせよ。対揚には名を称せよ。

この条文は、「尊卑にかかわらず、天皇・太上天皇に対して文書を上《たてまつ》るときは、ひとしく臣だれそれ、妾だれそれと署名せよ。直接対面するときは、名だけを称せ。皇后・皇太子が太皇太后・皇太后に対して、あるいは一般人民が三后(皇后・皇太后・太皇太后)・皇太子に対して、文書を上るときは、相手を殿下と呼び、自身を臣だれそれ、妾だれそれと称せ。直接対面するときは、名だけを称せ」という〈礼節〉の規定で、「率土の内」という語は、『令義解』が「庶人」と注しているように、国土や王土を意味するのではなく、一般人民を指している。

率土という語の典拠は、河音も指摘するように、『詩経』小雅・北山にみえる「溥《ふ》天《てん》之下、莫非王土、率土之浜、莫非王臣」の句で、『春秋左氏伝』昭公七年条や『孟子』万章上にも引用されている著名なものだ。[4] 念のために小倉芳彦による現代語訳をかかげておくと、「広き天の下、王土にあらざるはなし。地の涯に至るまで、王臣にあらざるはなし」(岩波文庫『春秋左氏伝』下巻、九七頁)。この訳文からもわかるとおり、中国の王土王臣思想における「普天の下」「率土の浜」という語は、けっしてある特定の国家の支配領域などではなく、無際限にひろがる空間を表象している。中国の天子の仁徳のおよぶべきひろがりは、中国の国家領域を超えて、夷狄をふくむ全世界を覆うべきものだったからである。

この思想を受容した日本の律令体制においても、天皇の支配のおよぶべき空間は、語義上は国家領域を超えるひろがりに対応しうる「天下」ということばで、多くは表現されている。いくつか例をあげると、『日本書紀』大化元年（六四五）七月戊寅条の詔に「まさに上古の聖王の跡に遵ひて、天下を治むべし、復《また》まさに信を有《たも》ちて、天下を治むべし」、同書大化二年（六四六）三月壬午条にみえる皇太子奏請に「天に双日無し、国に二王無し、是の故に、天下を兼幷して万民を使ふべきは、唯天皇のみ」、『続日本紀』天平一五年（七四三）一〇月辛巳条の聖武天皇盧舎那大仏発願詔に「率土の浜已《すで》に仁恕に霑《うるお》ふと雖も、普天の下未だ法恩洽《あまね》からず。……夫れ天下の富を有つ者は朕なり、天下の勢を有つ者も朕なり」、などとある。

また、七五二年に来日した新羅王子金泰廉が、「新羅国は遠の朝《みかど》より始めて世々絶えず国家に供奉せり。今復《また》王子泰廉を遣して入朝し、兼《あわせ》て御調を貢す。王の勤誠、朕焉《これ》を嘉《よみ》す有り。今より長く遠くまさに撫存を加ふべし」という孝謙天皇の詔に対して、つぎのように答えている（『続日本紀』天平勝宝四年六月己丑条）。

G　泰廉又奏言すらく、「普天の下、王土に匪《あら》ざるは無く、率土の浜、王臣に匪ざるは無し。泰廉、幸ひに聖世に逢ひ、来朝供奉す。歓慶に勝《た》へず。私《ひそ》かに自ら備ふる所の国土の微物、謹んで以て奉進す」と。

新羅が朝貢国としての分をみずから明らかにしたこの奏言は、前代の聖武朝に新羅の対等関係を求める動きがあいついだ後だけに、日本の支配層を驚喜させた。ここでの「王土」は、新羅の国家領域を意味する「国土」の対極にある無際限な空間を表し、具体的には、天皇の仁徳が日本の国家領域をこえて新羅にまでおよんでいることに対応する。しかし泰廉が日本側の耳に快いことばを口ずさんだ動機は、「対日関係の改善をはかるためというよりも、すべて彼らが貿易を目的として来日し、交易を円滑に進めるという意図によるものと断じてよい」〔石井正敏一九八七：二七九頁〕。ここに表明された王土王臣思想が、当時の国際環境のなかで日本のおかれた地位をそのまま反映するものとは考えられない。

むしろ逆に、①七三八年ころに成立した「古記」（『令集解』に引く『大宝令』の注釈書）が、史料Fにみえる「率土」の語に「大八州是なり」と注を付していること、②平安中期にさかのぼる『日本書紀』の古写本岩崎本が、推古天皇一二年（六〇四）四月戊辰条の十七条憲法・第十二にみえる「率土」の語を「くにのうち」と訓読していること——の二点からみて、奈良時代にすでに「率土」の語を日本国家の支配領域に限定してとらえる観点が登場していた。しかしそれは注釈や訓読といういわば密教の世界にとどまり、令の本文のような顕教の世界にはおよんでいなかったことも忘れてはならない。

いっぽう天皇の支配に服すべき人民の呼称は多様だが、吉村武彦の研究によれば、それらは、ウヂ名を保有する者としての「王民」[5]と、戸籍に登録された有姓者としての「公民」のふたつに大別され、歴史的には王民制から公民制への展開として記述される。しかし、律令制国家の支配体制のもとでは、「天下公民」という語に象徴される後者のありかたが基本的だったとはいえ、賜姓・改姓が天皇固有の権限とされるようなウヂ・カバネの特徴も変更がなかったので、ウヂ・カバネに基礎づけられた王民の秩序も、変質しつつも、公民秩序のなかに重層して存続した、という〔吉村一九九三：三八―三九頁〕。

以上、〈土〉の面でも〈民〉の面でも、日本古代の王土王臣思想は、「秦漢以降の国制を支えた王土王臣思想は、「すべての土地は王の所有であり、すべての人民は王に隷属している」という意味で機能していた」〔吉田一九八三：五四頁〕のとくらべて不徹底なもので、たてまえと実態との乖離や異質なものの共存という特徴をもっていた。その最初の表現かと思われる前出の十七条憲法・第十二によって、そのことを確かめておこう。

H　国司・国造、百姓に斂《おさめと》らざれ。国に二君非ず、民に両主無し。率土の兆民は、王を以て主とす。所任の官司は皆是れ王臣なり。何にぞ敢えて公と、百姓に賦斂《おさめと》らむ。

日本古典文学大系本『日本書紀』下巻の頭注によれば、本条の傍線部は『礼記』曾子問の「天無二日、土無二王」をアレンジしたもの、それに続く文はまえにみた『詩経』の「率土之浜、莫非王臣」から「率土」「王臣」の語を借りて作ったもので、「兆民」の語も『春秋左氏伝』閔公元年条にあるという。法意としては「国司・国造、百姓に斂らざれ。何にぞ敢えて公と、百姓に賦斂らむ」だけで充分尽くされており、中国古典の引用は法の内容とかかわり薄い権威づけの性格がつよい。『書紀』の別の箇所には「天に二(または双)日無く、国に二王無し」という、典拠により近い字句もみえるが、いずれのばあいも典拠の「土」(このばあいは「地」と同意で無限定な地表を指す)を「国」で置き換えていることがわかる。その結果、続く「率土」の語も、原意は「地の涯に至るまで」であったのが、「くにのうち」に矮小化されざるをえなくなる。また「王臣」の語も、典拠では人民一般を指すのに対して、「所任の官司」つまり国家の官僚に限定されてしまう。

けっきょく本条は、語彙の上からは王土王臣思想の表出であるかにみえるが、文章としては論理のほころびが目につき、全体として意味不明瞭なアマルガムになってしまっている。

ここであらためて、アンジッヒな王土思想からフュアジッヒな王土思想へ、という河音のシェーマに立ちもどってみよう。八世紀以前の王土思想は、顕教としては、中国の王土王臣思想をうけて、際限なき「天下」「率土」への支配を揚言しつつ、密教としては、中国周辺の〈小中華〉にすぎないという日本の現実的な地位をふまえて、「天下」「率土」を「大八州」「くにのうち」とこっそり読みかえるものだった。これに対して、史料A—Eにみられる九世紀以降の王土思想は、天皇の絶対的支配のおよぶ範囲を、「食す国の内」(E、八二二年ころ)・「九州の内」(C、九四〇年)・「九州の地」(A、一一五六年)という、日本国家の支配領域に明確に限定する用例が過半を占める。密教の場で語られていた「くにのうち」が顕教の世界に姿をあらわしたのだ。他の二例（B、八六三年、D、九〇二年）は、ともに「普天の下、王土（地）にあらざるはなし」という典拠に忠実な表現をとるが、「王地」とか「王土」とかの語自体、八世紀以前の史料にはまれであった。

以上の検討からつぎの結論が得られる。河音がアンジッヒな王土思想からフュアジッヒな王土思想への展開と記述した事態とは、日本の支配層が、「王土」が現実には閉じた空間としての「国土」にすぎないことをはじめて対自的《フュアジッヒ》に意識化した、という内容をもつものであり、その過程では、国の境の外にひろがる空間を「王化」の対象から意識的にきりすてること、いいかえれば〈小中華〉の自己否定がともなった⑥。

二　九世紀の転換と新羅問題

むろん八世紀以前にも、国・郡の設置された範囲を国家が有効な支配を実現している領域とみる観念はあったにちがいないが、それが閉じた空間であり、東西南北四方向の境界地名すなわち「四至《しいし》」によって記述されるとする観念は、九世紀後半の『貞観儀式』においてはじめて定式化される。『儀式』巻十に収められた「穢《きたな》く悪《あし》き疫鬼の所所村村に蔵《かく》り隠《かくら》ふるをば、千里之外、四方之堺、東方陸奥、西方遠値嘉（五島列島）、南方土左、北方佐渡よりをちの所を、なむたち疫鬼之住《すみ》かと定賜ひ行賜て」という追儺《ついな》祭文がそれであって、ここには日本国家の領域が、ケガレをその内から追却すべきひろがりとして登場している（村井一九八八：一〇九頁）。そして、日本の支配層の意識のなかで、境界観念にかぎらず生活のあらゆる場面において、ケガレの観念がグロテスクなほど肥大化してくるのが、ちょうどこのころだった（高取一九七九：二六一頁、丹生谷一九八六：三七頁以下）。

それでは、日本の支配層をして、「王土」が閉じた空間としての「国土」にすぎないことを思い知らせ、ケガレの充満した異域から国家領域の清浄を守るといううしろむきの対外姿勢をとらしむるにいたった状況とは、どんなものか。八・九世紀における新羅との関係および対新羅観の変遷から、この問題にせまってみよう。(7)

入境新羅人のとりあつかいについて、七七四年の官符Ⅰは、意に反して流来した者は船を修理し粮食を給して放還するが、帰化の意思ある者は例によって許可し報告するよう、大宰府に命じている（『類聚三代格』巻十八・宝亀五年五月一七日官符）。ところがおなじテーマを扱った八四二年の官符Ⅱになると、流来でも帰化でも放還するという姿勢に大きく転換した。官符Ⅱは、大宰大弐が「新羅朝貢、其の来れるや尚《ひさ》し。而るに聖武皇帝の代より起こり、聖朝（仁明）まで、旧例を用ゐず、常に奸心を懐き、苞苴《ほうしょ》（贈物）貢せず、事を商賈に寄せ、国の消息を窺ふ」との情勢認識にもとづいて、新羅人の入境をいっさい禁断すべし、と奏したのをうけたものだ。朝廷は「夫れ徳沢遠きに洎《およ》び、外蕃化に帰す、専ら入境を禁ずるは、事不仁に似たり」と大弐をたしなめつつ、帰化を求めた者も「宜しく流来に比して粮を充て放還すべし」と決定した（同、承和九年八月一五日官符）。問答無用の追却ではないところに「徳沢」を示したつもりだろうが、新羅人の帰化をいっさい認めない点では、大弐の提案とさほどちがいはない。

大弐奏状に「聖武皇帝の代より起こり」とあったように、唐の勢力を朝鮮半島から退け隆盛期を迎えた新羅が、日本への朝貢をやめて両国関係の対等化をはかる動きは、聖武朝（七二四―七四九）から活発になる（罫で囲んだ部分）。

六七六　唐、安東都護府を遼東に移す（新羅の半島統一）

七三五	新羅、唐より大同江以南の領有を正式に認められる（国境の確定）
〃	新羅使日本に到り、国号を「王城国」と称し、追却される
七三六	日本の遣新羅使、追却される
七四三	新羅使日本に至り、貢調を土毛と改め、追却される

七五九—六二　藤原仲麻呂、新羅追討を計画
七七四　　官符Ⅰ
七七九　　この年を最後に、新羅からの使、絶える

七三六年に追却された遣新羅使が翌年帰国すると、朝廷では「新羅無礼の状」への憤慨が昂まり、「兵を発して征伐を加えよ」との強硬意見もとびだした。この動きはやがて天平宝字年間の新羅追討計画へとつながっていく。それでもこの段階でただちに官符Ⅱのような新羅敵国観が定着したわけではない。七七四年の官符Ⅰに新羅の朝貢への言及はなく、放還も「弘恕(思いやり)を彰はす」措置と位置づけられている。むしろ七七九年に国交がとだえたのち、九世紀にはいってから新羅に対する姿勢は大きく転換するのだが、それはなぜだろうか。官符Ⅱの「事を商賈に寄せ、国の消息を窺ふ」という文言に、疑問を解く手がかりがありそうだ。

九世紀の新羅は、国家としては最盛期を過ぎ、張宝高のような、交易で富を蓄積した半自立的な海上勢力が出現する(蒲生一九七九)。宝高は朝鮮半島南西沖の莞島の「清海鎮」を本拠地とし、海を渡った山東半島の先端に近い新羅人のコロニー赤山にも拠点をもっていた。八四一年、王位継承をめぐる争いに介入して反乱を起こし殺されたが、その前年には使者を日本に派遣して貿易を求め、大宰府によって追却されている(『続日本後紀』承和七年一二月己巳・八年二月戊辰条)。

国家から自立的な新羅商人の活動は、宝高の勢力以外にもみられた。たとえば八三九年、入唐僧円仁は揚州の開元寺で王請という新羅人に出会ったが、日本語をよく解したこの人は、八一九年に唐人張覚済らと同船して「諸物を交易せんがため」に渡海中、嵐にあって出羽国に流され、その後さらに長門国に漂着した経験を、円仁に語った(『入唐求法巡礼行記』開成四年正月八日条)。円仁自身、帰国時には赤山からの新羅船を利用している。

その新羅商人のあやつる船は、波を凌いで行く航行性能にすぐれており、日本の船が対馬から九州に赴く途中でしばしば風波のため漂没していたのと対照的だった（『続日本後紀』承和七年九月丁亥条）。そこで八三九年、朝廷は大宰府に命じて新羅様式の船を建造させた（同、承和六年七月丙申条）が、こうした造船技術の落差は、国防上の問題としても意識されたにちがいない。

さらに日本政府にとって頭の痛い問題は、新羅商人の活発な貿易活動に呼応する勢力が国内にあらわれたことだった。「応《まさ》に新羅人の交関物を検領すべき事」という標題をもつ八三一年の官符は、「愚闇の人民」が財産をはたいて新羅人の貿易品を買いあさることを、「外土の声聞に耽り、境内の貴物を蔑む」ものと非難し、大宰府に命じて、自由な取引を厳禁し、貿易品のうちで必要な物を京都に送り、残りを府官の検察のもとで公定価格によって交易させている（『類聚三代格』巻十八・天長八年九月七日官符）。

右のような新羅人との結合は、「愚闇の人民」にとどまらず、高位の地方官を占める豪族にもおよんだ。張宝高が滅んだ翌八四二年正月、宝高を滅ぼした閻丈の使者と称する新羅人李少貞[8]ら四〇人が博多にいたり、「去年宝高の遺わした廻易使李忠が日本にもちこんだ貨物を返してほしい」と願ったが、日本側では「少貞はもと宝高の臣であり、李忠と一味ではないか」と疑った。ところが問題の貨物は前筑前守文室宮田《ふんやのみやた》麻呂《まろ》が差し押さえてしまっていた。その理由を宮田麻呂は、「生前の宝高に多額の絁《あしぎぬ》を託して唐国の貨物を買いつけさせたが、宝高が死んで頼んだ物を得るすべがなくなったので、かわりに李忠の所持物を取ったのだ」と説明している（『続日本後紀』承和九年正月丁巳条）。大宰府・博多を擁する筑前の国守が、中央政府から自立した関係を宝高と結んでいたわけで、宮田麻呂はいわば〝日本の張宝高〟ともいうべき存在だった。

はたして翌八四三年末、宮田麻呂は従者の密告により謀反の罪に問われ、伊豆国に流されてしまう。かれの京宅から弓一三・剣六など、難波宅から甲冑各二・弓一二・剣八などの武器が発見され、謀反の証拠とされた（同、承和一〇年一二月丙子・戊寅・癸未条〕が、こんなわずかな武器で謀反ができるはずはない。この事件はしくまれたものと考えられる。その背景に前年の貿易物差し押さえ事件があることは確実で、かれが滅ぼされた真の理由は、新羅勢力との私的結合にあったにちがいない。京都・難波・筑前に構えられたかれの「宅」が、貿易ルートに沿った物流の拠点であろうことも、推測にかたくない〔戸田一九六七：一三六頁〕。

宮田麻呂の事件をふくめて、九世紀に起きた、新羅となんらかの連関をもつ日本国内の動揺を、かんたんな年表にしてみよう。

八一一	対馬島の西海に新羅の海賊船二十余艘が来航
八一三	新羅人一一〇人、肥前国小近島で土民と戦い、捕えられる
八二〇	遠江・駿河に配した新羅人七〇〇人が反乱
八三四	「大宰海涯」に漂着した新羅人を百姓が射傷
八三五	新羅商人の来航に備え、壱岐島の要害の埼一四か所を守る
八四二	官符Ⅱ
八四三	文室宮田麻呂の謀反
八六六	肥前基肄《きい》・藤津・高来《たかぎ》・彼杵《そのき》郡の郡司ら、新羅人から兵器の技術を学び、対馬奪取を計画
〃	前隠岐守越智貞原に対する新羅通謀の誣告
八六九	豊前国の年貢を積んだ船二艘を、新羅海賊が襲う
八七〇	対馬人卜部乙屎麻呂、新羅の獄から逃げ帰る
〃	大宰少弐藤原元利麻呂の謀反

八九三　大宰府、肥前松浦郡・肥後国飽田《あきた》郡に襲来した新羅海賊を追討
八九四　対馬島司、新羅賊徒三百余人を射殺
八九五　新羅の賊に備え、博多警固所に夷俘五〇人を増置する

律令国家は、帰化した新羅人を関東・奥羽などの辺境に配置する政策をとってきたが、八二〇年の事件は、新羅への敵視がしだいに強まるにともなって、国内の新羅人コロニーに不穏な空気が漂ってきたことを示す。八三四年の事件も、そうした対立感情のあらわれかもしれない。それに加えて、宮田麻呂をはじめとする地方官の新羅勢力との共謀事件(すくなくとも、国家にとってのその疑い)があいついだ。なかでも八七〇年の事件は、当時の大宰府現地の最高責任者である大宰少弐藤原元利麻呂が、「新羅国王と通謀して国家を害せんと欲」したというもので、通報者である筑後国の役人から、証拠として「新羅国牒」も提出されていた。事件の結末はあきらかでなく、通報者はなぜか検非違使庁に拘禁されてしまった。史書にしるすところはこれだけで(『三代実録』貞観一二年一一月一三日条)、通謀の事実がほんとうにあったかどうかあやしい。むしろ国家のねらいは、新羅勢力との関係をもつことの危険性を、地方官人に思い知らせるところにあったと考えられる。

以上のような国内における新羅と関係する不穏な情勢と、ケガレ意識の肥大化による境外のケガレた空間への恐怖とがあいまって、支配層のなかに新羅に対する強烈な排外意識が生まれてくる。それは奈良時代の対抗意識とは異なって、蔑視と畏怖がないまぜになった排斥の感情であり、それゆえ神仏の加護によってしか脱却されえないものだった。このような思想状況に火をつけたのが、八六九年六月の海賊事件である。

事件そのものは、二艘の新羅賊船が博多津に侵入して、豊前国の年貢船を襲い、絹綿を奪って逃げた、というだけのもので、上陸したわけでも政治的な意図があったわけでもない。ところが九州の中核大宰府の面前で官物を奪われ

たショックからか、国家の反応は過敏で、「唯に官物を亡失せるのみに非ず、兼て亦国威を損辱す、之を往古に求むるに、未だ前聞有らず」というさわぎになった(同、貞観一一年七月二日条)。翌年二月に大宰府に下された勅は、「蕞《さい》爾《じ》の新羅、凶毒狼戾」といった文字とともに、①交易のために来日した潤清以下三〇人の新羅人と、②元来大宰府管内に居住していた多数の新羅人を、ともに陸奥の空地に移すよう命じている。その理由は、①については「潤清等、久しく交関を事とし、此地に僑寄し、能く物色を候《うかが》ひ、我が備へ无《な》きを知る、彼に放帰せしめば、弱を敵に示し、既に安に危を忘れずの意に乖《そむ》く」、②については「此輩は皆、外は帰化に似たるも、内に逆謀を懐く、若し来り侵す有らば、必ずや内応を為さん」と説明されている。四夷が徳を慕って群集する、といった〈中華〉の理念は投げ棄てられ、いたずらな猜疑心ばかりがめだち、ついには「仁を垂れて放還するは、尋常の事なり、奸を挟んで往来せば、まさに誅戮を加ふべし」とまでいう(同、貞観一二年二月二〇日条)。律令国家の〈仁〉がいかに底の浅いものだったかがよくわかる。

神明の加護については、すでに八六六年に、このごろ怪異がしばしばあらわれるのは、新羅の賊兵がつねに間隙をうかがっているせいで、「災の未だ兆さざるを攘ひ、賊の将に来らんとするを遏《ふせ》ぐは、唯是れ神明の冥助のみ、豈に人力の為す所と云はんや」として、能登、因幡以西の山陰、長門、九州の「邑境諸神」に班幣して、鎮護国家を祈らせている(同、貞観八年一一月一五日条)。なおこの年には、新羅に関係する事件がふたつあった(年表参照)だけでなく、藤原良房の摂政就任(人臣摂政の初め)と応天門の変という、中央政治史上の重要事件があった。

また八七〇年に清和天皇が筑前国宗像大神にささげた宣命は、前年の海賊事件、内裏で起きた怪異、肥後・陸奥の地震などを、「隣国の兵革の事」の予兆と捉え、つぎのように祈る(同、貞観一二年二月一五日条)。

然《しかるに》我日本朝は、所謂神明之国なり。神明の助護《たすけまも》り賜《たまえ》ば、何の兵寇か可二近来一き。亦我皇太神は、掛《かけまく》も畏《かしこ》き大帯《おおたらし》日《ひ》姫の、彼新羅人を降伏賜時に、相共に加レ力へ賜て、我朝を救《すくい》賜ひ守《まもり》賜なり。……若《もし》賊謀已《すでに》熟て、兵船必来べく在《あら》ば、境内に入《いれ》賜はずして、逐還《おいかえし》漂《ただよい》没《しず》め賜ひて、我朝の神国と憚られ来れる故実を、澆《ひ》たし失賜ふな。自レ此之外に仮令《たとい》として、夷俘の逆謀叛乱之事、中国（日本国内）の盗兵賊難之事、又水旱風雨之事、疫癘飢饉之事に至までに、国家の大禍、百姓の深憂とし可レ在らむをば、皆悉未然之外に払却銷滅し賜て、天下无二躁驚一く、国内平安に、鎮護《しずめまも》り救助《たすけ》賜ひ、天皇朝廷を宝位无レ動、常磐堅磐《ときわかきわ》に夜守昼守に、護幸《さきわ》へ矜《あわれみ》奉給へと、恐み恐みも申賜はくと申。

神国思想にもとづく日本の不可侵性への確信、神功皇后（大帯日姫）の三韓征伐伝説の想起など、中世以降の支配層の朝鮮観をつらぬく要素が、明瞭にあらわれている。中世以降の日本の支配層の世界観の枠組みはこのころ成立したと考える。そして、日本の不可侵性は当然閉じた国家領域を前提とする。神明の加護は、「兵船必ず来たるべくあらば、境内に入れ賜はず」とあるように、あくまで国家領域の内側にのみおよぶのであり、「天下躁ぎ驚くことなく、国内平安に」というばあいの「天下」と「国内」に、意味の対立があるわけではない。さきに論じた王土王民思想の九世紀における転形とおなじことが、神明の加護についてもいえるのである。

九世紀に中国から輸入された密教の修法もまたしかりだ。八七七年、僧寵寿は、師の常暁が承和の遣唐使に同行して唐からもちかえった太元帥法《たいげんのほう》（佐伯一九七〇：三〇四―三〇六頁）の縁起をしるし、朝廷に奏上した（「東寺文書」貞観一九年正月一九日寵寿奏状案、『平安遺文』四九〇二号）。縁起は、八六九年の新羅海賊事件にさいして、同法が「隣国賊難を降伏すべきの勤めは専ら太元帥の力なり」とたたえられるほどの威力を示したことを誇り、「太元経儀軌」からつぎの文を引く。

国土衰弊し、雨沢調はずば、此の呪を以て四城門の上に安んぜよ。即ち風雨時に順ふことを得ん。若し此の呪を将て国土を鎮めば、四方一切の隣敵及び大臣、逆心を起こさざらん。若し国土を有ち、大臣此の呪を誦持せば、其の王の境土に、悪人悪賊及び諸鬼神等有ること无からん。

この呪法の守護する対象が、徹頭徹尾「四方一切の隣敵」から区別された「国土」「王土」に限定されていることがわかる。そしてこの限定は空間だけでなく階層にもみられ、縁起は「此れ亦唯国王の為、専ら宮中に行なふ、輙《たやす》く黎庶の為、城外に及ばず、是れ秘重の密法なる所以なり」と明言する。まさしく「九州の地は一人の有なり」という王土思想に即応した呪法のありかただった。

以上のことは対新羅についてのみあてはまるものではない。七七九年に新羅使の到来がとだえてのち、日本の〈蕃国〉として残ったのは、七二七年に初めて使者を送ってきた渤海だけとなった。八世紀には使者の交換がさかんに行なわれたが、九世紀になると日本からは使者を送らず（最後の遣渤海使は八一一年）、もっぱら渤海使を迎えるばかりになる。

八七二年正月に渤海使が到来したとき、たまたま京都に「咳逆病」が流行し、多数の死亡者が出た。渤海使が「異土の毒気」をもちこんだせいだとのうわさが流れ、朝廷は建礼門の前で大祓を挙行してこれを厭却した（『三代実録』貞観一四年正月二〇日条）。流行病の原因と考えられた「異土の毒気」とはケガレであり、だからこそ朝廷でハラへが行なわれたのだ。三月には賀茂両社・松尾梅宮両社・平野社・大原野社・石清水社・稲荷社に使者を遣わして奉幣し、あわせて金剛般若経の転読が行なわれたが、石清水社にささげられた告文《こうもん》には「去年陰陽寮占申《もうさ》く、「就二蕃客来一て、不祥之事可レ在」と、占申せり。今渤海客、随二盈レ期例一て来朝せり。事不レ獲レ已、国憲として可レ召。大菩薩此状を聞食《きこしめし》て、遠客参近とも、神護之故に、無レ事く矜賜へと、恐み恐みも申賜はくと申」とあった（同、三月二三日条）。新羅海賊の脅威も、渤海客のもちこんだ（と考えられた）疫病も、おなじ論理で認識されたことがわかる。今回の渤海使は、貢期を違えず来朝した以上、追いかえす理由がないので、やむをえず入京させたが、ついに宮中での天皇引見は許されなかった。〈帝徳を慕い来る蕃客〉というたてまえが、ケガレへの畏れに冒されて力を失ってゆくようすがうかがえる。

あるいはまた、さきの宣命に「夷俘の逆謀叛乱の事」とみえる蝦夷問題についても、おなじことがいえる。八七八年三月に出羽国で勃発したいわゆる元慶の乱（佐藤一九七七：第七章）のとき、出羽守の飛駅《ひやく》上奏を承けた勅符は、「夷虜悖逆《はいぎゃく》し、城邑を攻焼す、犬羊狂心、暴悪性と為《な》る」とののしった（同、元慶二年三月二九日条）。しかし現実の蝦夷は、獣のごとき未開人ではなく、律令国家に領土要求をつきつけるほどの政治的成長をとげており、新羅とならぶ境外の脅威だったのである[9]。同年六月の月次《つきなみ》幷神今食《かむいまけ》祭にあたって、「出羽飛駅使が禁中に入ったからには、死穢に染ったというべきだ」という「時論」があり、天皇はみずから祭事せず、内裏にはいらなかった公卿を神祇官に遣わして執行させた（同、六月一一日条）。同月、「辺警あるべし」との卜占により、山陰道諸国の軍備を固めるとともに、神仏の加護を求めて「境内群神」への班幣と四天王像前での調伏法を行なうべきむね、勅が下され、ついで太元帥法阿闍梨寵寿が出羽国に送られ、七僧を率いて降賊法が修せられた（同、六月二三日・二八日条）。

さらに南島に目を転ずれば、六一六年から七五四年にかけて、掖玖《やく》・多禰《たね》・阿麻弥《あまみ》・度感《とく》・信覚《いしがき》・球美《くめ》などの島人が帰化あるいは来朝した、という記事が『日本書紀』『続日本紀』に散見する（松本一九七一：五頁以下）。八世紀には、「遠人を懐《なつ》く」ため、蝦夷とともに南島人に叙位が行なわれている。こうした中華意識は、『続日本紀』文武三年（六九九）七月辛未条の「其の度感嶋《とくのしま》の中国に通ずること、是に於て始まる」という文にもっとも明瞭だ。ところが、九世紀なかばの円珍入唐の記事に、北風に流されて流求にいたった船頭が「我等まさに流求の噉《くら》ふ所となるべし、之を如何せん」と悲泣したとある（『唐房行履録』）のを経て、一〇世紀すえになると、奄美人の海賊が九州の沿岸を襲ったのを、「南蛮賊徒」の蜂起と記述する（『権記』長徳三年一〇月一日条）にいたる。九世紀を境とするこうした南島人像の転回は、南島人の側の性格変化によるのではあるまい。中央貴族の意識のなかで、境外の夷人が徳化の対象から恐怖の発源へと変貌をとげたのだ。

以上のような対外意識の転回は、当然ながら唐に対する姿勢にもおよぶ。遣唐使が、八三八年出発、翌年帰着の承和度で最後となり、八九四年に派遣が決まったものの、大使に選ばれた菅原道真の奏上により中止されてしまった史実はよく知られている。その廃絶の原因を、鈴木靖民は、諸説を整理して「当時における唐の混乱、日本国内の災異、財政負担の過重などがあり、相互に深く関連しているが、わけてもより直接には同（寛平）五年十月から六年九月頃まで打ち続いたいわゆる新羅の賊の侵攻を主とする外圧など、内外情勢の悪化に対する認識の変化があった」とまとめている〔鈴木一九八五：二九九頁〕。鈴木のいう「認識の変化」は、認識対象の変化のみで起きたのではなく、認識主体である貴族の意識の転回も大きく作用していたにちがいない。むろん文化的先進国であり、以後も貴族たちの憧憬の的であり続けた唐を、新羅・蝦夷・琉球と同日に論じることはできない。しかし文化や文物の摂取であれば、「唐の商船の来航が盛んとなり、貴族等の欲求する海外の珍貨がそれによって続々輸入され、且つまた僧侶達の留学渡航も容易とな」る趨勢のなかで、国家が正式の使者を派遣しなくとも充分可能だった〔森一九七五：二〇九頁〕。

こうして九世紀を境に、日本は周囲のどの国家とも正式の国交を結ばないことを原則とするようになる。その原則のもとで、必要な文物は摂取しつつ、中国とは対等、朝鮮半島の諸国家に対しては優位という地位を観念のなかで保存してゆくことが、以後の支配層の伝統的なスタンスとなった。このスタンスを確保するには、現実の国際政治の力関係から日本の国家領域を観念のなかできりはなし、聖別するイデオロギーが必要とされる。中世的な王土王民思想や神国思想がその役割をはたした。

三　王土に背くもの、王土を滅ぼすもの

王土が境外を排除した閉じた空間として形成されることによって、境外は徳化の対象から王土に背く者の追放の場に転じる。前節までの論旨を再確認する意味で、大石直正が、鎌倉末期成立の『妙本寺本曾我物語』を引用しながら、

蝦夷について指摘した文章を掲げておきたい〔大石一九八八：五二頁〕。

日本国の境界に放逐された存在と考えられていたこと、それは中世の「えぞ」の重要な属性の一つであった。このような「えぞ」認識の発生は、外が浜、「えぞが島」が日本国の境界となったことと密接に関係することは疑いない。古代の「えみし」は日本国の辺境に住む、王化にしたがわない（まつろわぬ）暴強な民であり、それをしたがわせることに王の使命があった。「えみし」は、王化にしたがうべき存在であった。中世の「えぞ」は、それとは逆に王化の内から追却されたもの、とみられていたのである。「えぞ」に対する賤視は、当然「えみし」よりもつよくならざるをえない。

鎌倉時代には、外が浜や蝦夷が島が怪物や犯罪者の捨て場に使われた〔遠藤一九七六〕。中世後期に蝦夷の三類型の一として所見する「渡党」を、外が浜や蝦夷が島に流された西国悪党武士の末裔だとする説がある〔海保一九八七：一六三頁以下〕。これに従えば、王化に背いて境内から追放された者は、まつろわぬ民、蝦夷と同一視され、蝦夷に合流していったことになる。

以上の北方の例を一般化すると、〈王化に背く者、王土にあらしむべからず〉というテーゼが得られる。このテーゼを明確に表現した早い史料はまだ見つかっていないが、一節に史料Cとして引いた将門追討の官符のつぎの文章は、検討にあたいする。

a　開闢以来、本朝の間、叛逆の甚しきこと、未だ此の比有らず。……皇天自ら天誅を施すべし、神明何ぞ神兵を秘すこと有らんや。

b　抑も一天の下、寧んぞ王土に非ざらん。九州の内、誰か公民に非ざらん。

c　官軍黠虜の間、豈に憂国の士無からんや。田夫野叟の中、豈に忘身の民無からんや。

bの文章は、cの前提として提示されているとみるのが文脈上自然だろうが、すぐ前にあるaの文章と響きあうことも否定できない。そこから、将門のような叛逆者は、皇天が天誅を下し、神明が神兵をさしむけることで、王土の外に追放されるべきだ、とする論理が読みとれるのではないか。

一二世紀なかばともなれば、より明瞭な表現が見いだされる。下総国相馬御厨をめぐる源義朝や千葉・上総・佐竹氏ら東国豪族のからんだ争いは、幕府草創前夜の東国の状況をしめす好例として知られるが、その過程の一一六一年に佐竹義宗が同御厨を伊勢内外二宮に再寄進した寄進状は、つぎのように述べる（「櫟木《いちき》文書」永暦二年正月日源義宗寄進状案、『平安遺文』三一二一号）。

常澄・常胤等、何故妨を成すべけんや。是れ法令に背く大非常の上、大謀叛人前下野守義朝〔朝脱〕臣年来良従等、凡そ王土に在るべからざる者なり。仍て道理に任せて彼の悪逆を停止せんが為、寄進する所なり。

この寄進状は、書き出し近くで「是れ大日本国は、惣じて皇太神宮・豊受宮の御領たるの故なり。葦原中国《なかつくに》則ち是れなり。此の国は、惣じて根本当宮御領なり。仍て権門勢家と雖も、敢えて以て相論を致さざるなり」と述べ、敵手常澄・常胤らの行為を「末代希有の土民、後の神罰を顧みず、今の欲心に引かれて、妨げを致す」ものと攻撃する。ほんらいは豪族どうしの私戦にすぎないものが、日本全体を伊勢神宮の御領とする極端な言説を通過することで、国家に対する反逆にすりかわっている。日本が王土であり神国であるがゆえに、反逆者は国内に留まってはならないのだ。

源頼朝の伊勢神宮崇敬は有名だが、かれのことばにも〈王化に背く者、王土にあらしむべからず〉のテーゼが認められる。頼朝が従二位に叙せられて政所を開いた直後の一一八五年六月、つぎのような事件があった（『吾妻鏡』文治元年六月一六日条）。

尾張国に玉井四郎助重と云ふ者有り。本より猛悪を先と為し、諸人をして愁ひを懐かしむるの由、謳歌す。近日殊に又違　勅の科有り。仍て件《くだん》の両人（中原久経・近藤国平）、尋沙汰《たずねざた》の為、召文を遣はすと雖も、敢えて応ぜず、還りて謗言に及ぶ。時に久経等子細を言上するの間、俊兼奉行と為《し》て、今日助重に仰せられて云はく、「綸命に違背するの上は、日域に住すべからず。関東を忽緒せしむるに依り、鎌倉に参ずべからず。早く逐電すべし」と云々。

頼朝は、違勅の科、綸命違背を犯した武士を、「日域に住すべからず」として放逐している。義宗寄進状と比較すれば、この「日域」が王土とおなじ意味であることは明らかだろう。傍線部の対句表現で「日域」と「鎌倉」が並立しているから、幕府勢力下の東国は「日域」から独立した領域だとする解釈も、いちおうは可能だが、違勅の科に対応する処分として「日域」からの追放があり、それに付随して頼朝との主従関係の断絶があるのだから、この「日域」は「鎌倉」を包摂するものと解すべきだろう。

こうして王化に背いた者は王土からケガレた境外へ追放されたが、そこではかれらは〈鬼〉として表象された〔村井一九八八：第Ⅰ章〕。中世の民衆文芸が蝦夷に〈霧を吹く鬼〉の姿を与えているのはそのためだ。『太平記』〔巻十六・日本朝敵事〕に、「天智天皇ノ御宇」に「金鬼・風鬼・水鬼・隠形鬼ト云四ノ鬼ヲ使」って天皇に背いた藤原千方の話がある。

如レ斯神変《じんぺん》、凡夫《ぼんぷ》ノ智力ヲ以テ可レ防非ザレバ、伊賀・伊勢ノ両国、是ガ為ニ妨ラレテ、王化ニ順フ者ナシ。爰《ここ》ニ紀朝雄《きのともお》ト云ケル者、宣旨ヲ蒙テ彼国ニ下、一首ノ歌ヲ読テ、鬼ノ中ヘゾ送ケル。

　草モ木モ我大君ノ国ナレバイヅクカ鬼ノ棲《すみか》ナルベキ

四ノ鬼此歌ヲ見テ、「サテハ我等悪逆無道ノ臣ニ随テ、善政有徳ノ君ヲ背《そむき》奉リケル事、天罰遁ル、処無《なか》リケリ」トテ、忽ニ四方ニ去テ失《うせ》ニケレバ、千方勢ヲ失テ、軈《やが》テ朝雄ニ討レニケリ。

王化に服した地はもはや鬼のすみかであってはならない、という和歌の含意に、あるいは鬼たちが四方に退散してようやく伊賀・伊勢両国が王化に浴したことに、かなりデフォルメされているとはいえ、王土思想の表現が見てとれるだろう。

それとともに、和歌のもつ呪力が強調されていることも見のがせない。一三世紀すえに成立した『野守鏡《のもりのかがみ》』は、「日本が異敵に破られず、仏法が流布している原因は、ひとえに和歌の徳であり、宋が異賊に国を奪われ、八宗みな失せたのは、和歌がないせいだ」と主張する。和歌は王土に(王土にのみ)栄え、神国に相応する特別な文芸だった。和歌が勅撰という制度を媒介に、天皇制とふかく結びつく理由がここにある。

ところで藤原千方とはだれか。日本古典文学大系本『太平記』二の補注は、『尊卑分脉』に「藤原秀郷―千常―千方」の系図があり、千方に「実は千常の舎弟」との注記があることを指摘するが、この人と『太平記』の千方とはうまく重ならない。私はむしろ一〇―一一世紀に怨霊として恐れられた藤原元方をあててみたく思う。

元方は藤原南家の出で、娘の祐姫を村上天皇に入れ、所生の第一皇子広平親王に皇位を期待したが、九五〇年に藤原北家嫡流師輔の娘安子の腹に憲平親王が生まれ、ただちに皇太子に立てられたため、悲歎のあまり、三年後に広平・祐姫とともに死んだ。憲平は九六七年に即位した(冷泉天皇)が、冷泉、その子花山、花山の弟三条の三天皇ともに精神的あるいは身体的な障害があり、在位期間も短かった。三条の子敦明親王は藤原道長の圧迫により東宮を辞し、以後皇位は冷泉の弟円融の系統にうけつがれてゆく。このような冷泉系の悲運が元方の怨霊の祟りとされたのだ。この怨霊の強力さを、『栄花物語』(巻一・月の宴)は「御もののけどもいと数多かるにも、かの元方大納言の霊、いといみじくおどろ〳〵しく、いみじきけはひにて」としるしている。

千方に元方をあてる理由は名前の近似だけではない。怨霊と鬼使いとにただならぬ関係があるからだ。あとでふれる「道賢上人冥途記」によれば、菅原道真の冥界における姿「太政威徳天」は、「其の眷属十六万八千毒龍悪鬼水火雷電風伯雨師毒害邪神等」を使って国土に大災害を行なったという。保元の乱の敗者崇徳院は、「生《いき》ながら天狗の姿にならせ給」とも(『保元物語』下)、天狗に与力して悪を結構したとも(「比良山古人霊託」)いわれている。

さらに千方を退治した紀朝雄から、私は紀長谷雄《はせお》を連想する。長谷雄は元方より一世代前の人で、直接の関係はなかったらしいが、鎌倉末期の絵巻『長谷雄草紙』は、かれが朱雀門の楼で鬼と双六をして絶世の美女を賭け取るが、百日の禁欲の約束を破ったため女は水になってしまった、という話である。長谷雄が道真の親友で、道真から大宰府で作った詩を託されるほどだったことも、長谷雄を鬼退治に結びつける。事実『長谷雄草紙』では、約束を破ったことをとがめにきた鬼を、長谷雄は火雷天神に祈ることで退散させている。⑩ こうして鬼を媒介に、元方と長谷雄は結びつくのだ。

王土に祟りなす鬼と鬼使いの怨霊とくれば、怨霊中の怨霊、道真に登場ねがわないわけにはいかない。かれの怨霊のすさまじさは、藤原時平と組んでみずからを左遷した醍醐天皇を、清涼殿への落雷のショックで死に追いやったばかりか、地獄に堕ちた同天皇を獄卒(鬼の姿をとる)に命じて紅蓮の業火の底でさいなませるほどだった。この〈延喜帝堕獄説話〉は、天神縁起や天神縁起絵巻でかならずとりあげられ、社会にひろくうけいれられていった(河音一九八九、竹内一九九三)。

天神縁起の原形を伝える史料に、『扶桑略記』天慶四年(九四一)条に引く「道賢上人冥途記」がある。⑪ 同記は、金峯山で修行すること二六年という行者僧道賢が、「無言断食、一心念仏」のすえに経験した一三日間にわたる臨死体験をしるしたものだが、冥途にそびえる「太政天宮城」で、日本太政威徳天は道賢につぎのように語る。

我は是れ上人の本国の菅相府なり。卅三天我を呼びて日本太政威徳天と字《あざな》す。我初め、愛別離苦の悲に相当り、我が心を動かさざるに非ず。故に我、君臣を悩乱し、人民を損傷し、国土を殄滅《てんめつ》せんと欲す。我は一切の疾病災難の事を主《つかさど》る。我初め思念す、我が生前に流す所の涙を用《もっ》て、必ず彼の国を滅ぼし、遂に水海と為し、八十四年を経るの後、国土を成立し、我が住城と為さんと。

このことばで注目されるのは、怨霊による「国土の殄滅」が水没という具体的なイメージをもって描かれていることとだ。鬼神悪神を自在にあやつる怨霊とは、王土を滅ぼすものとしての〈反・王土〉にほかならない。「冥途記」の別の部分に「西山の虚空中より千万人衆来たる、宛《あた》かも大王の即位行幸の儀式の如し」とあるように、太政威徳天は冥界における天皇のイメージで描かれており、その住城は「太政天宮城」であった。かれは「一切の疾病災難の事」すなわちケガレの支配者であり、浄なるものの究極的な中心である天皇のまさに対極に鎮座する。王土に災いをおよぼす政治的敗者の怨霊を御霊として祀り、タマシズメをすると同時にその霊力を守護神に転化させようとする御霊信仰の初見が、中世的王土思想の登場とほぼ重なる九世紀なかばすぎに見いだされる[12]のは偶然でない。

〈政治的敗者—怨霊—鎮魂—守護神〉という御霊信仰の回路は、将門や平家、後醍醐天皇の例をあげるまでもなく、中世社会の底辺から支配層までをつらぬいて再生されつづける（黒田俊雄一九九〇：一二七頁以下）。御霊は、つねに除疫や招福の神に転化させられ、無害化されつつも、〈反・王土〉たる本質を失ってしまうことはなかった。『保元物語〈金刀比羅宮本〉』（下・新院御経沈めの事付けたり崩御の事）によると、保元の合戦に敗れて讃岐に流された崇徳院は、「生ながら天狗の姿にな」り、つぎのような祈誓をこめ、写経を海底に沈めたという。

「吾深罪に行れ、愁鬱浅からず。速《すみやかに》此功力《くりき》を以、彼科《とが》を救はんと思ふ莫太の行業を、併《しかしながら》三悪道《さんなくどう》に抛籠《なげこみ》、其力を以、日本国の大魔縁となり、皇《おう》を取て民《たみ》となし、民を皇となさん」とて、御舌のさきをくい切て、流《ながる》る血を以、大乗経の奥に、御誓状を書付らる。「願《ねがわく》は、上梵天帝釈、下堅牢地神に至迄、此誓約に合力し給《たまえ》や」と、海底に入させ給ひける。

院のすさまじい怨みは、自己を罪科から救うために始めた写経の功徳を、すべて三悪道に投げこみ、その功徳の力をもって逆に「日本国の大魔縁（悪魔）となり、皇を取て民となし、民を皇となさん」という呪言となって噴出する[13]。〈反・王土〉としての怨霊は、万世一系を否定する革命の論理をさえ、儒教的な天命思想とは別の根源から生みだしたのである。

注

(1)　本章では、主題の性格上、九世紀の画期性を支配層の対外意識の面から論じ、それとの関連でケガレ意識や御霊信仰にも言及したが、他の重要な諸側面においても九世紀の画期性は認められる。むしろ古代から中世への移行における最大の画期はここにあるという予感がしているが、この大問題は本章の範囲で論じきれるものではない。以下、いくつかの点をランダムに列挙するにとどめる。

①平安中期以降の貴族が国家儀式を遂行するさいに参照する先例は、せいぜい九世紀までしかさかのぼらない。これは八世紀までと九世紀以降のあいだに国家としてのなりたちの断絶があったことをうかがわせる。基軸となる文献史料の性格が、年代記形式の編纂物である六国史から、一次史料である天皇や貴族層の日記へと転換するのが九世紀であることもこれと関係しよう(六国史最後の『三代実録』は八八七年までの記事をふくみ、九〇一年に成立。いっぽう現存する最初の日記とされる『宇多天皇日記』は八八七―八九〇年の記事をふくむ)。

②中世の天皇権力を支える重要な令外官である蔵人所と検非違使庁は、いずれも九世紀前半に設置された。両官庁が、蔵人所は宮中、検非違使庁は洛中を分担して、ケガレのハラへにかかわっていたことも注目される。武士の発生を、通説のように辺境の草深い農村の開発領主にではなく、宮廷や京洛における〈辟邪(モノノケやケガレを退ける)としての武〉の主体に求めようとする最近の学説に立てば、その画期はやはり九世紀にある。

③八六六年の藤原良房摂政就任以降、天皇権力の実際の行使を代行する存在がある程度継続的にあらわれる。摂関、院のほか、将軍もこれにふくめてよいだろう。これによって、天皇自身はじっさいの統治に携わることによるリスク(ケガレへの汚染をふくむ)から解放され、権力の究極的な主体としてはむしろ安定化する。清和天皇のような幼帝の登場(八五八年九歳で即位)がこうして可能となるが、このことはむろん状況しだいで天皇親政が出現することを妨げるものではない。

④律令制支配の基礎をなす班田収授の制度は、八世紀末まではほぼ規定どおり実施されたが、九世紀には初期荘園の発達により、実施間隔が間遠になり、かつ国によるバラツキが激しくなって、一〇世紀初頭の延喜の国制改革で完全に放棄されてしまう。

（2）　本文に引用したのは、厳密にはこの官符に引用された「河内・参河・但馬等国解」の一部だが、太政官はこの解を承けて「左大臣宣す、　勅を奉はるに、請に依れ、と。諸国此に准じ、若し拒捍し、幷びに公損を致さば、法に依りて罪を科し、曾て寛宥せざれ」と命じている。なお木村茂光は、富豪層から不課戸の特権を剝奪し、官物・雑役の賦課対象に組みこむという政策が、九世紀の諸国国例や官田経営において準備され、この官符において国家的な政策となった、と指摘している〔木村一九七五：一〇二―一〇三頁〕。

（3）　早川一九八七（七六頁）も、史料Eを引用し、「景戒（『霊異記』の作者）の反論の根拠が王土王臣思想にあったことに注目しなければならない」と指摘している。

（4）　この成句は、日本中世の文献にも引用され、たとえば『延慶本平家物語』（巻第一末・重盛父教訓事）に、鹿ケ谷陰謀事件ののち、後白河院を西八条殿に拉致しようとした清盛を諫めた重盛のことばとして、「先ツ世ニ四恩ト申事ハ、……一ニハ天地ノ恩、二ニハ国王ノ恩、三ニハ師長ノ恩、四ニハ衆生ノ恩、是也。是ヲ知ヲ以テ人倫トシ、不知ヲ以テ鬼畜トス。其中ニ尤モ重ハ朝恩也。普天ノ下莫非コト王土一、率土ノ浜莫非コト王臣二」とあり、『太平記』（巻四・笠置囚人死罪流刑事付藤房卿事）にも、笠置城陥落ののち六波羅に捕えられた殿法印良忠が尋問に答えたことばとして、「普天ノ下無レ非二王土一、率土人無レ非二王民一。誰カ先帝（後醍醐）ノ宸襟ヲ歎キ奉ラザラン。人タル者是ヲ喜ベキヤ。叡慮ニ代テ玉体ヲ奪奉ラント企事、ナジカハ可レ無レ止。為レ誅二無道一隠謀ヲ企事、更ニ非二楚忽儀一。始ヨリ叡慮ノ趣ヲ存知」とある。これらは――『太平記』における「王民」と「王臣」の異同をのぞけば――典拠にきわめて忠実な引用だが、それだけ中世の国制の現実からはなれた古典の知識になってしまっているともいえよう。

なお本章のテーマは、典拠に即していえば「王土王臣思想」にほかならないが、のちに検討する「十七条憲法」に「所任の官司は皆是れ王臣なり」とあるように、日本では「王臣」とはあくまでも公権力に連なる官僚であって、国家支配下の人民すべてではなかった。日本で「王臣」が「王民」といいかえられねばならなかったのはそのためだが、典拠に「王臣」とある以上、日本のテキストにも「王臣」が混じりこんでくることは避けがたい（『延慶本平家物語』はその例）。したがって本章でも文脈に即して「王民」と「王臣」を使いわけざるをえなかった。

（5）　『日本書紀』大化二年（六四六）八月癸酉条の詔にみえる「氏々の人等」に注記して「或本に云はく、名々の王民といふ」とある点に、「名々（＝職掌）」を媒介とするウヂと王民との不可分の関係が示されている。

(6) 吉田孝は、河音の論に啓発されて、律令国家の王土思想を「自然的・即物的・呪術的な神話や儀礼によって支えられていた」即自的なもの、院政期の王土思想を「秦漢帝国を支えた王土王臣思想に対応する」対自的なもの、と対比させる〔吉田一九八三：二二六—二二七頁〕。しかし本章の検討によって、秦漢時代の王土王臣思想と院政時代の王土思想とを同質性において捉えることは、的を射ていないと考えられる。

(7) 以下この問題を考えるにあたっては、排外意識の発生をあとづけた佐伯一九七〇（第一〇章）、日本の国家政策の変化に一定の合理性を認めようとした石上一九八四、新羅商人の性格と活動に注目した石井正敏一九八八、漂流人の送還方式の変化を詳細にあとづけた山内一九九〇などを参照した。

(8) 『日本紀略』弘仁一一年（八二〇）五月条に「唐人李少貞等二十人、出羽国に漂着す」とあり、さきに引いた『入唐求法巡礼行記』にみえる唐人張覚済らの船に李少貞も乗っていたことがわかる（年代に一年のずれがあるが、同一事件を指すものと考えておく）。少貞ははじめ唐人の貿易船に乗ってみずからも唐人と呼ばれ、ついで張宝高の部下となり、宝高が滅亡すると討伐軍の将の配下にはいったことになる。国家の枠を超えた生きかたが注目される。なお藤間一九六六（一一六—一一七頁）参照。

(9) 九一四年の三善清行意見封事は「臣伏して見るに、陸奥・出羽の両国、動《やや》もすれば蝦夷の乱あり、大宰管内の九国、常に新羅の警あり」といい（『本朝文粋』巻二）、八八〇年の越後国解は「此の国、東に夷狄の危あり、北に海外の賊を伺ふ」という（『類聚三代格』元慶四年八月一二日官符）。なお関一九八九参照。また蝦夷の領土要求については、八七八年六月、蝦夷が征討軍に「秋田河（雄物川）以北を己の地と為さんことを請ふ」たことが、『三代実録』元慶二年六月七日条にみえている。

(10) 中世では、長谷雄や吉備大臣のような学者・詩人は、鬼と縁の深い存在とみられていたという〔黒田日出男一九九四：四一頁〕。たしかに朱雀門や羅城門でかれらが鬼と出会った話は多い。小野篁と藤原高藤は朱雀門の前で百鬼夜行を目撃し、陰陽師弓削是雄もおなじ場所で「神」と遇っている（『江談抄』三）。「管弦ノ道極タル人」源博雅は、羅城門の鬼から琵琶の名器「玄象」をとりもどした（『今昔物語集』巻二四の第二四語）。寛平七年（八九五）春、漢詩人都良香は羅城門を通りかかって「気霽《は》れて風は新柳の髪を梳《くしけず》り……」という詩句を誦したが、つぎの句が浮かばず苦しんでいると、門の上からしわがれた大声で「冰《こおり》消えて浪は旧苔の鬚《ひげ》を洗ふ」という付句が聞こえてきた（「北野天神御縁起」『続群書類従・三輯上』）。源博雅が月夜に朱雀門の前で笛を吹くたびに、おなじ人が現れて「このよにたぐひなくめでたく」笛を合奏するので、試みに笛を交換した。のち、「めでたき笛吹」浄蔵がこの笛を朱雀門で吹くと、楼門の上から「なほ一物や」と賞める声がした(『十訓抄』第十)。人倫の境地をこえたかれらの芸能が、鬼神の行なう神変に通ずるところがあったのだろう。なお島津一九七五(六―七頁)参照。

(11) 竹内光浩は、「道賢上人冥途記」の諸本を、天神縁起(絵)に吸収されたものをもふくめて綿密に調査した結果、扶桑略記本は極端な抜粋本というべきで、同記を論じるには永久寺本によらなければならない、と結論した(竹内一九九三:一二五六頁)。従うべき見解だと思うが、つぎに引用する部分では諸本に大差がないので、見やすい扶桑略記本によった。

(12)『三代実録』貞観五年(八六三)五月二〇日条に、「事に坐して誅せられ、冤魂癘《えやみ》を成す」六人の怨霊を対象に御霊会が行なわれたことがみえる。なおその六人とは早良《さわら》親王、伊予親王、藤原吉子、藤原仲成、橘逸勢《はやなり》、文室宮田麻呂であるが、のち菅原道真と吉備真備を加えて、「八所御霊」とよばれるようになる。なお黒田俊雄一九九〇(一二九―一三二頁)参照。

(13) 崇徳院の「怨みの写経」の話は、『保元物語』のフィクションかにみえるが、事実である。吉田経房の日記『吉記』の寿永二年(一一八三)七月一六日条によると、崇徳院は讃岐でみずからの血をもって五部大乗経を書写し、その奥に「非理の世、後生の料、天下を滅亡すべきの趣」をしるしたという。ただしこの写経は海に沈められたわけではなく、当時元性法印のもとにあり、朝廷はこれを成勝寺で供養して「彼の怨霊を得道せしめ」ようとしていた。経房は日記の最後に「恐るべし恐るべし」と書きつけている。なお保立一九九〇(六八―六九頁)参照。この話が易姓革命に結びついたのは、王家の断絶がありえぬことではないという感覚がいきわたった鎌倉末期の政治状況を反映したのだろう。

引用文献

石井　進一九七〇　「院政時代」『講座 日本史2』東京大学出版会

―――一九九三　「一二―一三世紀の日本――古代から中世へ」『岩波講座 日本通史 中世1』岩波書店

石井正敏一九八七　「八・九世紀の日羅関係」田中健夫編『日本前近代の国家と対外関係』吉川弘文館

―――一九八八　「九世紀の日本・唐・新羅三国間貿易について」『歴史と地理』三九四号

石上英一一九八四　「古代国家と対外関係」『講座 日本歴史 古代2』東京大学出版会

石母田正一九六四　『古代末期政治史序説』未來社

遠藤　巌一九七六　「中世国家の東夷成敗権について」『松前藩と松前』九号

大石直正一九八八「中世の奥羽と北海道——「えぞ」と「ひのもと」」北海道・東北史研究会編『北からの日本史』三省堂
海保嶺夫一九八七『中世の蝦夷地』吉川弘文館
蒲生京子一九七九「新羅末期の張保皐の擡頭と反乱」『朝鮮史研究会論文集』一六号
河音能平一九七六「王土思想と神仏習合」『岩波講座　日本歴史　古代4』岩波書店（のち同著『中世封建社会の首都と農村』東京大学出版会、一九八四年に再録）
——一九八九「日本院政期文化の歴史的位置」『歴史評論』四六六号
木村茂光一九七五「王朝国家の成立と人民」『日本史研究』一五〇・一五一号
黒田俊雄一九九〇『日本中世の社会と宗教』岩波書店
黒田日出男一九九四「絵巻のなかの鬼——吉備大臣と〈鬼〉」『朝日百科　日本の歴史別冊　歴史を読みなおす5』朝日新聞社
五味文彦一九八四『院政期社会の研究』山川出版社
佐伯有清一九七〇『日本古代の政治と社会』吉川弘文館
佐藤宗諄一九七七『平安前期政治史序説』東京大学出版会
島津久基一九七五『羅生門の鬼』平凡社東洋文庫
鈴木靖民一九八五『古代対外関係史の研究』吉川弘文館
関　幸彦一九八九「平安期、二つの海防問題——寛平期新羅戦と寛仁期刀伊戦の検討」『古代文化』四一巻一〇号
高取正男一九七九『神道の成立』平凡社
竹内光浩一九九三「天神信仰の原初的形態——『道賢上人冥途記』の成立をめぐって」十世紀研究会編『中世成立期の歴史像』東京堂出版
藤間生大一九六六『東アジア世界の形成』春秋社
戸田芳実一九六七『日本領主制成立史の研究』岩波書店
丹生谷哲一一九八六『検非違使——中世のけがれと権力』平凡社
早川庄八一九八七「律令国家・王朝国家における天皇」『日本の社会史3　権威と支配』岩波書店
保立道久一九九〇「平安時代の王統と血」『天皇制——歴史・王権・大嘗祭』河出書房新社

松本雅明一九七一『沖縄の歴史と文化――国家の成立を中心として』近藤出版社
村井章介一九八八『アジアのなかの中世日本』校倉書房
森　克己一九七五『続日宋貿易の研究』国書刊行会
山内晋次一九九〇「古代における朝鮮半島漂流民の送還をめぐって」『歴史科学』一二二号
吉田　孝一九八三『律令国家と古代の社会』岩波書店
吉村武彦一九九三「律令制的身分集団の成立――王民から公民へ」『講座　前近代の天皇３』青木書店

第二章　外浜と鬼界島——中世国家の境界

一　学説史

空間としての境界

中世国家の境界という問題が研究の対象となったのは、それほど古いことではない。中世国家については古くからいろいろ議論されてきたが、それを列島上の空間のなかに置いてみる見かた、すなわち、中心に都があって、そこから遠ざかるにつれて支配が弱まっていき、境界の外は国家の力がおよばない領域である、というような空間的なとらえかたが提起されたのは、一九八〇年代のころであった。それにさきだって、権門体制論・顕密体制論という中世国家理解のパラダイムを創出した黒田俊雄が、一九七六年につぎのような提言をしていたことは注目される〔黒田一九七六〕。

辺境対策と国際関係・対外意識といった側面から、いわば空間的・領域的な存在としての国家像をとらえる視角が必要でないか……ここで考えてみたいのは、東アジアにおける朝鮮・中国・琉球などとのどのような緊張関係の上に日本中世国家が存立していたかということである。それは、東国・蝦夷地など東方の辺境対策問題とともに考察されることによってはじめて、空間的、領域的な中世国家像への視角として生きてくるとおもわれるのである。

その後黒田は、網野善彦、佐藤進一らの東国独立国家論ないし中世複数国家説に対して、国家（封建王国）と地域（くに）とを厳密に区別する立場から、批判を加えたが〔黒田一九八七〕、論点は東国と天皇の関係に集中し、前記引用部分の観点は学説として成熟しなかった〔村井一九九七：七七頁以下〕。

一九八〇年に発表された大石直正の「外が浜・夷島考」という論文が、中世国家の周縁にある境界空間を本格的に考察した最初の仕事であった。大石は、文芸作品をはじめとする多様な史料から、「中世国家の四至表記」を博捜し、つぎのように結論づける〔大石二〇一〇：三八頁〕。

境界の地たる外が浜とその外に位置づけられた夷島は、国家的な犯罪人をはじめとして、国に害をなすものを追却するところであった。そこには境界についての呪術的観念の存在がうかがえるが、それは中世的な領域の形成を前提とし、それを包摂する中世国家の成立とともに生まれたものと考えられる。

この仕事によって、中世国家の広がりが、古代のように法で定められた支配空間というよりは、文芸作品や古文書にあらわれた社会意識として表出していることが明らかにされた。その後大石は、豊臣期までを見通して、東の境界呼称が「日のもと」へと変化することの意味を考察している〔大石二〇一〇：三八頁〕。

おなじころ網野善彦も、縄文時代から「日本」という単一民族、単一国家があって、それが連綿と続いている、というような発想が、日本史把握の大きな落とし穴になっている、という批判から、東国と西国が別の国家で、その間に国境にも似た境目があった時期がある、という学説をうちだした〔網野一九八二、同一九八六：一一七頁以下、同一九九〇：第一章、ほか〕。だがその意図の中心は、天皇や日本の悠久性という神話の破壊にあり、かならずしも国家の空間的把握という方向にはむかわなかった。

そのような提起をうけて、私も、一九八五年に中世国家の空間的な広がりについてのモデルを提示した〔村井一九八八：第Ⅲ章〕。すなわち、中世の知識人の抱くケガレという観念が、日本の広がりの認識と結びついて、空間的な国家観念が成立する。それは、天皇の身体を究極の中心として、そこから同心円のように広がっていく空間の連鎖であり、外側に行くほどケガレが強まっていって、国の境界の外はケガレが充満した世界になり、そこに住む者は人ならぬモノ、鬼である、というような観念である。そこから、東では「外浜」、西では「鬼界島」というような、境界空間を指すことばも登場する。

もちろん、これは事態をひじょうに単純化したモデルであって、こうした観念がすべての中世人をとらえきっていたわけではない。そのことを十分に論じなかったために、多くの批判をうけることになった。近年では、斉藤利男から、境界の外がすべてケガレた鬼の住む世界であるというような見かたでは、東北地方の民衆の目に映った国家的な広がりをとらえることはできない、という批判をもらっている〔斉藤一九九〇、同一九九四〕。これは、もろもろの批判のなかでもっとも痛いところを突かれたと感じたけれども、私の真意はつぎのようなものであった。

清らかな中心からケガレた周辺へという同心円的空間観念は、あくまでも中央の知識人に典型的に見られるものである。現実の中世人たちは、たいへん多様な空間認識をもっていて、どこに住んでいるかによっても、どの社会階層に属するかによっても、大きくちがっている。だがそのいっぽうで、一般人が日本というものを意識にのぼせるさいに、中央の知識人の語りや著作によって与えられる枠組みが、大きな影響力をもったことも忘れてはならない。したがって、その枠組みを明らかにしたうえで、そこから外れるものの存在や様相、たとえば東北地方の民衆にとってはどうであったかというような問題を、考えていくことが求められる。斉藤の仕事は、そのような部分を明らかにしたものとして、積極的に位置づけることができる。

さて、おおよそ以上のように諸学説を位置づけたときに、外浜や夷島、鬼界島や高麗などといった、境界空間に与えられたさまざまな名前に、どんな角度から接近していけばよいか、という問題にたどりつくことになる。

北方史の多様なアプローチ

右のような境界論に大きく重なって、近年の日本中世史学界全体を見渡しても、たいへん活発に研究が展開されている注目すべき分野に、北方史がある。ここでは三つないし四つに整理してみたが、無理にわければこうなるということであって、研究の現場では、いくつもの方法をあわせ用いながら、北方の住民たちの境界意識をとらえようと苦闘しているのである。

㈠　まず、〈境界権力論〉とでも呼ぶべきものがある。境界領域を活動の場としつつ、その周辺にまで大きな影響をおよぼす、もちろん中央ともつながっているし、いっぽうでは日本の国家領域の外側の世界とも深い関係をもって存在している、というような地域権力である。なかでも津軽安藤氏が代表的な存在で、中世北方史の研究者で安藤氏にふれない者はいないほどである。研究を総括した文献として、小口一九九五をあげておきたい。

もちろん境界権力は安藤氏だけではなく、古い時代では安倍氏・清原氏・平泉藤原氏、中世後期では安藤氏のライバル南部氏や、安藤氏の被官から身を起こして北海道唯一の近世大名となった蠣崎《かきざき》（松前）氏、中央貴族に出自して浪岡御所と呼ばれた北畠氏、その他についても、多数の研究が蓄積されている。これをどう理解するかについては、大きく分けてふたつの流れがある。ひとつは中央権力から「北の備え」を委任された側面を重視する立場、もうひとつは「王国」と形容されるような中央からの独立性を強調する立場である。現実には、平泉藤原氏に典型的なように、かれらは双方の顔を使いわけており、そこにこそ境界性があらわれていると考えられる（遠藤一九九二、海保一九八七、大石二〇〇一、入間田一九九八、同二〇〇五）。

かれらの拠点となった城館に関する考古学・歴史地理学の方法による研究もさかんで、北海道の勝山館（網野・石井編二〇〇一）や志海苔《しのり》館、青森県の尻八《しりはち》館や福島城や浪岡城（中世の里シンポジュウム実行委員会編一九九二）、秋田県の脇本城や檜山城などにおいて、発掘を中心に総合的な調査・研究が実施され、めざましい成果をあげている。港湾遺跡としてはなんといっても津軽の十三湊遺跡に指を屈する〔前川要・十三湊フォーラム実行委員会編二〇〇六〕。

㈡　つぎに、研究の素材に即して立てられる項目として、〈家譜・系図〉〔平川一九九三a、同b、同c、入間田一九九八、樋口二〇〇六〕および〈説話・縁起〉〔斉藤一九九〇、誉田二〇〇〇、佐々木二〇〇七〕がある。代表例をひとつずつあげると、先祖を天皇に反逆した蝦夷に求める『安藤系図』、そして建長寺の地蔵菩薩が夷島を遊化《ゆうげ》したことを語る『地蔵菩薩霊験記』がある。むろんこうした史料が中世史研究の有力な材料となるのは、北方史にかぎったことではない。しかし、たとえば京都周辺の歴史であれば、貴族の日記や寺社の古文書といった、伝統的歴史学の方法論で一級史料とされるものがふんだんに使えるが、境界の歴史となると、そういうものには恵まれない。それだけに、二次史料だから信用がおけないとして低く評価されてきた素材を、使わざるをえない。

しかし、「使わざるをえない」という消極的な観点からではなく、むしろ、そういう素材だからこそ語ってくれる歴史がある。たとえば、系図である人が祖先とされているということは、それが史実であるかいなかにかかわらず、だれそれを祖先とする意識そのものが、そのもちぬしの生きた時代のひとつの真実なのである。あるいは、中世という時代には、仏教的なモチーフのなかで、地方社会のようすを物語るエピソードを集めた本がたくさん残っている。話の内容は事実とはいえなくても、その時代、その地域に生きた人々の考えかたや信仰のありさまがしるされている以上は、それも貴重な史料になる。

㈢　最後に、上記の〈説話・縁起〉と大きく重なるアプローチであるが、〈宗教各派の教線拡大〉をあげよう〔佐々木二〇〇四、同二〇〇七、誉田二〇〇〇〕。近年ふれられた具体的テーマを例示すると、夷島に垂迹した建長寺の地蔵菩薩〔前述〕、若狭から奥尻島への曹洞宗伝播、「奥州津軽一円・同ゑずがしま一円」に設定された熊野旦那職、真宗本願寺派が上ノ国ついで松前に開いた夷浄願寺、などがある。これらについてもゆるぎない史料がそれほどあるわけではない。しかし、仏教が北海道島にひろがるというのは、日本的な仏教が異民族のなかに浸透していくという事態であるから、たとえば京都や鎌倉での諸宗派展開などとはまったく異なる歴史的意味あいが、あったはずである。このテーマの第一人者佐々木馨は、「北海道仏教史の「北海道的」所以」を、つぎの点に求めている〔佐々木二〇〇四：六五五頁〕。

北海道が日本において唯一、……アイヌ民族と宗教問題が常に交差する場であった点である。それに対して、先住のアイヌ民族は、教育による「臣民化」という大きな代償の上に、自らの伝統的な民族としての心である独自の宗教観を、断固貫き通した。

南島史の勃興

「北方史」にくらべると、西（南）の境界空間に関する研究はたちおくれ気味だったが、薩摩半島西岸に位置する中世前期の港湾遺跡持躰松《もったいまつ》遺跡の発見〔一九九六年〕をきっかけとして、考古学・文献史学の協業により急速に進展しつつある。その様相をはじめて本格的に復元した近著のなかで、柳原敏昭は、一九八〇年代の「北からの日本史」研究の進展を念頭におきつつ、「南からの中世史」を構築できないかという思いを抱いていた、と回想している〔柳原二〇一一：四頁〕。境界への視線が宋人居留地とされる「唐房」地名への関心をともなっていたことに、北方史にはない独特の色あいが見いだされる。そのいっぽうで、古琉球史の研究は、高良倉吉『琉球の時代』〔高良一九八〇〕の刊行を道標として、隆盛にむかいつつあったが、その指向は「独立国家」としての性格を強調する点にあり、日本中世の境界空間との関連づけは十分とはいえなかった。

そうなったおもな要因は、九州と琉球の中間にある南西諸島の位置づけが十分でなかったことにある。比喩的にいえば、「鹿児島県史」の周辺部として扱われ「沖縄県史」との関連づけが不足していた。しかしこの島々は、はじめ薩摩の領主の所領としてあらわれ、やがて琉球王国の繁栄にともなって、奄美群島までがその版図にくりこまれたという歴史をもつ。まさに境界ならではのゆたかな問題をはらむ希有な素材なのである。

一九九〇年代にはいって、永山修一「キカイガシマ・イオウガシマ考」〔永山一九九三〕をかわきりに、この地域の古代・中世史の本格的な解明が進みはじめた。石上英一による編年史料の集成〔石上一九九〇—一九九八〕や、持躰松遺跡（薩摩半島）・ヤコウガイ大量出土遺跡群（奄美大島）・城久《ぐすく》遺跡群（喜界島）・カムィヤキ古窯跡群（徳之島）をはじめとするめざましい発掘調査の成果がはたした役割も大きかった。そうした研究の活況を伝える文献として、『カムィヤキ古窯跡群シンポジウム』〔奄美群島交流推進事業文化交流部会編二〇〇二〕と、二〇〇七年に奄美大島・喜界島で開かれたシンポジウムを踏まえた『古代中世の境界領域——キカイガシマの世界』〔池田編二〇〇八〕がある。

南西諸島なかんずく奄美群島地域の古代・中世史研究の進展にともなって、この地域が琉球列島に対してむしろ先進的だとし、琉球王国成立の主要な契機としてこの地域の動向を位置づける研究もあらわれている。考古学からの高梨修『ヤコウガイの考古学』〔高梨二〇〇五〕と、広義の歴史学からの吉成直樹・福寛美『琉球王国誕生』〔吉成・福二〇〇七〕が代表的なものである。こうした研究動向は、巨視的にみれば琉球史の起源をヤマトからの直接的影響に求めるもので、ヤマトからの独立性を強調する立場とは逆の方向性をもっている。これに対する沖縄側の反応は、ヤコウガイ大量出土遺跡群の評価に関する安里進の高梨説批判〔安里二〇一〇〕をのぞいて、まだ明瞭にはあらわれていないが、いずれ本格的な議論が展開することと思われる。

それとはいちおう別に、古琉球研究は驚くほどのもりあがりを見せている。それを支えているのは、北方史の(二)と対応するような、多様な史料の活用である。高良倉吉『琉球王国の構造』〔高良一九八七〕を嚆矢とする辞令書研究の進展は、奄美群島地域の事例を中心に、高良自身によってまとめられた〔高良二〇一一〕。沖縄県史編纂事業による『歴代宝案』校訂本・訳注本の刊行〔沖縄県、古琉球に相当する部分は、一九九二—一九九七年刊〕は、大交易時代研究の史料環境を一新した。それに支えられて、岡本弘道『琉球王国海上交渉史研究』〔岡本二〇一〇〕のような精緻な研究があらわれている。従来文学研究の素材とされてきた『おもろさうし』を歴史史料として読み直す研究〔吉成・福二〇〇六〕や、北方史の㊂と対応するような琉球仏教史の大著〔知名二〇〇八〕も刊行された。また、二〇〇九年が島津氏の琉球征服から四〇〇周年ということで、この事件を通じて琉球―ヤマト関係を見直す動きもめだった。同年に刊行されたふたつの著作、豊臣・徳川・島津氏それぞれの立場から事件を分析した上原二〇〇九と、国家間戦争という観点をうちだした上里二〇〇九をあげておく。

流通・交易の視点から

現在、国家の境界すなわち国境は、陸地上にあるばあいは一目瞭然で、地図上に引かれた線として存在し、その線を道路が横切るときにはゲートが設けられる、というようなかたちで存在している。水面にあるばあいは、河川や海峡では陸上と同様の形態をとることもあるが、それ以外は、陸地に接続する一定範囲が領海や排他的経済水域（EEZ）として、特定の国家の支配下におかれている。そして国境のばあいも、領海・EEZと公海との境のばあいも、境界それ自身には面積がないと観念されている。

しかし、前近代の境界はけっしてそういうものではなかった。「外浜」とか「鬼界島」とかいう地名があらわす漠然とした広がりそのものが境界である、というばあいが圧倒的に多く、面積のない境界線といえるようなものは通常存在しない。しかも、「外浜」や「鬼界島」がつねに中世国家の東西の境界だというわけでもなく、史料あるいは時代のちがいによっては、別の場所が境界としてあらわれる。つまり、境界がのびたりちぢんだり、行ったり来たりするのである。そういうソフトな境界がなぜ生まれてくるのだろうか。

日本に住む米人日本史研究者ブルース゠バートンは、前近代日本の境界を理論的に整理するなかで、つぎのように述べた〔バートン二〇〇〇〕。境界には安定的なあまり動かない boundary と、不安定で浮遊する frontier とがある。前者の代表は対馬と朝鮮との間の境であり、後者は「外浜」のような北方における境界、「鬼界島」のような南方における境界である。なぜそうしたちがいが生じたのか。壱岐・対馬方面の境界の先にある朝鮮半島には、新羅、高麗、朝鮮と時代によって呼び名は変わるが、どの時代にも日本と明らかに異なる別の中心としての国家が存在した。このような、ふたつの国家間の境という性格を帯びる境界には、ある程度の安定性があって、線に近いものとなり、ふらふらと行き来したりはしない。それに対して、北方や南島方面の境界は、その先に朝鮮と対比できるような国家がかならずしも存在せず[1]、いちじるしい境界のゆらぎが認められる。

バートンによるこの対比は、境界を理解するために有益ではあるが、絶対的なものではない。朝鮮半島を意識した境界を考えてみても、たしかに、かなり今の国境線に近いイメージでとらえている史料もある（村井一九八八：四五頁）。しかし、一〇世紀はじめの『延喜式』（巻二十三）には、「辺要」すなわち国家周辺部の軍事的要地が、国単位で規定されている。すなわち、北方ではエミシと対峙する陸奥・出羽があがっているが、それ以外は佐渡・隠岐・壱岐・対馬の四つである。新羅という朝鮮半島の国家の存在が、日本の古代国家にとって大きな軍事的脅威と意識されており、それに備える要地として、これらのたいへん広い範囲におよぶ国々が指定された。これもひとつの境界だといえよう。つまり朝鮮半島を意識したばあいでも、いつも対馬と朝鮮との間の海だけが境界だったわけではなかった。

さらに中世になると、日本の西の境界を指すことばとして、「鬼界・高麗」という熟したフレーズがあらわれる。この意識のなかでは、朝鮮半島までも境界にはいってしまっているのである。これと対比できるのが外浜／夷島という対である。境界空間としての外浜の先に夷島（北海道）が存在するわけだが、夷島までも境界という広がりのなかでとらえてしまうような意識のありかたがあった。以上より、朝鮮半島との間の境界だけが特殊であって、その理由は境界の外に確固とした外国が存在するからだ、という解釈が、かならずしも十分でないことがわかる。

境界を語るテキストはほとんど中央の知識人の手になるが、その情報源はかれらの実体験ではなく、境界空間に生きる人々（これを「境界人」と呼ぼう）の諸活動（なかんずく交易）に発する諸情報である。そこで境界人の視座から境界空間を見直すならば、境界のゆらぎという現象は、境界人の活動範囲ののびちぢみで説明できるだろう。たとえば、鎌倉後期成立の長門本や延慶本の『平家物語』には、「鬼界十二島」のうち「口五島」は日本に従っているが「奥七島」は従っていない、という記述があり、日本の限界を奥七島（吐噶喇《とから》列島）の手前にある吐噶喇海峡までと認識している。ところが、薩摩国川辺《かわなべ》郡に本拠を置く武士千竈《ちかま》氏の嘉元四年（一三〇六）の処分状には、七島（吐噶喇列島）はおろか奄美大島・喜界島・徳之島という奄美群島の島々までが相続財産として登場する（本書第Ⅰ部第三章）。おなじ時代でも人によって境界観にずれがあったことになる。これはおそらく、中央部にいてはるか彼方を眺めやっている文化人と、境界に住んで境の外との交易で生きている商人的武士とのちがいだろう。後者で境界が外へと広がっているのは、千竈氏の経済活動——島の相続財産としての価値はおそらく交易拠点という点にあった——の拡張が反映されたものと考えられる。

このように、交易を中心に考えると、境界空間が柔軟にのびちぢみする理由を、ある程度説明することができる。すなわち、境界空間を根拠地とする勢力の活動が、活発化して異域奥ふかくまで達すれば、そこで獲得された情報が中央に環流して、境界を外におしひろげる。逆に活動の衰退は境界をちぢませるだろう。交易ルートがのびればより遠くのようすがわかってくる。その情報が中央に還流した結果、日本のはてが外へとずれることになり、それを表現することばもゆれ動く。

さらに、伸縮自在な空間として存在した境界においては、そのこちら側とむこう側とがまったくちがった属性をもつというわけではなかった。たとえば東（北）方では、境界の外側でも内側でもアイヌと和人の雑居があり、内国化された領域でも、叛逆の輩が王民に名前を変えたにすぎない、といった状態がつねに存在した。対馬と朝鮮半島東南端をふくむ空間も同様である。この状態は、境界の両側に経済的な関係が日常的に結ばれているからこそ、持続していくものであろう。したがって、戦争にひとつの極致を見るような政治的対立関係だけに囚われるのではなく、対立しているかにみえる両者の間にも日常的にはさまざまな経済関係が存在する、という観点に立って境界を見ていく必要がある。

なお断っておきたいが、以上は交易という観点だけで境界を見るべきだ、という意味ではない。伸縮自在な境界を説明するには交易の観点がより有効だ、というにすぎず、逆に線に近いハードな境界は、政治や戦争の観点でよりよく説明されるだろう。さらに、交易がなりたつには一定の秩序が必要であり、権力による一定のコントロールが不可避になる。その意味では交易も政治的支配を前提とするわけで、経済と政治の両面につねに目を配らなければならない。

二　日本国の「四至」

中世的境界表象――「四至」

中世の人々は、荘園や寺域のような空間のひろがりをあらわすさいに、東西南北四つの方向における内部空間の限界点を、「東ハ限ル〇〇」「北ハ××ニ至ル」のような形式で表現し、これを「四至」と称した。

たとえば、備後国の著名な大荘園大田荘は、一一六六年に世良郡大田郷・桑原郷が郷司橘氏によって平重衡に寄進され、さらに重衡が後白河法皇を本所に仰いで再寄進することで成立した。そのさい後白河院庁から発せられた下文は、つぎのようにしるす（『丹生神社文書』永万二年正月一〇日下文案）。

可㆘早任㆓尾張守平朝臣重衡寄文㆒、為㆓御領㆒堺㆓四至㆒打㆓牓示㆒、使者・国使相共立券言上㆖、大田幷桑原両郷荒野山河等事。

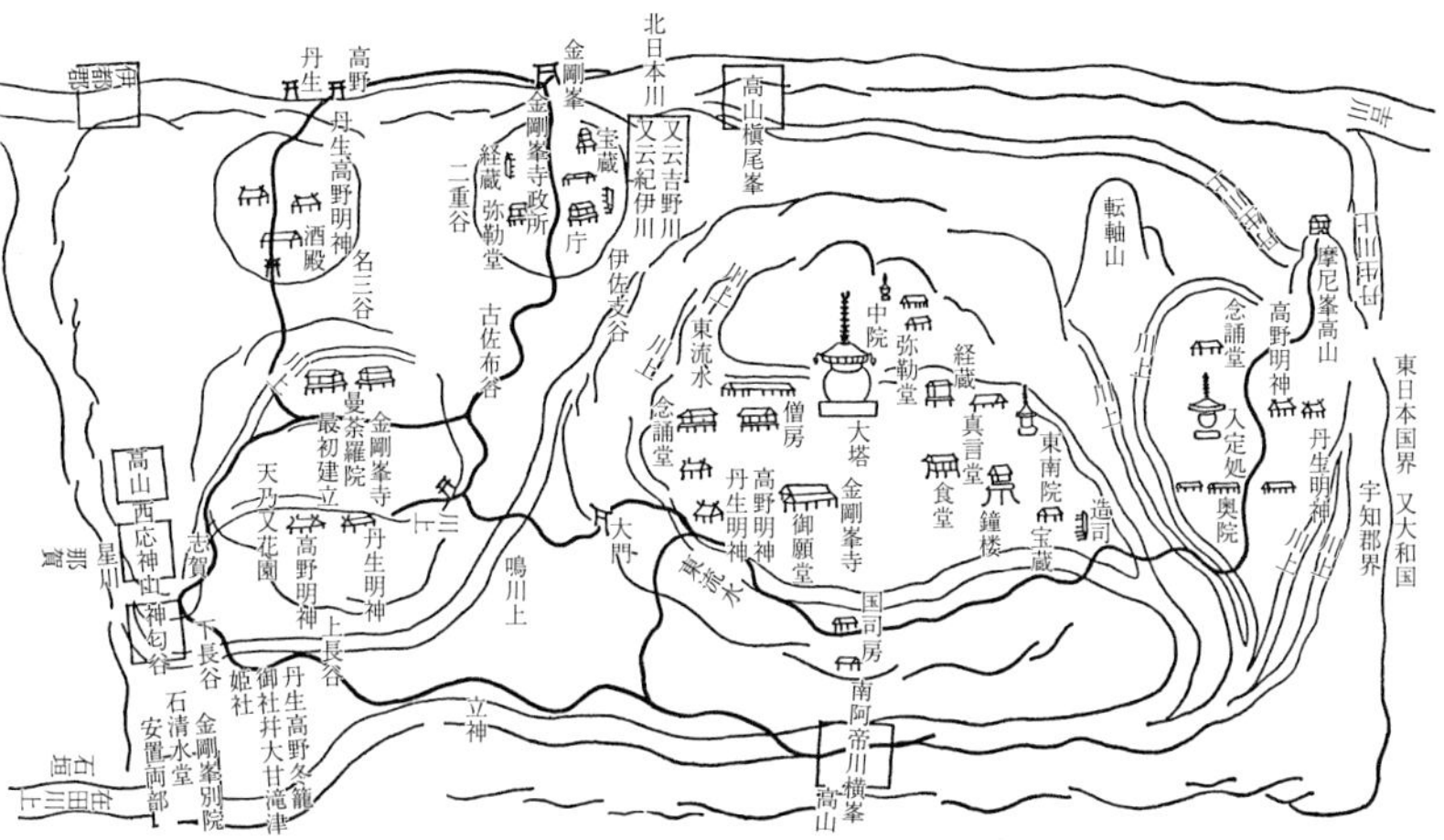

図1　太政官符并遺告　高野絵図（小山靖憲『中世寺社と荘園制』塙書房，1998年より）

在管世良郡東条内。

四至　東限矢田堺　南限西条堺
　　　西限羽賀山　北限小童堺

領域の確定は、院庁使と備後国使のたちあいのもとで、「四至」を定め、「牓示《ぼうじ》」（境界の標識となる杭や石）を打つことで進められた。以下、田中一九九〇（七頁以下）に従って現地に比定する。まず東に堺を接する「矢田」は、広島県府中市上下町矢多田に「防地《ぼうじ》」という小字が残ることから、矢多田に比定される。南に堺を接する「西条」は国衙領の世良西条で、のち神崎荘が成立する。西方の「羽賀山」は世羅町京丸の小字羽賀付近で、京丸西方の天王山がもと羽賀山と呼ばれていた可能性がある。北に堺を接する「小童《しち》」は京都祇園社領の小童保で、三次市甲奴町に「小童」という字が残る。堺を他領と接するばあいは「堺」の語が使われているのに対して、西方を限るのは「羽賀山」という自然物である。これを先述したboundary／frontierの対概念で解釈することもできよう。ところが同年の立券文では、東・南・西限はおなじだが、北限が「三谷西条堺」となっている（『高野山御影堂文書』）。「三谷」は世良郡の北に接する郡名である。この異同は、院庁下文が出されてまもなく、宇賀村が新寄進されたことにより生じた。

また、高野山の発祥を語る『御手印縁起』によれば、弘仁七年

（八一六）に空海が太政官符によって「東限丹生川上峯、南限当《あて》川南長峯、西限応神山谷、北限紀伊川」と表示される領域を賜ったという。その前提となった応神天皇による「奉寄」の範囲は「東至丹生川上、南至阿帝《あて》川南長峰、西至星川神勾谷、北至吉野川」とあって、弘仁官符とほぼ重なる。ところが別の所伝では、入山した空海のもとに丹生津《にうつ》比女《ひめ》と高野大明神が示現し、昔応神天皇から給わった家地数万町の四至は「東限大日本国、南限南海、西限応神山谷、北限日本川」だ、と告げたという（『御手印縁起』所収承和元年一一月一五日当山弟子等宛「遺告」）。奔放きわまる言説だが、これが多数の実在する堂舎や山川を包みこむひろがりとして地図に描かれ（図1）――右辺に「東日本国界」、上辺に「北日本川」の文字がしっかりと見える――、平治元年（一一五九）以降高野山の寺域を明示する法的根拠として、相論の場にくりかえしもちだされるようになる。[2]

右の四至でくぎられた高野山の領域は、「遺告」に「去る弘仁七年、是の山を表請し、殊に入定の処と為す、是れ峯は絶遥にして人気《じんき》を阻み、吾れ住みし時頻りに明神の示現在り」とある（原漢文）ように、聖性でみたされた空間であった。とくに「大日本国」の西に隣りし、北が「日本川」で限られる、という表現は注目される。

ここに出る「日本《やまと》」は、それ自体は大和国を意味するにすぎない。『御手印縁起』中「官符所載四方高山」の項に「東高山摩尼峯（大日本国、今大和国名也。紀伊国境山也。謂丹生川川上是也。）」とあり、また「高野絵図」において、「大日本国」は「又大和国宇知郡界」、「日本川」は「又云吉野川、又云紀伊川」と説明されているからである。しかし、南限を海にまで拡張したうえ、二か所であえて「日本」の文字を入れたメンタリティからは、高野山が「日本」からも聖別された特別の宗教空間である、とする自己主張を読みとることもできる。けだし「日本川」とは「日本」との境をなす川の意であろう。

国の「四至」とそのゆらぎ

同様の観念は「日本国」というひろがりにも適用され、その「四至」がさまざまに表現された。その事例を集めて表にしてみると、[3] つぎの五つの特徴が看取される。

第一に、これらの四至は固有名をもつ「境界空間」として存在し、現代の「国境」が表象するような面積のない線ではない。しかもその外延があいまいに境内または境外に溶けこんでしまうようなひろがりであり、国の内／外の要素が入りまじる両義性・両属性で彩られた空間だった（村井一九八八：第Ⅲ章）。政治支配の観点からは、日本国の限界は郡の設置範囲としてとらえることができる。それは東方では本州の北端まではおよばず、西方では種子・屋久を除く南島にはおよばない。平安中期以降、荘園が設置される範囲も、これとおおよそ重なっており、内国的支配のおよぶ限界を示している。中世、その外側の境界空間に与えられた名前が外浜と鬼界島であった。

第二に、内から外への空間の位相差がケガレの強度として観念されていた。事例①は、九世紀後半の儀式書にみえるもので、宮廷における大晦日の追儺《ついな》の儀式（節分の鬼やらいとして今に伝わる）で天皇が神前で読みあげた宣命である。

穢く悪《あし》き疫鬼の所所村村に蔵《かく》り隠《かくら》ふるをば、千里の外、四方の堺、東方陸奥、西方遠値嘉、南方土佐、北方佐渡よりをちの所（遠く）を、なむだち（お前たち）疫鬼の住かと定賜ひ行賜ひて、五色宝物、海山の種種《くさぐさ》味物を給て、罷賜移賜ふ。所所方方に急に罷往と追給と詔《のたまう》に……

国の四至が、その内側から疫鬼（疫病＝ケガレの形象化）を追却すべきひろがりとしてあらわれている。[4] 都やその周辺の人々は、自己をとりまく空間を、究極の「浄」としていっさいの「穢」から遮断された天皇の身体を究極の中心として、それを内から外へ、まず内裏、ついで洛中が包み、さらに「地域空間」のレベルでは、中心（西国）―周縁（東国・南九州）―境界―異域の順で「穢」の度合いが強くなる〈浄―穢の同心円〉として把えていた。それぞれのひろがりは必ずしも明確な輪郭線をもたず、外へ行くほどケガレの強まるグラデーションをなしていた。この空間連鎖の上にあって、境界の住人は「人ではあるが人らしくない」存在であった。その外の異域は、国家の支配がまったくおよばない「穢」にみちみちた空間であり、そこの住人は「鬼」として表象された。

第三に、テキストとして『新猿楽記』『保元物語』『承久記』『八幡愚童訓』『曾我物語』『融通念仏縁起』『義経記』『ひめゆり』など文学作品が圧倒的に多く、『日蓮遺文』『入来文書』『今堀日吉神社文書』という古文書がこれに次ぐ。古代では『貞観儀式』『延喜式』という法制史料で東西南北の果てを陸奥・遠値嘉[5]・土佐・佐渡としている（事例①）のと対照的で、中世においては日本のひろがりは、武家の力のおよぶ範囲、あるいは商人や勧進聖の活動範囲などに関する、社会意識として表象されていた。

第四に、南の境は土佐、熊野、伊豆大島、北の境は佐渡島、越後の荒海であるが、ともに出現回数が少ないのに対して、東と西はかならず登場している。前近代の方位観において列島は、現在の感覚とは異なって、東西に長く横たわっていると観念されていた（応地二〇〇二：七二―七四頁）ので、京都に立って四囲を見たとき、熊野や土佐が南、佐渡が北の果てと意識されることになった。しかし、古代において、出羽の蝦夷を「北狄」、薩南諸島―琉球を「南島」とよぶ意識もたしかに存在した（小口一九九八、坂上二〇〇八）から、中世では、本州東北端―蝦夷島に東と北、薩南諸島―琉球に西と南の方位観がダブっており、それが右の方位観とあいまって、東と西で日本の境界を代表させることになったのであろう。

北	年 代
佐渡	859-877 927
	11 世紀初
	1223 以後
	1223 以後
	鎌倉中期
	1265
	1277
	鎌倉末？
	鎌倉末
佐渡北山	同上
佐渡嶋	同上
	1384-86
北山佐渡島	室町
	室町
佐土嶋	1529 以前
越後の荒海	1605 ころ
佐渡か島	1615-23

①の典拠を延喜式からよい，③⑯⑰を追加した．

第五に、境界としてあらわれる地名にテキストによるゆらぎが大きい。多少整理を加えたとしても、北では佐渡、越後の荒海の二つ、南では土佐、熊野、伊豆大島の三つ、

No.	史　料	東	西	南
①	貞観儀式巻10 延喜式巻16 陰陽寮	陸奥	遠値嘉	土佐
②	新猿楽記	俘囚之地	貴賀之嶋	
③	半井本保元物語巻中	エズガ住ナルアクロ・ツガル	鬼界島	
④	金刀比羅本保元物語巻中	阿古流・津軽・俘囚が千嶋	鬼海・高麗	
⑤	慈光寺本承久記巻上	アクロ・ツカル・夷ガ嶋	九国・二嶋	
⑥	日蓮遺文	イノ嶋	筑紫	
⑦	入来文書	えそかしま	ゆはをのしま	
⑧	八幡愚童訓甲本	ソトノ浜	鬼界嶋	
⑨	妙本寺本曾我物語巻3	外浜	鬼界嶋	
⑩	同巻5	安久留・津軽・外浜	壱岐・対馬	土佐波达
⑪	同巻9	アクル・津軽・ヘソか嶋	鬼界・高麗・硫黄嶋	熊野御山
⑫	融通念仏縁起	えす	いはうか島	
⑬	義経記巻5	蝦夷の千島	博多津	
⑭	ひめゆり	ゑそか嶋	きかい・かうらい	
⑮	今堀日吉神社文書	日下	鎮西	熊野之道
⑯	十行古活字本曾我物語巻9	奥州外浜	鎮西鬼界島	紀伊路熊野山
⑰	北条五代記巻5	夷か島	鎮西鬼界か島	伊豆の大島

* 村井章介『アジアのなかの中世日本』(校倉書房，1988年)114頁に掲げた表をベースに，り古い貞観儀式にさしかえ，⑮を網野善彦『日本論の視座』(小学館，1990年)69頁によって補

西では五島、鬼界島(硫黄島)、高麗、九国(筑紫・鎮西)、博多、二島(壱岐・対馬)の六つ、東では陸奥、俘囚之地、アクル(阿古流・アクロ)、津軽、蝦夷島(俘囚が千島・イノ嶋・ヘソが嶋・蝦夷の千島)、外浜、日下《ひのもと》の七つの地名がみられる。境界観念はふくらむと、鬼の住む異域とされていた蝦夷島や、明らかに外国である高麗までも浸蝕していくのである。ここにも境界の可変性が示されている。こうしたゆらぎは、テキストの記述者・享受者のいる場所や、かれらの属する社会層のちがいを反映すると同時に、とくに西方では、境外へいたるルートが

複数あったことからも発していた(後述)。

俊寛物語を読む

「鬼界島」の名からだれもが思いうかべるのは、『平家物語』の俊寛流刑譚であろう〔村井二〇〇六：第四章〕。「鹿ケ谷の謀議」とよばれる平家打倒の陰謀が、後白河上皇を黒幕としてめぐらされる。それが清盛の知るところとなって、首謀者と目された三人、法勝寺執行《しゅぎょう》俊寛僧都・平判官康頼・藤原成経《なりつね》が鬼界島に流される。そこは、「都を出てはるばると、浪路をしのいで行所也。おぼろげにては(容易には)舟もかよはず」というような、絶海の孤島だった(巻二・大納言死去)。翌年、康頼と成経には赦免が出たが、俊寛はたったひとり残されてしまう。後日、有王《ありおう》という若い僧が、都からはるばると島に渡り、師匠の俊寛と再会して、娘から託された手紙を渡す。まもなく俊寛は島で生涯を終え、有王は遺骨を首に掛けて島を出て、高野山で供養する。

この物語から、歴史研究の立場から何を読みとるか。「舟もかよはず」に続く部分に、「嶋にも人まれなり。をのづから(たまには)人はあれども、此土《このど》の人にも似ず。色黒うして牛の如し。身には頻に毛おひつゝ、云詞《いうことば》も聞しらず。男は烏帽子もせず(まっとうな男であればかぶる)、女は髪もさげざりけり(まっとうな女であれば髪をうしろに束ねて垂らす)」とある。中世人の観念では、境外に住む者は鬼であった。これに対して、鬼界が島の住人はあくまで人であるが、都やその周辺に住む普通の人ともちがう。この二重性は、鬼界島という場所が、中世の日本において、境内と異域との境界にあって、両方の性格をかねそなえた空間であることを、反映している。

『平家物語』のなかで、「鬼界」ということばはさらに三か所に見える。まず巻五・都遷《みやこうつり》に、「御門《みかど》かくれさせ給ひしかば、きさき神功皇后御世をうけとらせ給ひ、女躰として、鬼界・高麗・契丹までせめしたがへさせ給ひけり」とある。巻十・請文《うけぶみ》では、都落ちした平家が、もし都を奪回できなければ、鬼界・高麗・天竺・震旦にいたるべし、とある。巻十一・逆櫓《さかろ》では、義経が、「陸《くが》は齣《こま》の足のおよばんかぎり、海はろかいのとづ（届）かん程」、どこまでも平家を追いかけていくぞ、といっているところに、鬼界・高麗・天竺・震旦というおなじ場所が出てくる。これらの例から鬼界という場の特徴を抽出すると、かぎりなく異域に近い日本の果ても果てというイメージが得られる。そういう場所で生涯をおえることになってしまった境遇のあわれさが、物語の主要なモチーフになっている。

　ところが、俊寛物語の発するメッセージにはもうひとつの側面がある。巻二・康頼祝言《のっと》に「さるほどに、鬼界が嶋の流人共、つゆの命草葉のすゑにかゝて、おしむべきとにはあらねども、丹波少将（成経）のしうと平宰相（教盛）の領、肥前国鹿瀬《かせ》庄より、衣食を常にをくられければ、それにてぞ俊寛僧都も康頼も、命をいきて過しける」とある。成経の岳父平教盛が所有する鹿瀬荘（有明海最奥のデルタ地帯にあった）から、生活必需品が島に送られ、それによって三人とも生存できた、という。鬼界島は、絶海の孤島、地の果てというのとは明らかにちがって、鹿瀬荘からのびる物流ルート上に位置する島であった。

　そのルートをつたって商人が活動していた。有王が薩摩から鬼界が島に渡る場面を、巻三・有王はこう描く。「商人《あきんど》船にのて、件の嶋へわた（渡）てみるに、都にてかすかにつたへ聞しは事のかずにもあらず」。また九州へ戻る場面でも、「荼毘事をへ（終え）にければ、白骨をひろひ、頸にかけ、又商人船のたよりに、九国の地へぞ着にける」とある（巻三・僧都死去）。鬼界島は、商人船がかなりの頻度でたちよる、航路上の一地点を占めていたのである。

　では何のために商人が島にたちよるのか。巻三・有王にはこんな記述もある。「此嶋には人のくい物たえてなき所なれば、身に力のありし程は、山にのぼて湯黄と云物をほり、九国よりかよふ商人にあひ、くい物にかへなどせし」。俊寛自身が硫黄の採掘と交易で食べていたわけではなかろうが、鬼界島が硫黄によって生計を立てていたことを、俊寛に託して表現したもの、と読むことはできる。そして、硫黄の販路は、日本国内よりはむしろ中国大陸にのびていたから、鬼界島を経由する海の道も、外へ外へとひろがっていくものだった。これが境界としての鬼界島のもうひとつの顔である。

両端の対照と近接

中世における国の「四至」の表現は、南・北の境は出現度数が少なく、多くは東と西の境の対照というかたちであらわれる。まず、一一世紀なかばころの『新猿楽記』は、当時の典型的な遠隔地商人のイメージをつぎのように描く（事例②、原漢文）。

八郎真人は、商人の主領なり。利を重くして妻子を知らず。身を念《おも》ひて他人を顧みず。一を持て万と成し、壌《つちくれ》を摶《うち》て金と成す。言をもて他の心を誑《たぶらか》し、謀《はかりごと》をもて人の心を抜く一物なり。東は俘囚の地に臻《いた》り、西は貴賀が嶋に渡る。交易の物、売買の種《くさ》、称《あ》げて数ふべからず。……

八郎真人の行動たるや、金もうけをもっぱらにして妻子はほったらかし、他人の迷惑も厭わない。一つの物を万にし、土を金に化けさせたり、ことば巧みに他人を誑かし、はかりごとで人を出し抜いたり、といった才能に長けていて、日本全国を往来して大もうけする。その活動範囲が、東は「俘囚の地」――俘囚というのはアイヌ民族がヤマトに帰順したときに与えられる名前である――、すなわち今の東北地方北部で、西が「貴賀の島」、すなわち鬼界が島とされている。

鎌倉時代の半井本『保元物語』巻中（内閣文庫所蔵）にも似た表現がある。一一五六年の保元の乱で、悪左府藤原頼長が死刑になり、それを頼長の父忠実が嘆き悲しんでこういった（事例③）。

左府ハ一度《ひとたび》行テ後、何時《いつのとき》ニカ可来《きたるべき》。東ニ有ト聞バ、エズ（蝦夷）ガ住ナルアクロ・ツガルヘモ、ナドカ馬ニ鞭ヲモ可不打《うたざるべき》。西ニ有ト聞バ、鬼界島ノ方ヘモ、ナドカ船棹《ふねにさお》ヲモ可不指《さざるべき》。

愛する息子が東にいると聞けば、アクロ・津軽へも行くし、西にいると聞けば鬼界が島へでも行く。生きていさえすれば、果ての果てまで尋ねていく……。その限界点として、東はアクロ・津軽、西は鬼界島が出てくる。東へは馬で行き、西へは船で行くというように、京都を中心とした交通手段のちがいも書きこまれている。

これが金刀比羅本では、「西は鬼海・高麗、雲のなみ烟《けふり》のなみをしのぎても、左府有と聞えなば、舟に棹をもさしてまし。東は阿古流《あこる》や津軽・俘囚《えう》が千嶋なり共、左府住としりなば、駒に鞭をも打ぬべし」となっていて、西では高麗、東では俘囚が千嶋すなわち北海道までが、境界空間にとりこまれている（事例④）。

右の三例は貴族層の境界観といってよい。では新たに登場した武家政権は、どのように境界を意識していただろうか。曾我兄弟の仇討ちを描いた『曾我物語』に、頼朝の側近安達盛長が見た夢の話がある（事例⑨。典拠の語り物的用字・文体を、わかりやすく改変して掲げた。後出の事例⑩・⑪も同様）。

盛長打驚て（目覚めて）佐殿《すけどの》（頼朝）の御前に参りつゝ、今夜君の御為に目出き御示現（お告げ）を蒙て候なり。君は（中略）左の御足にては奥州の外の浜を践《ふみ》、右の御足にては西国鬼界が島を践、左右の御袂《たもと》には月日《がつじつ》を宿し、小松三本を御粧《かざり》と為しつゝ、南に向て歩ませ候と、見進《まいら》せて候つると申ければ……

盛長の夢にあらわれた超巨大な頼朝は、左足で外の浜を踏み、右足で鬼界が島を踏んでいた。これは日本の果てから果てまでが頼朝の支配下に入ったことを表象している。それを言祝ぐかのように、左右の袂には月と日があしらってあり、小さい松を三本、髪の毛に挿している。

この例は、貴族層の境界観を引き継いだ部分もあるが、より積極的で、外にひろがっていくイメージを伴う点にちがいがある。南面するだけでなく、南にむかって歩いていくという行動に、従来の貴族層にはなかった幕府の積極性、新しさが表現されている。そして、幕府の境界領域への関わりかたは、武力によって国家内に重要な位置を占めるようになった権力にふさわしく、流刑地としてが中心だった。

薩摩国入来院（今の鹿児島県薩摩川内市入来町）を領した渋谷氏が伝える『入来院家文書』に、建治三年（一二七七）

一〇月二一日の日付をもつ渋谷重経の置文（子孫に訓戒を垂れる文書）がある。この置文で重経は、与一重員・七郎頼重というふたりの息子の不孝な行為を金輪際許さない、と強い調子で語りかける（事例⑦）。

ちやうふつ（定仏＝重経）かりんす（臨終）のちかゝらん時、きたりてかんたう（勘当）ゆ（許）りたりと申すさう（雑カ）のもの也。さやうの時きたらハ、そのねたさにちこく（地獄）へを（落）ちう事うたかいないし。さやうならハ、ありのまゝにかミ（上）へ申て、ゆはをのしま・えそかしまへなかすへし。

自分が臨終の床についたとき、こやつらがあらわれて、勘当を解いてもらったなどといい出すかもしれない。[6]もしそうした行為を行なったら、私の恨みのせいで地獄に堕ちることは疑いない。またそのことを知った他の子孫は、ありのままに権力に訴え出て、かれらを硫黄の島や蝦夷が島に流してもらうように。

これは西の境界に接する地域に住む一武士がもっていた境界観だが、そこにも貴族の頭にあったのとおなじような、西の果ては硫黄島つまり鬼界島、東の果ては蝦夷島、というものがあった。さらに注目されるのは、境界地名が罪人の流刑先としてあらわれていることで、武家の境界領域に対する関わりかたの特徴がここにある。俊寛が平氏打倒の陰謀の咎で鬼界が島に流されたのも、そこが最初の武家政権である平氏によって、流刑の地として位置づけられていたからなのであった。

いっぽう、東西両端の対照よりは近接を考えさせる事例もある。中央人の認識の限界点、国家支配がおよぶ果てという類似性にとどまらず、より直接的な近接を考えさせる史料である（『今昔物語集』巻三一・陸奥国安倍頼時行胡国空返語第一一）。

今昔《いまはむかし》、陸奥ノ国ニ安倍ノ頼時ト云フ兵《つわもの》有ケリ。其ノ国ノ奥ニ夷ト云者有テ、公ニ随ヒ不奉ズシテ、戦ヒ可申シト云テ、陸奥ノ守源ノ頼義ノ朝臣責ムトシケル程ニ、頼時其ノ夷ト同心ノ聞エ有テ、頼義ノ朝臣、頼時ヲ責ムトシケレバ、頼時ガ云ク、「……此ノ奥ノ方ヨリ海ノ北ニ、幽ニ被見渡ル地《ところ》有ナリ。其ニ渡テ所ノ有様ヲ見テ、有ヌベキ所ナラバ、此ニテ徒ニ命ヲ亡サムヨリハ、我レヲ難去ク思ハム人ノ限ヲ相具シテ、彼ニ渡リ住ナム」ト云テ、先ヅ大キナル船一ツヲ調ヘテ、……其ノ被見渡ル地ニ行着ニケル。……然レバ胡国ト云フ所ハ、唐ヨリモ遥ノ北ト聞ツルニ、陸奥ノ国ノ奥ニ有《ある》夷ノ地ニ差合タルニヤ有ラムト、彼ノ頼時ガ子ノ宗任法師トテ筑紫ニ有ル者ノ語ケルヲ聞継テ、此ク語リ伝ヘタルトヤ。

陸奥守源頼義朝臣という中央の軍事貴族が、安倍頼時に蝦夷と同心の疑いありということで、頼時を攻めようとした。頼時は、「此ノ奥ノ方ヨリ海ノ北ニ、幽ニ被見渡ル地」へ移住しようとしたが、とても人の住める場所ではないことがわかり、空しく帰った。頼時の渡航先は、一見津軽海峡を渡った先の北海道のように思われるが、傍線部を文末の感想部分と対比させると、「此ノ奥ノ方」＝「陸奥ノ国ノ奥ニ有夷ノ地」、「幽ニ被見渡ル地」(7)＝「胡国」となり、「頼時行胡国空返語」という標題どおり、頼時はその胡国まで行って帰ったという、スケールの大きな話であることが見えてくる。

さて、引用文末尾の感想部分がたいへんおもしろい。「胡国ト云フ所ハ、唐ヨリモ遥ノ北ト聞ツルニ」、すなわち、中国のはるか北には「胡国」という場所があるという知識を前提に、じつはその場所が「陸奥ノ国ノ奥ニ有夷ノ地ニ差合タル」という位置関係にあるらしいと、頼時の子供のひとりである宗任が筑紫で語るのを聞いた、というのである。ここには、中国からも日本からも、北へとずっとたどっていくと、円環がむこう側でくっついているように、おなじ場所に到達する、という地理認識が見られる。

さらに、語り手が筑紫に流された安倍宗任だというのも興味ぶかい。というのも、この宗任を先祖とする系図——その系譜関係は事実とは考えがたいが——をもつ武士団が九州にいる。肥前国西北部の多島海に盤踞する松浦党である。この松浦党と安藤氏は「不思議なほど似たところが多い」〔大石二〇一〇：一五九頁〕。ともに辺境を根拠地として、海を舞台とする生業や海の外との交易によって生きている党的武士団。そこには、農村を根拠とするふつうの武士とはまったく異なって、境界空間で生きるという共通の境遇がある。

三　境界への旅

日本の北境と南境

第二節に掲げた表(五一頁)にあるように、少数の例外をのぞけば、中世において北の境界は佐渡、南の境界は熊野または土佐であった。日本が東西に長く横たわっているという観念は、現代人にはやや意外に思える北境・南境を成立させると同時に、史料上の出現回数が東・西にくらべて少ないという結果をもたらした。そのため、中世日本の北境・南境についての研究は、東西に比して遅れていた。

わずかに先年、石井進によって、佐渡は鎌倉後期に大仏《おさらぎ》氏が、土佐は鎌倉末期には得宗家が、紀伊(熊野をふくむ)は鎌倉後期に重時流が、というように、北条一門によって北境・南境の国の守護職が占取されていることが指摘された〔石井二〇〇二〕。東と西の境界で見られた北条氏による意図的な境界空間の編成(後述)は、南・北の境界にも見いだされるのである。さらに、最近刊行された『古代中世の境界意識と文化交流』〔竹田編二〇一一〕において、意識的に課題が設定された。

北の佐渡については、竹田和夫が日本国の北の守りおよび流刑地としての性格を明らかにし、佐渡北山に住む鬼の伝承や「佐渡が島の近くては(佐渡島が近いというなら)、鬼が島へ追へ」という鳥追い歌など民俗事象にも言及している〔竹田二〇一一〕。一一八一年、横田河原合戦で源氏軍に敗れた越後の城資職《じょうすけもと》が、藤原秀衡の郎従に追われて佐渡へ逃げこんだという話が、京都で流れていた(『玉葉』治承五年七月一日条)。薩摩の阿多忠景が勅勘を蒙って「貴海島」に逐電したのと同様、佐渡が敗者の逃げ隠れできる境界空間と意識されていたことがうかがえる〔柳原二〇一一：二七五一二七六頁〕。

また南の熊野・土佐についても、綿貫友子が、一一〇九年藤原宗忠が熊野詣の終盤、佐野松原で南の大海を望み、「是日域之南極也」という感想を洩らした、という史料〔『中右記』天仁二年一〇月二七日条〕を紹介しつつ、彼岸への通路、再生の場、補陀落《ふだらく》渡海の地といった濃厚な宗教性に注目している〔綿貫二〇一一〕。

表に掲げた一七例のうち、南北の境界がともにあらわれるのは六例である〔事例⑬は南のみを欠く〕。南境は、古代では土佐だった〔事例①〕のが、熊野信仰・熊野巡礼の盛行につれて熊野に移っていくのであろう。妙本寺本『曾我物語』で巻五には土佐〔事例⑩〕、巻九には熊野〔事例⑪〕があらわれるのは、過渡的な状態といえよう。

●当時の世には、東は安久留・津軽・外浜、西は壱岐・対馬、南は土佐の波达《はた》、北は佐渡の北山。此等の間は、越えたりとも何の処何の嶋へ逃れん。終《つい》には尋ね出されて、罪の軽重に随つつ、皆御誡共有《あら》ん。〔事例⑩〕

●遁るればとて何《いずく》まで延《の》がすべし。南は熊野御山を限る、北は佐渡嶋を限る、東はアクル・津軽・ヘソが嶋を限る、西は鬼界・高麗・硫黄嶋を限る。鎌倉殿の御気の懸らざる処やは候ふ。〔事例⑪〕

『曾我物語』の近世初頭の古活字本〔事例⑯〕では、四至を挙げる口調に定型化の痕がうかがえる。北が「越後の荒海」となっているのも、文学的香りをつけ〔「北は佐渡の北山」では「北」が重なって不格好になる〕、東西南北で音数をそろえるための修辞で、『歌舞伎十八番集』所収の「矢の根」や「鳴神」にひきつがれる。

●其の上一旦隠れ得たりと言ふとも、東は奥州外の浜、西は鎮西鬼界が島、南は紀伊の路熊野山、北は越後の荒海までも、君の御息の及ばぬ所あるべからず。〔事例⑯〕

●日本六十余州は目《ま》の辺《あた》り、東は奥州外ヶ浜、西は鎮西鬼界ヶ島、南は紀の路熊野浦、北は越後の荒海まで、人間の通はぬ所、千里も行ケ万里も飛べ、イデ追駈けん。〔矢の根〕

●雨となり、風となり、東は奥州外が浜、西は鎮西鬼界がしま、南は紀の路那智の滝、北は越後のあらうみまで、

人間の通はぬところ、千里もゆけ、万里もとべ、女をここへ引よせん。（鳴神）

近江の保内商人が自由に往来できる限界を示した事例⑮では、南は「熊野之道」、北は「佐土嶋」で定型的だが、東・西の表記に特徴があるので、のちに引用する。最後の事例⑰は小田原北条氏の興亡を語る史書で、南を「伊豆の大嶋」としているのが注目される。元和年間という成立年代を反映して、江戸から四方を見ているからだろう。

むかし清盛公・頼朝公の時代に至て、非常の流人おほく遠島す。西は鎮西鬼界か島、北は佐渡か島、東は夷か島、南は伊豆の大島ならて、遠島のさたなし。（事例⑰）

しかし、はやく弘安元年（一二七八）の日蓮の消息に、「月氏、漢土の人の此国（日本）の人人を見候へば、此国の人の伊豆の大島、奥州の東のえぞなんどを見るやうにこそ候らめ」とあって（『日蓮聖人遺文』第二巻「妙法尼御返事」）、東国人の眼には伊豆大島が奥州の東の蝦夷と併称される境界の地と映っていたことが知られる。

外浜と蝦夷島

多様な名称があらわれる日本の東・西の境については、整理が必要であろう。

まず東方の境界は、その先に別の中心としての「他国」をもたない点に、第一の特色がある。しかし、九世紀後半の蝦夷反乱の過程で、蝦夷側から秋田河（雄物川）をヤマトとの境界とすることが提起される（『日本三代実録』元慶二年六月七日条）など、中心と対立する政治勢力の存在が、早くから意識されていた。

東境を表現することばのうち、律令の「国」制度の東方限界をあげたにすぎない「陸奥」（事例①）と、異俗の居住地という観点を中心とする「俘囚之地」（事例②）をとりあえず除外する。[8] すると、アクル（およびその類似表現）・津軽という併称が五つの史料に見られる。

- ……エズガ住ナルアクロ・ツガルヘモ……（事例③＝前掲）

●……東は阿古流や津軽・俘囚が千嶋なり共……（事例④＝前掲）

●頼朝卿、（中略）西ニハ九国・二嶋、東ニハアクロ・ツカル・夷ガ嶋マデ打靡《うちなびか》シテ、威勢一天下ニ蒙ラシメ、栄耀四海ノ内ニ施シ玉フ。（事例⑤）

●……東は安久留・津軽・外浜……（事例⑩＝前掲）

●……東はアクル・津軽・ヘソが嶋を限る……（事例⑪＝前掲）

このうちアクルは地理的比定が困難で、蝦夷の王として多くの伝説や系図に登場する「悪路王」が地名化したものであろう。とはいえかならず津軽と併称されることから、本州北端部で、外浜よりは内よりの地域を指すことはまちがいない⑼。

「外（の）浜（素都ノ浜）」は四つの事例がある。

●当世ハ、素都ノ浜ヨリ初テ、鬼界嶋ニ至マデ、武威ニ靡《なびき》ケル事ハ、只風ノ草ヲ靡《なびかす》如シ。（事例⑧）

●……左の御足にては奥州の外の浜を践……（事例⑨＝前掲）

●……東は安久留・津軽・外浜……（事例⑩＝前掲）

●……東は奥州外の浜……（事例⑯＝前掲）

外浜は、狭義には津軽半島の東半、陸奥湾側をさす。奥大道の終点にあたり、一二世紀の奥州藤原氏王国は白河関からここまでを直接の支配のおよぶ範囲としていた。語源的には、『詩経』小雅の「溥（普）天之下、莫非王土、率土之浜、莫非王臣」から出たもので、「率土之浜」とは王の支配の尽きるところを意味する（浜は崖すなわち果ての意味）。

外浜は、四つの事例のすべてにおいて、頼朝以下鎌倉幕府の威令（「武威」）のおよぶ範囲という文脈で語られている。さらに、アクル・津軽と並列される事例⑩をのぞくと、つねに鬼界島と対のかたちであらわれる。一二世紀末の頼朝による奥州征討と鬼界島征討が、日本の果てにまで武家の支配圏をおよぼそうとする象徴性をおびた軍事行動だった、という入間田宣夫の指摘は、正鵠を射たものであった〔入間田一九七八：四五―四七頁〕。

「蝦夷島」は、俘囚が千島、夷が島、いの島、ヘソが島、えす、蝦夷の千島など表現の振幅が大きく、出現数も九例と多い。

●……東は阿古流や津軽・俘囚が千嶋なり共……（事例④＝前掲）

●……東ニハアクロ・ツカル・夷ガ嶋マデ……（事例⑤＝前掲）

●例せば、世間の小船等が、筑紫より坂東に至り、鎌倉よりいの嶋なんどへとつけども、唐土へ至らず。唐船は必ず日本国より震旦国に至るに障り無きなり。（事例⑥）

●……ゆはをのしま・えそかしまへなかすへし……（事例⑦＝前掲）

●……東はアクル・津軽・ヘソが嶋を限る……（事例⑪＝前掲）

●此絵百余本勧侍《すすめはべる》志は、大願ひとりならさる間、日本国えす・いはうか島までも、其州の大小により、聖《ひじり》の機根に随て、一国に一本・二本或は多本、此絵をつかはして、家をわ（分）かす人をもらさす、勧申さむ。（事例⑫）

●君の御供とだに思ひ参らせ候はば、西は西海の博多の津、北は北山佐渡の島、東は蝦夷の千島までも、御伴申さんずるぞ。（事例⑬）

●かやうにめにみすをと（音）にもきかぬ人を、うはの空に月日をゝくり、心行ゐをしるへにて、きかい・かうらい・ゐそか嶋までたつねわたりてたにもあひ給ふに、心つよく思召候へと、なくさめ参らせけれは、少将すこしたのもしくておはしける。（事例⑭）

●……東は夷か嶋……（事例⑰＝前掲）

小口雅史が指摘するように、流刑地としてあらわれる点では鬼界島との共通性が大きい〔小口一九九八：二二〇―二二一頁）が、『平家物語』の描く鬼界島の住人が「をのづから人はあれども、此土《このど》の人にも似ず」という両義性を帯びていたのとは異なって、御伽草子『御曹子島渡』に描かれる蝦夷は完全に人ならぬ鬼だった[10]。第一に、ほぼ同時代の史料に「ゆはをのしま（硫黄島、鬼界島の別名）、えそかしまへなかすへし」（事例⑦）、「素都ノ浜ヨリ初テ、鬼界嶋ニ至マデ、武威ニ靡ケル」（事例⑧）の両様の事例があること。第二に、おなじ妙本寺本『曾我物語』であっても、東の境として、巻三と巻五は外浜（事例⑨⑩）、巻九は蝦夷島（事例⑪）を出していること。右の二点からみて、蝦夷島は境界と異域のふたつの属性が相互浸透する空間だったと考えられる。

以上の考察より、日本の東境を表現する語としては、蝦夷島より出現例は少ないものの、外浜を典型とみなすべきであろう。そして内国から境外へいたるルートとしては、アクル・津軽→外浜→蝦夷島というほぼ一本線が想定できる。

戦国時代になると、東の境に「日下《ひのもと》（日本、日ノ本、日の本という表記もある）」ということばが出現することは、網野・大石によってつとに注目されている（網野一九九〇：六九頁、大石二〇一〇：六九頁）。表中では、近江の保内商人が伝えた保元二年（一一五七）とされる偽文書（事例⑮）に、「叡慮」によって自由営業を認められた範囲を示す四至の東境として登場する。

安文　在二御手形一

宣下　近江国保内商売人等

三千疋馬事

右商売人等、東日下、南熊野之道、西鎮西、北佐土嶋、於二其中一可レ任レ心条、依二叡慮一執達如レ件。

保元二年十一月十一日

大石は、「日本国の東の境界は外が浜、「えぞが島」から「日のもと」へと変化した」と指摘し、その先に豊臣秀吉の「くわんとう、ひのもとまてのおきめ」を見とおした（後述）。そして、それ自体は「太陽ののぼる東の果てを意味する語」にすぎない「日のもと」の地域的実体としては、「安藤氏の勢力範囲」を想定し、安藤康季の「日之本将軍」という自称には「独立の気概のようなものがあることは否定できない」と述べる〔大石二〇一〇：七一―七三頁〕。

鬼界・高麗

東の境にはなくて西の境をきわだたせる特徴は、境外へのルートが三つに分岐していることである。(1)九州から北へむかうと、壱岐・対馬を経て朝鮮(高麗)にいたる。(2)九州から西へむかうと、五島列島が一番端で、その先は東シナ海、それを渡った先に中国がある。(3)九州から南へむかうと、広義の鬼界島を通過して、琉球(沖縄)にいたり、その先はやはり中国である。

それぞれの境界は、地形的特徴や、そのむこうにあるものの相違によって、それぞれ微妙に性格を異にしている。日本の果てが、壱岐・対馬、五島、鬼界島という島であることは三者に共通するが、とりあえずつぎの二点に注意しておきたい。第一に、(1)ルートの高麗は日本の「四至」に登場するが、(2)ルートの琉球はまったくあらわれないこと。第二に、(2)と(3)の到着地はともに中国とはいえ、(2)では浙江、(3)では福建と、地域を異にしていること。

対馬―高麗は、境界の向こうに文明国家がつねに存在し、距離も至近だったので、政治的・軍事的に注目されることが多く、boundary 的境界が意識されていた例外的な事例である。しかし境界としての「壱岐・対馬」は、つぎの二例に見えるだけで、あんがい影が薄い。しかも前者は「九国・二嶋」というかたちである。

- ……西ニハ九国・二嶋……（事例⑤＝前掲）
- ……西は壱岐・対馬……（事例⑩＝前掲）

これに対して、「鬼界(海)・高麗」という併称が三例もあることは注目される。

- ……西は鬼海・高麗……（事例④＝前掲）

●……西は鬼界・高麗・硫黄嶋を限る……（事例⑪＝前掲）

●……きかい・かうらい・ゑそか嶋までたつねわたりて……（事例⑭＝前掲）

高麗を隣りあう国家とする知識がなかったはずはないが、いっぽうで「三韓は此土（中国）に属すると雖も、吾朝（日本）は未だ他国に属さず」（『八幡愚童訓』甲本）といった差別観もあり、それが高麗までも境界に含めてしまう意識の背後にありそうだ。⑪

西の境として圧倒的に多く出るのは「鬼界島」であって、別名である「硫黄島」や類似表現を含めると、一一の事例を占め、うち八例が単独、三例が前述のように「高麗」との併称である。単独の事例のみ列挙する。

●……東は俘囚の地に臻り、西は貴賀が嶋に渡る……（事例②＝前掲）

●……西ニ有ト聞バ、鬼界島ノ方ヘモ……（事例③＝前掲）

●……ゆはをのしま・えそかしまへなかすへし……（事例⑦＝前掲）

●……素都ノ浜ヨリ初テ、鬼界嶋ニ至マデ……（事例⑧＝前掲）

●……右の御足にては西国鬼界が嶋を践……（事例⑨＝前掲）

●……日本国えす・いはうか島までも……（事例⑫＝前掲）

●……西は鎮西鬼界が島……（事例⑯＝前掲）

●……西は鎮西鬼界か島……（事例⑰＝前掲）

この存在感の大きさは、日本の端（妻）である薩摩の先にあるという地理的位置と、『平家物語』の俊寛の悲話が大きく影響しているようだ。俊寛物語が描く鬼界島住人は、人ではあるが人に似ぬ存在で、境界の両義性を示す典型的な例である。

鬼界島の先にある琉球が境界の名としてみえないのは、琉球人がまだ蝦夷のような政治的結集をとげていなかったからだろうが、一四世紀以降琉球王国の登場にともなって、吐噶喇列島の臥蛇《がじゃ》島が「なかばは琉球、なかばは薩摩に属す」といわれた(『朝鮮王朝実録』端宗元年五月丁卯条)ように、薩摩との間にboundary的境界が意識されるようになる。

唐土への憧憬と蔑視

東境、西境(1)、西境(3)に対して、西境(2)、すなわち博多—遠値嘉(五島)の境界は、中国にいたる起点であり、しかもその間大海を距てていることにより、独特の色あいを帯びることになった。このルートの到達地である中国は、ケガレにみちた鬼のすみかといった素朴な観念が通用しようもない巨大文明国家である。

前掲の事例①が、西境のみを国名ではない遠値嘉とするのは、遣唐使が大海にのりだす最終出発地だったことが、強く意識されているためである。「西は西海の博多の津」とする前掲の事例⑬も、中国へ船出する港という性格を意識しているように感じられる。

つぎの三例では、九国・筑紫・鎮西という、九州全体をさすことばが使われている。

- ……西ニハ九国・二嶋……(事例⑤=前掲)
- ……筑紫より坂東に至り、鎌倉よりいの嶋なんどへとつけども……(事例⑥=前掲)
- ……東日下、南熊野之道、西鎮西、北佐土嶋……(事例⑮=前掲)

これらの事例を、西境(2)にのみ関連づけるのは適切を欠くかもしれず、また中国への通路という性格のみが意識されているともいえない。しかし事例⑥では、日本の四至内のみを航行する「世間の小船等」と日本から中国に至る「唐船」との対比が、小乗に対する大乗の優位になぞらえられており(石井一九七九)、「唐土」への入口としての「筑紫」が意識されているようである。いずれにせよ、中国の存在感の大きさに比して、西境(2)の占める位置は、右の三例をカウントしたとしても、あまり大きいものではない。

じっさいに中国へ渡航するさい、境界が強く意識されたのは、九州よりは東シナ海の海上においてであった。一〇七二年、僧成尋は入宋の船上で日記にこうしるしている（『参天台五臺山記』延久四年三月二二日条）。

林皐告云、字林廿郎。昨日未時入二唐海一了。以レ縄結レ鉛入二海底一時、日本海深五十尋、底有二石砂一。唐海三十尋、底無レ石有レ泥。……

成尋を乗せた船の船頭林皐は、「日本の海」と「唐の海」の対照を職業的知識としてもっていた。深さ五〇尋で底に石砂がある日本の海から、深さ三〇尋で底に石がなく泥がある唐の海へ入った時こそ、日本と唐との境界を越えたことが実感される瞬間であった。

鬼の住む異域のなかで、中国だけは例外だった。一二四三年、宋へ向かう途中「流球国」に漂着した旅客は、日・宋を「両国」とよんで、「山の躰《てい》、木の形、惣じて両国に似ず」「其の船は両国の船に似ず」「言語は両国と異なり、亦文字を知らず」などと嘆き、宋の海岸に到達すると「鬼国の凶啖《きょうたん》から遁れ」たと歓んだ（『漂到流球国記』）。北宋の文人楊億の「楊文公談苑」に、一〇〇八年、源従英（俊賢）が在宋中の寂照に送った手紙が抄録されている（藤善二〇〇六：四五一頁）。「生為二両郷之身一、死会二一仏之土一」と、同様の意識が見られるいっぽうで、「所レ諳唐暦以後史籍、及他内外経書、未レ来二本国一者、因寄二勉風一為レ望。商人重レ利、唯軽二載貨一而来。上国之風、絶而無レ聞。学者之恨、在二此一事一」ともあって、高度な文化への憧憬が手放しで表出されている。

ところが、中世後期の民衆文芸になると、「唐土・日本の潮境なるちくらが沖」という海上の境界が登場し、そこは唐土の猿と日本の猿がぶつかりあう「越さう越さじの境」として描かれる（『浄瑠璃十二段草紙』）。倭寇のような海上勢力の格闘を表象したものだろう。中国に対する意識も、「それ日本はわづかの国なり、唐土に渡りて切り従がへ、末代まで名を残さばや」（『たむらのさうし』）などと、日本は小国でも強い（中国はその逆）という自負が目だつようになる（村井一九八八：四五―四六頁、橋本二〇一一）。まるで「日本弓箭きひしき国」を勝ち抜いた自負のあまり、「処女の如き大明国」「大明之長袖国」とさげすんだ豊臣秀吉(『尊経閣文庫所蔵加藤文書』天正二〇年六月四日朱印状〔二通〕)の出現を予感させるかのように。

四　領主支配と遠隔地交易

安藤氏と千竈氏の譲状

鎌倉幕府は、成立当初より蝦夷が島を流刑地として利用していた(遠藤一九七六、大石二〇一〇：一七頁以下)。一一九一年、京中強盗が六条河原で検非違使庁の官人から源頼朝配下の武士にひき渡され、関東を経て夷島へ送致されている(『都玉記』建久二年一一月一二日条)。おなじころ、為成という武士が、讒言によって検非違使庁の獄に繋がれ、「為レ給二奥州夷一被二放遣《はなちつかわされ》一」た(『吾妻鏡』建仁二年三月八日条)。

右の「奥州夷」は夷島流刑の執行者と考えられるが、その実体を明記した史料はない。しかし、安藤氏の出自を語る史料に、「東夷ノ堅メニ、義時カ代官トシテ、津軽ニ置タリケルカ末也」(『保暦間記』)とか、「武家其(蝦夷)濫吹を鎮護せんために、安藤太と云ふ者を蝦夷管領とす」(『諏方大明神画詞』)とか、あるのを見れば、蝦夷の管理統制に任じた安藤氏が、夷島流刑にも関与した蓋然性は、きわめて高いだろう。

一二七七年には、御家人を殺害した郎従を、「為二武州(北条宗政)御領一、可レ被レ流二津軽一之由」が、幕府の評定で決せられている(『建治三年記』一二月二五日条)。「武州の御領と為《し》て」とは、津軽が宗政の所領だから、の意であろうか。宗政は得宗時宗の弟だから、この流刑は得宗領ルートで執行されている。とすれば、罪人を請け取った「津軽」の実体は、得宗被官安藤氏であったと考えて、大過あるまい。

西の境界に目を転じよう。興福寺の児童(僧侶見習い)松夜叉丸が、殺人を犯して、一二七八年六波羅探題によって硫黄島に流された。一年あまりのち、かれを再度尋問する必要が生じたので、探題は千竈《ちかま》六郎入道に、流人守護の仕事の延長として、松夜叉丸を京都まで送り届けるよう命じた。千竈氏は、硫黄島流刑を現地で執行する役目を負っていた（『台明寺文書』弘安二年四月一一日六波羅御教書案）。

千竈氏は尾張国の御家人だったが、鎌倉前期に薩摩半島中央部を占める川辺郡の郡司職を与えられて移住し、同郡地頭職が得宗家の所領だったため、得宗家の被官になっていく。得宗家は、川辺郡のような遠隔地所領には被官を代官に任じて支配した。千竈氏は川辺郡郡司職に加えて、「地頭御代官職」を兼ねることになった。硫黄島を含む薩摩半島南方の島々は、川辺郡の内とされていた（小田一九九三、本書第Ⅰ部第三章）。

ここで興味ぶかいのが、千竈氏の所領のありかたである。一三〇六年、千竈時家は男女の子供と配偶者計七人に所領を譲った。その相続内容を詳細にしるした数通の古文書（『千竈文書』嘉元四年四月一四日処分状・譲状）によると、千竈氏の所領は四つの要素からなっていた。(1)集落と耕地を中心とする「村」、(2)薩摩半島の先端部にあって鬼界島海域への出発地となる「湊」、(3)本拠地の屋敷に付属する直営田である「用作」、そして(4)薩摩半島と向かいあう口五島から奄美大島の先の徳之島までをふくむ「島々」。

ふつうの武士所領にも見られる(1)と(3)は別として、(2)や(4)、なかんずく僻遠の島までが含まれる(4)に、相続財産としてどんな価値があったのだろうか。それは土地の領有よりは、島を拠点として広がっていく交易の掌握にあったのではないか[12]。島々の位置から考えて、その交易ルートは琉球へつながり、さらには中国や東南アジア方面にまで延びていくことは確実である。

ここで視点を安藤氏にもどして、一三二五年に宗季が子息犬法師（のちの高季）に譲った所領を眺めてみよう（『新渡戸文書』正中二年九月一一日譲状）。

つかるはなハのこほりけんかしましりひきのかう・かたのへんのかう、ならひにゑそのさた、ぬかのふうそりのかう・なかはまのミまき・みなといけ(已下)のちとう御たいくわんしきまず、「津軽鼻和郡絹家島尻引郷・片野辺郷」と「糠部宇曾利郷」。これらはきわめて広大でふつうの村落ではないが、郷という呼称から、ある程度集落と耕地を中心とした性格が想定できる。つぎに「蝦夷の沙汰」があり、さらに「牧」や「湊」[13]が出てくる。そして、それらの全体を「地頭御代官職」という名称で総括している。

安藤氏は、津軽半島西岸の十三湊を拠点として、北海道やその先の千島・樺太を通じて大陸にまでいたる交易ルートに関与していた。その出発地である「湊」が重要な財産であったことはいうまでもない。そして、千竈氏の「島々」に相当するものこそ「蝦夷の沙汰」ではないか。島が交易拠点として財産価値があったように、北海道方面やその北にまでつながる交易ルートの要を握る安藤氏の権益、それを「ゑそのさた」と表現したのではないか。

千竈氏の所領も安藤氏の所領も、その所持者が得宗被官であることを明示する「地頭御代官職」で総括されている。となると、両氏の所領のありかたは、北条氏の戦略のなかに位置づけられていたとみてよい。得宗家を中心とする北条氏の所領は、全国に膨大に存在したが、東西の境界領域にとりわけ集中している〔石井一九六九、豊田・遠藤・入間田一九七〇〕。鬼界島と外浜がそうであったように、千竈氏と安藤氏も西と東の対偶の位置にあり、ともに得宗領を代官として預かり、ともに流人の管理を任としていた。こうして北条氏は、境界の掌握を通じて、日本全体に支配力をおよぼしただけでなく、境外の世界との交易をも押さえていた。

中世北方史のなかで中央政治に大きな影響を与えた事件に、鎌倉末期の安藤氏の乱がある。安藤氏の内紛に始まった騒乱が、幕府によって蝦夷の反乱と認識されるようになり、その処置の失敗が幕府の命とりのひとつとなった。境界論からこの事件を解釈するさいのポイントは、得宗被官としては例外的に、安藤氏が幕府滅亡の道づれにはならなかったことにある。千竈氏もまた、北条氏と運命をともにすることなく、中世後期を生きぬいて、最後には薩摩藩の藩士になった。境界空間の北条被官は、主人の庇護がなくなっても、それで存立基盤をすべて失ってしまうほど弱体ではなかった。その理由は、境界地帯を抑えることを通じて、その外との交易による権益を確保できたからではないか。

そこでふたつの史料を見よう。まず、一四世紀の北海道の蝦夷のようすを描くたいへん有名な史料、『諏方大明神画詞』である。

蝦夷が千島と云へるは、我国の東北に当て大海の中央にあり。日の本・唐子《からこ》・渡党《わたりとう》、此三類各三百三十三の島に群居せり。今一島は渡党に混ず。其内に宇曾利鶴子別と前堂宇満伊犬と云小島どもあり。此種類は多奥《おおく》州津軽外の浜に往来交易す。(中略)根本は酋長もなかりしを、武家其濫吹を鎮護せんために、安藤太と云ふ者を蝦夷管領とす。

宇曾利鶴子別《ウソリケシペツ》(今の函館)と前堂宇満伊犬《マトウマイン》(今の松前)にいる渡党と呼ばれる蝦夷の一党が、外浜にやってきて往来交易していた。北条氏から蝦夷管領に任じられ、その交易をコントロールしていたのが安藤氏である。蝦夷管領とは一面では蝦夷の酋長でもあった。交易そのものは北条氏が滅んでも消えるわけではない。ここに安藤氏の存続を支えるひとつの根拠が見いだされる。

もうひとつの史料は、一三三四年六月、鎮守府将軍北畠顕家が北奥の武士南部師行に宛てた御教書である(『遠野南部文書』六月一二日顕家御教書)。

安藤五郎二郎(家季)事、所存之趣、旁以非レ無二疑貽(殆)一候。所詮、外浜ヲ押領之志候歟。足利方ヘハ自二国方一預由ヲ申、国方ヘハ自二足利方一預之由構候歟。彼蜜(密)事、一箇条も旁不審無レ極候。京都ヘハ具被レ申畢。

この史料は幕府滅亡直後の北東北のようすを伝えている。南朝の顕家が、安藤五郎二郎という者を、外浜を押領する志があると疑いの目で見ている。傍線部にあるように、五郎二郎は、みずからの外浜に対する権利を、対立するふたつの上位権力にむけて、二股かけて巧妙に主張している。そういうしたたかさを支えるバックボーンこそ、外浜という境界空間を根拠とする北方との交易関係であったと考えられよう。

島津氏と琉球、蠣崎氏と蝦夷

一三三三年に北条氏が滅ぶと千竈氏は大打撃をこうむった。その結果西の境界で大きく勢力を回復したのが、薩摩守護の島津氏であった。一三六三年の島津貞久譲状に「河辺郡」が見えるが、そこに「同拾弐嶋、此外五嶋」と注記してある(『島津家文書』貞治二年四月一〇日譲状案)。十二島というのは口五島と奥七島を合わせたいいかたで、島津氏は鎌倉時代以来「十二島地頭職」の保持を主張してきた。この外の五島というと、吐噶喇列島より先の奄美群島、すなわち大島・喜界島・徳之島の三つはとうぜん含まれる。もしかしたら沖永良部島と与論島まで含むかもしれない。そこまでを島津氏が川辺郡の延長線上に位置づけて子息に譲っているのだから、当時の日本の西の境界は、沖縄本島の直前までのびていたことになる。

それから九〇年ののち、著名な博多商人道安が、この海域に関する興味ぶかい情報を朝鮮政府にもたらした(『朝鮮王朝実録』端宗元年五月丁卯条)。一四五〇年に朝鮮人四名が臥蛇島に漂着した。この島は琉球と薩摩の間にあって、なかばは琉球に属し、なかばは薩摩に属する場所だった。だから漂流者を両者で折半して、ふたりずつ取った。

この事例から、一五世紀なかばには、薩摩と琉球の境、すなわち日本の西境は、臥蛇島をふくむ吐噶喇列島の海域にあったことがわかる。一四七一年にできた『海東諸国紀』の「琉球国之図」に、大島について「属琉球」とあったように、この時期の奄美群島は琉球の版図で、すなわち日本の外であった。

一五世紀前半、この海域では琉球の三山統一という重要事件が起きていた。沖縄本島で中山・山南・山北の三小国にわかれていた琉球が、首里を都とするひとつの国家に統合され、その勢いで奄美群島から先島諸島までを版図にくりこもうとしていた。いまや日本の西境は、もはやその先は異域であって人の住む世界ではない、というようなものではなく、そのむこうに文明国家が存在していたのである。

境界を接する国家どうしの政治的な関係のなかで、境界が往来する事態が生まれる。琉球が東へとおし戻した境界も、そのまま安定したわけではない。一五世紀の末には、奄美大島を日本兵が攻めて、それを琉球兵が退けている。ついには一七世紀初めの薩摩の琉球入りによって、境界は与論島と沖縄本島の間まで移動した（以上、本書第I部第三章）。

眼を東境に転じよう。千竈氏よりも大きなポテンシャルをもつ安藤氏は、北条氏滅亡後も本州北端でかなりの勢力を保っていた。一四二三年、安藤陸奥守は将軍足利義量《よしかず》に「馬二十匹、鳥五千羽、鵞眼《ががん》（銅銭）二万匹、海虎皮《ラッコ》三十枚、昆布五百把」を贈って、報奨の御内書をもらっている（『後鑑』応永三〇年四月七日条）。北方産物の交易でひきつづき利益をあげていたことがうかがわれる。一四三六年には、安藤康季が「奥州十三湊日之本将軍安倍康季」を名乗り、後花園天皇の命を受けて、若狭国羽賀寺の復興に着手した（『本浄山羽賀寺縁起』）。そのさい「莫大の貨銭を捧加」したという（『羽賀寺縁起』）。若狭を起点とする日本海航路への深い関与がうかがわれる。

しかし実際には、康季は一四三二年に南部氏との「弓矢ニ取負、エソカ島へ没落」という苦境に陥っていた（『満済准后日記』永享四年一〇月二一日条）。その後一進一退の争闘が続くなかで、康季とその子義季があいついで津軽で死去し、一五世紀なかばには、蠣崎氏らをひきつれて蝦夷島へ移住を余儀なくされる。「和人」と呼ばれた安藤氏の被官たちは、渡島半島の南―西海岸に館を営み（「道南十二館」）、そこを拠点に北海道島奥ふかく入りこんで、アイヌ民族との広範囲な接触が生じた。

両者の接触による摩擦が最初に発火したのが、一四五六年に起きたコシャマインの蜂起である。『松前家記』一に、「蝦夷蜂起、大ニ掠殺ヲナシ、東牟川ヨリ西与市ニ至リ、悉ク其害ヲ被ムル。残民皆上国・松前ニ萃《あつま》ル」とある。蜂起直前、西海岸は小樽の西の余市、東海岸は苫小牧の東の鵡川までひろがっていた和人勢力が、渡島半島西南端の上ノ国・松前という猫額の地に追いこまれてしまった。この蜂起は、翌年に蠣崎信広がコシャマイン父子を射殺するという戦果をあげたことでいったん終熄し、蠣崎氏は和人勢力のなかでのしあがるきっかけをつかんだ。

コシャマイン後もアイヌと和人との闘いは断続的に起きていたが、軍事的にはおおむねアイヌ側が優勢で、蠣崎氏を中心とする和人側は、アイヌ首長を酒食・贈物でおびき出して殺すなど「文明の力(?)」を頼りに、危機をきりぬけるのが関の山だった。和人の支配地も渡島半島西南端からさほど出られないまま、統一権力の登場を迎えることになる。

その間、両勢力の支配圏の境界はゆれ動いたが、それは単純に境界線が行ったり来たりということではなく、熱い戦いの最中でないかぎり、双方の交易が断絶したわけでも、雑居状態が解消したわけでもなかった。蠣崎氏の居館勝山館を筆頭に、和人の城館は、戦時にはむろん軍事施設として機能するが、平時にはアイヌも居住する生産と交易の場となり、一種の都市といってよい機能をはたした〔網野・石井編二〇〇一〕。

商人の活動と遠隔地交流

交易という要因で境界を考えようとするとき、領主以上に重要なのが、直接のにない手である商人である。商人は、境界権力からある程度自立した存在として、ひじょうに広い範囲を活動の場としていた。いくつかの史料からその痕跡をたどってみよう。まず、東広島市安芸津町の臨済宗浄福寺に所蔵される大般若経の奥書である。

大般若波羅蜜多経巻第三百九十九
応安第四十月十九日子剋許書写畢。
右筆奥州津軽末十三湊住呂〔侶〕仏子快融
願主　沙門　快印

応安四年（一三七一）、十三湊の寺に住む快融という僧が、瀬戸内西部、安芸の寺で大般若経を書写した。「十三湊」の地名が見える最古の史料である。快融がこの経典を書写した場所は、『青森県史』資料編中世２の解題（斉藤利男筆）によれば、願主快印のいた周防国小周防（現、山口県光市小周防）の常燈寺（廃寺）であるらしい。快融は快印との師弟関係に基づいて書写に参加したのであろう。ちょうどおなじ時期に今川了俊が著した紀行文『みちゆきぶり』に、備後尾道のようすが「みちのく、つくしのふねもたゆたいゐたるに」と描かれていることを参照すれば、快融が十三湊から周防への旅に長距離を往来する廻船を利用した可能性を、考えてもよいのではないか(14)。

そういう廻船業者が津軽家に仕えて船を提供するにいたる経緯が、ある由緒書にしるされている（『弘前市立図書館所蔵文書』竹内勘六家由緒書、天保八年写）。

右先祖嘉右衛門儀、讃岐高松之者ニ而、天文之頃より御当国十三湊江年々商船乗廻、渡世仕候由。天正十三年夏之頃、同所江罷下居候処、御呼出ニ而被二仰付一候者、此度屋形様可レ被レ遊二御登一候処、御国表ニ而未タ御乗船ニ可二相成一大船も無レ之ニ付、嘉右衛門船御雇入、可レ被二仰付一旨被二仰出一候間、奉レ畏候旨御請申上、……尤右嘉右衛門儀、越前三国滝谷寺眼尊上人江随身仕罷在候処、右上人御当国江御呼下被二仰付一候而、……

讃岐高松出身の廻船業者嘉右衛門は、天文年間（一五三二―一五五五）以来、毎年商船に乗って十三湊を訪れていた。天正一三年（一五八五）に津軽家から呼び出され、当主為信の上京のために大船を雇い入れたいという要請を受けた（ただしこのときの航海は大難風のため挫折している）。またかれは親類がいる越前三国湊にもひんぱんに訪れており、同地の古刹滝谷寺《たきだんじ》の眼尊上人が津軽家に呼び出されたときに連れていったこともあった。ここから、瀬戸内海東部から山陰、北陸をつたって十三湊にいたる廻船のルートが存在し、かなりひんぱんかつ恒常的な船の往来があったことが、見てとれる。

ヨーロッパ人の眼に映った蝦夷島交易の姿をふたつあげる。前者は一五六五年二月二〇日にルイス＝フロイスが京都から中国・インドのパードレ＝イルマンらに宛てた書簡、後者はフロイスが長崎から送った『イエズス会一五九六年日本年報』である。

•日本国の北方、殆ど北極の直下に蕃人の大なる国あり。彼等は動物の毛皮を着し、毛全身に生じ、長き鬚髯あり。……国は甚大にて都より三百レグワあり。彼等の中にゲワの国の大なる町アキタと称する日本の地に来り、交易をなす者多し。日本人彼地に到る者あれども、彼等の為め殺さるゝが故に、其数は少し。

•（津軽氏の領国は）日本国で最北端にあるので、彼は蝦夷の人、すなわち韃靼《タルタル》の人々と交易している。彼らは、津軽の国という所から十二ないし十五里隔たった松前の島へ大陸から渡来しており、そこで魚類や諸動物の毛皮や、日本人たちが食用にするある海草、その他これに類するものを売りに来て、それと引き替えにこちらの方からは衣服のための布類、武器、その他の諸道具を買う。

前者では秋田に「蕃人」がやってきて日本人と交易しており、後者では逆に松前へ日本人が出かけて「蝦夷の人」と交易している。明記はされないものの、ここで交易を担っている人々は、蝦夷であれ和人であれ、商人と呼んでさしつかえないだろう。書簡からは、当時蝦夷地がアイヌの蜂起のために和人にとって危険な状態だったことが想像される。『年報』からは、「松前の島へ大陸から渡来」する人を「蝦夷の人、すなわち韃靼の人々」と呼んでいることが注目される。かれらはアイヌだけではなかったのかもしれない。

以上、廻船商人たちの遠隔地をむすぶ活動が、境界を貫通する人や物の動きを支えるようすを見た。それにかかわって、おもしろい訴訟の事例が、室町幕府裁判のようすをしるした『政所内談記録』寛正四年（一四六三）条に見いだされる〔小島二〇〇五〕。必要部分を摘記する。

（四月十五日）一、武田被官与一色左京兆（義直）被官相論、舟・荷物事。

於舟者、盗物沽却云々。召上彼訴論人可被遂対決。至荷物者、彼船頭負物在之間押取云々。所詮、舟之荷船頭

之計哉否、自余之津湊例相尋之、可依左右。本——清泉（清貞秀） 合——治河（治部国通）

一、対決。四月廿一日。　如内談、兼日証人奉行事、以公人相触。

廻文書様、例式折紙。

明日廿一午刻、於政所、武田大膳大夫（信賢）被官与一色左京兆被官、負物相論対決、為証人奉行可有参懃之由。

斎藤四郎（種基）右衛門尉殿

斎藤五郎（豊基）兵衛尉殿

武田奉行　清泉　　一色殿奉行　治河

申詞執筆　斎五兵　　銘　斎四右

奉行衆寝殿ニ着座。一色殿御使小倉、武田使逸見、其外武田被官庄口次間ニ座。船頭両人広縁ニ座。

於当所対決依為始、一献不及、伺親元（蜷川）沙汰之。

一、（四月二十八日）武田被官与一色左京兆被官若州小浜住人等、買売船相論事。

売主有現在者、不日被召上、可有糺決云々。本奉——清泉 合——治河

一、（六月二十六日）武田被官与一色左京兆被官申、舟・荷物事。

十三丸大船事者、主各別之上者、於小浜立請人先被返渡。相論枝舟事者、仰豊前守護（大内教弘）可被召上売主。本——清泉 合——治河

「十三丸《とさまる》」という名の大船とそれに付属する枝舟、およびその積荷をめぐって、室町幕府の法廷で武田信賢の被官と一色義直の被官、さらに両船の船頭が争った。この時点で信賢は若狭の守護、義直は隣国丹後の守護であるが、一色氏は二〇年ほど前まで若狭守護であった。一色の被官が「若州小浜住人」と呼ばれていることから、両当事者は守護大名のもとに組織された商人で、武田被官もふくめて小浜で営業していたと推定される。相論の背景には若狭守護職をめぐる武田・一色両氏の確執があった可能性がある。[15]

発端は、一色被官が武田被官の所有する枝舟を勝手に売却したことにあった。それゆえ武田被官はこれを「盗物」と呼んでいる。武田被官はそれに対抗して、所有者は別にいる(「主各別」)にもかかわらず、十三丸を差し押さえたらしい。六月二六日に小浜で請人を立てて十三丸を所有者に返還するよう、法廷から武田被官に指示が出ている。では、一色被官がなぜ武田被官所有の枝舟を売却することができたのか。おそらく一色被官は、十三丸と枝舟を日本海沿岸航路をつたう廻船事業にレンタルしていたのだろう。したがってその船の運航を任せた船頭も、一色被官側の人間と考えてよいだろう。

審理の始まった時点で、訴人の武田被官と船頭両人は在京していたが、論人の一色被官は四月二一日の政所における対決に姿を見せなかった⑯。そこで同二六日に召還命令が出されたが、やがて豊前守護大内教弘のもとにいることが判明し、六月二六日に教弘をして売主(＝一色被官)を召し出させることが決まった。

以上より、元若狭守護一色氏の庇護下にあった小浜商人は、自己所有でない船も借り受ける業務形態で廻船業を営むいっぽう、大内氏と浅からぬ関係を結んでいた。その営業圏は、東は「十三丸」の名から推して十三湊にまでおよび、西は本州の反対の端にある大内領国をふくんでいただろう。

以上は船の売買をめぐる相論だが、これと並行して積荷も争われた。「荷物に至りては彼の船頭の負物これある間押し取る」という訴人の言は、船頭の負債のカタに武田被官が荷物を差し押さえた、と解釈できる。武田被官である商人は、所有下にある船の運航を請け負った船頭に、船頭もちこみの商品を仕入れる資金を、貸し付けていたのであろう。また、四月二一日の「負物相論対決」に「船頭両人」が呼ばれているから、枝舟だけでなく十三丸積載分の荷物も差押えの対象となったようである。

訴人の主張を聞いた法廷は、船頭の負債を船の積荷で充当することの合法性を問題にした。法廷が「舟の荷は船頭の計らひなるや否や」について、小浜以外の津湊の例を調査するよう指示したのは、積荷が船頭の「計らひ」でなかったばあい、債権回収のため積荷を押収する行為は、違法とならざるをえないからである(17)。ここに、「自余の津湊の例」というような、商人間で通用している慣習法の存在がうかがえる。商人たちが守護大名の庇護下に活動していたことは事実だけれども、いっぽうではこの慣習法から、個々の大名の支配圏をはるかに超えた広範囲の活動を通じて、商人たちがつちかってきた自立性を見てとることもできよう。

統一権力と境界の変貌

九州征討を視野に入れた天正一四年(一五八六)四月、豊臣秀吉は毛利輝元に対して、一四か条の「覚」を送った(『毛利家文書』)。その冒頭に「分国置目此節可二申付一事」とあって、毛利領国に秀吉の「置目」を適用する方針を示し、ついで「至二九州一通道可レ作之事」「一日路〳〵御座所城構事」の二か条で九州動座の準備を命じ、さらに「高麗御渡海事」を並列している。すでに臣従した毛利領国への支配、つぎの標的に据えた九州への布石、きたるべき朝鮮への渡海が、秀吉の意識のなかではシームレスにつながっていた。そこに国の内外の別という感覚が希薄だったことは、朝鮮侵攻目前の天正二〇年(一五九二)三月一三日の朱印状で、「御動座」にむけて先発隊に「五里六里間御泊ニも可レ成所見及、勿論城丈夫ニ拵可レ申候」と指示している(『萩藩閥閲録』巻十之四)ことからも知れる。九州動座から高麗動座へはほんの一歩にすぎない。

国境をまたぐ軍事行動における諸軍の配置は、同年三月八日付加藤清正あて朱印状によれば以下のようであった(『尊経閣文庫所蔵加藤文書』)。

今後唐入付而、諸国軍勢奥州・津軽・外浜迄御人数罷立、御先勢つかへ候条、来廿日被レ成二御動座一候間、可レ成二其意一候。然者高麗儀、羽柴対馬侍従・小西摂津守罷渡候。異国者手ぬるく候とて、不レ致二由断一様ニ追々可二申遣一候。(中略)高麗一里二里之際嶋々へ其方相渡、其外九州衆・四国中国衆ハ壱岐へ罷渡可二陣取一由、被二仰付レ候。

宗義智・小西行長は朝鮮へ渡って朝鮮国王の京都出仕のお膳立てをし（渡海目的は『浅野家文書』三月一三日朱印状による）、加藤清正は朝鮮半島沿海の島々（巨済島等）まで渡り、その他の九州・中国・四国衆は対馬・壱岐で陣を張る（対馬については『尊経閣文庫所蔵加藤文書』二月二七日朱印状・『鍋島家文書』三月朔日朱印状による）。「異国人は手ぬるいからといって油断するな」という訓示は、軍事力への過信を戒めたものにすぎず、異なる民族・国家・社会に突入しての作戦だという緊張感は、みじんも感じられない[18]。先勢のみ渡海すれば国王は唯々諾々と京都へ出仕するだろう、という甘い読み[19]は、それ以前の国内での征服戦争の経験をそのまま投影したものである。

そうした自負は、「奥州・津軽・外浜迄」という東の境界をきわめつくし、国中の兵力を総動員したことに由来していた。この新段階は、後北条氏を壊滅させたことで実現したもので、小田原陣直前に「てんか」という差出書で大政所にあてた仮名消息に、「小たはらの事ハ、くわんとう・ひのもとまてのおきめにて候まま、ほしころしニ申つく可候」とある（『妙法院文書』）ように、「関東・日の本までの置目」という語に集約される。巨大戦国大名を「干殺し」にし、路次が渋滞するほどの大軍を異国に送りこむことを可能にする「置目」（成敗権）は、「日の本まで」というフレーズで端的に表現されたのであった[20]。

国の内外の別という意識の希薄さは、外交の場においても表出された。一五九〇年一一月、堺に滞在中の朝鮮使節に、「日本国関白秀吉」から「朝鮮国王閣下」にあてた国書が届けられた（『江雲随筆』、鹿苑僧録西笑承兌の起草になる）。

比年諸国分離、乱二国綱一廃二世礼一、而不レ聴二朝政一。故予不レ勝二感激一、三、四年之間、伐二叛臣一討二賊徒一、及二異域・遠島一、悉帰二掌握一。（中略。みずからを「日輪の子」という）予不レ屑二国家之隔・山海之遠一、一超直二入大明国一、易二吾朝風俗於四百余州一、施二京都政化於億万斯年一者、在二方寸中一。貴国先駆而入朝、有二遠慮一無二近憂一者乎。遠邦小島在二海中一者、後進者不レ可二許容一也。

ようす見のための通信使到来を、「貴国先駆けて入朝す」と受けとる無邪気さもさることながら、国内戦に言及する第一の傍線部と、今後入貢すべき国々をさす第二の傍線部との間に、質的な差が感じられない。国の内外にさしたる境界は意識されず、そこから、明皇帝の冊封を受けている朝鮮国王に対して、明へ攻めいることを声言してはばからないという、無頓着さが出てくる。被冊封国朝鮮が宗主国明へ救援をもとめるという、大いにありうべき事態が、まったく想定されていないかに見える。

翌一五九一年閏三月、漢城にいたった日本の使節に対して、朝鮮側は対馬への返書というかたちで、秀吉の征明計画についての見解を示した（『朝鮮通交大紀』）。

書中又有下足下所レ不レ当レ請而使臣所レ不二敢聞一者上。犯二大明一取二路南辺一一事是爾。夫南辺我国地方也、大明我朝臣事之国也。由二我地方一而犯二我臣事之国一、則是仮二手隣国一而身与二犯上一之事也。（中略）雖レ然貴国友邦也、大明君父也。今若許二貴島便路一、則是知レ有二友邦一而不レ知レ有二君父一也。於レ人為二不祥一、於レ徳為二愆義一、匹夫且恥レ為レ之、況堂々礼義之邦乎。

大明に臣事している朝鮮が、友邦（これは多分に外交辞令であろう）とはいえ明を犯そうとする貴国に、便路を提供するなど、けっしてありえない。これは冊封関係が背骨となっている東アジア国際関係において、自明の回答であった。「予願無レ他、只顕二佳名三国一而已」という秀吉の願望（『江雲随筆』所収、前掲国書）は、とうてい国際社会に通用するものではなかった。

秀吉の登場によって、朝鮮同様明の被冊封国であった琉球が置かれた立場は、微妙なものがあった。九州征討の翌一五八八年、島津義久は秀吉の意を受けて中山王尚永に入貢を勧める書状を送った（『島津家文書』天正一六年仲秋一二日義久書状）。

抑去歳已来京都弥静謐故、東西不レ残二一国一偃二御下知一、天下一統御威晃、更不レ及二禿筆一。既従二高麗一者御朱印拝領、聽而出頭之議定候。唐土・南蛮両州者、音使舟渉之巷説半候。就者貴邦無礼之段、度々依レ被二仰出一、堅雖二申通候一、無二其験一候。無二首尾一成行、於二愚拙一失二本懐一而已候。天下違背之族、球国相究之間、直被レ催二武船一、
旁可レ属二滅却地躰一候。琉・薩旧約之謂不レ浅条、諒不レ堪二休息一候。頓於レ被レ遂二裁断一者、倍可レ為二康寧基一候歟。

高麗は朱印状を受けて出頭を議定しており、唐土・南蛮も使節船を送ったようだ、という誇大な情報を流して、これ以上無礼を続けるなら琉球は天下違背のやからとなり滅亡は避けられない、と脅しつつ、琉球・薩摩間の旧約をもちだして、義久は琉球国王に決断をせまる。琉球は日本の四至にいちどもあらわれたことがなく、日明を仲介する役割を期待されることはあったが——たとえば一五二三年の寧波の乱後の復交交渉など——、境界の地として意識されることはなかった。それがいきなり、九州がすめばつぎは琉球という勢いで、しかも唐入りに協力させられるというオマケまで付いて、国家的自立の危機にさらされることになった。前掲の国書にみえる「遠国小島の海中に在る者」とは、主として琉球を念頭においた表現かもしれない。

最後に、秀吉政権と商人との関係を、境界論から見ておこう。前述のように、守護大名や戦国大名はいくつかの国を支配しているにすぎないのに対して、商人はそれをはるかに超える活動範囲をもっていた。秀吉は、武力だけで日本全体を支配下に収めたわけではなく、手足となって働く商人たちの力がたいへん重要であった。

そこで商人組織が伝えてきた『今堀日吉神社文書』にある偽作の宣旨案（六二頁参照）を見ると、「東日下、南熊野之道、西鎮西、北佐土嶋」とあって、商人たちにとっての境界意識が出ている。ここに東の境としてみえる「日下」とおなじ表現が、先に見た秀吉文書のなかに、「くわんとう・ひのもとまてのおきめ」あるいは「関東・出羽・奥州・日の本迄」のように出てくる。すなわち、およぶ限りの遠くまで支配を延ばそうとする秀吉の意識のなかに、「日のもと」という境界地名が浮かんだわけだが、その背後にはそこまでも営業範囲としている商人たちの活動があったのではないか〔大石二〇一〇：六九—七六頁〕。

注

（1）「かならずしも」といったのは、琉球は遅くとも一五世紀以降、ひとつの独立国として存在していたので、そういう時代は、また別に考えなければならないからである。

（2）小山靖憲は、御手印縁起の成立について、「寛治二年（一〇八八）、白河上皇が高野山に参詣したさいの記録に御手印縁起の中心的な内容と符合する記述がみられるので、この時上皇への献上品として作成された可能性が高い」と推測する〔小山一九九八：五五頁〕。

（3）事例を選ぶ基準としては、東西南北のうちふたつ以上があらわれる史料に限定した。一方向の記述のみでは、それが国の四至観念の断片なのか、より一般的な辺境意識の表出にすぎないのか、識別困難だからである。大石直正は、『朝鮮成宗実録』七年（一四七六）七月丁卯条に引く対馬島主宗貞国の書に、「夫関東若奥陸・津軽・合浦・外浜諸公者不レ遑二枚挙一」とあるのを引いて、「日本国の東の境界を「津軽、合浦、外浜」とする観念は、中世の文学作品には見えず、したがって村井・網野両氏の表にも入っていない」とコメントした〔大石二〇一〇：六七頁〕が、私の基準ではもともとこの種の事例は対象外である（もとよりこの興味ぶかい史料を教えられたことは、感謝に堪えない）。

（4）ケガレの追却によって浄化された空間は、神の護りたもう「神国」であり、外からの脅威は神の威力によって遠ざけられる。八七〇年、清和天皇が筑前国宗像大神にささげた宣命に、「然我日本朝は、所謂神明之国なり。神明の助護り賜ば、何の兵寇か可二近来一き。亦我皇太神は、掛《かけまく》も畏《かしこ》き大帯日姫《おおたらしひ》の、彼新羅人を降伏賜時に、相共に加レ力へ賜て、我朝を救賜ひ守賜なり」とあって、伊勢皇太神宮の天照大神と三韓を征伐した神功皇后（八幡神の母）とが、手を携えて神国日本を兵寇から守護してくれるという（『日本三代実録』貞観一二年二月一五日条）。

（5）オチカの名は、現在では五島列島東北端の小値賀島《おじか》に残っているが、ほんらいは平戸島・五島を包含するチカノシマのうち、都から遠いほうの五島全体を指す語だったと考えられる。

（6）親が人事不省に陥ったときにこういい立てれば、それで通ってしまう可能性があり、そうなると相続権が生じることになる。こうした行為は中世ではめずらしくなく、耄碌した親の手首を握ってむりやり譲状を書かせてしまう、といった例すらある。

(7) 本章の一部のもとになった口頭報告では、この「地」を深く考えることなく、津軽海峡を隔てた北海道と解釈した。これに対して、参会者から「津軽海峡は彼我を隔てる境界というより、本州と北海道の交流の場とみるべきではないか」という観点から批判が出され、司会からも「青森県史のほうでは、これは北海道のさらに北の大陸とみて編集している」という紹介があった〔村井・斉藤・小口編二〇〇二：一五三―一五五頁〕。今回、右の批判をふまえてテキスト自体を読み直し、本文のように解釈を改めた。

(8) 大石直正は、ここでいう「俘囚之地」を「史料の上でもしばしば「俘囚」といわれている安倍頼時・貞任一族の支配地である奥六郡のこと」、「陸奥」を「奥六郡をふくまない、それ以南の地だけ」と解釈し、「十世紀から十二世紀の間に「日本国」の東の境界は、陸奥→俘囚之地→外が浜・夷島と北進したことになる」とまとめている〔大石二〇一〇：一二二―一二三頁〕。

(9) 小口雅史によれば、中世の津軽は外浜に南接する津軽半島南部に限定されるという〔小口一九九八：二一六頁〕。

(10) 菅江真澄が記録する仙台藩領の鳥追い歌に、「遠嶋さへ追て遣れ、遠しまが近からば、蝦夷が島さへ追てやれ」とある（「かすむこまがた」『菅江真澄全集』一、〔大石二〇一〇：五三頁による〕）。これをさきに掲げた佐渡の鳥追い歌「佐渡が島の近くては、鬼が島へ追へ」と対比すると、蝦夷が島と鬼が島が同一の位相にあることが看取される。

(11) もっとも、島ぬきの「鬼界」との連称にのみ「高麗」があらわれるのは、kikai, korai という響きのよさが買われただけかもしれない。

(12) 天文五年（一五三六）ころ、島津勝久は入来院重朝に対して、みずからの薩摩入国が叶った暁には「七嶋之内一所、此間之為〻報恩〻可〻進」と約束したが、島が恩地に選ばれた理由は、重朝がいまだ「廻船」を知行していなかったからであった（『鹿児島県史料　旧記雑録前編二』二三〇〇号）。吐噶喇列島の島々の領有は、廻船の知行とほとんど同義だったことがわかる。

(13) 引用では省略したただし書きに女子一期分としてしるされている宇曾利郷内田屋・田名部・安堵浦の三か所も、湊の性格をもつ場所である。引用部分に見える「みなと」の比定地については諸説あるが、私は下北半島北側の大畑にある「湊」という地名に注目している。松前藩の年代記『新羅之記録』上巻に、享徳三年（一四五四）安藤政季が南部氏に追われて下北から北海道に渡ったとき、大畑から船を出した、としるされていることが、傍証となろう（本書第Ⅰ部第三章）。ところが、斉藤利男は最近の論文のなかで、「みなと」を十三湊に比定する説を詳細に展開した〔斉藤二〇〇九〕。私は、譲状の記載順から「みなと」は「ぬかのぶ」の内にあると読み取り、また、十三湊は元徳二年(一三三〇)に追加で高季に譲られた「つかるにしのはま」(西ノ浜)の内なので「みなと」に比定することはできない、と考えたのだが、斉藤論文では双方とも否定されている。

(14)　斉藤利男は、『青森県史』資料編中世2の解題において、「この資料をもって中世の十三湊と西国瀬戸内との海を介した直接交流・交易の存在を指摘する見解」を「僧たちのネットワーク」と交易活動の違いを混同した誤解」として退けるけれども、そのように僧侶の移動と交易活動を峻別してしまっては、中世の廻船ルートの復元は困難になる。

(15)　『福井県史』通史編2中世は、一五世紀なかばころ、「一色勢力の根強い残存が若狭の政情不安の根底にあった」と指摘している。

(16)　この対決は「負物相論対決」とあるから、積荷をめぐる相論についてのものである。裁判所側は、武田奉行(本奉行)が清貞秀、一色奉行(相奉行)が治部国通、申詞執筆が斎藤豊基、銘が斎藤種基というスタッフで、一色側代理人小倉某と武田側代理人逸見某が出廷した。訴人の武田被官庄口某は次の間に、船頭両人は広縁に控えたが、論人の一色被官の姿は見えない。蜷川親元は政所代を世襲する蜷川氏当主で、『親元日記』の記主。

(17)　「至荷物者彼船頭負物在之間押取」という文章の主語を一色被官と読むことも可能で、そのほうが船についても荷物についても武田被官に訴因があることになり、無理がないかにみえる。そのばあいには、武田被官の経営する廻船の船頭に一色被官が融資しており、それが返済されないので、船と積荷を差し押さえるという実力行使に訴えたことになり、船頭はむしろ武田側の存在ということになり、枝舟の売却は一色側が差押えで支配下に置いてすぐに実行したことになる。「舟之荷船頭之計哉否」が尋ねられた理由も、もし船頭に処分権があるのであれば、一色被官を相手に積荷の返還を求める訴え自体がなりたたなくなるから、ということになる。しかし、武田側が一色側の行為を非難する文章であれば、「負物これある間」ではなく「負物これありと号し」のような表現になると思われることから、採用しなかった。

(18)　天正二〇年正月、秀吉は清正に高麗入り後に掲げるべき禁制の雛形を送っているが、その書式はかねて国内に出してきたものと寸分ちがわない(『尊経閣文庫所蔵加藤文書』)。

禁制　　高麗国

一、軍勢甲乙人等濫妨狼藉事

一、放火事

一、対㆓地下人百姓等㆒非分之儀申懸事

右条々、堅令㆓停止㆒訖。若違犯之輩於㆑有㆑之者、速可㆑被㆑処㆓厳科㆒者也。

(19) すでに天正一五年に秀吉がねねに送った消息に、「ゆき・つしまのくにまで、人ぢちをいだししゆしん(出仕)申事、又こうらいのほう(王)までにほんの大り(内裏)ゑしゆしん可申よし、はやふねをしたて申つかわせ候。しゆしん不申候はゞ、らいねんせいばい可申よし申つかわせ候。からこくまでてにいれ、我等一ご(期)のうちに申つく可候」と、脳天気な見通しが語られていた(『妙満寺文書』)。

(20) 同様の表現は、文禄の役の開戦直前に名護屋城から浅野幸長にあてた朱印状にも、「関東・出羽・奥州・日の本迄、諸卒悉罷立候」とみえる(『浅野家文書』前掲三月一三日朱印状)。

引用文献

安里　進二〇一〇「ヤコウガイ交易二つの口と一つの口——争点の整理と検討」ヨーゼフ＝クライナー・吉成直樹・小口雅史編『古代末期・日本の境界——城久遺跡群と石江遺跡群』森話社

奄美群島交流推進事業文化交流部会編二〇〇二『カムィヤキ古窯跡群シンポジウム』鹿児島県伊仙町教育委員会

網野善彦一九八二『東と西の語る日本の歴史』そしえて

——一九八六『中世再考——列島の地域と社会』日本エディタースクール出版部

——一九九〇『日本論の視座——列島の社会と国家』小学館

網野善彦・石井進編二〇〇一『北から見直す日本史——上之国勝山館跡と夷王山墳墓群からみえるもの』大和書房

池田榮史編二〇〇八『古代中世の境界領域——キカイガシマの世界』高志書院

石井　進一九六九「九州諸国における北条氏所領の研究」竹内理三博士還暦記念会編『荘園制と武家社会』吉川弘文館(『石井進著作集』第四巻)

——一九七九「中世都市鎌倉研究のために——大三輪龍彦氏の近業によせて」『三浦古文化』二六号(『石井進著作集』第九巻)

——二〇〇二『日本の中世1　中世のかたち』中央公論新社

石上英一一九九〇―一九九八「奄美群島編年史料集稿」(一)―(八)『南日本文化』(鹿児島国際大学附属地域総合研究所)二二一・二三・二四・二六・二七・二八・三〇・三一号
入間田宣夫一九七八「鎌倉幕府と奥羽両国」大石直正等編『中世奥羽の世界』東京大学出版会
――一九九八『中世武士団の自己認識』三弥井書店
――二〇〇五『北日本中世社会史論』吉川弘文館
上里隆史二〇〇九『琉日戦争一六〇九――島津氏の琉球侵攻』ボーダーインク
上原兼善二〇〇九『島津氏の琉球侵略――もう一つの慶長の役』榕樹書林
遠藤　巌一九七六「中世国家の東夷成敗権について」『松前藩と松前』九号
――一九九二「「北の押え」の系譜」荒野泰典・石井正敏・村井章介編『アジアのなかの日本史Ⅱ』東京大学出版会
応地利明二〇〇二「認識空間としての「日本」」『岩波講座　天皇と王権を考える8　コスモロジーと身体』岩波書店
大石直正二〇〇一『奥州藤原氏の時代』吉川弘文館
――二〇一〇『中世北方の政治と社会』校倉書房
岡本弘道二〇一〇『琉球王国海上交渉史研究』榕樹書林
小口雅史一九九五「津軽安藤氏の歴史とその研究」同編『藤崎シンポジウム・津軽安藤氏と北方世界』河出書房新社
――一九九八「日本古代・中世における境界観念の変遷をめぐる覚書――古典籍・古文書に見える「北」と「東」」『古代中世史料学研究　下巻』吉川弘文館
小田雄三一九九三「嘉元四年千竈時家処分状について――得宗・得宗被官・南島諸島」『年報中世史研究』一八号
海保嶺夫一九八七『中世の蝦夷地』吉川弘文館
黒田俊雄一九七六「国家史研究についての反省――『大系日本国家史2　中世』に寄せて」『歴史学研究』四五五号(『黒田俊雄著作集』第一巻)
――一九八七「中世における地域と国家と国王」『歴史科学』一〇九号(『黒田俊雄著作集』第一巻)
小島道裕二〇〇五「文献史料から見た十三湊と安藤氏」『十三湊遺跡発掘調査報告書』第一分冊
小山靖憲一九九八『中世寺社と荘園制』塙書房

斉藤利男一九九〇「中世における正統イデオロギーと民衆的認識の世界――中世説話の中の「民衆神学」」地方史研究協議会編『交流の日本史――地域からの歴史像』雄山閣
――――一九九四「中世エゾ観における「正統と異端」」羽下徳彦編『中世の政治と宗教』吉川弘文館
――――二〇〇九「四通の十三湊安藤氏相伝文書と八戸南部氏」藤木久志・伊藤喜良編『奥羽から中世をみる』吉川弘文館
坂上康俊二〇〇八「八～十一世紀日本の南方領域問題」九州史学研究会編『境界からみた内と外』岩田書院
佐々木馨二〇〇四『北海道仏教史の研究』北海道大学出版会
――――二〇〇七『北方伝説の誕生――歴史と民俗の接点』吉川弘文館
高梨　修二〇〇五『ものが語る歴史10 ヤコウガイの考古学』同成社
高良倉吉一九八〇『琉球の時代――大いなる歴史像を求めて』筑摩書房
――――一九八七『琉球王国の構造』吉川弘文館
――――二〇一一『琉球王国史の探求』榕樹書林
竹田和夫二〇一一「「北辺」の境界佐渡について――文献・考古・民俗学の視点から」（竹田和夫編二〇一一）
竹田和夫編二〇一一『古代・中世の境界意識と文化交流』勉誠出版
田中　稔一九九〇「備後国太田荘の荘域と条里」『国立歴史民俗博物館研究報告』第二八集
知名定寛二〇〇八『琉球仏教史の研究』榕樹書林
中世の里シンポジュウム実行委員会編一九九二『北の中世――史跡整備と歴史研究』日本エディタースクール出版部
豊田武・遠藤巌・入間田宣夫一九七〇「東北地方における北条氏の所領」『東北大学日本文化研究所研究報告』別巻七号
永山修一一九九三「キカイガシマ・イオウガシマ考」笹山晴生先生還暦記念会編『日本律令制論集 下』吉川弘文館
橋本　雄二〇一一「日本と中国の〈境界〉――日明関係を中心に」（竹田編二〇一一）
ブルース＝バートン二〇〇〇『日本の「境界」――前近代の国家・民族・文化』青木書店
樋口知志二〇〇六「『諸家系図纂』所収の「安藤系図」について――奥六郡安倍氏の祖先系譜に関する一考察」細井計編『東北史を読み直す』吉川弘文館
平川　新一九九三ａ『伝説のなかの神――天皇と異端の近世史』吉川弘文館

――――一九九三b「系図の成立と家の交流――下国系図・秋田系図・藤崎系図をめぐって」渡辺治雄編『文化における時間意識』角川書店
――――一九九三c「系譜認識と境界権力――津軽安東氏の遠祖伝承と百王説」『歴史学研究』六四七号
藤善真澄二〇〇六『参天台五臺山記の研究』関西大学出版部
誉田慶信二〇〇〇『中世奥羽の民衆と宗教』吉川弘文館
前川要・十三湊フォーラム実行委員会編二〇〇六『十三湊遺跡――国史跡指定記念フォーラム』六一書房
村井章介一九八八『アジアのなかの中世日本』校倉書房
――――一九九七『国境を超えて――東アジア海域世界の中世』校倉書房
――――二〇〇六『境界をまたぐ人びと(日本史リブレット28)』山川出版社
村井章介・斉藤利男・小口雅史編二〇〇二『北の環日本海世界――書きかえられる津軽安藤氏』山川出版社
柳原敏昭二〇一一『中世日本の周縁と東アジア』吉川弘文館
吉成直樹・福寛美二〇〇六『琉球王国と倭寇――おもろの語る歴史』森話社
吉成直樹・福寛美二〇〇七『琉球王国誕生――奄美諸島史から』森話社
綿貫友子二〇一一「文献から見た境界としての熊野・土佐」(竹田編二〇一一)

第三章　中世国家の境界と琉球・蝦夷

はじめに

中世国家の境界としてもっともふつうに史料に見えるのは、東の「外浜」と西の「鬼界島」である。それらは面積のない線ではなく、あるひろがりをもつ〈境界領域〉であり、ばあいによっては、その外側にひろがる異域へと位置がずれたり、異域の一部をとりこんで膨張することがあった。たとえば「蝦夷島」は、ふつう「外浜」の先にひろがる異域として所見するが、それを「鬼海・高麗」や「博多津」などと対偶の位置にある境界として描く史料もかなり多い(1)。

ではなぜこのような境界の〈のびちぢみ〉が生じるのだろうか。ある場所が中世国家の境界であるという認識は、多くは先行する文字史料から獲得されただろう。しかし文献によって境界の名前に〈ゆれ〉があることは、境界領域における人間活動から生み出されるあらたな地理情報も、境界の観念形成に寄与したことを予想させる。本章では、中世国家の東西の境界に所領をもった得宗被官に注目し、境界の内外を結んでかれらの展開した交易活動が、境界にどのような〈ゆれ〉をもたらしたかを考えたい。

本章にはもうひとつ、一三―一四世紀の琉球史・南島史に文献史学の立場から迫るという意図がある。考古学的には、グスク時代の政治的社会の形成や、中国大陸との活発な交易が実証されている。ところが文献的には、この時代は古代史料に見える「南島」と、一三七二年以降の中国史料にあらわれる「琉球国」とにはさまれた、くらがりのなかにある。しかし本章で検討する一四世紀初頭の一得宗被官の譲状は、九州西南の海上に散らばる多くの島々を記載しており、右のくらがりを照らし出す灯火となりうる。

一　「千竈時家処分状」を読む

千竈氏と「千竈文書」

尾張国千竈《ちかま》郷を本貫とする御家人の出身で、いつのころからか得宗の被官となり、得宗領薩摩国河辺《かわなべ》郡の地頭代官兼郡司となって下向した、千竈氏という武士がいる。その家伝文書は、現在鹿児島県出水郡長島町指江《さすえ》に居住する子孫の千竈家徳氏の所蔵で、長島町歴史民俗資料館に寄託されている。

嘉元四年(一三〇六)四月一四日、千竈時家は、三人の男子、二人の女子、二人の配偶者に所領を分譲した。そのさい時家は、証文として、譲与する所領のすべてを相続人ごとに整理して書き上げた長文の「処分状」と、各相続人に個別に譲られた所領のみを書き出した「譲状」との、二系列の文書を作成した。処分状は三通おなじものが作成されて三人の男子に渡された。譲状は、三男熊夜叉丸に河辺郡内の地を譲与する旨をしるし、袖に同年七月一七日付で北条貞時が安堵の外題《げだい》を加えた一通と、二男経家に尾張国千竈郷内の地を譲与する旨をしるし、外題安堵のない一通の、計二通が残されている。

「千竈文書」を学界に紹介した五味克夫《よしお》は、右の処分状・譲状に疑問を呈している。しかしその疑いは、文面に通常の武家の相続文書ではまれな島々、それも奄美や徳之島にいたる茫洋とした海域に散らばる島々があらわれることへの困惑に発するものであって、文書の文言・様式・書風・花押などに具体的な問題点が指摘されているわけではない[2]。筆者は、一九九六年三月一九日、科研重点領域研究「沖縄の歴史情報研究」による現地調査として、原口泉・高橋公明・鶴田啓の三氏とともに長島町を訪れ、原本を熟覧する機会をえた[3]。原本はかなりひどく傷んではいるものの、まったく疑いをはさむ余地のない文書で、貞時の花押もしっかりしていた。

尾張出身の武士のゆくえを探るという関心から千竈氏に注目した小田雄三は、処分状・譲状に古文書学的な見地から検討を加え、つぎのような見解に到達した[4]。——熊夜叉丸あての譲状は、処分状にある熊夜叉丸分のうち、尾張国千竈郷内の地を除く薩摩国河辺郡内の地のみをしるし、貞時の外題をもつ。逆に経家あての譲状は、処分状にある経家分のうち、河辺郡内の地を除く千竈郷内の地のみをしるし、外題がない。この事実は、本貫である千竈郷の領主という側面においては御家人であるが、得宗領河辺郡の地頭代官という側面においては得宗被官であるという、千竈氏の二重性のあらわれである。

従うべき見解と思うが、文書の伝来からの考察も必要であろう。「千竈文書」の南北朝・室町期の文書に一貫してあらわれる所領は、河辺郡平山村であるが、この村は嘉元四年の譲与では熊夜叉丸分として見える。ここから、現在文書を伝える千竈家は熊夜叉丸の子孫であると考えられる。正平一一年(一三五六)の申状の差出人「千竈彦六左衛門入道本阿」が熊夜叉丸と同人ではないか。そうすると経家あての譲状がなぜ「千竈文書」に伝わったかが疑問となる。千竈郷内の地を熊夜叉丸に譲った譲状が残っていないことからすると、後日経家と熊夜叉丸が千竈郷内の知行分を交換したのかもしれない。

処分状・譲状を読む

以上を前提に、島々の名があらわれる処分状と譲状を読んでみよう(五味が読んでいるが現状では破損のため読めない字を四角で囲んだ)。

A-①「千竈文書」嘉元四年(一三〇六)四月一四日千竈時家処分状

ゆつりわたす　そふんの事

合

ちやくし六郎貞泰かふん

一さつまのくにかハのへのこほりのちとう御代官職ならひにくんし職の事、かうとのゝむら、きよミつのむら、ミやしたのむら、たゝしこのにかむらハ母一このゝち、のまのむら、いしはしりのむら、くへたのむら、たのへのむら、たへたのむら、くすハらの大くほのむら、ミやのむら、かこのむら、ハうのつ、ならひにようさくふん、ゑほうしかたはた、ハたそいたけたのまへ、かゝりやのそハ、次しま〳〵の事、くち五嶋、わさのしま、きかいかしま、大しま焉、

一するかのくにあさはたのしやうのうちきたむらのかうのかうし職　たゝしからすまろの女房の一このゝち、

一ひたちのくにわかもりのかう三分一のちとう御代官職

一おはりのくにちかまのかういはくにのほうのうち田畠やしき矣、

次郎弥六経家かふん(中略)

三男くまやしや丸かふん

一さつまのくにかハのへのこほりの内、のさきのむら、ひらやまのむら、かミやまたのむら、大とまりの津、ならひにようさくふんひらやまに壱丁、次にしまの事七嶋矣、

一おハりのくにちかまのかういわくにのほうの内田畠焉、

女子ひめくまかふん(中略)

女子いやくまかふん(中略)

いやくまか母のふん（中略）
からすまろの女房のふん（中略）
右そふんくたんのことし、めん〳〵のゆつりしやうにまかせて、ゐろんなくちきやうすへし、（中略）よりてのちのため処分のしやうくたんのことし、
嘉元四年四月十四日　　　　　　時家（花押）
こ入道とのゝしひちのいましめのしやう一つうこれあり、ちやくしたるうへハ六郎かもとにをきて、もしのわつらひもあらん時ハ、いつれの子とものへもこれをわたすへし、
この状ハ三つうおなしやうにかきおくところなり、六郎・弥六・熊夜叉丸一つうつゝわかちとるへし、（花押）

A－② 「千竈文書」嘉元四年（一三〇六）四月一四千竈時家譲状・北条貞時外題
（北条貞時）（花押）
「件村々、任此譲状、熊夜叉丸可令領掌之状、如件、
嘉元四年七月十七日」
ゆつりあたふちかまの熊夜叉丸に、さつまの国かハのへのこほりの内、のさきの村、ひらやま村、かミやまたの村、大とまりの津、用作分ひらやまに壱丁、嶋の分七嶋、かのところ〳〵は、熊夜叉丸にゆつりあたふるところなり、かきりあらん御年貢・御公事けたいあるへからす、仍譲状如件、
嘉元四年四月十四日　　　　　　左衛門尉時家（花押）

処分状は長文なので、嫡子貞泰分と三男熊夜叉丸分のみ全文を示し、他の相続人の分と、置文的な後文の大部分を省略した。そのかわり譲与の内容を一覧するために、すべての所領名にできるかぎり漢字をあて、表にして次頁に掲

A－③

貞　　泰	薩摩国河辺郡地頭御代官職幷郡司職・神殿村・清水村・宮下村・野間村・石走村・久辺田村・田辺村・田辺田村・楠原の大久保村・宮村・鹿籠村・坊津，用作分烏帽子田畠・畠添竹田前・篝屋側， (次島々事)口五島・わさの島・喜界島・大島 駿河国浅服庄内北村郷郷司職 常陸国若杜郷三分一地頭御代官職 尾張国千竈郷いはくに方内田畠屋敷
経　　家	薩摩国河辺郡内小野村・永田村・地子村・下山田村，用作分松木田， (次)永良部島 尾張国千竈郷いはくに方内田畠
熊夜叉丸	薩摩国河辺郡内野崎村・平山村・上山田村・大泊津，用作分平山に一丁， (次島事)七島 尾張国千竈郷いはくに方内田畠
女子姫熊	薩摩国河辺郡内古殿村半分，用作分大くたり， (次)徳之島(一期後は貞泰分)
女子弥熊	薩摩国河辺郡内古殿村半分，用作分宮下しやうくわう房跡の田一丁， (次)屋久島下郡(一期後は貞泰分)
弥 熊 母	薩摩国河辺郡内清水村・宮下村，用作分上山田薗田(一期後は貞泰分)
烏丸女房	駿河国浅服庄内北村郷郷司職(一期後は貞泰分)

げる。

これを通覧してまず指摘すべきは、薩摩国河辺郡と常陸国若杜郷三分一における千竈氏の所職が、「地頭御代官職」の名で呼ばれていることである。地頭正員が得宗で被官がその代官職につくという形は、得宗領が得宗被官に与えられるさいに一般的で、のちに紹介する陸奥の安藤氏の所領も「地頭御代官職」であった。そして千竈氏の所領の中心をなす河辺郡がまぎれもなく得宗領であり、河辺郡に隣接する加世田別符も鎌倉最末期に相模六郎時敏という北条氏一門(おそらく得宗家)の所領であったことは、石井進によって明らかにされている⑤。

つぎに、遠隔地およびふたりの配偶者の分を除く時家の所領、すなわち五人の子女たちに分譲された河辺郡所在の所領群は、「村」「用作分」「津」「島」の四要素から構成されていることが読みとれる(以下、図1参照)。

第一の要素は「村」である。A－③(表)に見え

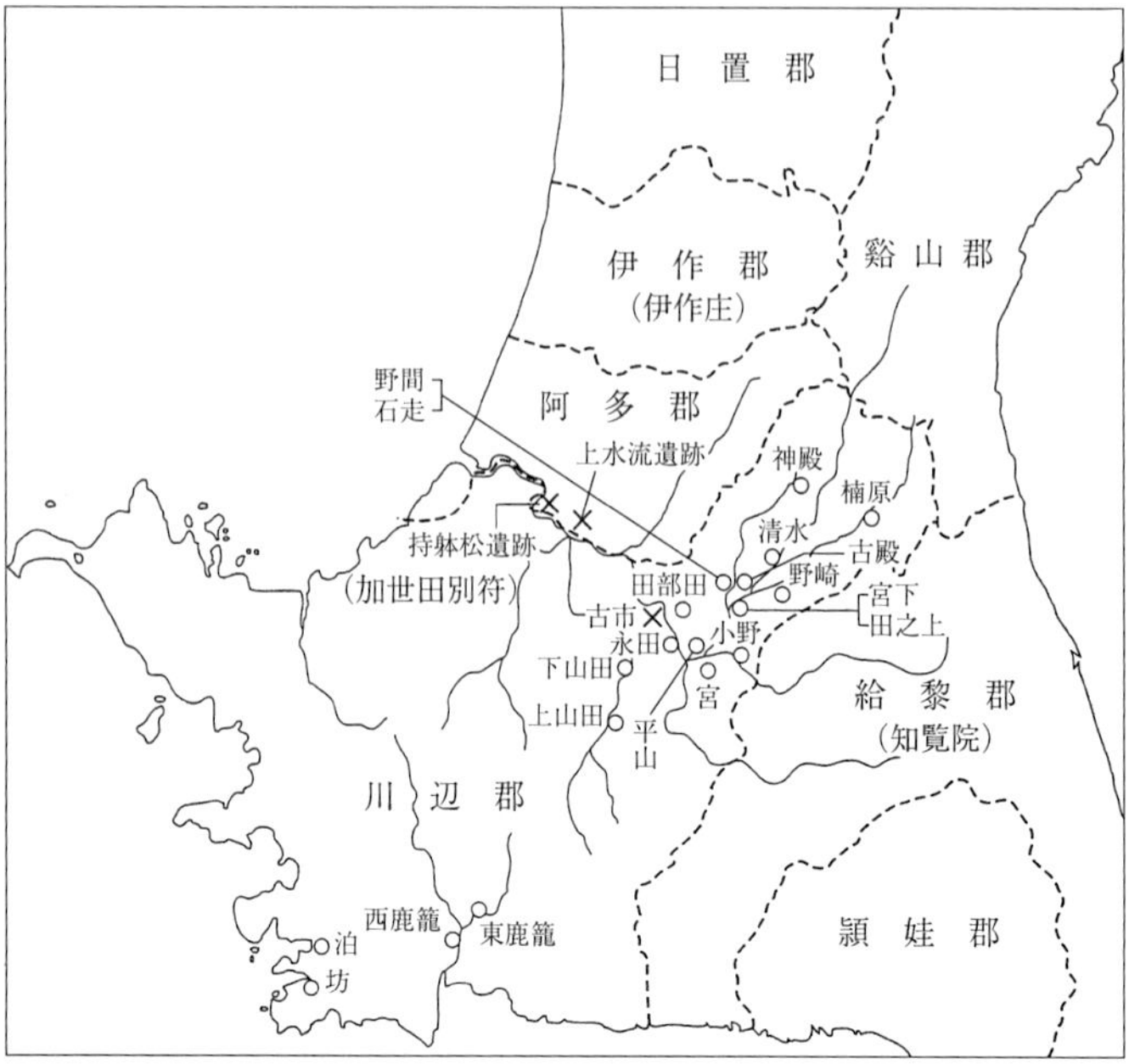

図1　千竈氏の所領分布

る一九の「村」のうち、別水系の鹿籠村と現存地名に比定困難な久辺田・地子を除く一六か村を地図に落としてみると、薩摩半島中央部に発して西に流れ東シナ海に注ぐ、万之瀬川流域に分布することがわかる。子息三人に譲られた「村」は相続人ごとにまとまっておらず、熊夜叉丸分の野崎村・平山村・上山田村に典型的なように、兄弟の所領と入りくんでいる。庶子分が郡の中心に近く、惣領分が周縁部に多いという傾向が認められる。

河辺郡の郡域が万之瀬川の水系に規制されていることは明瞭で、各「村」を結びつける要素として、この水系をたどる水運が想定される。本流に野崎川・麓川などが合流する現在の川辺町中心街付近が郡の中心であり、そこから郡境に向かって万之瀬川が西流する途中に、古市という地名がある。その下流の、河口から数キロ遡った右岸には、一二―一三世紀の中国陶磁を大量に出土する持躰松《もったいまつ》遺跡と、一五―一六世紀の青滋・青白滋を出す上水流《かみずる》遺跡がある[6]。さらに万之瀬川の旧流路が海岸砂丘の後背湿地を西南に向かう左岸に、唐仁原《とうじんばる》という地名がある（加世田別符の内）。河辺郡が、万之瀬川水系を通じて中国にまで至る海上の道とつながっていたことがわかる。

第二の要素は「用作分」、すなわち領主屋敷の近くにあると考えられる領主直営田である。京都にいる烏丸女房を除くすべての相続人に用作が与えられている。正確な場所をつきとめることは困難だが、熊夜叉丸分が平山に、弥熊分が宮下に、弥熊母分が上山田にあったことはわかる。熊夜叉丸の、したがって現在文書を伝える千竈家の祖先の屋敷は、平山村にあったと思われる。平山は郡の中心に近い要地である。

第三の要素は「津」である。貞泰分の坊津《ぼうのつ》と熊夜叉丸分の大泊津《おおどまりのつ》は、万之瀬川水系とは無関係な薩摩半島西南端にあり、とくに坊津は、畿内や北九州からこの地を経て琉球・江南に至る海上ルートのターミナルとして名だかい。大泊は坊津の北隣りの入江奥にある泊集落に比定され、坊津の弟分ともいうべき津である。一四七一年成立の『海東諸国紀』[7]に収める「海東諸国総図」の左半および「日本国西海道九州之図」には、九州の西南端に「房沾両津」という文字がある(後掲の図2参照)が、〝坊・泊の両津〟の意味にちがいない。また貞泰分の鹿籠村も、「村」は付くものの、枕崎市街の西で海に入る花渡川の河口に近い川べりにあり、津の性格の強い場所と思われる。

そして第四の要素が「島」であるが、これについては節を改めて論じたい。

相続人のうち配偶者を除く五人の子女に分譲された所領は、右の四要素の全部または「津」を除く三要素から構成される。この事実は、三つないし四つの要素がそろってはじめて、バランスのよい所領構成になることを示している。「村」の所領としての基本的性格は、年貢・公事の徴収権に求めてよいだろう(A-②に「限りあらん御年貢・御公事懈怠あるべからず」とある)。「用作分」が領主支配の直接的な拠点であることはいうまでもない。これに対して「津」は、海外貿易をもふくむ外の世界との交易にかかわる経済的得分が、その所領としての内容であろう。たとえば船の大きさや積荷の量に応じて入港時に賦課される税(関銭、帆別銭などと呼ばれる)などが考えられる。では奄美や徳之島までもふくむ「島」とは、いったいどんな種類の権益を生む所領なのか。

二　口五島・奥七島と境界問題

島々の現在地比定

千竈時家処分状には、貞泰分に「次しま〳〵の事、口五嶋、わさのしま、きかいかしま、大しま」、経家分に「次、ゑらふのしま」、熊夜叉丸分に「次しまの事、七嶋」、姫熊分に「次、とくのしま」、弥熊分に「次、やくのしまのしものこほり」とある。口五島を五つ、七島を七つと数えると、全部で一八の島がしるされていることになる。これらは現在のどの島にあたるのだろうか。

まず先行研究でほぼ確定されているものを挙げると、「きかいかしま」は奄美群島の喜界島、「大しま」は奄美大島、「七嶋」は現在の十島《としま》村を構成する吐噶喇《とから》列島の主要な七つ——口之島・中之島・臥蛇《がじゃ》島・平《たいら》島・諏訪之瀬島・悪石《あくせき》島・宝島、「とくのしま」は徳之島、「やくのしま」は屋久島に比定される。

「ゑらふのしま」は屋久島の属島の口永良部島と奄美群島の沖永良部島のふたつ候補があるが、私は口永良部島に比定すべきと考える。『海東諸国紀』の「日本国西海道九州之図」には、口永良部島が「恵羅武」、同「琉球国之図」には沖永良部島が「小崎恵羅武」[8]という文字でしるされている。また応永一五年（一四〇八）の島津元久宛行状（『鹿児島県史料　旧記雑録前編二』七七六号）に「薩摩国内屋久・恵良部両嶋」とある「恵良部」は、明らかに口永良部島を指している。以上より、中世では口永良部島のことをたんに「エラブ」と呼んだことがわかる。

「わさのしま」はどう頭をひねっても比定すべき島が見つからない。

問題が残るのは、意外にも薩摩半島にもっとも近い「口五嶋」である。永山修一は、現在の三島村を構成する竹島・硫黄島・黒島に、屋久島と口永良部島を加えた五つに比定する[9]。鹿児島県内ではこれが通説のようだが、この比定には矛盾がある。処分状では、「口五嶋」が屋久島・口永良部島とは別にしるされているからである。「ゑらふのしま」を沖永良部島へもって行き、屋久島上郡を下郡と切り離して口五島に入れでもしないかぎり、矛盾は解消しないが、ずいぶん無理な史料操作といわねばなるまい[10]。

では私は「口五嶋」をどの島に比定するか。そこで参照したいのが『海東諸国紀』の絵地図である。「海東諸国総図」の左半および「日本国西海道九州之図」「琉球国之図」には、琉球と九州・一岐島・対馬島とにはさまれた海域に、おびただしい島が、名称および航路上の位置を示す注記をともないながら、描かれている[11](図**2**)。名前を丸で囲った七つの島が処分状の「七嶋」すなわち奥七島で、図中では口島・中島・臥蛇島・多伊羅(平島)・諏訪湍(諏訪之瀬島)・悪石・渡賀羅(宝島)と表記される。このほか吐噶喇列島に属する島では、小臥蛇島・島子(小宝島)・島起湍(未詳)が描かれる。現代人の感覚ではとるに足りない島ま

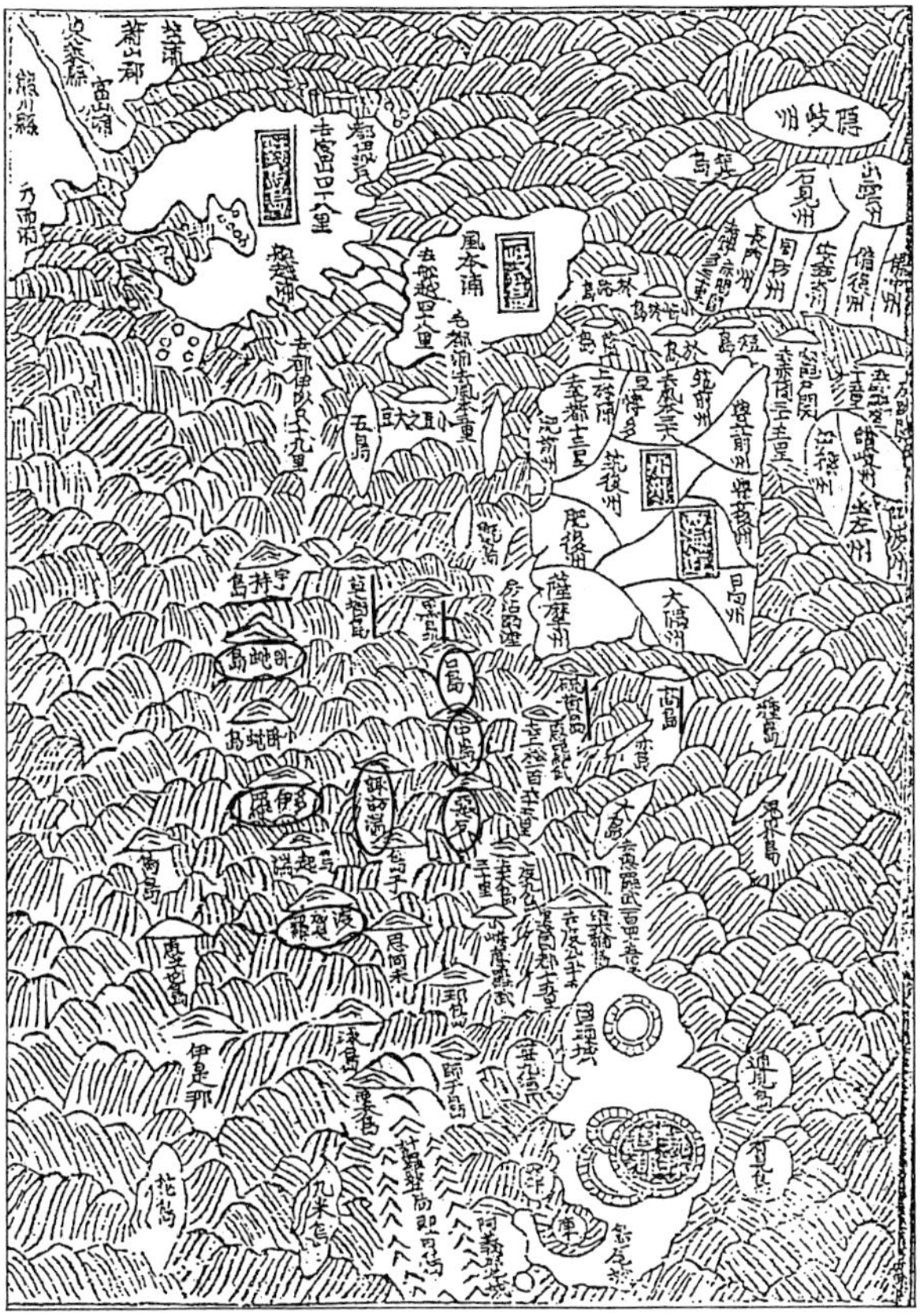

図 2　『海東諸国紀』所収「海東諸国総図」左半
(東京大学史料編纂所蔵)

でが、堂々と自己主張していることに注意したい。

そして名前に傍線を引いた五つの島が、私が口五島に比定する島々である。東から高島(竹島)・硫黄島・黒島の三つは、諸説一致して口五島のうちとする。その西に描かれる「草墻島」は草垣諸島、「宇持島」は宇治諸島で、ともに現在南さつま市(もと川辺郡笠沙《かささ》町)に属する小さな無人島である。じっさいの位置関係は、黒島の真西に草垣諸島、草垣の真北に宇治諸島があり、それぞれの間は五〇キロメートルほど離れている。なお屋久島は「亦島《やく》」、口永良部島は前述のように「恵羅武」という文字でしるされている。

通説は、「端五島の候補としてこの両島(注、屋久島・口永良部島のこと)以外に目ぼしいものがない」(永山論文、四四一頁)ことを論拠とする。だが中世史料に見える島の比定にあたっては、「ちっぽけな無人島」という現代人の感覚よりは、一五世紀にこの海域を縦横に往来した道安の眼のほうが、はるかに信頼できる。この観点から図2を見ると、草墻島・宇持島が黒島・硫黄島・高島よりも、亦(屋久)島よりも、かなり大きく描かれていることに気づく。琉球と朝鮮とをつなぐ航路の目印として、たいへん重要だったからだろう。このような絵地図に描かれる島の大きさは、島の実際の面積ではなく作成者の関心の度あいに比例する。[12] 道安にとって――より ひろくいえばこの海域で活動する交易者にとって――、草墻島・宇持島はけっしてちっぽけな無人島ではなかった。

「得宗領河辺郡」の内実

以上の考察によって、処分状に見える島々は、「わさのしま」を除いて現地に比定することができた。これをふまえてさらに考えるべきは、これらの島々がまさしく中世国家の境界領域に位置していたことである。

B　長門本『平家物語』巻四

きかいは十二の嶋なれば、くち五嶋はにほんにしたがへり。おく七嶋はいまだ我てうにしたがハずといへり。白石・あこしき・くろしま・いわうが嶋・阿世納・阿世波・やくの嶋とて、ゑらぶ・おきなハ・きかいが嶋といへり。くち五嶋のうち、少将(成経)をバ、三のとまりのきた、いわうがしまにすてておく。やすよりをバあこしきの
嶋、しゅんくわんをバ白石がしまにぞすてをきけり。

「鬼界島」は、〈人なれど人ならざる〉ものが住む世界、境内と異域が入り交じる境界的な場であったが、右のテキストでは、境内と異域の境が口五島と奥七島のあいだに引かれている。ただ、「白石・あこしき……」以下具体的な島の名が出る文章は、地理情報としても、史実に照らしても、きわめて不正確なものである。「白石」から「きかいが嶋」まで数えても十にしかならないし、白石・阿世納・阿世波は比定すべき島が見あたらない。あこしき(悪石)島が口五島に、沖縄が鬼界十二島にふくまれるというのも妙である。成経が硫黄島、康頼が悪石島、俊寛が白石島とばらばらに流されたというのも史実に合わない。このテキストが成立した鎌倉後期[13]の中央地帯では、日本の西の境界について正確な知識はなかった。それでも、鬼界十二島が国家支配のつきるところにあって、その支配が境界領域を〈内＝口五島〉と〈外＝奥七島〉とに分節化する、という認識は、それなりに事実を反映したものと考えられる。

しかし、境界領域自体を所領とする者にとって、事態は相当ことなった様相を見せる。嘉禄三年(一二二七)、島津忠久は忠義に伊作庄・河辺郡・指宿郡の三か所を除く「薩摩国地頭守護職」を譲った(『鎌倉遺文』六巻三六二二号)が、この相続を安堵した藤原頼経の下文によれば、「十二嶋地頭職」は河辺郡とはきりはなされて、忠義の所領に入れられていた(同三六七〇号)。これは以後島津家嫡流に代々相伝されて南北朝期にいたる(石井論文、三七〇―三七一頁、永山論文、四四二―四四三頁)。

小田論文はつぎのようにいう。――文治年間に、「貴海島」に逃げこんだ平家方あるいは義経方の阿多氏・河辺氏らを、頼朝配下の兵が討った(いわゆる「貴海島征伐」)。その結果成立したのが十二島地頭職であって、幕府が王朝国家の支配領域の外に創出した十二島領有という事実を、所職として表現したものである(一九三頁)。すなわち、幕

府成立のエネルギーが西の境界の外へとあふれ出して、十二島地頭職を成立させた。それは頼朝によって、島津庄薩摩方の寄郡《よりごおり》河辺郡の一部として、島津氏に与えられた。やがて十二島を除く河辺郡地頭職と、同郡司職は、承久の乱における平姓河辺郡司の没落を契機として、得宗の手に帰す（江平論文、八頁）。

このように、ひとしく河辺郡内とはいっても、薩摩半島の部分と十二島の部分とは区別して意識され、別のとり扱いを受けていた。他方で、十二島を河辺郡内とする史料も、南北朝期に存在する。「河辺郡内黒島郡司職」（建武元年、『南北朝遺文九州編』一巻七二号）・「河辺郡内黒嶋・硫黄郡司職」（興国四年、同二巻一九六五号）・「河辺郡 同拾弐嶋此外五嶋」（貞治二年、同四巻四四六七号）などである。処分状において、「島」が河辺郡内とされながらも「次」の字で区切られて項の最後にしるされることは、十二島に与えられた二重の性格を反映していたのである[14]。こうした錯雑を生む原因のひとつは、河辺郡が中世国家の境界に所在する郡であり、その境界が一定の〈ゆらぎ〉をともなうダイナミックな空間であったことに求められる。

ところで石井論文は、島津氏が鎌倉時代を通じて十二島地頭職を知行した事実は「千竈時家処分状の記載と矛盾する」と述べた（三七〇頁）。これに対して瀬野精一郎[15]・江平論文（八頁）・永山論文（四四五―四四六頁）は異口同音に、千竈氏が十二島に有した所職は郡司職だから、島津氏の地頭職とは矛盾しない、と指摘した。得宗の所帯は、観応三年（一三五二）の足利直冬下文に「河辺郡地頭郡司職 得宗跡」とある（『南北朝遺文九州編』三巻三三一七号）ように、地頭・郡司両職であった。このうち十二島地頭職は島津氏が相伝したから、得宗が保持したのはそれ以外の部分の地頭職と河辺郡全体の郡司職である。したがって千竈氏がもっていたのも、十二島を除く地頭代官職と、郡全体の郡司職であった。A－②の譲状には河辺郡内として「嶋の分七嶋」がしるされ、その譲与を得宗の貞時が安堵した。他の兄弟姉妹に譲られた島々についても事情はおなじと考えてよい。これは得宗領河辺郡のうち郡司職にかかわる部分についての行為であり、それは十二島をすら超えて奄美や徳之島にまでひろがっていた。これに対して島津氏の十二島地頭職は虚名を保つにすぎなかった。

得宗は千竈氏を「河辺郡地頭御代官職幷郡司職」として現地の管理をゆだねた。右は鎌倉時代における千竈氏の具体的な活動を示す唯一の史料である。

C　「台明寺文書」弘安二年（一二七九）四月一一日六波羅御教書案

去年三月之比、所レ被レ流二遣硫黄嶋一之殺害人松夜叉丸（南都児童）、有二可レ被レ尋子細一、就二雑色友貞一、早速以二守護次一、可レ被レ進也、仍執達如レ件、

弘安二年四月十一日　　左近将監（北条時国）在御判
　　　　　　　　　　　陸奥守（北条時村）在御判

千竈六郎入道殿

宛所の千竈六郎入道は、年代的にみて処分状に「こ入道とのゝしひちのいましめのしやう（故入道殿自筆誡状）」とある「故入道殿」に相当する。口五島のひとつ硫黄島が重罪人の流刑地であり、千竈氏が流人の「守護」にあたっていたことがわかる[16]。俊寛の時代の伝統は続いているわけだが、これらの島々は絶海の孤島だったわけではない。『平家物語』巻三有王で、俊寛が「山にのぼて湯黄と云物をほり、九国よりかよふ商人にあひ、くい物にかへなどせし」と語っているように、硫黄の買い付けに硫黄島を商人が訪れていた（永山論文、四四六頁）[17]。『海東諸国紀』の「日本国西海道九州之図」には、硫黄島に「産二硫黄一、日本人採レ之、凡黄島皆産二硫黄一、日正照常有レ烟、島去二房御崎一（坊津南方の坊ノ岬）十八里、去二上松一（上松浦）一百三十八里」という詳しい注記がある。硫黄は東アジアへの主要な輸出品のひとつであり、遣明船貿易の時代には、明へもっていく硫黄の調達のため、室町幕府が「硫黄使節」を任命していた。

それでは千竈氏は、日本列島と東アジアを結ぶ交易ルートの通路上に位置するこれらの島々を、所領としてどのように支配していたのだろうか。

D－①「蒲池文書」建武元年（一三三四）六月二六日某書下写（『旧記雑録前編一』一六九九号）

（花押）

薩摩国河辺郡内黒嶋郡司職事、以二円覚一如レ本所レ被二返付一也、可レ被レ存二知其旨一之由、依レ仰執達如レ件、

建武元年六月廿六日　観忍 奉

千竈六郎（貞泰カ）左衛門入道殿

D－②「蒲池文書」建武元年（一三三四）七月一七日千竈貞泰施行状写（同一七〇〇号）

薩摩国河辺郡内黒嶋郡司職事、自二京都一所二宛給一六月廿六日任二御書下之旨一、如レ本可レ致二其沙汰一之状如レ件、

建武元年七月十七日　（花押）（千竈貞泰カ）

黒嶋郡司（円覚カ）入道

D－③「蒲池文書」興国四年（一三四三）一〇月二二日某書下写（同二一六八号）

（花押）

薩摩国河辺郡内黒嶋・硫黄郡司職、かめまつ丸にあて給候畢、両所年貢せんきにまかせてとり沙汰可レ被レ申候、依レ仰執達如レ件、

興国二二年十月廿二日

これは得宗権力滅亡後の史料だが、D－①に「もとの如く返付」するとあるから、得宗領時代の支配方式を反映しているとみてよい。そしてD－①を施行したものがD－②だから、後者の花押の主は前者の宛所「千竈六郎左衛門入道」と考えられる。この人は年代と「六郎」という名のりから、A－①の「ちやくし六郎貞泰」であろう。D－②で「京都」と呼ばれるD－①の袖判の主は不明である。Dによれば、千竈氏は所領の「島」ごとに「某島郡司」を置いており、そこから獲得される経済的果実は「年貢」と呼ばれていた。荘園公領制的な支配システムをとってい

ることは注意すべきだが、この年貢は黒島や硫黄島の田地からとれる米というわけではなく、おそらく魚や硫黄などの交易品であろう。また、「島郡司」が確認されるのは口五島に属する硫黄島・黒島であるから、すべての島々に同様の支配システムが存在したとみるのは無理がある。島の現地勢力との交易による利潤そのものを果実とするような形態も充分考えられる。

伸縮する境界

元弘三年（一三三三）鎌倉幕府（得宗権力）が滅亡すると、十二島は名実ともに島津氏のものとなった。延文元年（一三五六）に将軍足利義詮が島津貞久の所領を安堵した下文に、十二島地頭職が見える（『南北朝遺文九州編』四巻三八九一号）。しかし河辺郡はこの下文に見えず、島津氏の手には戻されなかったようである。ところが、貞治二年（一三六三）に貞久が師久に譲った所領のなかに「薩摩国河辺郡 同拾弐嶋此外五嶋」があり（同四四六七号）、この時点では島津氏は十二島以外の五島までもふくむ河辺郡の全体を知行（すくなくともそのように主張）していた。この主張が、鎌倉末期における得宗領河辺郡の膨張を引きついだものであることは、想像にかたくない。この五島には、千竈時家処分状にみえる奄美大島・喜界島・徳之島は確実にふくまれるだろう。

以上のように一四世紀、日本国の西の境界は徳之島の線まで押しひろげられた。しかしこれが中世における最大であって、一五世紀になると、ふたたび吐噶喇列島まで後退する。それを明示するのはまたしても『海東諸国紀』所収の絵地図である。

まず「琉球国之図」を見ると、沖縄本島の東北方にある島々のうち、輿論（与論）島・小崎恵羅武（沖永良部）島・度九島（徳之島）・大島・鬼界（喜界）島にいずれも「属二琉球一」という注記がある[18]。いっぽう「日本国西海道九州之図」では、臥蛇島の注記に「分二属日本・琉球一」とある。この情報の源は『朝鮮王朝実録』端宗元年（一四五三）五月丁卯条に載せる道安の見聞談である。道安はこの年、琉球国中山王の使者としてソウルを訪れ、礼曹（朝鮮の外交担当部局）の質問に答えて琉球国のようすを語った。それによると、庚午年（一四五〇）に四名の朝鮮人が臥蛇島に漂着したが、「島在二琉球・薩摩之間一、半属二琉球一、半属二薩摩一、故二名則薩摩人得レ之、二名則琉球国王弟、領レ兵征二岐浦島一而見レ之、買献二国王一」じたという。一五世紀なかばのこの時点では、西の境界の向こうに独立国家琉球が存在し、奄美群島はその支配に服していた。そして臥蛇島あたりがなかば琉球、なかば薩摩に属する境界領域だった。だからこの島に漂着した四人は、薩摩と琉球に二人ずつわけられたのである[19]。

こののち薩摩と琉球の境界は一進一退をくりかえす。一四六六年には琉球の尚徳王が喜界島の「賊」を討ち、別に酋長を立てて、百姓を治めさせた（『中山世譜』五　尚徳王）。臥蛇島が境界だった一四五〇年ころより、琉球の奄美群島支配は後退していたように見える。喜界島の「賊」が薩摩と通じていた可能性は高い。一四九三年に博多の僧梵慶が朝鮮にもたらした琉球国王尚円名の書契[20]に、「琉球の附傭である大島に、近年日本の甲兵がやってきて、島を奪おうとし、多くの戦死者が出たが、十回に八、九回は琉球が勝利した」としるされている（『朝鮮王朝実録』成宗二四年六月戊辰条）。一五三七年にも、尚清王は兵を発して大島を征し、酋長のひとり与《ゆ》湾大親《わんうふおや》を滅ぼした（『中山世譜』七　尚清王）が、事件の背後に薩摩がひかえていたかどうかは明らかでない。ただ、一五二九年を初見として、奄美群島地域にも沖縄本島に残るのとおなじ様式の琉球国王発給文書（辞令書）が残されており[21]、ようやくこのころ本島なみの支配が実現されたことを知る。

三　「安藤宗季譲状」との比較

津軽安藤氏の譲状

「千竈時家処分状」とほとんど時をおなじくして、中世国家の反対側の境界でも、よく似た譲状が書かれていた。

E－①「新渡戸《にとべ》文書」正中二年（一三二五）九月一一日安藤宗季譲状

ゆつりわたすつかるはなハのこほりけんかしましりひきのかう、かたのへんのかう、ならひにゑそのさた、ぬかのふうそりのかう、なかはまのミまき、みなといけのちとう御たいくわんしきの事

みきのところハ、宗季せんれいにまかせてさたをいたすへきよし、御くたしふミを給ハるものなり、しかるをしそくいぬほうし一したるによて、御くたしふミをあいそゑて、ゑいたいこれをゆつりあたうるところなり、宗季いかなる事もあらんときハ、このゆつりしやうにまかせてちきやうすへきなり、たゝしうそりのかうのうち、たや・たなふ・あんとのうらをハ、によしとらこせんいちこゆつりしやうをあたうるところなり、よてゆつりしやうくたんのことし、

正中二年九月十一日　　宗季（花押）

E－②「新渡戸文書」元徳二年（一三三〇）六月一四日安藤宗季譲状

ゆつりわたす五郎太郎たかすゑニ

みちのくにつかるにしのはませきあつまゑをのそく事

右くたんのところハ、むねすゑはいりやうのあいた、かの御くたしふミをあいそへて、しそくたかすゑニゆつりあたふるところ也、たのさまたけなくちきやうすへし、又いぬ二郎丸か事、ふちをくわへていとをしくあたるへし、ゆめ〳〵このしやうをそむく事あるへからす、よてゆつりしやうくたんのことし、

元徳二年六月十四日　　むねすゑ（花押）

E－③「新渡戸文書」建武二年（一三三五）閏一〇月二九日陸奥国宣

（北畠顕家）（花押）

陸奥国津軽鼻和郡絹家嶋尻引郷・片野辺郷、糠部郡宇曾利郷・中浜御牧・湊以下、同西浜除安藤次郎太郎後家賢戒知行分関・阿曾米等村、
地頭代職事

右、安藤五郎太郎高季守二先例一可レ令二領掌一之状、所レ仰如レ件、

建武二年閏十月廿九日

右の三通は、北辺の特異な武士団として名だかい安藤氏の相続に関する史料である。E‐①は、安藤氏の惣領宗季が、正中二年（一三二五）に子息犬法師（高季）に与えた所領の譲状である。E‐②はその五年後に同人に追加して譲与したさいの譲状、E‐③は建武二年（一三三五）、陸奥守として現地に下向していた北畠顕家が、高季の当知行所領を安堵した国宣である。これをA‐①〜③と比べてみると、著しい類似点に気づく。

第一に、E‐①で所領の全体が、Aの河辺郡とおなじく「ちとう御たいくわんしき」として総括されている。得宗の安堵状や外題は残っていないが、この職名によって、安藤氏が得宗被官であり、譲与された所領が得宗領であることがわかる。Eに見える所領をふくめて、陸奥国の北辺、いまの青森県の地域は、ことごとくが得宗領だった[22]（以下、図3参照）。

第二に、安藤氏の所領の内部構成が、千竈氏のそれときわめてよく似ている。

津軽鼻和郡絹家嶋尻引郷・片野辺郷（弘前市付近）、糠部宇曾利郷（むつ市付近）・中浜御牧は、千竈氏の所領よりはるかに規模が大きく、内容にも陸奥らしい特徴が見られるが、基本的には年貢・公事の賦課対象となる所領単位で、河辺郡の各「村」に相当する。宇曾利郷内の田屋（東通村）・田名部・安渡浦（ともにむつ市）の三か所が、一期分として女子虎御前に、西浜内の関（折曾関《おれそのせき》か）・阿曾米（あつまゐ？）両村（ともに深浦町関付近）が安藤次郎太郎後家に（これも一期分か）、それぞれ譲られていることも、千竈氏と共通する（ただしこの点は鎌倉末期の武士一般に見られることであるが）。

つぎに、E－①の所領の最後にしるされる「みなと」の現在地比定は困難だが、文脈上「ぬかのふ」は「うそりのかう、なかはまのミまき、みなと」の全体に懸かると読むのがよいと思うので、いちおう下北半島北岸の大畑川河口にある大畑町湊村にあてておきたい。またE－②にみえる「西浜」は、青森県の日本海岸すべてを覆う巨大な所領単位であるが、このなかに日本海航路と蝦夷島を結ぶ最大のターミナル十三湊がある。安藤氏はここに城を構えて拠点にしていた㉓。また虎御前に譲られた安渡浦も、陸奥湾に注ぐ田名部川河口西側にある良港である。つまりこの譲状には、下北・津軽両半島にあって蝦夷島に渡航する拠点となるような、三つの湊がしるされているわけで、千竈時家処分状の坊津・大泊津と性格をおなじくする。

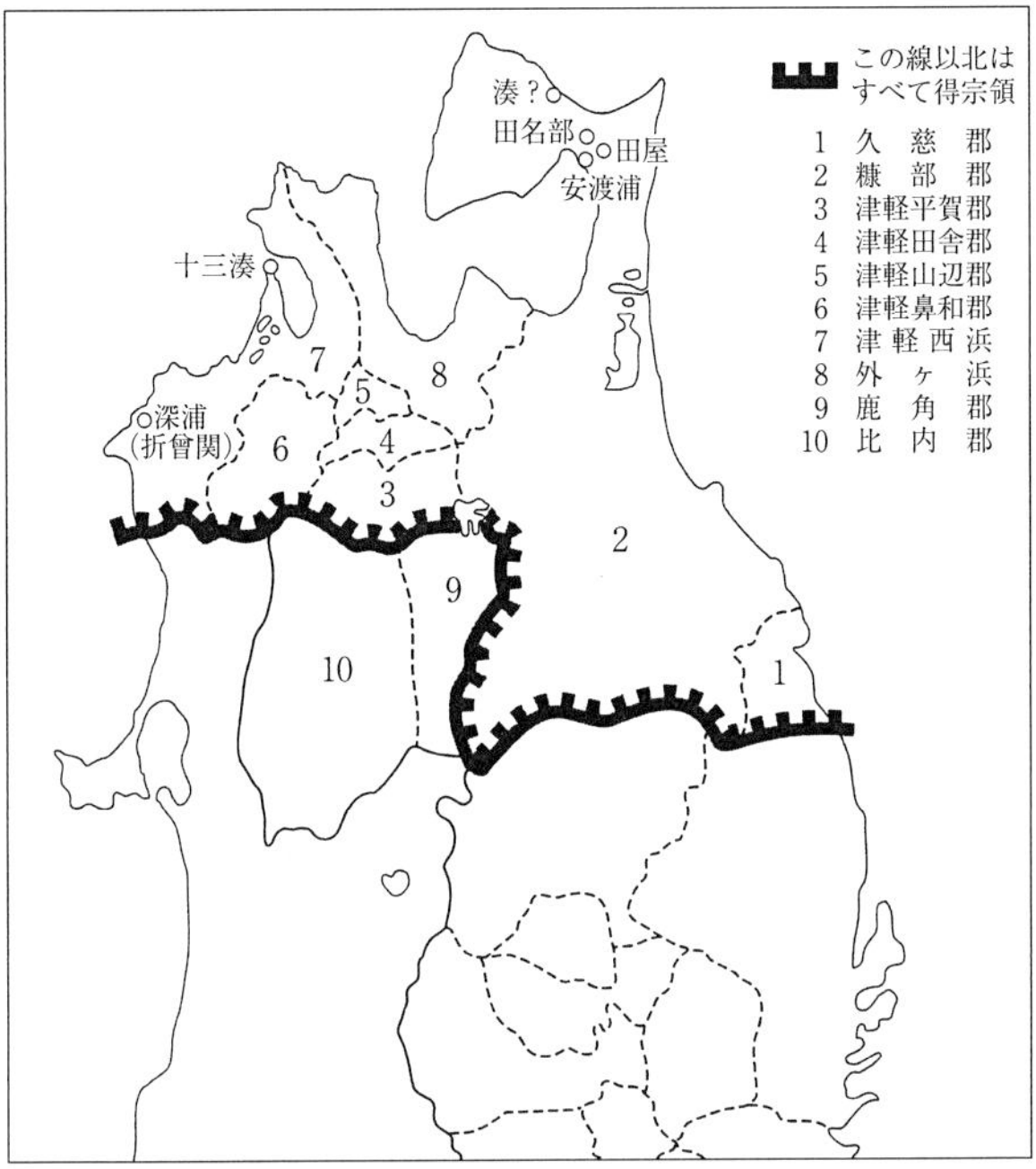

図3　東北北部要図(原図：遠藤巌氏)

「蝦夷の沙汰」と「島々」

残る「ゑそのさた」は謎の多い所領であるが、「蝦夷の沙汰」と読んで蝦夷島との交易の管理・統制に関わる権益と解するのが正解と思う。建武政権による安堵にはなじまない性格であったためか、E－③の安堵状にはこれが見られない。安藤氏の先祖は北条義時の代に「代官」として「蝦夷管領」に任じたが、「蝦夷の沙汰」はこれを譲状にふさわしくいいかえた表現と考えられる㉔。この職が、国家的犯罪人の蝦夷島流刑に直接関与するもので、鎌倉幕府のもつ「東夷成敗権」の執行者であることは、遠藤巖の研究㉕が明らかにした。Cの示す千竈氏の硫黄島流人管理は、まさしくこれと対応する。したがって、表現形式はことなるが、「蝦夷の沙汰」をAにあらわれる「島」に相当する性格をもつ所領ととらえることができよう。

以上、ともに境界領域を所領とする得宗被官であるA＝千竈氏とE＝安藤氏の残した譲状の間に、著しい類似のあることが確認された。そこにあらわれた所領の特徴は、本州中央部の武士団のそれとはちがって、とてつもなくひろい範囲にわたって存在するだけでなく、さらにいっそうひろい世界と関わりをもつ内容をふくむ、という点にあった。それを端的に表現する「島」あるいは「蝦夷の沙汰」の実態は、交易に関わり、交易を管理することで実現される経済的権益であったと考えられる。千竈・安藤両氏がともに得宗権力と運命をともにしなかった理由は、そうした役割を果たすなかで、得宗の庇護が失われても生きのびられるだけの自立性を獲得していたからであろう。

四　境界と交易活動

東西の境界を語る史料

最後に、境界と交易活動との関係をより一般的に示す史料を読みなおして、前節までに明らかにしたことと関連づけてみたい。

F－①『妙本寺本曾我物語』巻三

盛長(安達)打ち驚きて佐殿《すけどの》(源頼朝)御前に参る。「今夜君の御為に目出たき御示現を蒙り候。君は(中略)左の御足にて奥州外の浜を践《ふ》み、右の御足にて西国鬼界の島を践み、左右の御袂に月日を宿し、小松三本を御粧《おかざり》として、南に向ひ歩み候」と申し見進《まい》らせ候。

F－②「入来院家文書」建治三年（一二七七）一〇月二一日渋谷重経置文案

よ一（重員）・七郎（頼重）ふけうのゝち、ふしきをいたすあいた、いよ〳〵いこん（遺恨）まさるところニ、きしまの入道（木島道覚）の御つかいの時、ゆるさぬをもゆ（許）りたりとて、はやすめかいへにうちいりて、らうせきとん（狼藉等）をし候ものなれハ、ちやうふつ（定仏＝重経）かりんす（臨終）のちかゝらん時、きたりてかんたう（勘当）ゆりたりと申すさうのもの也、さやうの時きたらハ、そのねたさにちこく（地獄）へを（落）ちう事うたかい《ママ》ないし、さやうならハ、ありのまゝにかミ（上）へ申て、ゆはをのしま・えそかしまへなかすへし、（中略）

けんち三ねん十月廿一日　　ありはん

F－③『新猿楽記』

八郎真人は商人の主領なり。利を重んじて妻子を知らず、身を念じて他人を顧みず。一を持ちて万と成し、壌《つち》を摶《う》ちて金と成す。言を以て他心を誑《たぶら》かし、謀を以て人目を抜く。一物、東は俘囚の地に臻《いた》り、西は貴賀の島に渡る。交易の物、売買の種、称げて数ふべからず。

これらはどれも中世国家の東西の境界を示す史料として著名なものである。F－①は、安達盛長の夢に頼朝があらわれ、左足で外浜、右足で鬼界島を踏んだ、というもので、国家の両端を頼朝が両足で踏まえたことは幕府の明るい未来を約束する、という夢解きがされる。左右の袖の日月や頭に挿した小松も瑞徴である。ここには、境界の外を人ならぬモノの住む世界として畏怖する貴族とはちがって、境界を踏まえることがその外との関係への足がかりになるという、積極的な姿勢が見られる。文治年間、九条兼実の制止をふりきって頼朝が実行させた「貴海島征伐」は、こうした姿勢の具体的なあらわれであり、その結果成立したのが十二島地頭職であった。そしておなじ夢の話が、幸若舞曲「夢あはせ」になると、「きかい・かうらい・けいたんごく・しんら・はくさいこく迄も、我君（頼朝）の御ちぎやうに参らふずる」予徴とされる。境界をおさえることで、高麗・契丹国・新羅・百済国までが、支配をおよぼしうる対象として視野にはいってきたのである[26]。

このような境界認識は頼朝・盛長ら幕府首脳だけのものでなく、一般の武士にも共有されていた。F－②は、薩摩国入来院を領する御家人渋谷重経が子孫に垂れた訓戒である。重経は、「不孝の後、不思議を致」した子息の重員・頼重を口をきわめてののしるなかで、もし自分の臨終の床にあらわれて、勘当がゆるされたなどと申し立てることがあったら、ありのままに幕府に訴えて「ゆはを(硫黄)のしま・えそかしま」に流してもらうように、と述べる。千竈氏や安藤氏が担った境界領域への流刑を通じて、境界認識が武家社会へ浸透していったことがうかがわれる。そして鬼界島に流された俊寛らに肥前国の荘園から衣食が送られた、という『平家物語』の叙述を参照するなら、流刑もまた交易活動の一部をなすものであった(永山論文、四四六頁)。

交易そのものをなりわいとする商人にとって、境界とはどんな場所だったろうか。F－③は平安後期に成立した往来物で、当時の商人の典型をたくみに造形してみせる。「商人の主領」八郎真人は、カネもうけのためには妻子も他人も顧みない。一を万と化し、土を金に変じる。巧言と謀計で他人を誑かし出し抜くこともいとわない。そんなかれが商品をたずさえて赴くさきは、東は俘囚の地、西は貴賀の島にまでおよんだ……。ここでの境界とはさいはてではなく、そのむこうにさらにカネもうけの種となる場所があった。境界はそこへと向かう通路、交易のターミナルだった。そして千竈氏や安藤氏の譲状にあらわれた「島」や「蝦夷の沙汰」も、そういう意味での境界だったのである。

熊野御師の活動と境界論

熊野御師は配下の先達を使って熊野参詣の先導や代参を組織し、諸国の人々を「旦那」として祈禱や参詣宿のサービスを提供した。旦那は御師にとって一種の財産とみなされ、売買や譲渡の対象となる。「米良《めら》文書」にはそうした売券や譲状が大量に残されているが、そのうちの一通に、「右之旦那者、雖ㇾ為㆓重代相伝㆒、依ㇾ有㆓用要㆒、奥州津経〔軽〕一円、同ゑすかしま一円ニ、永実報院へ売渡申所実正也」としるされている（『熊野那智大社文書』米良文書七六六号、文亀三年一〇月二四日重豊旦那売券）。この津軽・蝦夷島の旦那は、つぎに掲げる年欠の「奥州旦那注文」にもあらわれる。

G　「米良文書」陸奥国旦那証文目録写（『熊野那智大社文書』米良文書九五八号）

奥州旦那注文

一南部数通／一岩城弐通文明十八ト延徳三／一伊達郡一通／一田村／一葛西七部／一大崎五部／一白川六通／一津軽幷ゑそ嶋一円／一奥州持分一円百貫文買券寛正二年壱通／一同三通江差・相馬等／一宇田中村／一栗原郡迫《ハサマ》／宮城国分・八幡松嶋郷／一北郷十八郷／一ふかや一通／一同三通／一及川一族／一雑五通

斉藤利男はこれらの史料を引用して、「国家編成上は日本国外とされていた夷島が、御師—先達—旦那関係の中では、あくまでも奥州の延長としてとらえられていた……国家編成上の「異域夷島」という位置づけと、民衆の交流の世界の中での「奥州えぞが島・松前」という認識とが、重層的に存在していた」と述べる(27)。境界観のなかに「民衆の論理」を発見しようとする意図は評価できるし、蝦夷島について異域観と境界観が重層していたことも事実だが、それを国家と民衆とにふりわけることができるのだろうか。旦那に地方の有力武士が多いことは斉藤も述べており、かれらは蝦夷島を境界と意識していたF-②の渋谷氏と本質的に異なる階層ではない。中世の「国家的境界認識」は、「民衆の交流の世界」と無縁な場所にそびえ立っていたわけではなかった。

熊野御師の宗教活動とは、旦那売券・譲状の存在や、御初尾物を先達が売り歩くという活動が示すように、純粋な「布教」というより交易活動の側面が強い。そうした御師の活動が境界を超えて展開したことが、国家的境界認識に〈ゆらぎ〉をもたらした、と私は考える。熊野御師の宗教活動が奥州の延長として蝦夷島をとらえるにいたった事実は、一四世紀に得宗被官が境界をつきぬける交易活動を展開し、それが得宗領として国家的に編成され、その結果境界そのものが外にむかって押しひろげられた、という事実と、けっして別物ではなかったのである。

ソフトな境界、ハードな境界

中世国家の境界というと、もうその先は鬼が住む異界、といったイメージでとらえられがちだった。京都の貴族の意識はたしかにそんなものであり、私もかつてそうした意識の重みを強調した[28]。それ自体を誤りとは思わないが、交易という観点からとらえたとき、境界はまったくちがった相貌をあらわす。ここでの境界は、莫大な富を生む境外の世界への通路ないしターミナルである。そして交易にはがんらい可能なかぎり遠くへのびていく性質があるから、境界も外へとずれていくことになる。逆に交易が何らかの理由で衰えると、境界もそれにつれて後退する。また他方、交易とは境外の他者との関係だから、境界も自他の相互関係のなかで定まってくる面がある。こうして中世後期、薩摩と琉球との境界は、鬼界十二島と奄美群島との間を「往来」することになったのである。

中世国家の境界というものは、「国境」ということばでわれわれが思い浮かべるところの、現代国際社会におけるハードな境界とはまったくことなっていた。もちろん朝鮮や琉球との間に何らかの緊張関係が生じたときには、現代の国境に近い性格をおびることもあったが、通常は交易の盛衰によってのびちぢみし、しかもそれ自体がぼんやりとしたひろがりであるような、ソフトなものだった。そうした中世日本の境界像を探ることで、逆に中世国家というものの本質が見えてくるかもしれない。

むすびにかえて

「千竈文書」にみえる「島」についてあれこれ考えてきたが、その副産物として、奄美地域を中世史のなかに位置づけるための、たしかな手がかりが得られた。薩摩と沖縄についてはぶあつい研究史があるが、中世の奄美については、一六世紀以降の「辞令書」を用いた若干の考察を除けば、ほとんど光があてられていなかった。近年、石上英一によって念入りな史料の翻刻がなされ(29)、研究条件が整いつつある。しかし、いまのところ紹介されたのはほとんど一六世紀以降の史料であり、鎌倉時代の確実な一次史料である「千竈文書」の重要性は、強調してしすぎることはない。こうして文献史料による研究に光が射してきた現在、考古学からも注目すべき発掘成果が報告されている。

一九九五年六月、奄美大島西部にある宇《う》検村《けんそん》の、倉木崎と枝手《えだて》久《く》島にはさまれた水深二―三メートル（満潮時）の海峡の底に、一二世紀末―一三世紀の中国陶磁（青磁・白磁・褐釉など）が広範囲に散らばっているのが確認された。「倉木崎遺跡」と名づけられ、水中考古学の方法による調査が続けられている。沈没船の積荷とみられるが、船材は出ていない。近くの宇検集落には「グスク」地名があり、グスク時代の地方豪族「按司《あじ》」が、ここを拠点に日中間の貿易に関係していた可能性が考えられる(30)。

しかも、河辺郡から万之瀬川を海にむかって下った中途にある持躰松遺跡（前述）の出土遺物は、倉木崎遺跡のそれときわめてよく似ている。これらの発掘データを、処分状に見える千竈氏の所領としての河辺郡の村々、津、そして「大しま」と重ね合わせると、奄美大島をターミナルとして薩摩および琉球・中国へ延びる交易ルートが浮かびあがってくる。もとより千竈氏がどのようにして「島」から権益を得ていたのかは、まだぼんやりとしかわかっていない。だが千竈氏が出かけていって中国の産物を取引するに価する相手が奄美に存在した可能性を、倉木崎遺跡と「グスク」地名は語っている。

注

（1）村井章介『アジアのなかの中世日本』（校倉書房、一九八八年）第Ⅲ章参照。

（2）五味は、最初一九六六年九月刊の『鹿児島中世史研究会報』二号に同文書のおもなものを紹介し、ついで一九六八年一月刊の『鹿児島県史料拾遺X』に初出で省略された文書も含めて再度紹介した。両文献（ともにガリ版刷り）は入手きわめて困難と思われるので、基礎的な事実を知るのに便宜な五味の解説を引いておく（両文献の解説はほぼ同文なので、前者のものを引用する。傍線は村井による）。

千竈文書（中略）を発見し、その存在を明らかにされたのは阿久根市々立図書館長黒神嘉樹氏である。同氏は現在県立図書館で刊行準備中の郷土誌料綜合目録の調査並びに作成委員として数年来史料採訪を続けてこられたが、昨年、苦心の末同文書の存在を確認、目録作成の上、筆者に採訪調査を慫慂された。本年七月十九日、機会を得て黒神氏と同道、長島の千竈家を訪ね、同文書の調査模写をはたすことが出来た（同家の御協力に感謝する）。内容は鎌倉末、嘉元四年の譲状三通の他、南北朝期のもの五通、室町期のもの三通、それに慶長十三年の高尾野衆知行名寄帳、同十九年の知行目録一通の他、系図、断簡若干通である。史料保存の状態は決して良好とはいえないが、長く門外不出、他見無用の史料として、史家にも知られぬまま伝来されてきた。史料の真憑度については、外形的には問題ないとしても、記載内容等については、なお今後更に慎重な検討を要しよう（一例として川辺諸島の記載についての疑問、即ち川辺十二島以南の南島の記載）。発表時期尚早の感なきにもあらずであったが、大方の示教を得られればと思いあえて解読紹介した次第である。（中略）一言私見を付加すれば、千竈氏は島津氏に代って島津庄寄郡河辺郡地頭職を有するに至った（北条）得宗の被官として地頭代官となり、併せて承久の乱のさい、京方として一旦所職を失った平姓河辺郡司に代って同郡々司職を兼帯し、鎌倉幕府滅亡後も北条氏と運命を共にすることはなく、同郡の在地領主として主に薩摩南党として活躍し、やがて川辺郡を支配した伊集院氏・総州島津氏の支配下に入り、更には中世末から近世初にかけての激動期に河辺郡を離れて高尾野に移り、ついには長島指江に転じたものであろう。

（3）　今回確認した文書に五味の紹介から洩れているものが若干ある。土地台帳の断簡二点と、つぎに掲げる明徳五年（一三九四）の避状一通である。なお前注に引用した五味の解説には、中世文書が一一通（うち室町期が三通）あるとしるされるが、解読紹介されたのは一〇通（うち室町期は二通）である。

さつまの国かわのへのこおり平山のむらの内くらまゑの門の内きたの丸、同しハわらのあれふ、中しま、おなしくミそこしのままを、この内とかうし、のちためにもんそをつかまつり候て、十ねんふんいぬのとしよりひつしのとしまて、ちかまとの〻御方へまひらせ候事しちなり、仍為後日状如件、

明徳五年かのへいぬのとし正月十一日
三郎さいもん(花押)

(4) 小田雄三「嘉元四年千竈時家処分状について――得宗・得宗被官・南島諸島」(『年報中世史研究』一八号、一九九三年)。以下これを「小田論文」と略称する。

(5) 石井進「九州諸国における北条氏所領の研究」(竹内理三博士還暦記念会編『荘園制と武家社会』所収、吉川弘文館、一九六九年)三六九―三七一頁。以下これを「石井論文」と略称する。その後江平望「得宗領薩摩国河辺郡について」(『鹿児島中世史研究会報』三六号、一九七六年)が石井の考証をさらに進めて、「河辺郡は承久の乱後関東御領となり、弘安年間には得宗領化していたものと推定される」と述べている(九頁)。以下これを「江平論文」と略称する。

(6) 一九九七年四月五日、やはり前記の科研の現地調査で、原口泉・高橋公明とともに金峰町を訪れ、同町教育委員会の宮下貴浩から遺跡調査の現状について話をうかがうとともに、持躰松遺跡をふくむ何箇所かを案内していただいた。なお持躰松遺跡についての詳細は、村井章介・佐藤信・吉田伸之編『境界の日本史』(山川出版社、一九九七年)に収められた柳原敏昭・永山修一の論文を参照。

(7) 本章では田中健夫の訳注による岩波文庫版『海東諸国紀――朝鮮人の見た中世の日本と琉球』(一九九一年)を使用。とくに『海東諸国紀』所収の絵地図にしるされた地名の現在地比定については、この本の訳注に負うところが大きい。

(8) 「小崎」は和訓と漢音が混合するが、「オキ」と読ませるのであろう。

(9) 永山修一「キカイガシマ・イオウガシマ考」(笹山晴生先生還暦記念会編『日本律令制論集 下』所収、吉川弘文館、一九九三年)四四一頁。以下これを「永山論文」と略称する。

(10) 処分状では屋久島が「下郡」しか出てこないことに疑問が生ずるかもしれないが、これについては、「屋久島上郡」は千竈氏以外の者の所領だと考えればよいだろう。その候補としては、北条一門名越氏の被官で種子島を領し、のちに家名を種子島に改める肥後氏あたりが有力と思う。応永一五年に島津元久から「屋久・恵良部両嶋」を料所として拝領したのは、「肥後左近将監入道(清時)」であった(本文参照)。

(11) 『海東諸国紀』は、一四七一年に朝鮮の領議政兼礼曹判書(首相兼外相)申叔舟が編纂した〈日本・琉球ハンドブック〉で、天皇・国王の代々を軸とするかんたんな歴史、一五世紀なかば以降の朝鮮通交者名簿を中心とする国ごとの地誌、朝鮮通交者の接待基準を示した「朝聘応接記」などで構成される。この書に収められた日本・琉球の絵地図は、中村栄孝(『日鮮関係史の研究 上』第九章「『海東諸国紀』の撰修と印刷」吉川弘文館、一九六五年)・田中健夫(『東アジア通交圏と国際認識』第四章「『海東諸国紀』の日本・琉球図」吉川弘文館、一九九七年)が明らかにしたように、博多の豪商道安が朝鮮にもたらした地図をベースに、朝鮮側が若干の情報を加えてなったものである。そしていま問題にしている九州の南方・西方海域の情報は、もっぱら、琉球・九州・朝鮮を股にかけて交易活動を展開した道安に負うものと断じてよい。なお同書の絵地図全体については、応地利明が興味ぶかい謎解きを展開している(『絵地図の世界像』岩波新書、一九九六年)。

(12)『海東諸国紀』では対馬・壱岐、とくに対馬が、『籌海《ちゅうかい》図編』などの明末の日本研究書では五島が、それぞれ異様なほど大きくかつ詳細にしるされている。一五世紀の朝鮮人および一六世紀の中国人が、それぞれの時代の倭寇対策に苦心し、倭寇の根城と目された場所に強い関心を寄せた結果である。

(13) 延慶三年(一三一〇)の奥書をもつ延慶本にも同趣旨の文章がある。「島ノ数十二アムナル内、端五島ハ昔ヨリ日本ニ随フ島ナリ。奥七島ト申ハ、未ダ此土ノ人渡タル事ナシ」。

(14) このことを小田論文は、「第一に、河辺郡という古代国家以来の郡という行政単位と、南島諸島との間に何らかの関係を認むべきこと、第二に、それにもかかわらず、南島諸島が一定の区別性をもっていること」と定式化している(一九一―一九二頁)。

(15) 瀬野精一郎『鎮西御家人の研究』(吉川弘文館、一九七五年)二九四―二九七頁。

(16) 海津一朗「中世武家流刑の手続き文書」(『古文書研究』三七号、一九九三年)五六―五七頁。

(17) なお『源平盛衰記』巻十有王渡硫黄島附有王俊寛問答事には、「島ノ者ノスルヲ見習テ、此山ノ峯ニ登テ、商人ノ舟ノ著タルニトラセテ、形ノ如ク代ヲ得テ、日ヲ送リ命ヲ続シ」とある。

(18)「属ニ琉球ニ」という注記は、ほかに伊是那(伊是名島)・恵平也山(伊平屋島)・鳥島(硫黄鳥島)・思何未(不明)の四島にもある。泳島(伊江島)や九米島(久米島)にはこの注記がないことからみて、注記のある島々は薩摩との間で帰属が問題になりうる島だったのではないか。

(19) 村井注(1)書、一二〇頁。

(20) この使者は正式に琉球国王の認証を受けていないいわゆる「偽使」であるが、本文に引いた情報については、とりたてて虚偽とみなす必要はないだろう。なお、橋本雄「朝鮮への「琉球国王使」と書契・割符制――十五世紀の偽使問題と博多商

人」(『古文書研究』四四・四五合併号、一九九七年)参照。

(21) 高良倉吉『琉球王国の構造』(吉川弘文館、一九八七年)二六二頁以下。

(22) 豊田武・遠藤巌・入間田宣夫「東北地方における北条氏の所領」(『東北大学日本文化研究所研究報告別巻』第七集、一九七〇年)。

(23) 近年、国立歴史民俗資料館を中心に十三湊の総合的な調査が行なわれ、中世有数の港町だった十三湊の栄光が土のなかから甦ってきた。国立歴史民俗博物館編『中世都市十三湊と安藤氏　歴博フォーラム』(新人物往来社、一九九四年)、小口雅史編『津軽安藤氏と北方世界　藤崎シンポジウム「北の中世を考える」』(河出書房新社、一九九五年)など参照。

(24) 小口雅史「津軽安藤氏の歴史とその研究」(注(23)所引『津軽安藤氏と北方世界』所収)二七―二八頁。

(25) 遠藤巌「中世国家の東夷成敗権について」(『松前藩と松前』九号、一九七六年)。

(26) 村井注(1)書、一一七―一一八頁。

(27) 斉藤利男「中世エゾ観における「正統と異端」」(羽下徳彦編『中世の政治と宗教』所収、吉川弘文館、一九九四年)一八五―一八六頁。

(28) 村井注(1)書、第Ⅰ章。

(29) 石上英一「奄美群島編年史料集稿」一―八(『南日本文化』二二、二三、二四、二六、二七、二八、三〇、三一号、鹿児島短期大学付属南日本文化研究所、一九九〇―一九九八年)。

(30) 倉木崎遺跡についての記述は、一九九五年九月二四―二六日に前記の科研による資料調査で、原口泉・鶴田啓・山田渉とともに奄美を訪れたさい、宇検村・大和村の方々および笠利町歴史民俗資料館の中山清美からうかがった話と、『南海日日新聞』の記事によった。

〔付記〕　本章は、一九九四―一九九七年度文部省科学研究費補助金(重点領域研究)「沖縄の歴史情報研究」(研究代表者：岩崎宏之)による研究成果の一部である。なお、同科研グループが一九九五年八月四日に沖縄県立文書館で開催したシンポジウムにおいて、本章の原型となる報告を行なった。

第Ⅱ部

海域社会と境界人

第一章　倭寇とはだれか――一四―一五世紀の朝鮮半島を中心に

一　倭寇理解の深い溝

倭寇はなに人《じん》?――田中・高橋説の意義と限界

日本における前期倭寇の研究史において、一九八七年は大きな画期をなしている。田中健夫「倭寇と東アジア通交圏」[1]・高橋公明「中世東アジア海域における海民と交流――済州島を中心として」[2]の二論文によって、一四―一五世紀、朝鮮半島で行動した「倭寇」の主力はじつは高麗・朝鮮人であった、という衝撃的な見解が示されたのである。[3]

田中論文は、数百艘の船、万余の人員、千疋以上の馬を擁する一四世紀後半の倭寇集団が、すべて日本から渡海したというのは不自然だとし、高麗の賤民である禾尺《かしゃく》・才人が倭賊を装って略奪行為を働いたという史料と、[4]一四四六年に朝鮮高官李順蒙が王に呈した上書の「臣聞く、前朝(高麗)の季、倭寇興行し、民聊生《りょうせい》せず。然るにその間、倭人は一、二に過ぎずして、本国の民、倭服を仮著して、党を成し乱を作《な》す」という部分(『朝鮮世宗実録』二八年(一四四六)一〇月壬戌)[5]をあげて、倭寇の主力は日本人と高麗・朝鮮人の連合した集団あるいは高麗・朝鮮人のみの集団であり、保有する船舶・馬匹の多くは現地で調達したものだ、と主張した。

いっぽう高橋論文は、一五世紀後半に朝鮮半島南辺にあらわれる「水賊」の行動は、倭服を着し倭語をあやつるなど、倭人との密接な交流抜きには理解しがたく、その実体は済州島の海民が多かったと指摘し、それを前提に考えると、一四世紀の倭寇にも高麗国内のかなりの勢力、とくに海上勢力が関与していたと考えざるをえない、と述べた。

田中説は、大筋において首肯できるものの、史料は禾尺・才人の行為をあくまで倭寇を偽装したものとしるしており、「連合」という評価には飛躍がある。また、李順蒙の上書は、以下の諸点からみて慎重な扱いを要する史料である[6]。(a)倭寇集団における倭人の割合についてふれた唯一の史料である。(b)倭寇最盛期を下ること半世紀以上のものである。(c)「辺境の民（とりわけ公私賤）は志がしっかりせず、課役のがれをする者が多い」という現状の「鑑」としてもちだされた議論で、「新白丁」などの賤民層への差別観から誇張されている疑いが濃い。また、高橋説は、済州島と対馬島を倭寇活動の「楽屋」とする田中説とも響きあいつつ、済州島という空間の境界性を明らかにしたが、一五世紀後半の状況をそのまま一四世紀にもちこむことには不安がある。

その後の議論、とりわけ韓国における反響は、近代国家の国民としての日本人・朝鮮人の別を前提に、田中・高橋説を「倭寇＝高麗・朝鮮人説」に単純化して非難・批判をあびせる方向へと流れていった。極端なばあい、倭寇という日本人の悪行を小さく見せようとする企みだ、という発言さえあった[7]。田中説は、李順蒙の「倭人は一、二に過ぎず」という言説に頼りすぎたために、倭寇は日本人か朝鮮人か、両者の割合はどうだったか、という不毛な議論を喚起してしまった観がある。しかしその真意は、論文の冒頭で、倭寇の解明には「陸地中心の歴史観から離れて、陸地を包摂した海を中心にした視座の導入」や、「国家や民族という既成の枠組みから解放された歴史観」が必須である、と明言されている。残念ながら、議論は「既成の枠組み」に囚われたものとなり、倭寇が日韓両国の歴史意識の隙間にはさまったトゲであることを、思い知らされる結果となった。

マージナル・マン〈境界人〉、〈地域〉をつくるもの

私自身は、倭寇それ自体よりは、異なる国家・民族のはざまにあって媒介者の役割を演じた人間集団に関心があり、

とりわけ日朝間の境界空間における「倭人」の活動を、『朝鮮王朝実録』という魅力的な史料から再現して、『中世倭人伝』という小さな本にまとめた。こうした人間類型を理解するにあたっては、「倭寇は日本人か朝鮮人か」といった類の問いはほとんど無意味である。かれらの生活や人生とは、日本にも朝鮮にも一〇〇パーセント属しきらない空間を拠点として、双方を正負さまざまなかたちで媒介する(漁民、交易者、外交使節、海賊、等々)ことだったからだ。

このようにいえば、「倭」とは日本の別名なのだから、「倭人」は日本人と同義ではないのか、という反問が予想される。そこで、「倭人」の登場する短い史料をひとつ見ていただこう。

慶尚道観察使啓す、「倭人沙伊文仇羅(左衛門九郎)、自らその父母のもと我が国人なるを以て、留りて氓《たみ》と為らんことを願ふ」と。之を許す。(世宗二三年(一四四一)六月己丑)

左衛門九郎というういかにも日本風の名をもつ「倭人」は、両親とも朝鮮人であり、そのことを理由に朝鮮に帰化を願い出、王はこれを許可した。このような事例はさらに数例見いだされ、私はかれらを「朝鮮系倭人」と呼んでいる(8)。

こんなややこしい例もある。一四五五年、壱岐の松浦党塩津留《しおつる》聞《きく》の使者が朝鮮にもたらした書面に、つぎのようなことがしるされていた。「石見出身の三甫羅洒毛(三郎左衛門)は、かつて塩津留の使僧として朝鮮へ遣わされたが、対馬まで来て還俗し、朝鮮に至って両親とも朝鮮人だと称した。さらに朝鮮が塩津留に与えた賜送物を押領して渡さず、塩津留が罰を加えようとすると、また朝鮮へ逃亡した。送還を願う」(端宗三年二月丙申)。民族的には日本人らしいが、朝鮮人といっても通るような人物だったから、両親とも朝鮮人だと称したり、朝鮮へ逃亡したりしたのだろう(9)。

高麗時代にさかのぼればこんな例がある。一三七六年に倭寇禁圧を求めて到来した使節羅興儒の帰国にさいし、日本は「僧良柔を遣はし来り報聘」したが、この良柔はもと高麗晋州の僧で、若年に倭僧に従って日本へ去った者だった(『高麗史節要』〈以下『節要』と略記〉辛禑二年一〇月)。

左衛門九郎や三郎左衛門や良柔を、日本と高麗・朝鮮のいずれかに属する者と決めつけることの無意味さがわかるだろう。いずれにも属しきらない(いずれにも属するといってもおなじことだが)ことこそ、かれらのもっとも重要な属性であり、その属性がもっとも生きる空間こそ境界にほかならなかった。

『中世倭人伝』では、以上のような認識をいくらか定式化して、「なかば日本、なかば朝鮮、なかば中国といった……境界性をおびた人間類型を〈マージナル・マン〉とよぶ。かれらの活動が、国家的ないし民族的な帰属のあいまいな境界領域を一体化させ、〈国境をまたぐ地域〉を創りだす」と表現してみた。[10]

韓・中史学界の〈倭寇＝日本人〉〈倭寇＝わるもの〉論

倭寇を一〇〇パーセント日本人の海賊集団とする通念を疑う学説が、日本人研究者から提起されると、韓国・中国の史学界から、強い反発がまきおこった。私もそれなりに韓・中の研究者と意見を交わす機会があったが、かれらの問題関心が私と正反対のベクトルをもつことに、正直たじろがざるをえなかった。

現在韓国で倭寇研究を領導する李領韓国放送通信大学校教授の主張は、概略つぎのとおりである。

高麗末期の倭寇は純粋に日本人のみの集団であり、高麗社会にとっては一〇〇パーセント外部的な存在である。倭寇の実体は戦闘を職業とする中世武士団で、略奪の目的は南北朝内乱という日本国内戦争のための兵粮米の獲得にあった。[11]

私は、九州の武士勢力からなる倭寇集団が絶無だったというつもりはない。食糧の獲得を主目的に対馬の近接地で活動した倭寇には、そんな性格のものがあったかもしれない。しかし、李説で全部を塗りつぶすには、「倭寇」の名で呼ばれる集団はあまりに多様かつ複雑だと思う。李の口調からは、倭寇への高麗人の関与を全面否定したいという願望が漂ってくる。その描き出す像は、田中や高橋の説を日本人のための免罪符と糾弾する論調の、鏡像のようだ。[12]

また李説では、日本の武士団は、独力で異国の海を長途航行したすえ、見知らぬ陸深く侵入して、なおかつ組織的な戦闘を展開できるほど、高度な軍事能力を備えていたことになる。一九四五年以前の日本帝国主義史学が、倭寇を日本の武士団ないし武装商人団と規定し、日本人の海外雄飛の先駆と称えたのと、皮肉にも接近した倭寇像である。

政府レベルの合意に基づいて二〇〇六年に発足した「日中歴史共同研究」の前近代部会では、日中各一人が同一のテーマで論文を執筆し、その原稿に相互にコメントを加えて、理解を深めていくという方法が採られた。「一五―一六世紀の東アジア国際秩序と日中関係」というテーマで、私のカウンターパートだった王新生北京大学教授のコメントは、七項目中四項目で倭寇に言及する。それはつぎのように要約できる。

国家間の公的関係の存続は、地域に安定をもたらす善であり、それを攪乱する倭寇や、倭寇に同調する中国沿海人民の、超国家性・境界性を強調することは、悪の肯定的評価という倒錯であり、日本側が負うべき責任を忘れた態度である。

倭寇のような境界的な人間類型が国境を超えて活動することにより、国家を中心としない地域秩序が生み出されてくるが、それは国家中心の秩序と避けがたく衝突し、国家に編成された人民に対する略奪や殺戮をともなった。冊封体制に抑圧され、そこから離脱しあるいはそれに反逆しようとする人々を、単純に「悪」と決めつけてしまっては、冊封体制そのものも完全には描ききれないだろう。

ところが中国側の委員はつぎのように考えているらしかった。歴史家の仕事は、国家間関係の存在を善、不在を悪とみなす二分法を前提に、研究対象の善悪を判定して「勧善懲悪」に根拠を提供し、国家統合の強化に資することである。「共同研究」の任務は、政治の世界に日中友好の風が吹いている現在、その流れを勇気づけるような事象に光をあてて、政治課題に奉仕することである。

その延長線上に登場するのが、私の倭寇研究には日本側が負うべき責任についての自覚が欠如している、という説諭である。中世の倭寇と現代の歴史家である私とは、はるかな時空を貫通する「日本人」という生命体として連続しており、それゆえ私にも倭寇の悪行を謝罪する責務と資格があるらしい。そうした視線からは、倭寇の多民族的・超国家的性格に注目すること自体が、非難の対象となってしまうのであろう。

二　倭寇の実像にせまる

この深い溝を少しでも埋めるには、相手の立場を理解する努力もさることながら、共通の認識源である史料にたちかえることが、必要かつ有効であろう。ここでは、とりあえず朝鮮史料に限定し、倭寇最盛期の『高麗史』（以下『麗史』と略記）『高麗史節要』に加えて、『朝鮮王朝実録』にも材料を求め、倭寇の実像にせまってみたい。

その前提として必要なのが、「倭寇」という語は、直接実体をあらわすものではなく、朝鮮や中国の官憲がそのように呼び、史書がそう書きとめたものだ、という認識である。その名で呼ばれる対象になんらかの共通性があり、そう呼ばれるにいたった歴史的事情があるにせよ、倭寇の内実は複雑で、一語で塗りつぶすことはできない。倭寇の中核をなすのはどんな社会集団であり、そこにどんな他の要素が流入していたかを、トータルにつかむこと、また、倭寇行動の目的から行動主体の社会的実体を推察すること、が求められる。

中核としての「三島倭人」

倭寇の同時代にさかのぼると、現在の常識にあるような〈倭＝日本〉という等式はなりたたなくなる。それは朝鮮国王自身の「倭人」という語の使用法に明瞭である。

上答へて曰く、……我が国は、西北は野人に連なり、東南は倭人に近し。日本国の若きは、則ち相去ること窵遠《ちょうえん》（はるかに遠い）にして、往来稀闊なり。対馬・一岐・覇家台《はかた》等三島の倭人の如きに至りては、屢しば辺釁《へんきん》を生ず。

……（世祖五年〔一四五九〕四月己未）

「倭人」とは、対馬・壱岐・博多の「三島」[13]を中心に住む人々で、「相去ること窵遠」な「日本国」とは明瞭に区別されていた。そのことは、儒者朴時衡の「若野人、若日本、若三島、若琉球国、四夷皆来庭焉」という表現（世祖一四年〔一四六八〕三月乙酉）や、成宗王の「三島より日本に至る、凡そ幾日の程ぞ」という質問からも確認できる（成宗一〇年〔一四七九〕二月丙申）。また、両地域は言語も異なることが認識されており、一四七九年、王は外交官庁礼曹に「倭通事が深処（九州島以遠をさす）の倭語に通暁していないのは問題なので、教習のカリキュラムを作成して上申せよ」と指示している（同年一〇月戊申）。

右掲の王の答えで、「辺釁」すなわち倭寇活動の主体を「三島の倭人」だとしている。この認識は、一四世紀にさかのぼって、日本・高麗（朝鮮）双方に共有されていた。

鄭地上書して、自ら東征を請ひて曰く、「倭は国を挙げて盗を為すには非ず、その国の叛民、対馬・一岐両島に分拠し、合浦（慶尚南道馬山市）に隣し、入寇時なし。若し罪を声《あ》げて大挙その巣穴を覆さば、則ち辺患永く除かれん矣」と。（『節要』辛禑一三年〔一三八七〕八月）

日本国鎮西節度使源了俊（九州探題今川了俊）、書を朝鮮国両侍中相公閤下に奉る。「……諭を蒙る禁賊の事、力を一岐・対馬に磬《つく》すこと已に久し矣。海中の寇賊、舟を以て家と為し、風便に従ひて著落の処なし。今、旧日に比して、賊輩十の八、九減少せり焉。……」（太祖四年〔一三九五〕七月辛丑）

高麗の軍人鄭地の提言は、上書の二年後に実行に移され、戦果をあげた。日本の九州探題今川了俊は、南朝方が強かった九州をほぼ平定して、京都幕府の威令のもとに収めた。双方を代表するふたりの認識は、ほとんど一致している。倭寇の根拠地は対馬・壱岐など三島地域であり、その主体は国家の命令系統に従わない「叛民」「寇賊」「頑民」であり[14]、「舟を以て家と為す」ような生活実態で居所も定かではなかった[15]。「倭寇」の名で呼ばれた人々の中核に、このような実体をもつ「三島倭人」が位することは疑いない。それは倭寇活動が鎮静にむかう朝鮮時代に入っても基本的に変わらなかった。

住民層と領主層

それでは、「三島倭人」はどのような社会層に属する人々であろうか。前項に示した一四世紀末の史料にある「叛民」「寇賊」「頑民」という表現から、すでにある程度予測されるが、一五世紀なかば近くの倭寇事例から、より明瞭に把握することができる[16]。

一四四三年六月一日、中原に遠征した帰り道に、賊倭船二隻が全羅南道の西余鼠島（いまの麗瑞島《ヨソド》）で済州の官船一隻を襲い、二六名を殺害し七名の男女と穀米・布貨を略奪して去る、という事件が発生した。賊船に壱岐船がふくまれ、被虜人が壱岐にいるという情報があったため、康勧善が使者として壱岐の島主らのもとへ赴き、被虜人の刷還と逃亡した賊の探索の交渉にあたった。翌年四月に帰還した康の復命書にこうある。

> 差を蒙りて一岐島に前み到り、刷還・尋捕の事理を将《もっ》て、島主等に説与せり。その島主老鴨打源道秀・鴨打源五郎・佐志源正等、肯《あ》へて聴順せず。且《ま》たその賊徒逃げ匿れ、未だ捕獲を得ざるの外、只呼子源高・塩津源門〔聞〕・真弓源吉・藤九郎等四倭あり。各各正賊皮古失剌・撒古羅及び三孛郎古羅幼男因入羅・養古外甥馬打孛等四名を捉解し、帯領して回還するの間、賊首頓沙也門及び三孛郎古羅等、党を結び、海船三隻に分坐して、謀りて殺害せんと欲す。倭表阿入剌及び有暗等を頼みて護送し、害を脱して回還せり。（世宗二六年五月壬子）

当時壱岐島は、肥前松浦党の武士団が「分治」しており、鴨打道秀・同源五郎・佐志正の三人は康勧善の要請に従わなかったが、呼子高・塩津留聞・真弓吉・藤九郎の四人は協力的で、皮古失剌（彦四郎）以下四人の「正賊」を捕えて引き渡した。朝鮮への帰途、賊首頓沙也門（頓左衛門？）・三孛郎古羅（三郎五郎）らが襲ってきたが、倭表阿入剌

(兵衛次郎?)らの護送により事なきをえた。

この記事から、壱岐島における二つの社会層が識別できる。ひとつは鴨打・佐志・呼子・塩津留・真弓ら松浦党の「領主層」であり、もうひとつは彦四郎以下姓をもたない「住民層」である。海賊を働いたのは後者で、前者は朝鮮側から海賊の統制を期待されている。しかしその区別には流動的な要素もあり、住民層の藤九郎は呼子氏らに伍して康の要請に応え、兵衛次郎は康の船の護送にあたった。逆に鴨打道秀ら三人の領主層は海賊と馴れあっていたらしい。[17] とはいえ倭寇行為の主体はあきらかに住民層であり、別に論じたように、朝鮮半島と九州島を結ぶ海域を流動する「境界人」であった。[18] 他方領主層は、相対的に定住性が強く、住民層への統制力と相互依存関係をもつがゆえに、あるときは海賊行為を禁圧し、あるときは使嗾する態度をとったが、倭寇そのものとはいえない。

このような二階層の関係が高麗時代から存したことは、一三七六年に高麗に届けられた日本の禅僧徳叟周佐の書(実質上幕府の意を伝えるもの)に示されている。

維れ、我が西海道一路九州は、乱臣割拠し、貢賦を納めざること、且た二十余年なり矣。西辺海道の頑民の、釁を観て出寇するは、我が所為に非ず。(『節要』辛禑二年一〇月)

当時九州では、幕府に反抗して納税などを怠る「乱臣」が根強く残存し、その「釁」(抗争)を見て「西辺海道」の「頑民」が高麗で海賊行為を働いている、というのが幕府の認識だった。「乱臣」は領主層、「頑民」は住民層に比定される。前者の動向は後者による倭寇活動の引き金になってはいるが、「乱臣」自体が倭寇の主体ではない。この関係は、翌年日本へ送られた使者安吉祥が携えた書面に、周佐の書を引いて、「此の寇は、我が西海一路九州に乱臣割拠せるに因り、西島の頑然として寇を作せるものにして、実に我が所為に非ず」と述べている(『麗史』辛禑伝一・三年六月)ことでより明瞭になる。[19]

一三八一年、室町幕府管領の斯波義将は、将軍足利義満の意を受けて、大隅国守護今川了俊につぎのような指令を発した。日本側に残った数少ない倭寇史料である。

当国悪党人等、高麗に渡り狼藉を致す由の事、厳密に制止を加ふべし。若し猶承引せざれば、殊なる沙汰有らんが為、名を注申すべきの状、仰せに依つて執達件の如し。（『禰寝文書』永徳元年八月六日室町幕府御教書案）

最盛期の倭寇の供給源が三島をはみ出して南九州の大隅におよんでいたこと、かれらを日本側は「悪党人」の範疇でとらえていたことがわかる。また、『太平記』（巻三十九・高麗人来朝事）はかれらのことを、南北朝の「動乱ニ事ヲ寄セテ」蜂起した「欲心強盛ノ溢《あぶれ》物共」と表現している。これらの史料から、「西辺海道の頑民」のより具体的な姿を知ることができる。

活動の目的――広域性、政治性、多元性

朝鮮半島の倭寇は一三五〇年に本格的に始まったとされ、この年の干支をとって「庚寅以来之倭賊」という成語も生まれた（たとえば、『麗史』恭愍王世家・二一年一〇月乙未）。なぜこの年なのかをストレートに語る史料はないが、日本列島全体、なかんずく九州が大規模な内乱状況に陥った観応擾乱と無関係とは考えにくい。ややのちの史料だが、一四二九年の日本通信使朴瑞生の復命書に、壱岐島について、「今兵乱に因り、穀尽き食絶え、明春は尤も飢ゑん。若し盗を為さずんば、則ち人を売り生を営む者、益ます多からん矣」とある（世宗一一年一二月乙亥）。三島地域で兵乱により食糧の生産・供給がとだえたとき、住民が「盗」という行為に走りがちだったことがうかがえる。このときよりはるかに大規模な兵乱であった観応擾乱が、朝鮮半島から米穀を得ようとする三島住民の海賊行為を呼びさましたことは、容易に想像されよう。

こうして始まった倭寇は、しかしながら、きわめて急速に活動範囲を拡大し、異なる構成要素を加えていく。まず一三五一年八月、それまでの半島南岸からいきなり開京ほど近い紫燕・三木両島（いま仁川国際空港の敷地となっている）および南陽府・双阜県へジャンプする（『節要』忠定王三年八月）。一三五七年には、海から開京への入口にある昇天府興天寺に侵入して、忠定王の曾祖父忠宣王とその正室韓国公主（元の皇族出身）の真（肖像画）をもちさった（同・恭愍王六年九月）[20]。一三七七年には、「京城浜海倭寇」の脅威に内陸部の鉄原への遷都が提議され、倭寇討伐を指揮した軍人崔瑩《さいえい》らは、高麗の太祖王建の「真殿」に詣してその可否を卜い、「止字」を得た（同・辛禑三年五月）。王家の先祖の肖像画のもつ宗教的権威とそれをもちさる行為の反国家性がうかがえる[21]。

これらの倭寇の行動からは首都開京をおびやかす戦略的意図が見てとれる。最盛期の一三七七―一三七八年になると、捕獲された賊諜が「吾等議す、若し楊広諸州を侵さば、崔瑩必ずや師を帥《ひき》ゐて下らん。是に於て虚に乗じ直擣すれば、京城も図るべきなり」と供述したり（同・辛禑三年五月）、窄梁から大挙昇天府に入った倭船が「将に京城に寇せんとす」と呼ばわり、中外に戒厳が布告されるという事態に、崔瑩が「社稷《しゃしょく》の存亡、此の一戦に決せん」と吐露したり（同・辛禑四年四月）、という状況になる。

右のような行動の目的は、食糧獲得といった域をはるかにこえて、明瞭な政治性を帯びている。そんな集団が三島倭人だけで構成されていたはずもなく、異質な要素が大量に流入していただろう。一三八二年の諫官らの上疏に「倭賊深く州県に入り、又草賊竊かに発するあり、その反間者、京都を窺覘す」とあり（『麗史』辛禑伝二・八年六月）、翌年の権近らの諫言にも「今倭寇四方に侵擾し、反間刺客、京城に往来す」（『節要』辛禑九年八月）とある。首都の安全をもっとも脅かしたのが、倭寇に便乗した反間者・反間刺客だったらしい。

以上、首都を標的とする種々の不穏な動きが「倭寇」にからんで生起していたようすを見たが、その背景には高麗王室周辺のきわめて不安定な政治状況があった。一三四四年、暴虐のかぎりを尽くした忠恵王が三〇歳で急死し、その子忠穆王が襲ったが、在位四年・一二歳で病死し、その次の忠定王（忠穆の庶弟）も、生母や姦臣や外戚にあやつられるまま、在位三年目の一三五一年に一四歳で退位を強いられる。元の指名により、忠恵王の弟（忠穆・忠定の叔父）

恭愍王が大都から帰国して、二二歳で王位に即いた。

恭愍王は、老儒李斉賢を摂政丞権断征東省事に据えて改革政治を行なったが、治世は安定を欠き、一三五二年には、忠定王の毒殺、元から帰国した趙日新の専横、李・趙の確執と李の辞職、趙の弾劾と失脚――と動揺があいついだ。他方で、高麗から貢女として元に送られ、順帝（在位一三三三―一三六八）の皇后、さらには皇太子の母后に昇りつめた奇皇后の実家奇一族が権勢をふるい、一三五六年奇轍らが恭愍王によって粛清される。これを恨んだ奇皇后は恭愍王を除こうと種々画策を廻らした。

めまぐるしく転変する政治状況のなかで、不断にうみだされる敗者たちが、時の政権の動揺をねらって倭寇に連動し、あるいは同謀して動いたことが推察される。

高麗辺民の関与

倭寇の中核部分が対馬人や対馬経由者だったとすれば、かれらが異国の海陸を行軍するには、現地人の情報提供や協力が不可欠であった。

一三七七年、安城に入った倭寇は、麻田に伏兵を配置しておき、三、四人の被虜人に農夫の身なりで田地を耕作させて、平時を装った。すると水原府使朴承直が兵を率いて到来し、「賊は退いたか、三元帥はどこにいるか」と尋ね、「農夫」は偽って「賊はすでに退去し、三元帥はそれを追っていった」と答えた。この言を信じた承直は、倭寇の伏兵に囲まれ、かれひとりは包囲を破って脱出したが、軍士は多く殺されたり捕虜になったりした（『節要』辛禑三年五月）。被虜人が謀略に大きな役割を演じていたことがわかる。

また同年、「辺民の賊に虜せられ、幸ひにして逃げ還るを、皆指して賊諜と為し、輙《たやす》くこれを殺す」という状況を聞いた王は、「特《た》だ死を畏れて賊に従へる耳《のみ》。自今、凡そ逃還者は必ず褒賞を加へ、実諜者と雖も殺戮を得ること毋《なか》れ」と都堂に通達した（『麗史』辛禑伝一・三年六月）。倭寇の捕虜となった辺民には、賊牒になってしまう者が少なくなかったことが窺われる。

つぎに、倭寇集団と船および馬との関係について考えてみよう。冒頭に紹介した田中説の論点のひとつは、厖大な数量の船や馬をすべて九州や対馬から海を渡って運んだとするのは無理がある、というものだった。船隻に現地で調達されたものが含まれていたことは、つぎに示す一三七七年の事例に明らかである[22]。

倭、江華より楊広道浜海の州郡を攻め陥す。初め賊船僅かに二十二艘なるも、我が戦艦を奪ひ、多く五十艘に至る。邏卒我が戦艦を望見して我が軍と以為《おも》ひ、民も皆これを信じて避けず、殺傷は勝《あ》げて計ふべからず。（『節要』辛禑三年五月）

高麗側の戦艦を加えてふくれあがった倭寇水軍を、警備兵は望見して高麗軍と誤認し、民衆もそれを信じて避難しなかったので、多数の死傷者が出たという。このとき倭寇が奪ったのは、船だけでなく水夫もろともだっただろう。戦闘員は殺したとしても、操船にあたる人員を残しておかないと、獲得した船を自己の戦力に転用することはできない。そうした水夫たちは、職業軍人ではなく、ふだんは沿海で漁業や運送を生業としていた人々だと思われる。倭寇集団にはそのような人々も含まれていたのである。

しかし、多数の船や馬を擁する大軍団というイメージを、すべての時期の倭寇におよぼすことはできない。船については、先述のようにごく早い時期から、百艘を超える数を擁している例があり、高麗側の漕船多数を奪取してもいる[23]。しかし、多くの馬を抱えている姿は、一三七六年になってはじめて登場し[24]、八〇年の荒山の戦いの千六余匹で頂点に達する[25]。また、七七年に開城府が王に呈した状に「近年以来、倭賊内地に深入す」とあって（『麗史』兵志一・兵制、辛禑三年七月）、陸地ふかく侵入する例もおなじ時期に出現したことがわかる。騎兵による機動力が長途の陸戦を可能にしたのだろう。

一三七七年に禁賊交渉のため日本に赴いた安吉祥に託された国書に、「近くは甲寅(一三七四)より以来、其の盗又猖蹶を肆《ほしいまま》にす」とあって(『麗史』辛禑伝一・三年六月)、一三七四年ころから倭寇が最盛期に突入したことがわかる。その二年前、済州島では、耽羅の馬二千匹を献上せよという洪武帝の命令に、現地の「韃靼牧子等」が反発して、王の使者と耽羅牧使らを殺し、明の咎めを恐れた王は「請討耽羅表」を帝にさしだした(『麗史』恭愍王世家・二一年四月壬寅)。一三七四年、牧胡らは「吾等何ぞ敢えて世祖皇帝放畜の馬を以て諸《これ》を大明に献ぜんや」といい放ち、三〇〇匹しか出さなかったので、王は戦艦三一四艘、鋭卒二万五六〇五名をもって耽羅を討った(『麗史』恭愍王世家・二三年七月乙亥・己丑)。その後も済州島では不穏な状況が続き、ようやく「耽羅の帰順すること此に始まる」とされるのは、星主(耽羅王家高氏)が子を開京に差し出した一三八六年である(『麗史』辛禑伝四・一二年七月)。

以上のように、倭寇の最盛期、済州島の馬は牧胡を中心とする反政府勢力に押さえられることが多かった。ここで、一三七二年に洪武帝が高麗の使者に示した親諭に「我れ聴き得たり、恁《その》那地面の裏《うち》に、倭賊縦横に劫掠し、浜海の人民避怕逃竄して、鎮遏《ちんあつ》能はず。……耽羅牧子の若《ごと》き、毎《つね》に此等賊徒と一処に相合ふ有り。呵《ああ》剿捕的《の》較《やや》有り難し」とあることが注目される(『麗史』恭愍王世家・二一年九月壬戌)。耽羅牧子が倭寇に合流していることが明らかで、ここに済州島の馬を倭寇につなぐリンクが見いだされる。[26] 最盛期の倭寇集団が擁していた多数の軍馬は、済州島の牧馬を抜きにしては考えられない。

そして、「使を楊広・全羅道に遣はし、済州人及び禾尺・才人を刷して、西北面の戍卒に充つ」という記事(『麗史』恭愍王世家・五年九月庚辰)が示すように、済州人は高麗本土にも出没し、賤民の禾尺・才人と共通の位相で把握された反政府勢力であった。この禾尺・才人が「詐りて倭賊と為る」「詐りて倭賊と称す」という行動をとった例が三つある。[27] それらは倭寇最盛期に含まれる一三八二―一三八八年に分布している。

このように倭寇―済州人―禾尺・才人は、反政府行動を共通項とする境界人として、同一の地平で捉えることができる。

三　倭賊か水賊か、はたまた唐人か

連合の可能性

以上のような高麗末期の状況は、朝鮮王朝の成立後、どのように変化するだろうか。一四世紀段階で倭寇との連合が確認されたのは、済州島の「牧胡」＝モンゴル系住民に限られており、禾尺・才人については、倭寇のふりをする、あるいは倭寇と自称する、という段階にとどまっていた。しかし一五世紀前半になると、一歩進んだ状況があらわれる。

洪州の人李成、懐安君の子孟宗の家奴に言ひて曰く、「州人李才、密かにその子乙生に語りて曰く、「吾れ禾尺・才人を率ゐ、洪州の界に草竊せば、則ち以て志を得べし矣。三島の倭と合謀して本国に寇さば、則ち以て城を屠り地を略すべし。而して前日懐安の乱、斯れ下と為さん矣」」。（世宗三年〔一四二一〕正月癸酉）

政府への反逆を企てた忠清道洪州の人李才は、まず禾尺・才人を率いて洪州で草賊として蜂起し、ついで三島倭寇と謀議をめぐらして侵略すれば、城を陥落させ、土地を略取することができる、という戦略を息子に語った。禾尺・才人と倭寇が直接つながっているわけではないが、李才を媒介者として連合が成立する可能性を示す例である。なお「懐安の乱」とは、一四〇〇年、太祖李成桂の子のひとり懐安君李芳幹の謀反事件をさす。それを上まわる大事をひきおこすことができる、というのである。

一四六一年、全羅道の沿海民で島に逃げ入った者を連れもどす方策について、世祖王の御前会議でつぎのような議論があった。

沿海の民、諸島に逃げ入り、或いは釣魚・煮塩を業と為す者あり、或いは耕稼を生と為す者あり、或いは往来興販する者あり。推刷の令を下すと聞かば、則ち家を挈《あ》げて無人の島に深入し、稍《や》や弛まば則ち還り来る。或いは長く往きて返らざる者あり。実に細故に非ず、宜しく速かに刷還すべし。今若し刷還を明言せば、則ち彼必ず驚惑して深く竄《かく》れん。宜しくその不意に出でて捜捕すべし。(世祖七年八月癸酉)

本貫の地を離れて国家の課役を免れようとする沿海民にとって、「島」が漁業・製塩、農業、交易・商業など生業の拠点になっていた。国家が連れもどしの令を発したと聞くと、かれらは家族ごとさらに沖の無人島に隠れ、令の弛むのを待ってもとの島に戻るか、さもなくばどこかへ行ってしまって帰ってこない[28]。定住性の弱い沿海民は、戸籍制度によって人民掌握を図る国家にとってアキレス腱だった。

こうして多島海域を浮遊するかれらが、倭寇集団と接触し、交じりあうであろうことは、想像にかたくない。つぎの史料がそうした状況を伝えている。

済州流移の人民、多く晋州・泗川の地面に寓し、戸籍に載らず、海中に出没し、学びて倭人の言語・衣服を為し、採海の人民を侵掠す。推刷して本に還さんことを請ふ。……流移の民、晋州等の地に来寓し、海中を往来すること倭奴の似若《ごと》し。若し推刷を聞かば、則ち便ち海に浮かぶ。刷還難きと為す。(成宗一三年(一四八二)閏八月戊寅)

本貫の済州島を離れて半島南岸の晋州・泗川地方に寄寓する人々が、倭人の言語と衣服を身につけて海中に出没し、漁民を侵掠していた。「倭奴」のように海中を往来するかれら流移の民は、連れもどしの令が出たと聞くとたちまち海に出てしまい、令の実行は困難をきわめた。倭人の衣服を着たというだけなら、倭人に罪をなすりつけるため、という解釈も可能だが、すでに田中が指摘するように[29]、倭人の言語を学ぶという行為は、倭人との何らかの一体感の存在が前提となる。

一四八〇年代、済州島の鮑作干(アワビ採り)たちは、「海辺に結幕し、定居なく、船上に寄生す」という生活を送り、人となり勇悍で、軽疾無比な船をあやつり、倭賊でさえも遭遇すると畏れて避けるほどだった。かれらはしばしば商船を襲って人・物を殺掠し、追撃すると「倭鞋」を遺棄して逃げ去ること、倭人然のごときであった。かれらは、倭船を投石で破砕するいっぽうで、わらじを履くなど倭人の風俗になじんでもいた(成宗一六年〔一四八五〕四月癸亥)。倭人と済州人とが、生活形態の類似性をベースに、多様なかたちで接触をもっていたことが知られる。

仮倭・装倭と水賊の登場

こうした倭人と済州人の相似ゆえに、朝鮮半島南辺の官民たちは、海賊行為にさいして、あるときは倭人を、あるときは済州人を装った。一四七二年、全羅南道楽安の軍人金倍が、ほど近い順天の私奴三十余人を語らって、諸島を基地に、漁民を劫掠したり辺邑に放火したりした。そのさいかれらは「或いは詐りて倭人と為り、或いは済州人と為」ったという(成宗三年二月甲午)㉚。こういう状態の海賊集団を外から見たとき、その構成員が朝鮮本土の人なのか、倭人なのか、済州人なのか、どうやって見わけられたのだろう。

一四七四年を初見として(成宗五年五月甲辰)、全羅道の沿海に突如「水賊」と呼ばれる海賊集団が出現し、一六世紀前半まで史料をにぎわすようになる。朝鮮の官憲が、上記金倍のような朝鮮人海賊集団に「水賊」の名を与えて、「倭賊」と弁別することを試みた結果が、史料に反映したものと解される。しかしその弁別は容易なことではなかった。一四八八年、ある高官が王に呈した意見書に、「又水賊あり、倭服・倭語もて海浦に出没し、潜かに行船を伺ひ、尽く舟中の人を将《もっ》て之を海に投じ、潜かに島嶼に竄る。鬼蜮《きよく》と同じきあり」とある(成宗一九年三月丙寅)。水賊たちは意図的に倭服をまとい倭語をあやつって、自己を倭人と紛らわしく装い、島嶼をかくれがに海賊行為を働いた。

一四七四年、全羅南道興陽県鉢浦の近海で海賊船一艘が捕獲され、三人を射殺、七人が興陽の獄に繋がれた。ところが官憲は、その正体が倭人なのか水賊なのか、判定できなかった。政府高官が現地の官に送った指示書はこう述べている。

> 興陽に囚はる海賊七人の居止をば、備細に究問せよ。若し是れ倭人ならば、則ち文引を推閲し、所在の官をして衣食を給せしめ、驚懼自尽せざらしめよ。……若し是れ我が国の水賊の、名を仮りて倭と為れるならば、則ち同党及び已前の所犯を杖訊せよ。（成宗五年八月丁酉）

かれらが倭人なら、対馬宗氏の発給する文引（渡航証明書）をもっているはずなので、それを確認して、所轄の役所から衣食を給与し、自殺に走らせないようにする。はたまた朝鮮の水賊が倭人になりすましているのなら、拷問して仲間および以前の犯行を吐かせる。倭人のばあいは、日本（主として対馬）との外交関係に配慮して、手かげんを加える必要があるが、水賊ならその必要はない。朝鮮人海賊が「仮倭」「装倭」した動機のひとつは、これだったかもしれない。

一四八六年、「倭賊五船」が慶尚南道南海島の「弥造項」にあらわれ、四十余人が船を捨てて突入してきた。守備兵が賊三人を射たが、朝鮮側も九人が負傷した。賊は思うがままに出没し、あたかも無人の境を行くがごとくだった。ところが、賊から獲た二〇本の箭が「皆我が国人の箭」だったという事実を根拠に、兵曹は「意《おも》ふに、必ずや海賊の、倭服を仮着し、便を伺ひ竊かに発せん耳」という判断を王に呈した。王答えていわく、「仮倭の真偽、之を推すに拠りどころなし」（成宗一七年〔一四八六〕一〇月己亥）。この発言こそ、正直にことの本質を衝いているように思われる。

そもそも、当該の海賊集団が倭人・水賊のいずれかである、という前提自体がなりたつかどうか疑わしい。むしろ、双方の要素が交じりあう〈境界性〉こそが、集団のより本質的な属性だったのではないか。そこにあえて弁別を加えようとした朝鮮の官憲によって、「水賊」という語彙あるいは概念は創出された。その意味で、政府高官のつぎのような言明は、「水賊」概念の破綻を暴露するものといえよう。

> 三浦の倭人、舟を以て家と為す。全羅郡県の水賊、此の輩に非ざるはなし。（燕山君八年〔一五〇二〕一一月壬申）

水・倭・唐の弁別は可能か？

一六世紀中葉にいたって、海上の情況は朝鮮政府にとっていっそうやっかいなものになる。「荒唐船」が半島西岸にひんぱんに出没し、これを水賊・倭賊と弁別するというあらたな課題がつきつけられたのである。この「荒唐船」とは、中国大陸沿海を荒らしまわった「後期倭寇」の余波であった[31]。

一五四七年、三議政が王に啓して言った。「以前黄海道豊川都護府の椒島で捕捉された人は、数も少なく、家を建てて砧《きぬた》を設けたというので、水賊ならんと疑って取り調べた。たとえ唐人だったとしても、朝鮮人と交通して水賊をなしたならば、尋問せざるをえない。……今回黄海道監司の啓本を見たところ、黄海道長淵県の白翎島・大青島などで捕捉された人は、はなはだ数が多いので、どうして唐人でないといえようか。すでに唐人だと知ってしまっては、取り調べは困難なので、遼東に咨文を送って、かれらをみな皇帝のところに伝達してもらうのがよい」（明宗二年二月乙未）。

海賊が捕まった椒島と白翎島・大青島はともに黄海道西岸に浮かぶ島で、山東半島の対岸になる。当然中国人である可能性が高い。ここでは、賊の数の多寡で唐人か水賊かを判断しているが、妥当な規準とは思われない。「唐人が朝鮮人と交通して水賊をなす」という言いかたからして、さきに倭人・水賊の別で見たのと同様、「水賊」概念の破綻を証するものだ。

しかし朝鮮政府は、無理にでも唐人と水賊を弁別する必要があった。唐人ならば刑事処置を加えることが許されず、身柄を明皇帝のもとへ送致しなければならなかったからである。倭人のばあいよりもはるかに外交的配慮を要するのが、唐人の扱いだった[32]。

つぎの事例では、船が唐・倭・水賊いずれのものであるかの弁別が迫られている。一五五六年、全羅道監司から

「唐・倭未弁の船十隻」が平山浦を出て羅老島に向かった、という報告に接した王は、承政院につぎのように命じた。

倭船出来して窺覘するなきに非ず。防備の諸事、極力これを措《はか》へ。唐・倭船と我が国の水賊と否と、詳察馳啓する事、八道監司・兵・水使に下書せよ。(明宗一一年三月壬午)

おわりに

以上、贅言をついやして述べてきたことは、つまるところひとつである。「倭寇」という語自体の意味は、「倭」(しばしば日本と等置される)による「寇」(盗賊、群をなして人民を劫掠するもの＝『大漢和辞典』)であって、英訳すればJapanese piratesとする以外にはない。しかしこの語は、その名で呼ばれた人間集団の実体をそのままあらわすものではなく、より実体に近い姿をとらえて呼ぶとすれば、「境界人」の語がふさわしい。平時には、国家のはざまを生活の場とし、異なる国家領域を媒介することで生きる人々が、戦乱、飢饉、政変、貿易途絶などの特定の状況下で、海賊行為に走ったとき、朝鮮(高麗)や中国の官憲は、その主体を「倭寇」の名で呼んだ(33)。

もちろん、朝鮮や中国よりは「日本」との距離が近い「倭」の名が選ばれたのは偶然ではない。すでに述べたように、「倭」は「日本」と相対的に区別される、九州西北地域を中心とする境界空間の名である。そこには「守護」(対馬守護宗氏はその一例)を経由して、いちおう日本中央政府たる幕府の政治的支配がおよんでいた。しかし、幕府の支配力は、中央集権官僚制国家の朝鮮や中国にくらべてはるかに微弱であり、「倭人」の統制は地域支配者である「領主層」に委ねられていた。その結果、「倭」の空間はなかば自立した交易や海賊行為の基地となり、そこにおいて「領主層」は統制者となるばあいも、援助者や加担者となるばあいもあった。九州西北地域を中心とする「倭」の空間は、朝鮮や中国の沿海地域にくらべて、海賊活動の策源地となりやすい政治的条件を備えていたのである。

とはいえ朝鮮や中国による国家的統制にも限界があり、海島に逃れ海上を浮遊する人々を、完全に掌握できたわけではない。済州島や朝鮮半島南辺、さらには舟山諸島など中国沿海の海民たちの生態は、「以舟為家」の成語が語るように、境界空間における倭人ときわめてあい似たものだった。外からの弁別の困難さは、前者の「仮倭」「装倭」の動きによって加速された。条件次第では、前者と後者が連合する事態も生じた。こうした交じりあいが、民族的には異なる出自をもつ人々を、ひとしなみに「倭」「倭寇」の名で呼ぶ状態をもたらした。[34]

こうした動向の行きついた姿を、一六世紀中葉、舟山諸島、ついで平戸・五島を根拠地に、環シナ海規模で交易者や海賊の首領となった王直ひきいる集団に見ることができる。しかし、より萌芽的な状況は、いわゆる前期倭寇の時代にも認められる。「倭寇」の名で呼ばれた集団を、より実体に即して探っていくと、「境界人」の風貌が見えてくる。その意味では前期倭寇と後期倭寇に本質的なちがいはない。[35]

注

（1）『日本の社会史1　列島内外の交通と国家』所収、岩波書店。のち、田中『東アジア通交圏と国際認識』（吉川弘文館、一九九七年）に再録。

（2）『名古屋大学文学部研究論集』三三号。高橋の近年の見解は、「海域世界のなかの倭寇――朝鮮半島を中心に」（勝俣鎮夫編『ものがたり日本列島に生きた人たち4　文書と記録　下』岩波書店、二〇〇〇年）に見られる。

（3）一九八八年時点における私の受けとめかたは、「高麗・朝鮮人の〝倭寇〟」（拙著『アジアのなかの中世日本』補論4、校倉書房、一九八八年）で述べた。

（4）『高麗史節要』（以下『節要』と略記）辛禑八年四月・同九年六月・同一四年八月の各条。原文の表現は「詐為倭賊」または「詐称倭賊」。禾尺・才人の実体については、浜中昇「高麗末期・朝鮮初期の禾尺・才人」（『朝鮮文化研究』四号、一九九七年）にくわしい。

(5) 以下、『朝鮮王朝実録』からの引用注記は、史料名を省略して「世宗二八年一〇月壬戌」のようにしるし、必要に応じて西暦を添える。

(6) 拙著『中世倭人伝』(岩波新書、一九九三年)三四―三五頁。また、浜中昇「高麗末期倭寇集団の民族構成――近年の倭寇研究に寄せて」(『歴史学研究』六八五号、一九九六年)参照。

(7) このあたりの学界状況については、李誠翊「倭寇から考える東アジア国民国家の歴史観――東アジア三国に於いて倭寇像の隔たり」(前近代対外関係史研究会報告レジュメ、二〇〇八年七月三日)にくわしい。

(8) 拙稿「一五世紀日朝間の境界人たち――井家次・職家父子の場合」(佐藤信・藤田覚編『前近代の日本列島と朝鮮半島』山川出版社、二〇〇七年)一四五―一四七頁。

(9) 端宗二年四月壬寅には「日本国一岐州三甫羅洒毛、塩津の管下を以て、逃げて慶尚道に至る。……且つ書契・礼物を受けて盗用し伝へず、故に塩津諸《これ》を境外に黜《はな》つ」とあって、三郎左衛門の本貫と塩津留による処罰が異なっている。また同年五月丙寅によれば、かれは東萊官に拿捕されて塩津留の使者に引き渡され、倭館前路で斬られた。

(10) 注(6)所掲拙著、四―五頁。

(11) とくに近年、多数の倭寇関係論文を発表しているが、ここでは代表的なものとして『倭寇と日麗関係史』(東京大学出版会、一九九九年)第四章・第五章と、「庚寅年以降の倭寇は専門的戦闘集団であった――李成桂の荒山戦闘を中心として」(科研報告書『八―一七世紀の東アジア地域における人・物・情報の交流――海域と港市の形成、民族・地域間の相互認識を中心に(下)』代表者村井章介、東京大学大学院人文社会系研究科、二〇〇四年)をあげておきたい。

(12) 朝鮮半島西岸の海は多島海のうえ、世界でも有数の干満差があり(最大八メートル)、泰安半島付近で最大となる。干潮時と満潮時の地形・景観の変化、極端に速い潮流など、日本近海ではまったく見られない悪条件である。村井章介「港のできる場所――日韓の比較から」(科研報告書『中世港湾遺跡の立地・環境に関する日韓比較研究』代表者村井章介、東京大学大学院人文社会系研究科、二〇〇八年)九―一二頁参照。

(13) 朝鮮史料に見える「三島」は、対馬・壱岐両島に松浦または博多を加えたものを指すと考えられ、「三島之人及博多人」という表現もある(世宗二八年九月甲戌)。また、定宗元年(一三九九)五月乙酉に「初め三島の倭寇、我が国の患と為りてより、五十年に幾《ちか》し矣」とあるので、「倭寇の興、此に始まる」とされる一三五〇年以来、一貫して三島が倭寇の淵叢と考えられていたことがわかる。田中健夫『中世海外交渉史の研究』（東京大学出版会、一九五九年）七―九頁参照。

（14）　一三七六年、高麗使鄭夢周の帰国に託された禅僧徳叟周佐の返書（実質は幕府の意向を示す）にも、「西辺海道の頑民の、釁《きん》を観て出寇せるものにして、我が所為に非ず」とあり（『節要』辛禑二年一〇月）、一三九九年、朝鮮定宗王の発言にも、「比年以来、対馬等三島の頑民、兇徒を召し聚め、我が疆を侵擾し、人民を虜掠し、以て隣好を阻む」とある（定宗元年七月戊寅）。

（15）　一四〇七年に朝鮮に投化した対馬の平道全は、あるとき病気見舞いに訪れた王の使者に、「吾れ海中に生長し、山を行き水に宿る。今は枕に安んじ志を肆まにし、暫《しばら》く運動せず。故に気渋を致して疾作《おこ》るなり。今若し命を受けて（東北面の女真叛賊との戦いに）発行せば、則ち疾まさに自ら愈ゆべし」と語った（太宗一〇年五月戊子）。「以舟為家」については、注（2）前掲高橋論文のほか、金柄徹「倭寇と「以船為家」」（東京大学大学院総合文化研究科『超域文化科学紀要』二号、一九九七年）参照。

（16）　拙稿「松浦党の壱岐島「分治」と境界人ネットワーク」（村井編『「人のつながり」の中世』山川出版社、二〇〇八年）二〇一―二〇二頁参照（本書一九〇頁）。

（17）　藤九郎は代表的な「朝鮮系倭人」で、一四三九年には対馬の賊首早田《そうだ》氏とともに中国への入寇を企てるなど、その居住や行動の形態はきわめて興味ぶかいものがある（松尾弘毅「室町期における壱岐藤九郎の朝鮮通交」『九州史学』一二四号、一九九九年）。

（18）　注（16）所掲拙稿、二〇九―二一〇頁（本書一九七―一九八頁）。

（19）　李領は、「〈庚寅年以降の倭寇〉と松浦党――禑王三年の倭寇を中心に」と題する論稿（注（12）所掲科研報告書所収）において、周佐書の内容を伝える二史料（典拠は本文参照）、

A　維我西海道一路九州乱臣割拠不納貢賦且二十余年矣西辺海道頑民観釁出寇非我所為

B　此寇因我西海一路九州乱臣割拠西島頑然作寇実非我所為

を相互補完的に読んで、両者の内容を合わせて作成した訳文を「史料」と称して掲げ、この「史料」に基づいて「〝九州の乱臣〟たちの一部の兵力が西の島（対馬、壱岐など）に割拠し、倭寇として高麗に侵攻する過程で〝頑固な百姓（松浦党）〟たちを引き入れた、これが〈庚寅年以降の倭寇〉の構造だ」（一八九頁）という結論を導いた。このような「史料」操作自体、学術論文にあるまじきものだが、李説の核心をなすところの、Bの「西島」を「割拠」の目的語とする読みも誤っている（なおこの解釈は、すでに注（11）所掲著書、一六九頁で示されていた）。①Aは周佐書の原文に近いもの、Bはそれを高麗側が要約したも

のであること（決して相互補完的ではない）、②A・Bとも「割拠」までの文章がほとんど同文であること、の二点をふまえ、先入観を去って虚心に史料を見れば、Aの「西辺海道頑民観釁出寇」とBの「西島頑然作寇」とが対応するフレーズであることは、おのずと明らかではないか。また、李解釈はBの「因」という一字を無視しているが、これは「九州乱臣割拠」が「西島頑然作寇」の原因であることを明示する重要な一字である。Aではその因果関係が「釁を観て」の一句で連結されているのである。つまり高麗側はAの意味を正確につかんで要約しており、「高麗朝廷は、おそらく日本側の書状の内容を読み間違えたのではないか」（一六一頁）という疑念は、李自身に返ってくることになろう。

(20)　倭寇によって「京城大震」した一三六六年には、影殿（王家の肖像画を安置）・陵墓の大土木工事が興され、「庶事廃弛、倉廩虚竭、宿衛単弱、軍政修めず、兵の操すべきなく、甲の授くべきなきに至る。諸軍は索然として、賊を望みて敢えて進まず」というありさまだった（『節要』恭愍王一五年五月）。肖像画もちさりにはこの土木事業への批判という意味もあったのではないか。また、一三六五年に倭寇が開京近郊の昌陵を犯して世祖（太祖王建の父）の真をもちさったときには、東西江都指揮使崔瑩が責任を問われて一時解任されている（『麗史』恭愍王世家・一四年三月己巳・五月）。

(21)　一三六一年、紅巾賊に首都を数か月にわたって占拠され、王室が「南狩」を余儀なくされるという大事件ののちにも、「開泰寺太祖真殿」で江華島への遷都をトい、卦が不吉と出て中止した（『麗史』恭愍王世家・一一年九月庚戌）。

(22)　太田弘毅『倭寇――商業・軍事史的研究』（春風社、二〇〇二年）九―一二頁参照。

(23)　たとえば、一三五五年に「倭、全羅道漕船二百余艘を掠す」とある（『節要』恭愍王四年四月）。この動きが穀倉全羅道から都への輸送路に打撃をあたえたことは、一三六四年に「全羅道漕船、倭に阻まれ運ぶを得ず」とあることでわかる（同、恭愍王一三年三月）。

(24)　管見のかぎり、『節要』辛禑二年（一三七六）七月に「倭寇朗山・豊堤等県、全羅道元帥柳濴・全州牧使柳実、力戦却之、獲所掠牛馬二百余、還其主」とあるのが初見である（ほぼ同文が『麗史』列伝二五・柳実にある）。軍馬であることが明らかな事例としては、『麗史』姦臣伝二・王安徳に「賊又寇寧州・牙州、安徳与仁桂・海・得斉・忠・賓等、戦于牙州走之、擒二人、獲兵仗及馬百七十余匹」とあるのが早い（『節要』辛禑三年一〇月により一三七七年のことと知れる）。なお、一三七九年の王太后の表に「馬有二種、曰胡馬者従北方来者也、曰郷馬者国中之所出也、国馬如驢、無従而得良焉、胡馬居百之一二、亦中国之所知也、近因倭寇、損傷殆尽」とある（『節要』辛禑五年一〇月）。損傷したとされる馬のなかには、倭寇に奪取されたものもあったにちがいない。

(25)『節要』辛禑六年九月によれば、李成桂の奮戦により「獲馬一千六百余匹、兵仗無算」であったという。『麗史』姦臣伝二・辺安烈および『朝鮮太祖実録』総序(即位前紀)・辛禑六年八月にも同文がある。この戦いについては、注(11)所掲李論文にくわしい。ただしこの記事は、李成桂顕彰のため誇張されている可能性がある。

(26) 李領は、注(11)所掲著書二〇七頁で炯眼にもこの史料を引用している。ところが「蒙古人の耽羅牧子」を済州島人から排除して、かえって済州島人と倭寇の連合の不在を証する事例だとする。しかし、元直轄領時代からながく済州島に住み、島内有力者だったかれらが、「済州島人」から完全に孤立した異民族集団として存続したとでもいうのだろうか。一三六二年に耽羅星主をかついで叛いた「耽羅牧胡」(『節要』恭愍王一一年八月)をはじめとして、しばしば中央政府に反乱を起こした「耽羅」の中核にかれらはいた。これを済州島人の一員と見なさない視線は、私には理解できない。なお、注(2)所掲高橋「海域世界のなかの倭寇」七四—七七頁参照。

(27) 注(4)参照。

(28) 一四七二年、宗氏が対馬島民についておなじようなことを言っているのは興味ぶかい。「唯舟船を以て屋宅と為し、而して生活をその中に営む。一たび陋邦を去りて、近くは両三年、遠くは数十年にして帰り、或いは長く往きて帰らず。是を以て我が民と云ふと雖も之を制止する能はず」(成宗三年六月庚午)。一六世紀に入ると、島をめぐる事態は深刻の度をまし、朝鮮政府は、倭寇や水賊(朝鮮人海賊、後述)の出没ゆえに島を度外に置く、という退嬰的姿勢を示すようになる。一五一〇年、かつて大海中の「放馬の場」だった露島・達木島(ともに全羅道霊巌郡に属し、『東国輿地勝覧』巻三五に「有牧場」と注す)について、霊巌居住のある退職官吏は、王に上疏して言った。「両島は実に是れ海外なり。倭寇・水賊の、軽軻・短船もてその間に出没す。馬の出入を点ずるの時、脱《も》しその変あらば、則ち将に何を以てこれを禦がんとせんや。然らば則ち、両島は固り宜しくこれを度外に置くべし」(中宗五年六月庚寅)。

(29) 注(1)所掲『東アジア通交圏と国際認識』一四—一五頁。

(30) 一四七三年にも順天付近で、「青衣を着し倭語を作し、剣を抜きて船中に突入す」、あるいは「倭形を仮り、人の財物を掠奪す」という海賊集団の出現が報告され、「此れ倭寇に非ず、恐らくは我が国人の所為ならん」と判定されている(成宗四年一〇月辛巳)。またおなじころ、全羅道南部の鮑作干は、「境内に大鮑なきを以て、絶島に深入して之を採り、猝《にわ》かに釣魚倭に遇はば、強弱を以て相勝負す」というような人々で、それを踏まえてある官僚は、「今鞫《きく》せらるる水賊を備細に推詰し、その賊倭為るを明知せば、然る後(対馬)島主に通諭し、之をして根因を洞知せしむるが可なり」と啓した(成宗五年(一四七四)九月癸亥)。

(31)　高橋公明「十六世紀の朝鮮・対馬・東アジア海域」(加藤榮一・北島万次・深谷克己編『幕藩制国家と異域・異国』校倉書房、一九八九年)。同「十六世紀中期の荒唐船と朝鮮の対応」(田中健夫編『前近代の日本と東アジア』吉川弘文館、一九九五年)。

(32)　渡辺美季「琉球人か倭人か――16世紀から17世紀初の中国東南沿海における「琉球人」像」(『史学雑誌』一一六編一〇号、二〇〇七年)は、倭人と琉球人との弁別が困難だったにもかかわらず、無理にでも弁別が求められた事情を論じている。

(33)　対馬の浅茅《あそう》湾口に位置する水崎仮宿遺跡(長崎県対馬市美津島町尾崎の内)から大量の貿易陶磁が発掘され、朝鮮陶磁の占める割合の高いことが注目された。この遺跡を「倭寇の倉庫跡」と称する向きがあり、遺物を略奪品とする解釈がなされている。しかし、ここを拠点とした早田一族が海賊行為ばかりやっていたはずもなく、遺物の基本的部分は交易によりもたらされたと考えられる。「倭寇」を語義どおりの実体とする誤解の結果である。

(34)　橋本雄・米谷均「倭寇論のゆくえ」(桃木至朗編『海域アジア史研究入門』岩波書店、二〇〇八年)は、最新の研究史整理として有用な文献だが、「史料の文言に忠実になればなるほど、倭寇＝日本人主体説に傾かざるを得ない」(八一頁)という文章を読むと、現在の国籍や民族の別がいつしか忍びこんで、対馬人＝日本人、済州人＝高麗(朝鮮)人という等式が前提の議論に陥ってはいないか、と危惧する。

(35)　本章の原型は、二〇〇九年五月二六日に開かれた、財団法人東洋文庫主催「第五一三回東洋学講座」における、「倭寇と日本・アジアの交流史」と題する講演である。要旨が『東洋文庫和文紀要・東洋学報』九一巻二号(二〇〇九年)の「彙報」欄に掲載されている。

第二章　倭寇の多民族性をめぐって

はじめに——国家と地域の視点から

「倭」ということばは、下にいろんな文字がついて、倭人・倭賊・倭寇・倭患などの熟語を造るが、その本義をどう把えたらよいのだろうか。倭＝日本という等式は常識であるが、一五―一六世紀の史料に出てくる「倭」ということばは、その常識ではかたづかない要素を多分に含んでいる。

もちろん日本人を指して倭というばあいもある。たとえば鄭舜功の『日本一鑑』窮河話海巻六海市に、「王直（割注略）、乙巳歳（一五四五）に於て日本に往市し、始めて博多津倭助才門等三人を誘ひて双嶼《そうしょ》に来市す」とある。有名な王直という中国人密貿易商が、日本へ貿易に赴いて、「博多津倭助才門等三人」を、浙江沿海の密貿易基地であった双嶼という島に連れてきた、という。この三人の「倭」は、居住地・名のりの双方からみて、日本人と判定してよいだろう。

他方『乾隆重修潮州府志』巻三八・征撫には、「倭寇は果して尽くは日本に属するに非ず。大抵多く漳・泉の流賊、残倭を挟んで以て酋首となし、遂にその名号によりて以て徒衆を鼓舞し、至るところ郷寨を破り、尽くその少壮なる者を収めてこれを髠《こん》す（頭髪を剃る）。これを久しうすれば、倭と異なるなし」とある。倭寇には日本に属さない者が大量に含まれている。その多くは福建の漳州・泉州の流賊が、倭寇の生き残りを首領にかついで、その名で一味を奮いたたせる。また地域の若者を掠ってその月代《さかやき》を剃ってしまい、しばらくすると倭と見わけがつかなくなってしまう……。この倭寇集団のなかで、日本人の可能性のあるのは「酋首」となった「残倭」だけで、残りはことごとく中国南部沿海の流賊や住民たちであった。

つまり倭ということばは、狭い意味では日本人を指すばあいもあるけれども、民族的には他の出自のもの、多くは中国人であるが、その他朝鮮人だとかポルトガル人だとかも含んで使われることがある、使うことができる、そういう意味あいのことばだと考えざるをえない。ではなぜそういう多義的な用法が生じたのか。それは一五―一六世紀の東シナ海上で活動した海上勢力のもっている、多民族的な人間の連合体という特質によるのだろう。この観点に立って倭寇集団の実態を見ていこう、というのが本章のテーマである。

そのさいの方法として、これは池明観の特別講演「国家を超える歴史学をめざして(1)」のなかで、現在の歴史学が背負っている課題のひとつとして強調されたことであるが、すべての歴史を国の歴史という枠にあてはめてしまう、という視野の狭さをうち破る必要がある。それを実行するために、国家ではないかたちでの枠組みを考えてみたい。それを私はかりに「地域」と名づけている。

いま地球上の公海を除くすべての空間は、基本的に国境で区分されていずれかの国の排他的所有物ということになっているが、そういう空間のわけかたではなくて、国境をまたいで複数の国家領域を含むような、しかもそれがなんらかの連関によって結びつけられているような、そういう空間として「地域」を考えてみる。それを国家の歴史を相対化するひとつの手段としたらどうか。そうした試みのための絶好の材料こそ、倭寇という歴史事象ではないか。ここで「国家と地域の視点から」といったのはそういう意味である。

一　明の海禁政策と倭寇問題

この節の内容は、熊遠報の報告「倭寇と明代の「海禁」――中国学界の視点から」[2]と大きく重なっているが、やはり倭寇の問題を考えるさいに、それを国家の側から枠づけた要因として、海禁を抜きにはできないので、海禁について若干述べたいと思う。

さて明が成立して四年目の一三七一年、はじめて海禁と呼べるような政策がうちだされた。[3]『明史』巻九一・兵三・海防から引用する（〔　〕内は『明太祖実録』洪武四年一二月丙戌条によって補った）。

洪武四年十二月。靖海侯呉禎に命じ、方国珍所部の温・台・慶元三府の軍士及び蘭秀山の田糧なきの民〔の嘗て船戸に充つる者〕を籍す。凡そ十一万余人なり。各衛に隷して軍と為し、且つ沿海の民の私に出海するを禁ず。時に国珍及び張士誠の余衆、多く島嶼の間に竄《かく》れ、倭を勾《ひ》きて寇を為す。

明の太祖朱元璋は、元末の群雄が分立するなかで、それらを各個撃破することによって中華を統一した。そうしたライバルたちのなかで、沿海地域にいたのが方国珍や張士誠である。だがかれらを滅ぼしたのちも、その下にいた与党が大量に残っていた。それがこの史料に出てくる「方国珍所部の温・台・慶元三府の軍士」で、温州・台州・慶元（今の寧波）はいずれも浙江の沿海地域である。かれらと、「蘭秀山の田糧なき民の嘗て船戸に充つる者」という二種類の人々を戸籍に登録したところ、その数が十一万余にもなり、これを明朝の地方軍に編入した。

あわせてうちだされたのが、沿海の住民が私に海に出るのを禁じるという海禁政策である。なぜそんな措置をとったのか。方国珍や張士誠の残党たちが、多く島嶼の間に隠れて、倭人をひきいれて海賊行為を行なっている。これはたんなる海賊行為を超えて、恐るべき反明勢力になる危険性をはらんでいる。それを防ぐために、中国の沿海民が海に出ていけないようにして、かれらと倭寇の混じった反明勢力との間を分断する。これこそが、明代をつらぬく国策となった海禁の始まりであった。海禁政策は、初発から倭寇の問題と密接に結びついていたのである。

以上は熊報告が述べるところとおなじだが、もうひとつ海禁にからんで注目したいことがある。この政策の隠れた目的として、中国人であって戸籍に登録しきれない浮動的な人々――海民というとやや狭くなるので非農業民といったほうがいいかもしれない――を国家の掌握下に置くことがあったのではないか。上の史料にも、「船戸」すなわち船を生活の手段としている人たちを、改めて戸籍に登録することが見えるし、おなじ『明史』兵三・海防はまたつぎのようにも述べる。

a　洪武の初め、都城（南京）の南新江口に於て、水兵八千を置く。已に稍《よう》く万二千を置き、舟四百艘を造る。又陸兵を北岸浦子口に設け、相犄角《いかく》す。所轄せる沿江諸郡（において）、……凡そ盗賊及び私塩を販る者は、悉く巡捕せしめ、兼ねて以て倭を防ぐ。

b　永楽六年（一四〇八）。豊城侯李彬等に命じ、海に縁りて倭を捕へしむ。復た島人・蜑戸《たんこ》・賈豎《こじゅ》・漁丁を招きて兵と為し、防備益ます厳し。

aでは、都城に並置された水陸両軍に与えられた、「所轄沿江州郡」の盗賊や塩の密売人を見廻って捕えるという任務と、倭を防ぐという任務とが、きりはなせないものとして「兼ねて以て」という接続詞でつながれている。この軍団配置の目的には、倭を防ぐことだけでなく、同時に戸籍に登録しにくい生業を営む人々の掌握もふくまれていた。またbでは、すべて沿海の非農業民と思われる「島人・蜑戸（水上生活者）・賈豎（行商人）・漁丁」を軍に編入し、もって倭寇を防備するという措置がとられている。かれら非農業民は、aでは倭寇とならぶ取り締り対象として、bでは倭寇への対抗措置として、あらわれているが、その背景にはかれらと倭寇との存在形態の共通性があった。

おなじことは、海禁の厳格化を定めたつぎの法令からもいえる（『明太祖実録』洪武二三年〔一三九〇〕一〇月乙酉条）。(4)

戸部に詔して外番に交通するの禁を申厳せしむ。上《さき》に、中国の金銀・銅銭・段疋・兵器等の物は、前代より以来番に出すを許さざるに、今、両広・浙江・福建の愚民は知るなく、往往外番に交通し、貨物を私易するを以て、故に之を厳禁す。沿海の軍民官司、令を縦《みだ》して私かに相交易する者をば、悉く治するに罪を以てせよ。

なぜ海禁を厳しくするかというと、「両広・浙江・福建」すなわち江南の全沿海部の愚民たちが、海禁の存在を知らずに海に出て外国人と交わり、禁止されている品物をもちだして売っているという。かれらがそんな行動をとる理由は、この地域が内陸的な農業だけでは生きられない場所だったからだろう。すなわち海禁には、「外番に交通」しなければ生活できないような浮動的な人民を、国家の側に掌握する意図があったと考えられる。しかしその意図の実現はひじょうに困難で、なお禁を破る者を国外へ追いやるという方法でしか、つらぬくことができなかった。

以上をまとめよう。海禁の目的は、第一には倭寇と中国人沿海民との関係をたちきることにあり、第二には国家が掌握しきれない浮動的な人たちを支配下に編成することにあった。しかも両者は、そういう浮動的な人たちと倭寇がよく似た存在形態をもち、弁別しがたいところがあったという点で、密接に結びついていた。

こうして始まった海禁政策は、明代を通して維持され、しだいに強化されていく。ではじっさいにはどんな手段をもって、「私に出海するを禁ず」という目的を実現するのか。つぎの史料は、ポルトガル人宣教師ガスパール＝ダ＝クルスが一六世紀末に残した記述だが、外からの観察であるためにかえって具体的に海禁のようすを知ることができる（日埜博司訳、講談社学術文庫『クルス『中国誌』――ポルトガル宣教師が見た大明帝国』第23章）。

さらに知らねばならぬのは、中国の法律はいかなる中国人が国外へ渡航することも死罪をもって禁じていることだ。彼らにとって合法的なのはわずかに中国の海岸沿いを航行することにすぎない。たとえ海岸沿いに、中国国内のある地点から他の地点へゆくだけであっても、出発地のロウティアが発給した証明書なしでゆくことは許されない。それにはどこへ行くのか、行く用事は何か、携帯者の諸特徴、およびその年齢が記載される。この証明書を携えないと辺境地方へ追放される。財物を運ぶ商人はみずからの運ぶ財物が何か、またそれに対する税は支払い済みである旨の証明書を携える。それぞれの省にある各税関において商人は多少の税を支払う。税を支払わないと、財物は没収され辺境地方へ追放される。

上記のような諸法律にもかかわらず、一部の中国人は商売をしに中国の国外へ渡航することをやめない。こうした連中はもう中国へは戻らない。彼らのある者はマラッカで、ある者はシャムで、またある者はパタニで暮らしている。同じように許可なく出国した連中の一部は南方の各地に散在している。すでに中国国外で生活している連中のうちにも、ポルトガル人の支援を得、自分たちの船で再び中国へ帰る者がいる。

これによると、中国人の海外渡航は死罪をもって禁じられており、許されるのはただ自国沿岸の航行だけである。それすらも自由ではなく、出発地のロウティア（老爹＝役人、前掲『クルス『中国誌』第16章）が発行した証明書を携帯しなければならない。証明書には、目的地、所用、携帯者の風貌や年齢が記載される。さらに商人のばあいは、運ぶ物資の明細や納税の完了をしるした証明書も必要である。これらの証明書を携えない者は辺境地方へ追放される。しかし厳しい措置にもかかわらず、一部の中国人は通商のため国外へ渡ることをやめておらず、二度と中国へは戻らない。かれらはマラッカ、シャム、パタニといった、東南アジア大陸部の港市に多く住み、さらに南方各地に散らばっている……。

かれらの渡航・定住が、いま東南アジアに広く分布している華僑の、ひとつの大きな波を形成した。こうして海外に根拠地を作った中国人たちは、中国の沿岸に出かけていって、密貿易というかたちで商売を続けた。ポルトガル人を東南アジアから中国に導いたのもかれらだった。一六世紀の倭寇集団の多民族的状況をもたらした大きな要因のひとつとして、華僑の広範な分布を考えることができる。

ところで、この海禁政策には大きな矛盾があった。これは常識的にもわかると思うが、念のため史料をふたつ掲げておく。

a　蓋し寸板も下海するを許さざるの禁、若し浙直に行はば、則ち浜海の民は魚塩の利あり、以て聊生すべくして、海洋は即ち之が為に粛清せん。福建漳泉（漳州・泉州）等の若きの処は、山多く田少なく、平日の仰給は全く広東恵潮（恵州・潮州）の米に頼る。海禁厳急にして、恵潮の商舶通ぜず、米価即ち貴し矣。民何を以て存活せんや。（『籌海図編』巻四・福建事宜）

b　一、海禁を寛《ゆる》ぶ。閩《びん》人海に浜《ほとり》して居す。海中に往来するに非ざれば、則ち食するを得ず。通番禁厳となりてより、海洋に附近して魚販すること、一切通ぜず。故に民貧しくして、盗愈いよ起こる。宜しく稍《や》や其の法を寛ぶべし。（『明世宗実録』嘉靖四三年（一五六四）九月庚戌条）

aは一五五八年ころの福建都指揮使戴冲霄の上言で、[6]「寸板も下海するを許さず」は海禁の常套句である。戴の指摘を解釈すると、「浙直すなわち長江河口の南北の地域では、沿海民は魚や塩を売って生活できるから、まだしも海禁は実施可能で、海洋粛清の効果も期待できる。しかしさらに南方の福建の漳州や泉州では、山が多く田は少なく、西どなりの広東から米を運んでこないと、食糧が確保できない。ところが海禁が厳しく内国の沿海航路さえ自由には航行できないので、米がスムーズに入ってこず、とうぜん米価は騰貴する。これでは民はどうやって生きていけばよいのか」。

また、前福建巡撫譚倫が海禁緩和を求めた意見書であるbも、「閩人すなわち福建人は、海の近くに住んでいて、海中に往来しなくては食っていけない。ところが海禁が厳しくなったため、海洋に近づき魚を売って生活することができなくなった。そのため民はますます貧しくなって海賊がいよいよ起こる」と論じる。ここでは倭寇の原因として海禁が指摘されるに至っている。そしてじっさいこの三年後の一五六七年に海禁は一部解除される。しかし全廃されたわけではなく、清代には「遷海令」として復活し強化される。

以上、明の海禁政策をあらまし追いかけ、その実態と倭寇との関連を見てきた。ここで強調したいのはつぎの二点である。①海禁は倭寇と中国人を分断するという目的で出発した政策であったが、それは同時に最初から中国の国内問題として存在したこと。②中国の沿海民たちの存在形態や行動が、倭寇と弁別しがたいもので、農業民に適合した戸籍登録といった方法では掌握しきれなかったために、海禁を厳しくすればするほど、かれらの生活手段を奪うことになってしまい、それが逆に倭寇を発生させる原因になる、という矛盾があったこと。

二　高麗末期の辺民・賤民と倭寇

倭寇の存在形態が一四―一五世紀と一六世紀とでかなりちがうため、学界では前期倭寇・後期倭寇のふたつに分けるのが普通である[7]。そのうえで前・後それぞれのちがいと共通点を考えていくことになるが、この節で見ていくのは前期倭寇についてである。前期倭寇の中心は、中国大陸よりはむしろ朝鮮半島のほうにあった。まずはそのようすを典型的に示す史料として、『高麗史』巻一一四・列伝二七・金先致を見たい。

辛禑《しんご》の初め、倭藤経光、其の徒を率ゐて来り、「まさに入寇せんとす」と声言し、之を恐愒し、因りて粮を索《もと》む。朝、順天・燕岐等の処の官給資糧を分処するを議し、尋《つい》で密直副使金世祐を遣はし、先致に諭して誘殺せしむ。先致、大いに酒食を具へ、餉《しょう》に因りて(酒食で誘って)之を殺さんと欲す。謀洩れ、経光其の衆を率ゐて海に浮かびて去る。僅かに三人を捕殺せしのみ。先致罪を懼れ、詐りて斬七十余人と報ず。事覚《あらわ》れ、戍卒に編配す。此より前、倭、州郡に寇するも人畜を殺さず。是より入寇する毎に婦女・嬰孩《えいがい》(幼児)を屠殺して遺すことなし。全羅・楊広の浜海の州郡、蕭然として一空す。

朝鮮半島の倭寇がある時期を境に急に凶暴になったという。その理由はこうである。金先致という朝鮮軍人が、藤経光率いる倭寇を謀略で陥れようとしたが、事前に漏れて逃げられてしまう。それまでの倭寇は人を殺すことはなかったが、この事件を境に、入寇するごとに女子供まで皆殺しにするようになった。その結果、「全羅・楊広の浜海の州郡」、すなわち朝鮮半島の南から西にかけての海岸地帯が、「蕭然一空」、人影がなくなってしまった。このように高麗末、辛禑王代（一三七四―一三八八）が倭寇の最盛期で、それが朝鮮半島にもたらした大きな被害を、まず確認しておきたい。

これに対して高麗政府のとった措置が、島にあった州・郡・県などの行政機構を、陸地にある州県に間借りするかたちで移すというもので、空島化政策と呼ばれる(8)。その実例をひとつ見てみよう（『新増東国輿地勝覧』巻一九・忠清道泰安県・客館）。

南秀文記。泰安郡は古への新羅の蘇泰県なり。地は肥衍にして五穀に宜しく、又魚塩の利ありて、民咸《みな》楽居せり。然るに其の治（郡役所）は海上に介在し、乃ち海寇往来の衝なり。高麗の季、武弛み倭張る。洪武歳癸丑（一三七三）、郡、禍を被ること甚しく惨たり。守、僅かに一、二吏を率ゐ、瑞山郡に僑寓す。癸亥（一三八三）、又礼山県に移る。歳庚午（一三九〇）、賊氛《ぞくふん》稍《やや》息《やす》まり、瑞山に還堡す。……永楽歳丙申（一四一六）、我が太宗、春蒐（春季の猟）に駕幸す。其の地の荒るるを惜しみ、廼《すなわ》ち郡を古治に復するを命ず。明年又之に城《きず》く。

忠清道泰安郡はもともと地味豊かで五穀が稔る土地で、漁業・製塩にも適し、人民は楽に住んでいた。ところが場所が島や半島だったために、高麗末には倭寇が始終往来して荒らしまわるようになった。そこで一三七三年、郡守（郡の長官）は、一人二人ばかりの役人を連れて、瑞山という陸地にある郡に「僑寓」つまり仮住まいをした。その後瑞山郡も危なくなってしまって、一三八三年にはさらに礼山県に移った。その後倭寇の勢いがやや衰えたために、一三九〇年に瑞山に戻り、一四一六年にようやくもとあった場所に戻った。

さてこの歴史的実態をどう理解するか。ふつうこれは、住民をぜんぶ引き連れて島をからっぽにしたと解釈されているが、はたしてそうだろうか。考える手がかりは「守、僅かに一、二吏を率ゐ」というくだりにある。つまり郡守は数人の役人を連れただけで引越しているわけで、郡県の僑寓とは実はそういうことだったのではないか。もちろん定住の農業民については新たな郡県に移すこともあっただろうが、海を生活の糧としているような人たちが、ぜんぶ内陸に移ったとは考えがたい。それをうかがわせる材料が、つぎの『朝鮮世宗実録』即位年（一四一八）八月丙申条である。

慶尚道水軍都節制使啓す、「巨済・南海の二島は倭賊往来の地なり。近年以来賊変寝息す。此に因り、人民の役を二島に避くるもの、南海は二百余戸、巨済は三百六十余戸なり。万一変あらば、則ち必ず掠する所とならん。若し二島の居民を禁ぜざれば、則ちまさに守城軍を置き、以て守禦を厳しくすべし。……」と。

これは、慶尚道の水軍長官が中央に呈した意見書で、「近年以来賊変寝息す」とあるように、倭寇がすでに鎮静化した時期のものである。巨済・南海という朝鮮半島南岸の大きな島ふたつに、公役を避けて移り住んだ人民が、南海は二百余戸、巨済は三百六十余戸いる。これをそのままにしておくと、倭寇が再発したときに人民に危険がおよぶことになる。居住を禁じないのであれば、島に守城軍を配置して厳守すべきである……。権力側は、倭寇が収まった結果（「此に因り」）、人民は公役を避けて島に移り住んだ、と理解しているわけだが、はたしてそうだろうか。

空島化政策で郡県が島から移されたのちも、島を離れては生活できないような人たちがたくさん島に残っていた。かれらは倭寇の勢力圏にいたわけだから、公役などかかっていなかった。それが、倭寇が鎮静した結果、国家としてかれらに役をかける必要が出てきた。そういうことではないか。こういう史料を読むさいに、国家の政策はたしかに空島化だったけれども、それが一〇〇パーセント貫徹したという読みは正しくない。国家の政策にもかかわらず、海によって生きる人たちのなかには、倭寇の勢力圏に入っても同様の生活を続ける選択をする者がいただろう、ということを想像してみたい。

この問題にある意味では連続するものとして、つぎに掲げる三つの史料に出てくる問題がある（いずれも『高麗史節要』）。

a（辛禑八年〔一三八二〕四月）

楊水尺群聚し、詐りて倭賊となり、寧越郡（忠清・江原両道の境付近の山間の地。ただし『高麗史』巻一三四には慶尚道寧海郡とある）を侵し、公廨《くがい》（役所）・民戸を焚く。判密直林成味等を遣はし、之を追捕せしむ。男女五十余人・馬二百余匹を獲す。

b（辛禑九年〔一三八三〕六月）

交州江陵道（江原道）の水尺・才人、詐りて倭賊となり、平昌・原州・栄州・順興等の処を寇掠す。元帥金立堅・体察使崔公哲、五十余人を捕斬す。妻子を州郡に分配す。

c（辛昌即位年〔一三八八〕八月）

大司憲趙浚、時務を陳じて曰く、……水尺・才人、耕種を事とせず、坐して民租を食し、恒産なくして恒心なく、山谷に相聚《あつ》まり、詐りて倭賊と称す。其の勢畏るべし、早く之を図らざるべからず。願はくば自今、居る所の州郡は、其の生口に課して以て其の籍を成し、流移するを得ざらしめ、授くるに曠地を以てし、耕種に勤《いそ》しむことを平民と同じうせしめよ。其れ違あらば、所在の官司之を縄するに法を以てせよ。

これらに見える（楊）水尺・才人とは、牛馬の屠殺、皮革の加工、柳器の製作、仮面劇や軽業など、非農業的な生業を営み、良民からは賤視されている、そういう人たちである。一三八〇年代、かれらのなかに「詐りて倭賊となり」、山間部を荒らしまわる者があらわれた。この「詐りて倭賊となる」という事態を、田中健夫は「水尺・才人が倭寇と連合した」と理解した(9)。

さらに、「使を楊広・全羅道に遣はして、済州人及び禾尺・才人を刷《さっ》して、西北面の戍卒に充つ」（『高麗史』世家・恭愍王五年〔一三五六〕九月庚辰条）という史料、あるいは「韃靼・禾尺、屠牛を以て耕食に代ふるは、西北面尤も甚だし。州郡・各站《たん》、皆牛を宰《さば》きて客に饋《ふるま》ひ、之を禁ずる莫し」（同巻一一八・列伝三一・趙浚）という史料を挙げて、つぎのように論ずる。すなわち、禾尺（水尺の別称）・才人は、済州人や韃靼すなわちモンゴル人と併称され、辺境である西北面にあって、牛の屠殺という行為が嫌悪されていた。ここに禾尺・才人を代表とする非農業民、被差別民と倭寇（や済州人や韃靼人）との親近性があり、それを背景に禾尺・才人と倭寇との連合は成立した、と。

そのうえで、一四四六年に判中枢府事李順蒙が朝鮮国王に奉った書面（『朝鮮世宗実録』二八年一〇月壬戌条）を根拠に、高麗末期の倭寇の八割から九割はじつは朝鮮人だったという、さらに踏みこんだ主張を展開した。

> 臣伏して観《み》るに、国家の声教は遠く被り、辺境に虞れなく、生歯は繁く戸口は夥しきに、軍額加はらざるは、其の民に定志なくして、差役を逃避する者多きを以てなり。其の中に、公私の賤口、他道に逃げ移り、自ら両班を冒し、有蔭の家と婚姻し、子を生《な》すの後、獲はれ賤に還る者あるに至る。其の反をなすこと常に甚だ多し。臣聞く、「前朝（高麗）の季、倭寇興行し、民聊生せず（生きる頼りがない）。然るに其の間倭人は一、二に過ぎずして、本国の民、倭服を仮著して、党を成し乱を作す」と。是れ亦鑑なり。

そうなると、高麗末の前期倭寇も、史料に八割方は中国人だったと明記される後期倭寇も、どちらも似たようなもので、一四世紀という早い時期から、後期倭寇に見られるような多民族の連合体という性格を、倭寇がもっていたことになる。

これは魅力的な議論ではあるが、行きすぎであろう。なぜなら、『高麗史節要』の三例はいずれも、倭賊を偽装したということであって、倭賊と連合してひとつの集団となって倭寇行為をやったということではない。とはいえ、倭賊を偽装することが、国家に反逆するさいの標識、あるいは国家支配からの離脱のシンボルになっていることは、なお留意すべき事実である。これに関連してもうひとつ注目すべきは、国家の側がかれらを、済州人や韃靼とならべて、問題を含む人たちと認識していたことである。辺境民や異民族と共通の位相をもつものとして、禾尺・才人は把えられていた。そして第一節で中国の海禁に関連して指摘したように、辺民や流民を国家がいかに把握するかという問題と、倭寇の問題との間には、密接な関係があるという事例を、ここにも見ることができる。

さて田中説にたちもどるなら、結局李順蒙の上書をどう読むかがポイントであろう。[10]その記述をそのまま事実だと認めれば、田中説はなりたつことになるが、この史料は相当きびしく吟味する必要があると考える。なぜならひとつには、年代的に倭寇の最盛期からは半世紀以上後のものであること。もうひとつは、「倭人は一、二に過ぎず」という文言の背後にある上書の論理を正確に読みとる必要があること。

上書の趣旨はこうである。国家の役を逃れている者がひじょうに多く、軍隊の数が足りなくなっている。その原因のひとつは、公私の賤民たちが、ほんらいいるべき道から他の道に移ってしまって、移った先で身分を隠し、両班すなわち支配階級のような顔をして、勢力や特権のある家と婚姻関係を結んでなりあがったが、子供ができた後でそれが暴露されて、もとの賤身分に戻される、といった事態が頻発していて、こういった連中が反をなすことおびただしい。状況次第で倭寇さえやりかねない連中で、げんに高麗末期には倭寇中「倭人は一、二に過ぎず」というありさまだった。これを鑑とすべきである……。

つまりこの文章は、賤民たちに対する差別的な見かたに基づいて、かれらこそが国家にとってゆゆしき事態の元凶だ、と強調しているのである。そしてこれが、倭寇集団の大半が朝鮮人で占められていたことを示すたったひとつの史料である。この史料のみから、じっさいに高麗末期の倭寇がそういうものだったと考えるのは無理である。一六世紀における倭寇の多民族化の萌芽は、たしかに一四世紀にあるけれども、[11]その段階では、禾尺・才人のような朝鮮の被差別民・非農業民と倭寇とが連合したとまではいえない。むしろ、高麗末期の萌芽が生長していき、一六世紀にいたって、倭寇のなかに民族的に日本人である者は一、二割という状況があらわれると考えるべきであろう。

三　朝鮮前期の被虜人と倭人

この節では、倭寇という動きが起こった結果、海辺地域に民族的にどういう状況が生まれたか、という問題を考えてみたい。まず、一四二〇年に日本に来た朝鮮使節宋希璟が残した日本観察記録（村井章介校注、岩波文庫『老松堂日本行録――朝鮮使節の見た中世日本』）から、ふたつの記事を見よう。

a（第三六節「舟中雑詠五首」のうち「唐人」）

一倭あり、小舟に乗り魚を捉ふ。我が船を見て来り魚を売る。余、舟中を見るに、一僧跪きて食を乞ふ。余、食を給して之に問ふ。僧言ふ、「我れは是れ江南台州の小旗なり。去々年虜せられて此に来り、削髪して奴となる。辛苦に勝へず。官人に随ひて去らんことを願ふ」と。潸然《さんぜん》として泣《なみだ》下る焉。倭曰く、「米を給はらば則ち吾れまさに此の僧を売るべし。官人買ふや否や」と。余、僧に問ふ、「汝此の島に来居す。居する所の地名は何ぞ」と。僧曰く、「吾れ来りて転売せられ、此の人に随ふこと二年なり矣。此の如く海に浮かびて居する故、地名を知らざるなり」と。

被虜の唐僧舟底に跪き　哀々と食を乞ひ艱辛を訴ふ　筌《うえ》を執る老賊は頭《こうべ》を回《めぐ》らして語る　米を給はらば吾れまさに此の人を売るべしと

b（第一〇七節「二十一日王部落に入り魏通事天の家に宿して詠ずる所」序）

魏天は中国の人なり。小時虜はれて日本に来り、後我が国に帰《い》きて李子安先生（李崇仁）の家に奴と為り、また回礼使に随ひて日本に還り来る。江南の使適たま来りて之を見、以て中国の人と為し、奪ひて江南に帰る。帝、見《まみ》えて日本に還送し通事と為す。天、還り来りて妻を娶り二女を生《な》す。又前王（足利義満）に愛され、銭財を有ちて居る。年は七十を過ぐ。朝鮮回礼使の来るを聞きて之を喜び、酒を持ちて冬至寺(等持寺)に出迎するなり。能く我が言と我が語を説くこと旧識の如く、其の家に迎へ来る。陳外郎《ういろう》先に来り、共に庁に坐す。酌を設け以て慰む。天、私銭を以て饋餉《きしょう》す。予、因りて焉《ここ》に宿す。

ａでは、宋希璟が対馬近海を航行していると、小さな船が寄ってきて、魚を買わないかという。その船の中を見ると、一人の僧侶がいて、ひざまずいて食べ物をくださいと物乞いをした。そして「私は小旗(下級軍官)として江南台州(浙江省の港町)にいたが、二年前つまり一四一八年にさらわれて対馬に連れてこられた。そして髪をけずって奴隷身分に落とされ、対馬の漁民に使われる身となり、辛苦にたえない。あなたに従《つ》いていきたい」といって涙を流した。それを見て主人である対馬の倭人は、「もし米をくれるのならこの僧を売ろうではないか」と宋にもちかける。この倭人は、「海に浮かびて居る」すなわち船を家とする生活で、筌による捕魚をなりわいとし、被虜人を使役していた。日本側の史料には倭寇の実態を語るものがほとんどないなかで、この観察記録は、その具体的な存在形態をかいま見せる貴重な例である。

ｂに見える魏天という中国人も、幼いころ倭寇にさらわれて日本に来た被虜人だが、その生涯は波乱に満ちている。日本に来たのち朝鮮へ行き、名高い儒者である李崇仁の家で奴となった。その後朝鮮が日本へ送った回礼使について日本に戻ってくる。たまたま中国江南から日本に来ていた使者がかれを見て、「中国人がいるじゃないか」ということで、その使者に伴われて生国に帰った。かれを引見した帝(永楽帝か)は、日本語力を見こんで通事にし、日本へ送った。かれは今度は日本に住みついて妻を娶り、二人の女の子に恵まれ、また足利義満に愛されて金持ちになった。一四二〇年の時点で七〇歳を過ぎており、朝鮮から使節がきたというので喜んで迎えた。かれは「能く我が言と我が語を説く」とあるから、朝鮮語も堪能だった。宋を自宅に招いた宴席には、幕府に仕えて外交と医療に携わった帰化中国人陳外郎も同席していた。このように、倭寇にさらわれた結果、日本・中国・朝鮮という三国を股にかけて活躍するような人もいたのである。

右はいずれも中国人の例だが、朝鮮人にも似たような運命をたどった人がいた[12]。その結果、東シナ海の沿岸地域は被虜中国人・朝鮮人をはじめ、いろんな民族の混在する場となった。対馬はそういう場所のひとつである。逆にいえば、対馬は一〇〇パーセント京都の中央国家に属する場所といいきれるかどうか、曖昧なところだ。その証拠が、『朝鮮世宗実録』元年(一四一九)一〇月己丑条に引かれた太宗の対馬あて答書にある。

都都熊丸の父宗貞茂、人となりは深沈にして智あり、義を慕ひ誠を輸《いた》す。凡そ需《もと》むる所あらば、申請せざるはなし。嘗て珍島・南海等の島を請ひ、其の衆と遷居せんと欲す。其れ子孫万世の為の慮り、豈に浅浅ならん哉。予甚だ之を嘉《よみ》し、方《まさ》に其の請ふ所を聴《ゆる》さんと欲するに、貞茂捐世《えんせい》(死去)せり。嗚呼悲しき夫《かな》。都都熊丸、若し能く予が仁愛の心を体し、父が慮後の計を念じて、其の衆に暁諭し、巻土来降せば、則ちまさに錫《たま》ふに大爵を以てし、授くるに印信を以てし、頒つに厚禄を以てし、之に田宅を錫ひ、世よ富貴の楽を享《う》けしめ、……

これは一四一九年に「応永の外寇」、すなわち朝鮮が倭寇の根拠地をたたく目的で軍を対馬へ送るという事件が起き、ある程度の成果を収めて朝鮮軍は撤退したが、断絶してしまった対馬との関係をどう回復させるかという問題について、院政を布いていた前王の太宗が、対馬の宗氏に発した文書である。これを読むと、応永の外寇が起こる前に対馬島主宗貞茂が朝鮮に、「朝鮮半島南岸にある珍島や南海島をもらって、その衆とともに引越したい」という請願をしていたことがわかる。これを受け太宗は、いい考えだと誉めてその請願を認可しようと考えていたが、直後に貞茂が死去し、倭寇事件が起きて応永の外寇につながり、実現はしなかった。しかし、対馬守護であった宗氏の発想に、朝鮮半島への移住があったことは注目される。対馬のような場所にいる人たちの帰属意識は、京都の中央国家にのみあったわけではない。というより、基本的にどの国家にも帰属意識をそれほど強くもっていなかった。そこから国境を越えた移住という発想も生まれてくる。こうした状況が、東シナ海をめぐる地域には広範に発生していたのではないか。

そういう状況のなかで、一五世紀後半になると、朝鮮側の辺民たち、とくに済州島の人々のなかに、倭人の身なりをし、倭人のことばを使うという行動があらわれてくる（『朝鮮成宗実録』[13]）。

a（一三年〔一四八二〕閏八月戊寅条）

済州流移の人民、多く晋州・泗川の地面に寓し、戸籍に載らず、海中に出没し、学びて倭人の言語・衣服を為し、採海の人民を侵掠す。推刷して本に還さんことを請ふ。

b（一六年〔一四八五〕閏四月辛卯条）

此の輩（済州の鮑作人）、採海売買して以て生き、或いは以て諸邑の進上を供す。守令は故を以て編戸して民と為さず、斉民も亦或いは彼の中に投じて儻を作《な》す。人言ふ、「此の徒詐りて倭服・倭語を為し、竊かに発して作耗す、其れ漸く長ずべからざるなり」と。臣謂ふ、「宜しく悉く本土に還し、以て後患を杜《ふさ》ぐべし」と。

aでは、済州島の人民が、朝鮮半島南岸の晋州や泗川に流れてくる。ところが本貫はあくまで済州島にあるから、移住先の戸籍には載らず、国家による把握がはなはだ困難な人たちであった。そうしたかれらが海中に出没して、倭人の言語・衣服のまねをして、海で生きる人民に海賊行為を働くことがあり、これをつかまえて済州島に戻してほしい、といわれている。bでも、済州の漁民について似たようなことが指摘されているうえ、その集団に一般人民が意図的に身を投じる動きも見える。目的はおそらく課役逃れであろう。

これらの例で、倭服を身にまとう行為には、倭人と誤認させることで、自分たちのしわざを倭人になすりつける意図があるかもしれない。しかし、ことばまで倭語を使う行為は、「倭人との間に何らかの一体感を共有していた」ことをうかがわせる[14]。一四世紀の段階から一歩進んで、帰属意識の面でも朝鮮の国家から離れ、倭人を中心とする海上勢力に投じるという、「連合への一歩」を踏み出した様相が見てとれるのではないか。

そういうなかで、民族的には朝鮮人である人間を「倭人」ということばで呼ぶばあいがあらわれてくる。原史料を挙げると繁雑なので、拙著『中世倭人伝』(注(8)書)から引用する(三七―三八頁、典拠注記略)。

さらにいえば、「倭人」を即「日本人」と解釈する常識さえ、ここでは捨てなければならない。一四四一年、「倭人沙伊文仇羅(左衛門九郎)」は、朝鮮に「自ら其の父母のもと我が国(朝鮮)の人なるを以て、留まりて氓《たみ》と為ることを願い」、許されている。一四二〇年に塩浦にあらわれた「倭而羅三甫羅(次郎三郎)等」は、「もと我が国の人にして、嘗て倭に虜せらる、今塩浦の倭館の近処に居し、捕魚し以て生きんことを願」った。おなじころ、朝鮮・松浦・薩摩・琉球をむすんで活躍した肥前の海商金元珍も、「倭人」としてみえるが、別のところには「元珍、もと是れ我が国の人」とある。「倭人」と呼ばれていても、民族的出自でいえば、かれらはみな――まぎれもない日本風のなのりをもつ沙伊文仇羅や而羅三甫羅をもふくめて――朝鮮人にほかなるまい。

このように「倭」と「日本」はちがうのだから、「日本の倭人」という奇妙な表現も納得できよう。一五一〇年の三浦の乱直後、慶尚道観察使は「而羅多羅(次郎太郎)」という倭人について、「日本の倭人にあらず、妻を薺浦に娶りて恒居す、能く我が国の言語を解し、頗る智略あり、変詐窮りなし」と報告している。

第一例の左衛門九郎という人は、明らかに倭人風の名のりであるが、父母がともに朝鮮人なので朝鮮に住むことを認めてほしい、と願っている。第二例の二郎三郎もかつて倭寇にさらわれた朝鮮人で、塩浦という港に住んで漁業で生活したいから居住を認めてほしい、と願っている。第三例の金元珍は、肥前国の海商としてあらわれる人物で、「倭人」と呼ばれるいっぽうで「元珍、もと是れ我が国の人」ともあり、民族的には朝鮮人であることが確認できる。つまり、倭寇にさらわれて対馬なり日本のどこかで生活していた人たちは、その境界性のゆえに、日本の諸勢力が朝鮮に使者として送るのに都合がいい。朝鮮側から見ると、対馬に住みあるいは対馬を経て来るのだから「倭人」の範疇にはいるが、民族的には朝鮮人である。そのようなケースが珍しくない。さらに、ふつう「倭人」ということばは対馬人を指すが、対馬でなくもっと先の九州方面の人だというばあいに、「日本の倭人」という表現がなりたつことになる。

こういう具合で、環東シナ海の沿岸地域に、民族的に混沌とした識別しがたい状況、あえていえば民族雑居ともいうべき状況が確認できるのである。

四　後期倭寇と仏郎機夷・倭人

後期倭寇の民族的ないし出自別の構成を語る史料は少なくない。その代表的なひとつに、南京湖広道御史の屠仲律が倭寇防禦策として五項目を提案したものがあり（『明世宗実録』嘉靖三四年（一五五五）五月壬寅条）、その第一でつぎのようにいう(15)。

一。乱源を絶つ。夫れ海賊の称乱は、海を負ふ姦民の通番互市するより起る。夷人は十の一、流人は十の二、寧・紹は十の五、漳・泉・福人は十の九なり。概ね倭夷と称すると雖も、其の実は多く編戸の斉民なり。臣聞く、「海上の豪勢は賊の腹心たり。旗幟を標立し、勾引深入し、陰れては窩蔵《かぞう》（犯罪人を匿うこと）を相《み》、輒じては貿易に象《なぞら》ふ。此れ所謂乱源なり」と。曩歳（先年）、漳・泉の浜海の居民、各巨舟を造る。人謂ふ、「明春倭必ず大いに至らん」と。臣初め未だ信ぜざるも、既に乃ち果して然り。故に盗を禦ぐの標は、腹裏（膝元）に在りて之を防ぎ、盗を弭《と》むるの本は、辺海（国境の海）に当りて之を制す。諸処は、漳・泉・福を初めと為し、而して寧・紹之《これ》に次ぐ。其の一は巨艦を放洋するを禁じ、其の二は巨家に窩蔵するを禁じ、其の三は姦民を下海するを禁ず。三法なる者立ちて、乱源塞がる矣。

倭寇の乱の源は何か。倭寇というのは、海にほとりして住んでいる悪賢い人民が、海に出かけて蛮人に通じ貿易することから、起こっている。倭寇集団の構成も、夷人(日本人を指すと思われる)は十の一、一割程度しかいない。流人は十の二、浙江の港町寧波・紹興が十の五、福建の港町漳州・泉州・福州が十の九を占める。計算は合わないがレトリックであろう。たいがい「倭夷」と称してはいるが、じっさいには多くが戸籍に登録されたごく普通の中国人だ。海上の有勢者こそ倭賊の腹心で、幟を立てて賊を深く引きこみ、陰では犯罪者を匿い、表では貿易のふりをする。先年、漳州・泉州の沿海民が巨船を造ったとき、人は「明春かならず倭寇が大挙押し寄せるだろう」といった。はじめ私は信じなかったが、はたしてそのとおりになった。ゆえに、膝元で盗を防ぎ、国境の海で盗を制することが肝要である。巨艦を大海に出すこと、巨家に犯罪者を匿うこと、姦民を下海させること、この三つを禁断すれば、乱の源はふさがる。

さらに広東潮州の人林大春は、江南の沿海地域の人たちは(もちろん誇張であるが)ことごとく海寇だ、と論じる(『乾隆重修潮州府志』巻三八・征撫[16])。

倭賊を去らんと欲すれば、先づ海寇を絶つに若《し》くは莫し。夫れ海寇は、固《もと》より未だ絶つに易からざるなり。彼れは其れ、延蔓すること既に久しく、枝幹は日に繁く、一邑九郷、半ば賊藪と為る。是れ沿海の郷は、一として海寇の人に非ざるは无《な》きなり。党与既に衆《おお》く、分布日に広く、州郡より以て監司に至るまで、一たび挙動有らば、必ず先に之を知る。是れ州郡・監司の左右の胥役《しょやく》は、一として海寇の人に非ざるは无きなり。舟楫の往来には、皆給票を経て、商旅の貨物尽く抽分を為す。是れ沿海の舟楫商旅は、一として海寇の人に非ざるは无きなり。人の糧を奪ひ、吏の金を剥《かす》めて、輙ち以て貧民に賑給すれば、貧民は楽《よろこ》んで争ひ之に附せざるは莫し。是れ沿海の貧民は、一として海寇の人に非ざるは无きなり。

まず、海賊に連なる者がはびこり、なかば賊藪となっている「沿海の郷」は、ひとりとして海寇でない者はいない。それから、海賊どもはたれよりも早く州郡・監司の挙動を察知しており、それを洩らす「州郡・監司の左右の胥役」、すなわち地方役所の下級の役人もぜんぶ海寇である。船舶を往来させるとき、海賊に貨物の一定割合を納めて通行票を受けとっている「沿海の舟楫商旅」もそうである。海賊から略奪した食糧や公金をふるまわれ、喜んでその一味となる「沿海の貧民」もそうである。こうなってはだれもかれもが海寇だという、そんな指摘さえなされるような状況が生まれていた。

かれらの生活のありさまについては、前にも引いた『クルス『中国誌』』の観察（第９章、学術文庫本一三三―一三四頁）によると、船を家としている人が多いことがわかる。

貧しい人々の小さな舟が多数あり、その中に夫、妻、子供たちが住む。彼らは太陽と雨を凌ぐための覆いが真ん中についた手持ちの舟のほかに棲家というものを持たない。……こうした覆いは、大きな舟ではその下にたいそうりっぱな居間と寝間がくるようにしてある。貧民の舟ではこれらのものはかなり見劣りがする。それでもそこで仔豚や鶏を育て、貧しいながらも自家菜園を持つ。精一杯の憩いの場がそこにある。男たちはみずからの小さな家を養う一助として町へ働き口を探しにゆく。女たちは舟の中で活動する。彼女らは川底に楽々と達するような長い竹の先に、しなやかな棒で編んだ小さな籠をひとつゆわえ、それによって魚介類を獲る。彼女らはみずからの才覚をもって、また人々を河の一方から他方へ渡してやることによって、一家の安らぎを支えることに協力する。とはいえ、こうした貧民もポルトガルで貧しく暮らしている人々ほど、惨めな暮らしぶりではないし、その身なりも見苦しくはない。

これは広東の蜑民の描写だとされる。貧しい人々の舟がたくさんあって、夫、妻、子供たちが住んでいる。舟のまんなかに屋根の代わりに太陽や雨を凌ぐための覆いがあって、舟以外には住居がない。なかには大きな船もあって、覆いの下には立派な居間や寝室が設けられている。また船の中で仔豚や鶏を飼ったり、菜園を持ったりしている。そのように舟で生活しながら、貝類を採ったり、瀬渡ししたりなどのなりわいで収入を得ている。資産家でさえ舟を家としているような状況があるわけで、この観察には、海によってしか生きられない地域の姿がよくあらわれている。

こうした状況は、福建や広東の沿岸のみならず、国家としては日本に属する対馬、壱岐、松浦、五島などの地域にも、おなじように存在した。そのひとつの観察として、かのフロイス『日本史』第六章に、パウロ゠デ゠サンタ゠フェにかかわるつぎのような記述がある（柳谷武夫訳、東洋文庫版第一巻、一〇八―一〇九頁）。このパウロは、日本名をアンジローあるいはヤジローという薩摩人で、日本人で最初のキリスト教徒となって、ザビエルを鹿児島に導いた。日本キリスト教史のなかでかならず触れられる有名人である。[17]

パウロ・デ・サンタ・フェの最後も当然読者が知りたいところであろう。そうして、それは、神秘的で（人智をもっては）測り知れないデウスの裁きに対して、少なからず呆然とした気もちと驚異とを我々の心の中に惹き起こさずにはおかないものである。……それというのも、（我々が記したとおり）、彼は自分の妻と子供たち、親戚の者と友人たちに、キリシタンになるように勧め、彼等も信者になったが、その後で、彼は数年後に、（彼が信仰を棄ててしまったのか、あるいはキリシタンであることをやめてしまったのかは、誰も知るよしもないが）、別の道をとって進んだからである。すなわち、かの薩摩国は非常に山が多く、したがって元来貧乏で、食糧品の供給を他に仰ぐよりほかに途がない。この困難を除くために、その国の人々はずっと前から八幡《バハン》といわれたある職業に携わっている。それはシナの沿海や諸地域へ掠奪鹵獲《ろかく》に出かけて行くことであって、そのためにはその力相応に、大きくはないが多数の船を準備するのである。パウロは貧困に追いたてられてか、あるいは彼と同郷の者たちが持ち帰って来た首尾よい結果と財宝に心を動かされてか、この海賊たちの船に乗ってシナへ渡ったものらしく、人びとの話では、そこで殺されたということである。

パウロはザビエルが鹿児島を去った後、残って布教をしたけれども、それを途中で放棄して、最後は海賊になって中国に出かけ、行った先で殺されたらしい。そのことをフロイスは嘆きながら書いている。かれはなぜそんな末路をたどったのか。薩摩国は山が多く地味貧しく、食糧の自給ができないので、薩摩の人々は昔からバハンという名の職業、すなわち海賊に携わっていて、中国の沿海地域へ赴くために多数の船を準備する。この記録から、倭寇を発生させるような土地柄は、シナ海をめぐる諸地域に共通するものだ、ということがわかる。そういう土地柄を条件としつつ、シナ海海上にさまざまな民族が混じりあった海上勢力があらわれてくる。それが倭寇だということになる。

その具体的なようすを知る史料をいくつか読んでみよう。まずつぎの史料は、日本人が倭寇集団のなかでどういう役割を果たしていたかを示すひとつの例である（『王弇州文集』（『皇明経世文編』巻三三二）、倭志）[18]。

中国の亡命する者は、多く跳海して衆を聚め、舶主と為りて、閩浙の間を往来行賈《こうか》す。又財物を以て勇悍なる倭奴を役属して自ら衛る。

海禁を破って海に出かけ、帰れなくなってしまった中国人が、衆を集め船主となって、福建や浙江の沿海を往来して密貿易をやる。そのさい、勇敢で鳴る「倭奴」を金で雇って護衛させた。ここでは傭兵というかたちで倭人が倭寇集団に入っている。これは一例にすぎないが、この時期の倭寇集団でリーダーシップを握っていたのは、たいがい中国人の密貿易商で、その配下に日本人が含まれている、という姿がふつうだった。さらに、「はじめに」に引いた『乾隆重修潮州府志』巻三八・征撫の記事にも、倭寇集団のマージナルな性格がよくあらわれている。

そういった集団のなかに朝鮮人がどのように関係しているのか、という問題は、いい材料が少なくてわかりにくいが、つぎの史料は貴重なものといえる（『朝鮮明宗実録』一一年（一五五六）五月辛未条）。

言者以謂《いわ》く、「沿海の鮑作干等、辺将の漁を侵すに困じ、倭に投入し、以て息肩の地と為す」と云ふ。若し然らば、則ち我が国の人、まさに子孫を彼の倭に於て長ぜんとするならん。其の児童の、但だ倭語を解するのみなるも、恠《あや》しむに足ることなきなり。

アワビを採って暮らしている漁民が、辺将（地方を守備する軍人）に漁業の邪魔をされて苦しんだあげく、倭の集団に身を投じひと息ついた。これがほんとうなら、わが国(朝鮮)の人が、倭の集団のなかで子供を生み育て、その結果子供は倭語しか解さなくなる、というのも、納得できる話だ……。ここには倭の集団に投じることを主体的に選択する朝鮮人民の姿が見える。一六世紀とはそうした状況が広範に生まれた時代であった。

そういう多民族的な集団の内部にはとうぜん矛盾もあって、争いもしばしば起きていた。『明世宗実録』嘉靖二一年(一五四二)五月庚子条にはこうある。

初め、漳州人陳貴等、私かに大舡に駕して下海通番し、琉球に至る。其の国の長史蔡廷美等に招引せられて入港し、適たま潮陽の海船に遇ひ、利を争ひ互相に殺傷す。廷美、貴等を旧王城に安置し、尽く其の貲《し》を没す。貴等、夜奔《に》げて掩捕する所と為り、多く殺さる。国王尚清、之を知り、国中に下令して乃ち止む。是に至り、貴等七人を械繫して、其の賊為るを誣《ぶ》し、廷美等を遣はし、表文を賷らし、送りて福建に至り、京に赴き陳奏せんと欲す。

福建の漳州出身の陳貴という者が、海禁を破り大船に乗って海に乗り出し、やがて琉球に至った。そして琉球国の長史蔡廷美らに誘引されて那覇港に入港した。長史というのは、那覇の一角に形成された福建人の居留地「久米村」の住人が就いていた琉球の高官である。そこで漳州よりもすこし西方にある港町潮陽の海船に遇って、二艘の船が利をめぐって争い、殺傷沙汰におよんだ。廷美が陳貴らを「旧王城」に留置してその荷を没収し、陳貴らは夜脱走してつかまり、一団の多くが殺され、事ここに至って、尚清王が制止に乗り出した。なぜ陳貴らだけが処罰されたのかは不明だが、廷美が陳貴らの荷を没収したこと、また、事情を北京に告げる使者に廷美自身が立ったことから考えて、廷美による謀略の疑いが濃い。いずれにせよ、琉球の那覇港で潮陽の船と漳州の船とが争い、それに琉球の長史がからんだ事件であるが、関係者はいずれも福建の出身者であった。このほかにも、中国人とポルトガル人とイスラム海賊がからんで、この海域で争っている例が、ヨーロッパの史料にある[19]。

以上のように、この海域には、多民族的な勢力が角逐しつつ連合も成立しているといった、星雲状態が生まれていた。その結果、国家領域としてはいくつかにわかれても、海によってつながれたひとつの地域と呼べるようなものが、シナ海をめぐって生成しつつあった。そこには倭寇活動の中心になる都市が生まれてくる。浙江巡撫として倭寇鎮圧を指揮した朱紈《しゅがん》の『朱中丞甓余《へきよ》集』(『皇明経世文編』巻二〇五)一、議海洋賊船出没事を見よう。(20)

惟照《おも》ふに前項の海船は、大小倶に二桅(マスト)以上にして、……此れ皆内地の叛賊なり。常年、南風迅発の時月には、日本諸島・仏郎機《フランキ》・彭亨《ボハン》・暹羅《シャム》の諸夷を糾引して、寧波の双嶼港内に前来し停泊せしめ、内地の姦人は交通接済す。習ひて以て常と為る。

寧波の双嶼港内に、日本の諸島、フランキと呼ばれたポルトガル人、マレー半島の町ボハン、そしてシャム、といった諸夷の船が、モンスーンに乗って到来し、中国人に誘引されて停泊し、内地の姦人つまり中国人の海禁破りがかれらと接触して貿易をやっている。それが常態となっている……。双嶼というのは、寧波の近海に散らばる舟山諸島の一島にある港で、ここが倭寇の最初の大根拠地になる。そしてそこには、日本列島をはじめとして、東南アジアの諸方面から――そのなかにはポルトガル人も含まれる――人々が集まってきて、国際都市という姿を呈し始める。

その経緯が、後期倭寇略史ともいうべき『日本一鑑』窮河話海巻六・海市に書かれている。

浙海の私商は福建の鄧獠より始まる。初め罪を以て按察司の獄に囚はる。嘉靖丙戌(一五二六)、越獄して逋《のが》れ、下海して番夷を誘引し、浙海双嶼港に私市す。合(合州)・澳(マカオ)の人盧黄四等に投託し、私通交易す。嘉靖庚子(一五四〇)、これに継いで許一松　許二楠　許三棟　許四梓、仏郎機国夷人〈斯の夷は正徳間(一五〇六―一五二一)に於て広東に来市す。恪ならずして、海道副使王鋐に駆逐せられて去る。後乃ち満剌加《マラッカ》国を占めて住牧す。許一兄弟、遂に満剌加に於て其の来るを招く〉を勾引し、浙海に絡繹たり。亦双嶼・大茅等の港に市す。茲より東南の釁門始めて開く矣。

夥伴《かはん》(なかま)王直〈的名呈、即ち五峯〉、乙巳歳(一五四五)に於て日本に往市し、始めて博多津倭助才門等三人を誘ひて双嶼に来市す。明年復た行き、其の地に風布す。直浙の倭患始めて生ず矣。

最初の倭寇の棟梁は福建の鄧獠という脱獄囚で、一五二六年に下海して番夷を誘引し、双嶼港を根拠として密貿易を行なった。その後一五四〇年になって、許棟ないし許四兄弟が、はじめてマラッカからフランキ国夷人、つまりポルトガル人を浙江沿海に呼びこんだ。マラッカは一五一一年にポルトガルの手に落ちて、アジアにおける重要な基地のひとつになっていた。このマラッカと中国の南岸を結ぶ航路が、太い密貿易ルートに成長し、ポルトガル人はこのルートに乗って、中国人に導かれつつ東アジアにあらわれた。そのことを「東南の釁門始めて開く」といっている。つまり東南アジア方面からの海賊が中国にあらわれる最初になったというのである。その後、許棟についで倭寇の棟梁となったかの王直が、日本へ行き博多津の倭人を連れてくる。ここに博多と双嶼を結ぶ密貿易のルートが開かれて、それが「直浙の倭患」の始まりとなった……。

むすび――近世への移行の意味

以上、後期倭寇の実体を探った結果、それが東シナ海をめぐる地域の形成者となっていったこと、それを構成する人間の集団は、中国人を中心としながらも、日本人、朝鮮人、ポルトガル人、あるいは東南アジア方面の人たち、イスラム教徒といったような、ひじょうに多民族的、あるいは多宗教的な人々であったこと、を知ることができた。ここにはじめて環シナ海地域と呼べるような実体が存在しているといえるのではないか。

しかしそれも長くは続かなかった。一六世紀という時代は、中国においても日本においても強大な中央集権的な国家が形成された。日本における豊臣政権から徳川幕府、中国における後金から清へという動き、それらはいずれも中華世界の辺境から生まれ、機動的な軍事力を駆使して中華を圧倒しようとした。秀吉は朝鮮で泥沼の戦争に脚をすくわれてしまうが、清は明を倒して新たな軍事国家を作ることに成功した。それを支えたのは、この時期における経済発展、生産力であったが、そのなかで日本の江戸幕府、中国の清朝といった、新たな強大な中央集権国家があらわれ、それぞれが海禁を創出あるいは再建する。日本では、はじめて海禁と呼べるような制度、いわゆる鎖国体制が生まれた。その結果、シナ海をめぐる倭寇集団が支えていた地域の結合も、国家権力の抑圧によって分断されていくことになる。

しかし、日本における海禁の施行でいちおう完成したような、東アジアの対外交通の国家的な管理が、倭寇が担ってきた地域結合をすべて死滅させてしまったわけではない。長崎にやってくる中国船が、江戸時代の対外関係のひとつの重要な要素になるわけだが、あの中国船はけっして明朝や清朝が国家の使者として送ったものではなく、私の商船である。ほんらい東アジアには、羈縻《きび》・冊封・朝貢などのことばで表現される国家間関係の原則があるが、そういうものから明らかに外れた存在である。そういうかたちで環シナ海交易の遺産は江戸時代にもひきつがれた。そのほか抜け荷の問題をとってみても、いくら江戸幕府という、それまでの日本史にはなかったような強大な権力が出現しても、内海をめぐる地域の人間結合を完全に死滅させてしまうのは、不可能ではないだろうか。

そして現在に至っても、すべての人民をひとり残らず国家権力が掌握しているという事態は、はっきりいって実在しない。そこからどうしても外れてしまう人間はかならず存在する。ひじょうに強大に見える現代国家にもなおひそんでいる限界性。そういったものに思いをいたす必要があると私は考える。

注

(1)　大隅和雄・村井章介編『中世後期における東アジアの国際関係』(山川出版社、一九九七年)第Ⅰ部、所収。

(2)　注(1)書第Ⅱ部、所収。

（3）佐久間重男『日明関係史の研究』（吉川弘文館、一九九二年）序論第一章「明朝の海禁政策」。ただし倭寇との関連は視野にはいっていない。
（4）可児弘明『香港の水上居民――中国社会史の断面』（岩波新書、一九七〇年）。
（5）岸本美緒『明清史論集1　風俗と時代観』（研文出版、二〇一二年）所収「「老爺」と「相公」――呼称からみた地方社会の階層感覚」参照。
（6）注（3）書、二三二頁参照。
（7）田中健夫『倭寇――海の歴史』（講談社学術文庫、二〇一二年）では、この呼称を批判して「一四―一五世紀の倭寇」「一六世紀の倭寇」と呼ぶべきだとする。この問題に関する筆者の立場は、同書の「解説」を参照。
（8）村井章介『中世倭人伝』（岩波新書、一九九三年）二七―二九頁参照。
（9）以下の田中説はすべて、田中健夫『東アジア通交圏と国際認識』（吉川弘文館、一九九七年）第一「倭寇と東アジア通交圏」（初出一九八七年）による。
（10）村井章介『アジアのなかの中世日本』（校倉書房、一九八八年）補論4「高麗・朝鮮人の〝倭寇〟」参照。
（11）本書第Ⅱ部第一章「倭寇とはだれか――一四―一五世紀の朝鮮半島を中心に」参照。
（12）本書第Ⅱ部第四章「一五世紀日朝間の境界人たち――井家次・職家父子の場合」参照。
（13）高橋公明「中世東アジア海域における海民と交流――済州島を中心として」（『名古屋大学文学部研究論集・史学』三三号、一九八七年）。
（14）注（9）書、一五頁。
（15）注（3）書、二三八―二三九頁。
（16）注（3）書、二九六―二九九頁。
（17）岸野久『ザビエルの同伴者アンジロー――戦国時代の国際人』（吉川弘文館、二〇〇一年）。
（18）注（3）書、二四三、二五六頁。
（19）村井章介『世界史のなかの戦国日本』（ちくま学芸文庫、二〇一二年）一八八―一八九頁。
（20）注（18）におなじ。

第三章　松浦党の壱岐島「分治」と境界人ネットワーク

はじめに

一四七一年に朝鮮で成立した地誌、『海東諸国紀』の日本国紀・八道六十六州・一岐島の条[①]の冒頭部分に、「志佐《しさ》・佐志《さし》・呼子《よぶこ》・鴨打《かもち》・塩津留《しおつる》分治す」としるされている。これらの名字は、いずれも肥前国上・下松浦《まつら》を本拠地とする松浦党のものだ。志佐は北松浦半島北岸にある長崎県松浦市志佐で、中世には下松浦に属し、佐志は東松浦半島東岸にある佐賀県唐津市佐志、呼子は同半島北端にある同市呼子町呼子、塩津留は呼子の南東程近い丘陵にある同市鎮西町塩鶴で、いずれも中世には上松浦に属する。鴨打は地名が遺存していないが、上松浦であることはまちがいない。

島外勢力である松浦党諸氏による壱岐「分治」については、「分割支配」などと表現される[②]いっぽうで、有名な松浦党一揆から類推すれば、一揆による島の共同支配といったイメージも湧いてくる。いずれにせよふみこんだ実態分析は行なわれてこなかった。長節子《おさ》が、塩津留以外の四氏は本拠を松浦においたままの代官支配であるのに対して、塩津留氏のみ名字の地を捨てて壱岐に移住したことを、明らかにしており[③]、松尾弘毅が、朝鮮通交において重要視されたのは「壱岐倭寇」に対する統制力であって、壱岐居住は大きな意味をもたなかったことが、代官支配をなりたたせていた、と述べている[④]程度である。

いっぽう、松尾が「壱岐倭寇」と呼んだ人々は、松浦党の「領主」層より低い「住人」層に属し、日朝間の境界空間を往来しつつ、交易・海賊・外交・情報伝達など多彩な分野で活動した「境界人」だった。[5] かれらについても、朝鮮通交者の個別事例としては網羅的に検出されているものの、[6] かれら相互のネットワークという観点による分析はとぼしい。また、かれらと領主層との関係についても、松尾のいう「統制」がすべてではなく、領主層の活動がかれらのネットワークに支えられていた側面もあった。

室町時代の壱岐を語る国内史料がきわめてとぼしいいっぽうで、『朝鮮王朝実録』(以下『実録』と略す)には、ほぼ一五世紀を通じて、壱岐にかかわりをもつ勢力(その名を騙る勢力をふくむ)[7]の通交事例がおびただしく記録されており、朝鮮官僚や境界人による壱岐社会の観察記録もいくつか見いだされる。また、『海東諸国紀』(以下『海東』と略す)の記事は、一四七一年という特定時点の状況を切りとって見せてくれる。本章では、これらの史料を、朝鮮通交よりは、島内社会のありかたの解明に比重をおいて分析してみたい。国内史料に恵まれない地域の社会史を、外国史料によってどこまで描けるか。これが本章のひそかに意図するところである。

一　『海東諸国紀』一岐島条を読み解く

郷と里と浦と

『海東』一岐島条の冒頭、さきに引いた部分の直前に、「郷七。水田六百二十町六段。人居、陸里十三、海浦十四。東西半日程、南北一日程」という地理的概観がしるされている。対馬が八二の海浦のみで構成されるのとは対照的に、壱岐では、里(農村)が一三三〇戸、浦(漁村)が七〇〇戸(ただし、阿神多沙只・風本(勝本)の二浦は戸数記載を欠く)と、里の人口が優越しており、附載の「日本国一岐島之図」(図1)を見ても、島の中央部を占める里を海岸にある浦がとり囲むように描かれている。里・浦およびこのあと述べる郷の比定地を、現在の地図上に落としたものを、図2

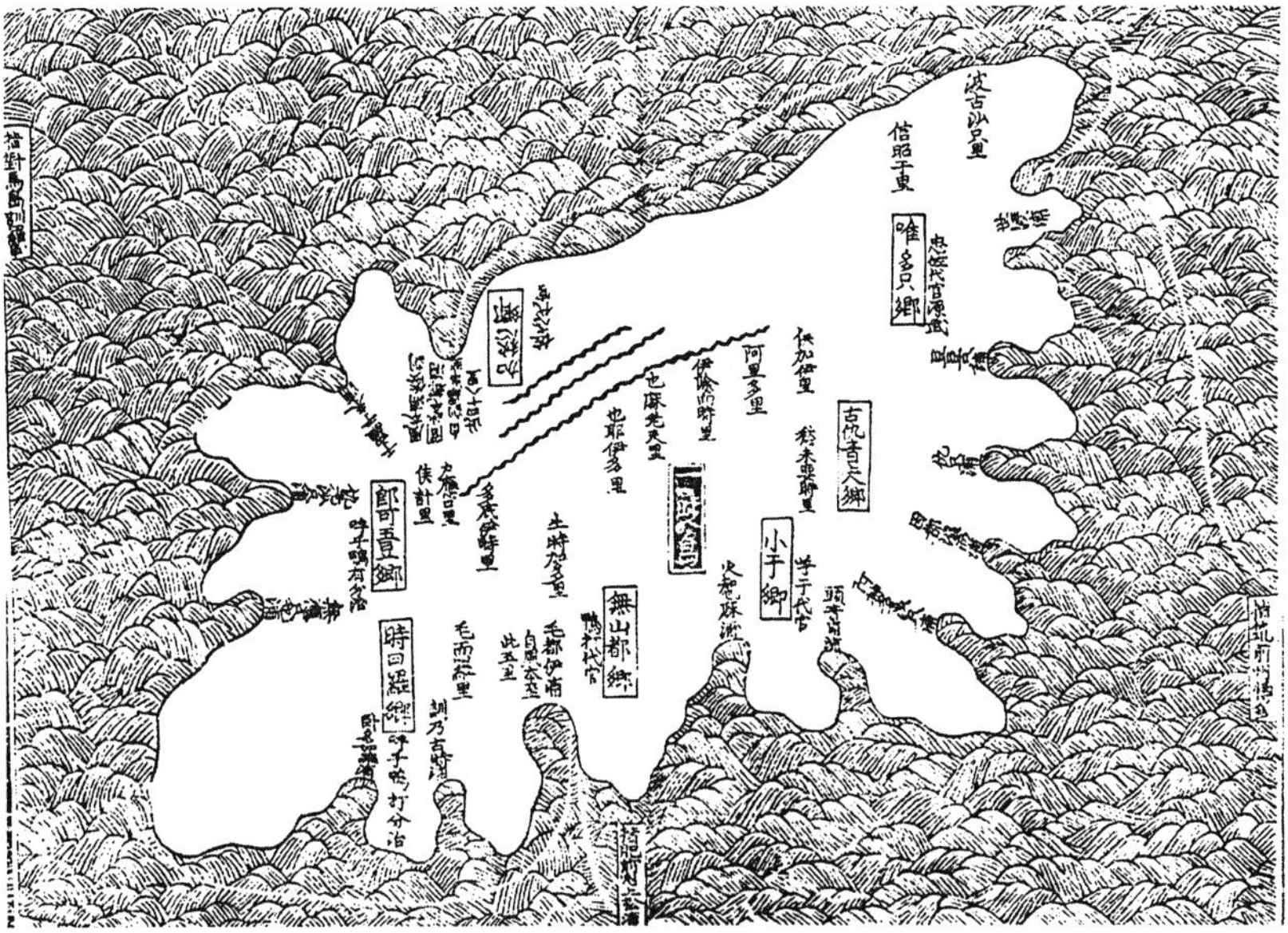

図1 『海東諸国紀』日本国一岐島之図（東京大学史料編纂所蔵）

として掲げた。

対馬が「四面は皆石山にして、土瘠《や》せ民貧しく、煮塩・捕魚・販売を以て生と為す」状態だったのに対して、壱岐は内陸部に平野が展開し、「土は五穀に宜《よろ》し」という土地柄だった（『海東』対馬島条、一岐島条）。対馬の延長ともいうべき朝鮮半島南岸の倭人居留地三浦《さんぽ》では、豊年には倭人が壱岐から魚・塩・野菜を買いつけ、食糧を確保していたが、凶荒に遇うと橡の実や葛・蕨の根しか食べものがなく、生存が困難だったという（成宗一七・一〇・丁丑）[8]。壱岐の陸里は境界空間における食糧生産基地であり、その海浦は食糧移送の拠点であった。

ついで「七郷」の見出しのもとに、郷ごとの統治関係と朝鮮通交者名簿がしるされる。郷名の下のカッコ内に、現地名への比定地（「壱岐市」は省略）と、『和名抄』記載の郷との対応関係を注記した。

A 加愁郷（勝本町勝本、『和名抄』可須《かす》郷）……①

佐志代官主之。

唯多只郷（芦辺町湯岳《ゆたけ》、『和名抄』伊宅《いたけ》郷）……②

志佐代官源武主之。／戊子年（一四六八）受図書。

約歳遣一二船。書称一岐守護代官真弓兵部少輔源武。

古仇音夫郷(芦辺町国分《こくぶ》)　……③

源経主之。/己丑年(一四六九)受図書。約歳遣一二舡。書称上松浦塩津留助次郎源経。

源重実/丁丑年(一四五七)約歳遣一舡。書称上松浦塩津留松林院主源重実。

宗殊/己卯年(一四五九)遣使来朝。書称一岐州上松浦塩津留観音寺宗殊。約歳遣一舡。

小于郷(郷ノ浦町庄触《しょうぶれ》)　……④

呼子代官源実主之。/約歳遣一舡。書称上松浦呼子一岐州代官牧山帯刀源実。庚寅年(一四七〇)源実子正遣使来朝。書称、去歳六月父為官軍先鋒而死于敵、臣継家業。乃依父例館待。

無山都郷(郷ノ浦町武生水《むしょうず》)　……⑤

鴨打代官主之。

時日羅郷(郷ノ浦町志原《しわら》、『和名抄』篦原《しはら》郷)　……⑥

呼子・鴨打分治、各有代官。

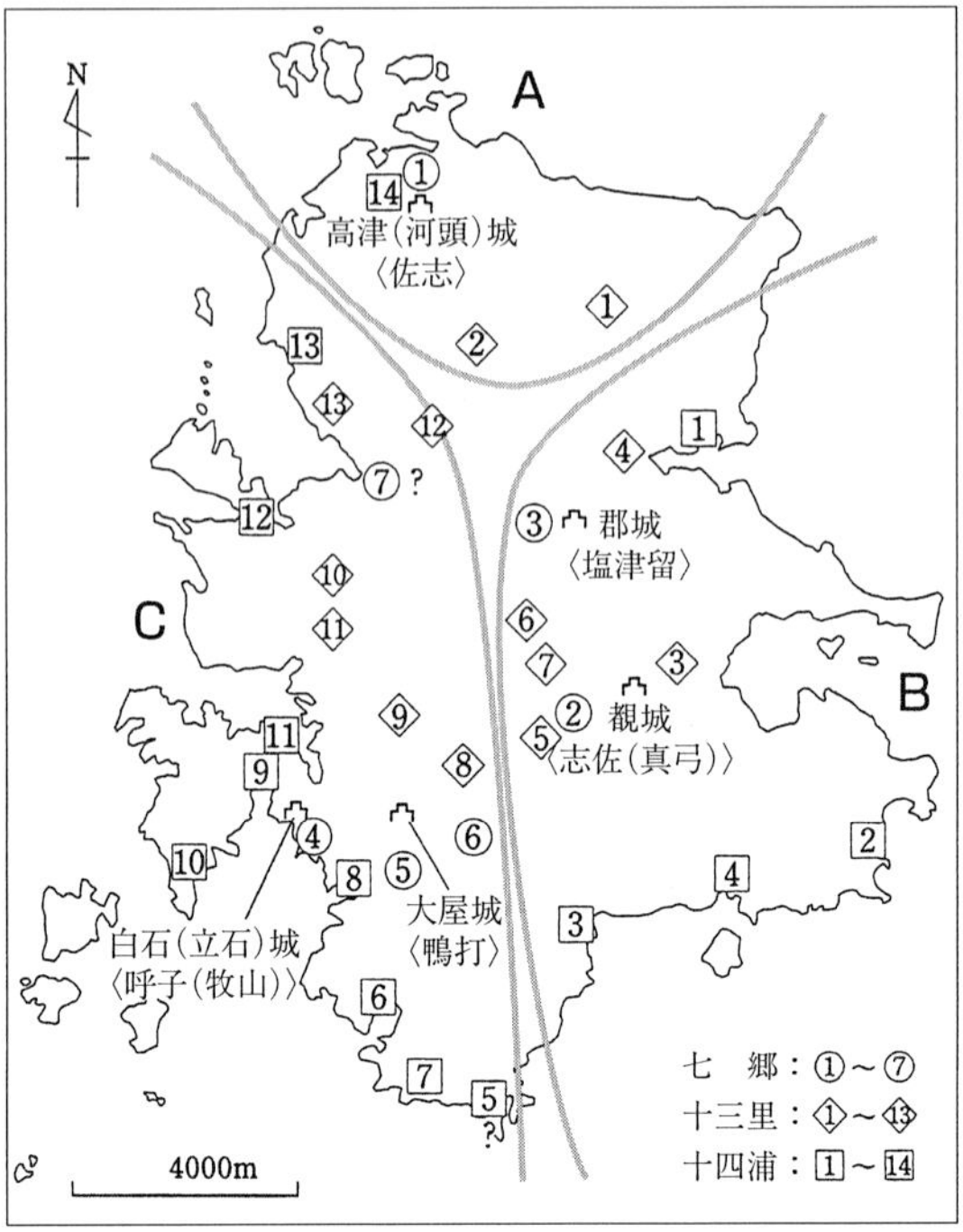

図2　15世紀中葉の壱岐

郎可五豆郷（勝本町鯨伏《いさふし》？『和名抄』鯨伏郷）　……⑦

呼子・鴨打分治、各有代官。

七郷・十三里・十四浦を列記する書式からみて、郷・里・浦は並列の行政単位かとも見えるが、郷には戸数が記載されていないから、やはり郷のもとに里・浦が所属するのだろう。しかし、個々の里や浦がどの郷のもとに属するのかは明示されていない。おそらく、郷の政治的中心地がいずれかの里あるいは浦におかれ、そこに領主か代官の城や屋敷があったであろう。たとえば、佐志代官の拠点は勝本浦に、呼子・鴨打代官の拠点は本居浦にあったと思われるが、すべての政治的拠点を特定の里・浦に比定するのは困難である。

直接支配と代官支配

長が注意したように、島の東部③古仇音夫（国分）郷に拠る塩津留氏のみが、代官によらない直接支配であって、しかも当主である経が歳遣一、二船の権利をもつほかに、一族であることが明らかな松林院主源重実⑨と、おそらくは一族と思われる観音寺看主宗殊⑩の二僧も、歳遣一船の権利をもっていた。塩津留一族は最大で年ごとに四艘の船を朝鮮に送れたことになる。

『海東』のこの記事を『実録』と照合すると、まず経のばあい、一四六九年に「日本国九州都元帥源教直・上松浦塩津（留脱）源経、各おの使を遣はし来りて土物を献ず」とあるのが初見である（睿宗元・六・甲寅）。『海東』の己丑年と一致しており、このとき図書（朝鮮当局あての書面に捺す私印）を受領し、歳遣一、二船の権利を認められたものだろう。つぎに、源重実名の通交記事は一四五四年が初見で（端宗二・四・戊子）、丁丑年（一四五七）歳遣一船定約のことは『実録』に見えない。宗殊のばあいは、一四五三年に通交記事の初見がある（端宗元・五・丁巳）が、己卯年（一四五九）には『実録』に通交の記事が見あたらない。

残る六郷が代官支配となるが、それもいちようではない。まず、代官自身が通交者名簿に載っているのが、②唯多只(湯岳)郷と、④小于(庄)郷である。

②は島の東南部に位置し、志佐氏の支配で代官は真弓武である。志佐氏が壱岐守護であるため「一岐守護代官真弓兵部少輔源武」という名義になっている。それなりに勢威があったらしいが、「真弓は権を執ると雖も、乃ち志佐の代官にして、呼子・塩津(留)・周布和兼の独り擅《ほしいま》まにするには如《し》かざる也」とある(世祖元・七・丁酉)ように、代官が格下であることは強く意識されていた。『実録』では、武の初見は一四七〇年にあり(成宗元・三・辛卯)、戊子年(一四六八)の受図書・歳遣一、二船定約のことは見えない。

④は島の西南部に位置し、呼子氏の支配で代官は牧山実である。『実録』では、かれは一四五五年六月に「上松浦呼子一岐代官牧山源実」として初見し(端宗三・六・辛卯)、同年七月の倭護軍藤九郎の談話中に「牧山源実は、呼子の代官にして、一岐島内の富居人なり、然るに軍兵無し」と紹介され(世祖元・七・丁酉)、一四六五年まで通交記事がある(世祖一一・六・癸未)。かれがいつ歳遣船一艘を許されたかは、『海東』にも『実録』にも記載がない。しかし、一四七〇年九月に礼曹から対馬島宣慰官田養民に託された指示書に、「一年一両船定約」者一二名と「一年一船定約」者二五名が列記されており、後者のなかにかれの子「牧山十郎源正」の名が見える(成宗元・九・丙子)。したがって実の代に結ばれた歳遣一船の定約が、一四六九年にかれが戦死したのち、翌年朝鮮に遣使した子正に受けつがれた、という『海東』の記述は事実とみてよい。なお、実が「官軍の先鋒として敵に死」んだ戦いとは、「応仁文明の乱に乗じて、それまで対馬に身を寄せていた少弐頼忠が、対馬・壱岐の兵をひきいて、筑前回復の兵をあげ、大内氏らと戦ったことをさしている[11]」。『実録』における正の通交記事の初見は、右の指示書のすこしまえ、一四七〇年七月に「代官牧山十郎源正」と見える(成宗元・七・壬午)。

つぎに、代官の名がしるされず、ただ「代官主之」とのみあるのが、①加愁(勝本)郷と⑤無山都(武生水)郷である。①は佐志氏、⑤は鴨打氏の支配だが、②の志佐氏、④の呼子氏をふくめ、かれら四氏自身の通交についてはのちにふれる。

さいごに、これも代官の名がしるされないが、「呼子・鴨打分治、各有代官」としるされる⑥時曰羅（志原）郷と⑦郎可五豆（鯨伏？）[12]郷がある。島全体を五氏が「分治」する体制の下に、ふたつの郷を呼子・鴨打両氏が「分治」する体制が入れ子になっていた。この両氏は、まだ壱岐との関係が明瞭でなかった一五世紀初頭から密接だったらしく、鴨打氏の初見である一四〇六年とその翌年に「日本呼子遠江守源瑞芳・鴨打三川守源伝」と並記されている（太宗六・九・壬午、同七・五・丁丑）。さらに、一四四三年に「一岐毛道（本居）浦」の「土主」が「呼子・鴨打」であるという記述があり（世宗二五・一〇・甲午）、翌年の壱岐招撫官康勧善の復命書に「呼子津一岐守源高・肥前州押（鴨）打三河守源五郎等」の連名による礼曹宛復書が引用されており（世宗二六・四・己酉）、一四四六年の上護軍尹仁甫の上書に「上松浦鴨打・呼子等、被虜人及び賊人刷出の時に於て、功無きにあらず焉」とあり（世宗二八・九・甲戌）、一四五〇年の議政府の啓に「本国飄風人、一岐州鴨打殿・呼子殿の地面に到泊す」とある（文宗即位年・七・辛亥）。

代官を送って壱岐を「分治」していた志佐・佐志・呼子・鴨打四氏自身については、かれらの本貫である『海東』肥前州の条にしるされている。

Ｂ源義／乙酉年（一四六五）遣使来朝、書称呼子一岐守源義、約歳遣一二舡。小二殿管下。居呼子。有麾下兵。称呼子殿。

源永／丙子年（一四五六）遣使来朝、書称肥前州上松浦鴨打源永、受図書、約歳遣一二舡。小二殿管下。居鴨打。有麾下兵。称鴨打殿。

源次郎／己丑年（一四六九）遣使来朝、書称肥前州上松浦佐志源次郎、受図書、約歳遣一舡。小二殿管下。能武才、有麾下兵。称佐志殿。

源義／乙亥年（一四五五）遣使来朝、書称肥前州下松浦一岐州太守志佐源義、約歳遣一二舡。小二殿管下。能武才、有麾下兵。称志佐殿。

呼子義の『実録』における初見は、一四六五年に「上松浦呼子一岐守源義」とある記事で（世祖一一・正・庚申）、『海東』の乙酉年と一致する。このとき受図書・歳遣一、二船の定約がなされた。一四七一年時点で、A－④小于（庄）郷の代官が牧山正だったことはすでに述べた。

鴨打永の『実録』における初見は、一四五七年に「上松浦鴨打源永」とある記事で（世祖三・九・丙子）、前年の丙子年に受図書・歳遣一、二船の定約がなされた。一四七一年時点でA－⑤無山都（武生水）郷の代官を勤めていた人物については、明証を欠く。

佐志源次郎の『実録』における初見は、一四四三年に「一岐州佐志源次郎」とある記事である（世宗二五・八・戊戌）。その実名は、翌年に「佐志一岐太守源正」とある（同二六・四・己酉、五・壬子）ので、正であろう[13]。己丑年（一四六九）の遣使は『実録』に見えないが、この年に受図書・歳遣一船の定約がなされた。一四七一年時点でA－①加愁（勝本）郷の代官を勤めていた人物については、明証を欠く。

志佐義の『実録』における初見は、一四五〇年に「一岐州知守（主）源義」とある記事で（文宗即位年・六・丙申）、一四五四年に「一岐州知主志佐源義」とある（端宗二・一二・丙午）ことから、この「知守（主）」が志佐義であることを知る。翌年六月までこの名義が続いた（端宗三・六・庚辰）あと、同年一一月に「一岐州太守志佐源義」という名義が登場する（世祖元・一一・庚辰）。『海東』の乙亥年はこれと一致し、「太守」名義の初度通交にさいして、歳遣一、二船の定約が結ばれたのである。同年八月には「上松浦志佐源氏女」名義の通交もあった（世祖元・八・乙丑）。クーデタによる世祖即位直後のことでもあり、複雑な事情が隠れていそうだ。一四七一年時点で、A－②唯多只（湯岳）郷の代官が真弓武だったことはすでに述べた。

通交名義の固定化

以上から、一四七一年の時点で、壱岐の領主層の通交名義が九つあったことがわかる(史料A・Bの傍線部)。『海東』における表記で示せば、以下の通りである。カッコ内に『実録』による当該名義の初見と終見の年を掲げた。

a　一岐守護代官真弓兵部少輔源武(一四七〇―一五〇二)
b　上松浦塩津留助次郎源経(一四六九―一四九五)
c　上松浦塩津留松林院主源重実(一四五四―一四七一、源実次一四七三―一四九九)
d　一岐州上松浦塩津留観音寺宗殊(一四五三―一五〇二)
e　上松浦呼子一岐州代官牧山帯刀源実(一四五五―一四六五、十郎源正一四七〇―一五〇四)
f　呼子一岐守源義(一四六五―一五〇二)
g　肥前州上松浦鴨打源永(一四五七―一五〇二)
h　肥前州上松浦佐志源次郎(一四四三―一五〇三)
i　肥前州下松浦一岐州太守志佐源義(一四五五―一五〇四)

ここで名義の使用期間に注目すると、中途で新名義への切り替えがあったcの源重実、eの牧山源実を除いて、長いものでは六一年間も継続使用されており(h)、短いものでも二七年におよんでいる(b・cの源実次)。じつはのちに述べるように、文明四年(一四七二)に上松浦の波多泰が「分治」五氏を破って壱岐の新支配者となるという大事件が起きていた(14)。おそくともこの時点以降の九名義はすべて真実のものではなく、通交規模の拡大をもくろんで対馬が集積した「偽使」の名義と考えられる。さらに、長によれば、宗成職が対馬島主を継承した直後、一四五三年ころ以降のこれら名義には、同一名義で一年間に数回―一〇回もの通交がある(たとえば、fに先行する「呼子源高」名義の通交は、一四五五年に一〇回を数えた）など、不審な点が多く、このころすでに対馬による偽名義の利用は始まっていたという⑮。

しかし壱岐関係者に関するかぎり、対馬はまったく架空の名義を捏造したわけではない。源武に対する源永、源経に対する源聞のように先代の名義までふくめれば、その成立はほとんどのばあい一五世紀前半にさかのぼり、

成立時から虚偽だった疑いが残るのは、一四五五年初見の「上松浦呼子一岐代官牧山源実」のみである（端宗三・六・辛卯）。しかし牧山名義については、対馬移住後の塩津留氏が牧山氏に使用料を払っていたことを、長が明らかにしており⑯、一四七二年以前は内実をともなう名義であった。つまり、一四七一年時点での壱岐関係者の通交名義は、そのまま真実とはいえないものになっていたが、実際の社会関係を転写したものではあった。したがって、『海東』『実録』の記述をもとに壱岐の社会関係を復元することは、偽使の横行にもかかわらず、方法的に可能だといえる。

a—eが壱岐居住のもの（グループⅠとする）、f—iが松浦居住で代官支配のもの（グループⅡとする）である。先掲の史料Bが語るように、グループⅡはみな「呼子殿」など「殿」づけで呼ばれたが、グループⅠには「殿」づけで呼ばれた人はいない。『海東』一岐島条の冒頭でグループⅡと列記される塩津留氏も、「殿」づけで呼ばれた例はなく、ⅠとⅡの間に社会的落差があったことがわかる。aはiの、eはfの被官だが、朝鮮との関係という局面において社会的上昇をとげ、独立の通交名義を獲得した。cとdはbと一族関係にある寺院で、bの管轄下にあり、塩津留氏の通交権拡大に貢献した。

以上、九つの通交名義に表現された領主層の社会関係は、右のように図示できる。

二　「分治」体制の形成と展開

松浦党進出以前

『海東』の編纂(一四七一年)と、壱岐の戦国時代開始を告げる波多泰の壱岐征服(一四七二年)とは、ほとんど同時だったから、『海東』にあらわれた壱岐の五氏「分治」体制は、室町期の最終段階を特徴づけるものといえる。ではそれはどのような段階をへて形成されたのだろうか。

室町期に壱岐の領主層として検出されるのは、源氏で一字名を標識とする松浦党の構成員ばかりだが、松浦党が外来勢力である以上、最初からそうだったはずはない。しかし、朝鮮史料も一五世紀初頭のものは数少なく、在来勢力の姿を明瞭にとらえることはむずかしい。そんななかで注目されるのは「一岐島(または州)知主源良喜」なる人物である。

『実録』における初見は一四〇二年で、使者を朝鮮に送って礼物を献じ俘虜を発還した(太宗二・七・己酉、九・己酉。おそらく同一記事の重出であろう)。同様の記事は一四〇三年、〇四年、〇六年、〇七年、〇九年と続き(太宗三・五・丙午、四・四・丁酉、六・八・壬辰、七・五・己卯、九・六是月)、一四一〇年にいたって「一岐知主源良喜・代言源覚真、各おの人を使はして礼物を献じ、大蔵経を求む」という記事があらわれる(太宗一〇・正・乙未)。大蔵経の求請は同年に再度の記事があり、翌年、三年後とくりかえされる(太宗一〇・四・甲子、一一・七・甲申、一三・二・己卯)。一四一三年にふたたび「使人来献土物」の記事があって(太宗一三・六・辛亥)のち、「知主」記事はしばらくとだえ、一四二五年に再登場したときには、志佐重がこの称号を名のっていた(世宗七・三・乙未)。これは子息義に継承される(文宗即位年・六・丙申)。

一四二八年まで佐志氏が『実録』にあらわれないことを根拠に、右の源良喜の氏族を佐志氏とする説があるが[17]、論証として充分ではない。一四二八年ころ、「一岐知主」(志佐重と思われる)は本居浦居住の藤七を執事として使っていた(世宗一〇・二・甲寅)。これは源良喜の時代から、知主が本居浦を拠点とする勢力だったことを思わせる。さらに憶測を重ねるなら、知主とは、壱岐守護志佐氏の勢力が島東南部に入ってくる以前から、本居浦で培われた島の有勢者だったのではないか。一五世紀初頭から、知主として大蔵経求請などめざましい活動の跡を残した源良喜が、一四一三年を最後に姿を消し、しばしの空白をはさんで、一四二五年から志佐氏が知主としてあらわれることは、その間に、在来勢力の後退と松浦党勢力の席捲という、島内領主層の勢力交代があったことを暗示する。

一四三〇年代に佐志姓ながら松浦党とは考えがたい「一岐州佐志平種長」(世宗一二・正・乙丑)・「一岐州太守佐志平公」(世宗一四・七・壬午)が見えるが、これらも偽使としてかたづけるより、松浦党佐志氏に対抗する平姓佐志氏がいたと考えてもよいのではないか。

二氏から四氏へ

壱岐の志佐氏が最初に『実録』にあらわれるのは、一四〇一年の「対馬島太守宗貞茂・一岐島守護志宗(佐)の使人還る」という記事である(太宗元・一〇・丙辰)。一四〇六年に被虜人を送還した「一岐州守護代源頼広・源挙」(太宗六・九・壬午)は、おそらく志佐氏の代官であろう。一四二〇年に朝鮮の回礼使に対して応永外寇について「怨言」を述べた「一岐島主」(世宗二・一〇・癸卯)は、おそらく志佐氏で、翌年志佐氏の固有人名として、「一岐州太守源重」が初見する(世宗三・八・癸巳)。これは松浦党と壱岐との関係を明示する最初の記事でもある。重はこのときと翌々年に硫黄・麒麟香・蘇油・犀角・蘇木という東南アジア産品を朝鮮に献じており(世宗五・二・丁丑)、有力な貿易家だったことがうかがわれる。同年に「一岐守護代源朝臣白浜伯耆守沙弥光秀」が通交者として見える(世宗五・一〇・丁巳)が、永徳四年(一三八四)下松浦一揆契状の連署者として「しさのしらはま白浜後家代弘」が見え(『青方文書』三四七号)、白浜氏が志佐氏の分流であることを知る(白浜は志佐の西隣の浦)。守護と守護代がともに松浦党の一員だったわけで、さきの「源挙」も白浜氏の可能性がある。一四二四年以前に、「志佐殿所掌一岐東面書吐(瀬戸)里船一隻・于羅于未(浦海)船一隻」が、捕魚のために赴いた朝鮮全羅道で、対馬島の二船もろとも兵船に拿捕されるという事件が起きた(世宗六・一二・戊午)。志佐氏の勢力圏が東海岸の瀬戸(芦辺町瀬戸浦)と西海岸の浦海(勝本町本宮仲触字浦海)をふくんでいたことがわかる。

『実録』における佐志氏の初見はかなり遅れて、一四二八年の日本通信使朴瑞生の復命書中に「書を一岐州志佐源公及び佐志に致す」とある記事である(世宗一〇・一二・甲申)。この「志佐源公」は重と思われるが、「佐志」は一四三〇年に「志左(佐)源公」とならんで「佐志源公」と見え(世宗一二・一一・己亥)、その実名は一四三四年に「一岐守源朝臣胤」(世宗一六・六・丁卯)、一四三七年に「佐志胤」(世宗一九・一二・丙子)とある胤であろう。

このころから、志佐・佐志両氏が壱岐を代表する勢力として併称されるようになる。一四三八年に「対馬州宗彦七・宗彦次郎・宗茂直・万戸早田《そうだ》六郎次郎、及び一岐志佐殿・佐志殿、九州田平《たびら》殿・大友殿、薩摩州、石見州等諸処の使送人」(世宗二〇・九・己亥)とあり、翌年に「志佐殿・佐志殿・薩摩州・石見州・大友殿等の処の書契・文引を受けて詐偽する者」(世宗二一・四・乙未)とあり、一四五九年に日本通信使宋処倹を発遣するにあたって、礼曹から挨拶状を送るべき一一の勢力を列記したなかに、室町将軍・大内氏・幕府奉行人飯尾氏・畠山氏・斯波氏・管領細川勝元・佐々木氏・大友氏・宗氏に続いて、「一岐州太守志左(佐)源公」と「一岐州佐志源公」があげられており(世祖五・八・壬申)、一四七七年に礼曹が啓した日本国通信使事目の一条に、賜物を贈るべき日本国内の諸勢力が列記されているが、その諸勢力とは、国王処・管領・左武衛(斯波氏)・大内殿・畠山殿・京極殿・山名殿・少二殿・一岐州佐志・九州松浦志佐・対馬州太守の一一者であった。とはいえ、佐志・志佐への賜物は「白細苧布五匹・白細綿紬五匹・雑彩花席十張」という最低ランクだったが(成宗八・正・丁未)。

右と雁行しながら、呼子・鴨打両氏も姿を見せはじめる。一四二九年に「一岐・平戸等島は、志佐・佐志・田平・呼子等殿之を分任す」とあり(世宗一一・一二・乙亥)、平戸島は田平氏の領分だから、残りの志佐・佐志・呼子氏が壱岐島を「分任」していたことになる。一四四三年に世宗王は、ベテランの外交官李芸を遣わすにさいして、対馬島・志佐殿・呼子殿・鴨打殿に賜物を贈るべきだとの意見を述べている(世宗二五・七・庚申)。この例ではなぜか佐志氏の名が見えないが、呼子・鴨打両氏が存在感を増しつつあったようすがうかがわれる。

そして一四四三年六月一日、中原に遠征した帰り道に、倭賊船二隻が全羅南道の西余鼠島(いまの麗瑞島《ヨソド》)で済州の官船一隻を襲い、二六名を殺害し七名の男女と穀米・布貨を略奪して去るという事件が発生した。賊船に壱岐船がふくまれ、被虜人が壱岐にいるという情報があったため、礼曹が壱岐勝本浦の住人都仇羅(藤九郎)を呼んで、「我国人刷還の策と賊倭捜捕の術と」を尋ねたところ、藤九郎はこう答えた(世宗二五・七・癸酉)。

若遣一二使臣、与我同舟、直往一岐、声言為迎通信使卞孝文而来、使本島人無不周知、然後以其所持書契、告于志佐・佐志・鴨打・呼子殿、則四殿必従之、猶可捕也。

書契をもって志佐・佐志・鴨打・呼子の四氏に依頼すれば、倭寇を捕えることができるという。この時点で「四殿」による「分治」体制が確立していたことがわかる。その体制は倭寇に対する統制力をも保持していた。

以上は朝鮮史料から見た壱岐の姿であったが、日本史料にもわずかながら記述がある。すなわち、室町幕府のブレーンというべき醍醐寺三宝院満済の『満済准后日記』永享六年(一四三四)六月一七日条に、遣明船の帰国をひかえて賊船対策が論じられるなかで、満済は「賊船の事は、壱岐・対馬の者共《ものども》専ら其の沙汰を致すか。此の両島は大略少弐の被官か。然らば少弐に仰せ付けらるべき事なり。……壱岐の事は何者の知行なるや、不分明に候。若しや下松浦の者共過半知行候か。然らば是れも少弐方の者候か」という意見を述べた。「下松浦の者共」は壱岐守護志佐氏を指す府のそれにはるかにおよばなかったといわざるをえない。

のだろうが、上松浦勢力について言及がないなど、壱岐認識は「不分明」で水準が低い。壱岐・対馬への少弐氏の威令もすでに地に墜ちており、少弐氏を頼った命令伝達が有効だったとは思われない。室町幕府の壱岐認識は、朝鮮政府のそれにはるかにおよばなかったといわざるをえない。

五氏「分治」体制

西余鼠島事件後、朝鮮は護軍康勧善を壱岐に送って、さらわれた朝鮮人の刷還と賊党の捜索を「島主等」に要請させた。島主らのうち「老鴨打源道秀・鴨打源五郎・佐志源正等」は要請に従わなかったが、「呼子源高・塩津〔留脱〕源門〔聞〕・真弓源吉・藤九郎等四倭」は四名の賊を捕獲して康に引き渡した（世宗二六・五・壬子）。高・聞・吉の三人は、この件の記述のなかで『実録』に初見する人物で、朝鮮はこのときの貢献を多として、かれらおよびその後継者の名義を通交者として優遇した。

塩津留聞の登場とほぼ同時に、「一岐州上松浦塩津留沙門松林院」があらわれる（世宗二六・四・己酉）。松林院は壱岐の国分近辺に所在する寺だから⑱、この時点で塩津留氏は壱岐にいたことが確実である。長は、「少なくとも『海東諸国紀』の段階では、塩津留氏は、かつての本拠上松浦とは縁が切れ、完全に壱岐の住人になりきっていたようである」と評価している⑲。

また長は、康勧善の復命書に引く塩津留聞の礼曹あて復書に、「予は郡郷を持たざるに因り、凶徒の族は太《はなは》だ多くは無し」「此の土は本国の境為《た》り、朝鮮の船往来の時、慇懃に守固すべき乎」などとある（世宗二六・四・己酉）ことから、塩津留氏は壱岐で多くの土地を支配しておらず、その劣勢を補う方途を朝鮮交易に求めたと解釈している⑳。前述のように、塩津留氏は領内寺僧分をふくめて最大限四艘の歳遣船を送る権利を確保し、他の氏族を圧倒していた。かれの生き残り戦略はみごとに功を奏したというべきだろう。志佐・佐志・呼子・鴨打四氏からは一ランク下にみなされながら、塩津留氏が「分治」体制の一角に食いこんだ背景には、右のような事情があった。

以上のように、壱岐の領主たちは、なんレベルかの落差が内包された社会を形成していた。しかしいっぽうで、法体の松林院と観音寺を別にすれば、かれらがみな、真弓・牧山ら被官層をもふくめて、松浦党の社会的標識である源姓と一字名を共有していることにも注意したい。領主層の例ではないが、「賊首護軍藤永(影)継」を父にもつ受職倭人「有羅多羅」は、「可文愁戒(掃部助)源貞」という「又名」をもっていた(『海東』一岐島毛都伊浦条)。松浦党の標識を身にまとうことが社会的ステータスとなっていた状況がうかがえる。

さいごに、「分治」の主体となった島内領主層の勢力分布を大まかにまとめておく(以下の叙述は図2を参照されたい)。島の北部、勝本浦を中心に佐志氏の勢力圏があり、勝本町西戸触の高津《こうづ》(河頭)城跡が拠点だとされるが、詳細が不明で広がりもかぎられていたようだ。島の東部から東南部には、瀬戸浦や印通寺《いんどうじ》浦を外港として、芦辺町湯岳本村触の覩城《とじょう》跡を拠点とする守護志佐氏の勢力圏がひろがっていた。覩城跡から東へ一キロメートルあまり、芦辺町深江栄触にある安国寺は、周知のように幕府・守護勢力とかかわりふかい寺で、寛正三年(一四六二)の志佐義の文書四通を所蔵する。[21] 島の西南部には、本居浦を中心に呼子・鴨打氏連合の勢力圏があった。呼子支配の④小于郷、鴨打支配の⑤無山都郷、両氏「分治」の⑥時曰羅郷と⑦郎可五豆郷、以上四者の関係はつぎのように復元できる。④と⑤とは本居浦の西と東に隣接する地だから、両氏は本居浦を共同の拠点として、西よりを呼子氏、東よりを鴨打氏が支配していたのだろう。郷ノ浦町庄触にある白石(立石)城跡が呼子氏の、同町東触にある大屋城跡が鴨打氏の、それぞれ拠点だったとされる。そして⑥は⑤の東方、⑦は——鯨伏に比定する説が正しければ——④の北方に位置し、呼子・鴨打勢力圏の外縁にあたっている。以上四氏三組の勢力圏が島を大きく三分割していたところへ、島の中央東よりの国分を中心とする地域に、塩津留移住者集団が入部した。その拠点は芦辺町国分東触にある郡城《こおりのじょう》跡で、すぐ近くに観音寺や松林院が所在する。おそらく、志佐勢力圏の北よりを割きとる——あるいは、志佐・佐志両勢力圏のはざまに食いこむ――かたちで、壱岐に根づいていったのだろう。

三　壱岐をめぐる「人のつながり」

境界人の巣、本居浦

壱岐島内の地名が最初に『実録』にあらわれるのは、一四〇七年の「一岐州本井浦大郎五郎、人を使はして土物を献ず」という記事である(太宗七・五・己卯)。ついで一四二四年に「日本国一岐本居浦寓住藤実」の通交記事があり(世宗六・五・甲午)、これが一四二八年に初見記事のある「一岐州本居浦寓住藤七」と同一人だとすると[22]、「僕日本に生まるると雖も、我が父は便ち貴朝(朝鮮)の産なり」という境界人であった(世宗一〇・二・甲寅)。本居浦は、現在は郷ノ浦港の西隣にある小さな湾奥の集落名となっているが、中世では郷ノ浦の名は見えず、本居浦が郷ノ浦港をふくむ壱岐の表玄関の名称だったと考えられる。

本居浦は壱岐勢力の朝鮮通交上、特異な地位を占める場所だった。そのことは、『海東』一岐島条に記載された一三の陸里、一四の海浦のうちで、「毛都伊(本居)浦」にのみ三つもの通交者名義がしるされている事実に、端的に表現されている。

毛都伊浦

護軍三甫郎大郎／賊首護軍藤永継子。辛巳年(一四六一)受図書。来則賜米・豆幷十石。

司正有羅多羅／又名可文愁戒源貞、乃三甫郎大郎之兄。戊寅年(一四五八)受職。

司正豆留保時／藤九郎次子。庚寅年(一四七〇)受職。長子也三甫羅、今来侍朝、為司正。

また、『海東』対馬島・沙加(佐賀)浦条にも、本居浦に関係する通交名義が見られる。

沙加浦
護軍阿馬豆／旧居一岐島毛都伊浦。海賊首宮内四郎子。戊寅年(一四五八)受図書。来則賜米・豆幷十石。戊子(一四六八)改名又四羅盛数。

三つの家系

以上の史料から、本居浦に関わった三つの境界人の家系を抽出することができる。

〔1〕有羅多羅と三甫郎大郎(三郎太郎)は兄弟で、父は「賊首」と呼ばれた藤永継である。かれらはみな受職人(朝鮮の官職を与えられた者で、国王への親朝を理由に渡航・交易が許される)で、三郎太郎は受図書人(朝鮮から名前を刻んだ私印を与えられた者で、その印を捺した書契を携えた使者による渡航・交易が許される)でもあった。

永継は『実録』では影継と表記され[23]、一四五一年に「倭護軍」あるいは「対馬島護軍」の肩書で渡航して土物を献じ、前年に死去した世宗王のために進香した(文宗元・二・丁酉、三・庚子)。この時点では対馬の住人で、以前に護軍を受職していたことがわかる。翌年には文宗の国葬に朝臣の例によって侍衛することを、のちに述べる藤九郎とともに許された(端宗即位年・八・丁亥)。一四五三年に二度の通交記事があり(端宗元・六・丙戌、一二・甲午)、五四年の通交記事では名のりが「日本国一岐州倭護軍藤影継」と変わった(端宗二・四・戊戌)。この間に壱岐に移住したことがわかる。五六年にもおなじ名のりの通交記事があり(世祖二・五・壬辰)、一四六〇年の終見記事には「日本国一岐州倭護軍藤影継、子を遣はし来りて土物を献ず」とあって(世祖六・一二・戊戌)、代替わりをうかがわせる。

影継の子有羅多羅は、『実録』では一四五九年に「倭司正」の肩書で土物を献じたのが初見だが(世祖五・六・丙辰)、『海東』によって前年に司正を受職したことがわかる。一四六四年と翌年にも「倭司正」の肩書で通交記事がある(世祖一〇・二・丁酉、一一・二・癸未)。本姓は藤原ながら、「掃部助源貞」という松浦党風の別名をもっていた。

有羅多羅の弟三郎太郎は、『実録』では一四六一年に「倭人護軍」の肩書で土物を献じたのが初見で（世祖七・五・癸卯）、『海東』からこのとき図書を賜ったことがわかる。到来のたびに朝鮮は米一〇石・大豆一〇石を与える例だった。一四六二年と六六年に「倭護軍」の肩書で通交記事があり（世祖八・六・丙子、一二・七・丙子）、一四六四年の大晦日には、同行者二人・野人（女真族）二一人とともに、ソウル景福宮の後苑と白岳山（北岳山）頂で一時に放たれた砲火を見物した㉔（世祖一〇・一二・戊申）。一四七〇年には対馬の中尾吾郎、博多商人の道安もろとも、受職人なのに親朝せず使人を遣わした行為が問題視されている（成宗元・九・丙子）。一四七六年には、対馬に来た宣慰使金自貞を独自に酒肴でもてなして、応仁・文明の乱が膠着状態であることを語り、ついで「わが国の使船は日本国王の居所に到達できるか」と問われて、つぎのように豪語した（成宗七・七・丁卯）。

南路（瀬戸内海ルート）は兵乱のため治安が悪く、かならず海賊に襲われるだろう。もし壱岐から北海（日本海ルート）をとれば、八日で若狭に至り、陸行三息で今津、水行三息で坂本、さらに陸行一息で京都に到達する。博多や壱岐の商人はみなこのルートで往来しており、朝鮮が通信使を遣わすなら自分が道案内してあげよう。

応仁・文明乱中の壱岐・京都間の交通路を示す貴重な史料であるが、ここでは、境界人三郎太郎が、壱岐本居浦を本拠に、父の出身地である対馬にも拠点を確保し、朝鮮半島南岸から若狭にかけての海上をわが庭のように往来していたことに注目しておこう。

〔2〕先述した朝鮮人を父にもつ「本居浦寓住藤七」の子が、勝本（風本）浦住人の藤九郎（都仇羅とも）である㉕。藤七は一四二九年に図書を賜与され（世宗一一・九・庚申）、翌年朝鮮に赴いた帰路に、「志左〔佐〕源公」領内の被留人（朝鮮側に拘留された倭寇）一一名、「佐志源公」領内の被留人一一名を連れ帰った（世宗一二・一一・己亥）。そのさい礼曹に「狗児」をねだって断られている（同・癸卯）。一四三一年の通交時には被留人孫三郎を連れ帰った（世宗一三・七・戊辰）。一四三五年までに死去し、藤九郎が跡を嗣いだ（世宗一七・八・乙巳）。

藤九郎は勝本浦の住人だが、その子豆留保時(鶴法師)が本居浦に居を構えていたことからみて、本居浦の拠点を手放したわけではなかろう。一四三五年に藤七の賜った図書を返納し、自己名義の図書を造給されている(世宗一七・七・壬午)。かれは一四三九年には「一岐州賊万戸」と呼ばれ、「対馬島賊万戸」早田六郎次郎らと共謀して、船二〇艘で中原に倭寇を企てるような人物だった(世宗二一・二・癸丑)。他方朝鮮に対しては忠勤をはげみ、一四四二年には、礼曹が「一岐州上万戸都仇羅は本強賊なるも、今親《みずか》ら来朝す、米・豆二十石及び衣・笠・靴を賜はんことを請ふ」と啓して、認可されている(世宗二四・一二・己丑)。一四四三年の西余鼠島事件にさいしては、賊の捜索や被虜人の刷還に最大限協力し、「貴国の被虜人をば、予将《まさ》に尽力推刷せんとす、若し勢難ければ、則ち予の奴僕亦た幾三十余口あり、奴を以て之(被虜人)に易へて来るも、何の難《なん》か之れ有らん」とまで売りこんで(世宗二五・七・癸酉)、呼子高・塩津留聞・真弓吉の領主三人に伍して功績を称えられた(一九一頁参照)。翌年護軍を受職し、同時に「藤九郎は他の倭人の例に非ず、系本国より出づ、且つ今賊倭を捕獲するの功有り」ということで、特別に銀帯・沙帽を賜った(世宗二六・六・庚辰)。このとき、一字符・二字符各一を造り、それぞれを半分に割って三浦と壱岐に分置し、倭寇の情報があれば二字符、なければ一字符を捺した書面を、壱岐から朝鮮に送る、という制規を提案して、双方で合意した(世宗二六・六・丁酉)。また同年、諸国の兵船を比較して、唐船が上、琉球船が次、朝鮮船が下という評価を述べた(世宗二六・一〇・丁巳)。一四四五年には投化して「宅一区」を賜り、漢江の港麻浦で倭船の形にならって船を造り、新造船を敵船に見たててわら人形を船中にならべ、火砲を乱射するという、軍事演習をおこなった(世宗二七・正・辛丑、九・壬辰)。しかしまもなく投化をやめ、一四五〇年以後は従前どおりの通交を続けている。

一四五五年、藤九郎は礼曹の新任官に「九州の土地の大小及び部落の数」をレクチャーした(世祖元・七・丁酉)。壱岐に関する部分の概略はつぎのとおり。①壱岐は小島なので強大な勢力はいない。②壱岐太守志佐氏は上松浦に住み、真弓氏を代官として当地においている。③大友持直は一万一千の兵を擁するが、志佐氏は五、六百にすぎない。

④呼子氏・塩津留氏・周布《すふ》和兼（石見の領主）は渋川教直（九州探題）には遠くおよばない。⑤波多島納（上松浦の領主だが詳細不明）は強兵を擁し、呼子氏と同等である。⑥五島宇久守は小さいが五島を掌握しており、志佐氏と同等である。⑦丹後太守松浦盛（松浦源氏の本家筋）は志佐氏と同等で、五百余の兵を擁している。このほか、真弓・牧山両氏の社会的位置についての発言があるが、前に引いたので省略する（一八二頁参照）。

藤九郎の長子也三甫羅（弥三郎）は、一四五七年には「司正」の肩書で通交し（世祖三・九・丁丑）、一四七三年には、「曾て庚寅年（一四七〇）対馬島遣使の時に於て、護行に労有り、今又倭語を翻訳するに、他の向化と同じからず」ということで、副司直の前職に留まることを許された（成宗四・正・戊戌）。次子の豆留保時（鶴法師）は、庚寅年（一四七〇）に司正を受職し、一四八四年と八七年に「倭司果」の肩書で通交した（成宗一五・六・壬午、同一八・二・戊戌）。

〔3〕「海賊首宮内四郎」は、一四四二年に対馬の早田氏とならぶ「賊万戸」として『実録』にあらわれ（世宗二四・一二・丁酉）、一四五〇年には「宮内四郎姪子守延等二人」が渡航して故世宗王のために進香した（文宗即位年・一二・癸未、同・乙酉）。その子阿馬豆は、時期は不明だが壱岐島本居浦から対馬島佐賀浦に移住し、戊寅年（一四五八）に図書を受け、朝鮮渡航時には米・大豆各一〇石を賜る例となった。また、一四五六年以前に護軍を受職し（世祖二・四・戊午）、戊子年（一四六八）には盛数と改名し、一四七一年以降一〇回ほどの通交が『実録』に記録されている（成宗二・六・乙巳等）。

ネットワークと移動・移住

以上、本居浦を巣とした住人層の動向を見てきたが、その特徴はなにより定住性が弱いことだ。家系〔1〕では藤影継が対馬から本居浦へ移住した。その直前にかれは、ともに文宗の国葬に侍衛する（一九四頁参照）、同時に使人を遣わして土物を献じる（端宗元・六・丙戌）など、壱岐の藤九郎と行動をともにしていた。その壱岐移住は、藤九郎の誘いによるものだったのではないか。家系〔2〕では、藤七が本居浦居住だったのに対して、その子藤九郎は勝本浦に移り、一時は投化して朝鮮に居住したが、その子鶴法師は本居浦に戻っている。長子弥三郎が勝本浦、次子鶴法師が本居浦という配置なのかもしれない。藤七自身、最初の「本居浦寓住」という名のりからして、近年の移住者だと思われる。家系〔3〕では、阿馬豆が本居浦から対馬の佐賀浦へ移住した。

視野を本居浦に関係した住人層からひろげると、上松浦から壱岐へ、壱岐から対馬へと移住した塩津留氏の例はもとより、上下松浦の領主層の代官支配自体が、壱岐と上下松浦を結ぶ往来ルートを前提としている。さきの分析で、勝本浦を拠点とする佐志氏、本居浦を拠点とする呼子・鴨打両氏のもとにいた代官の名を明らかにできなかったが、両浦で活動した住人層のなかに候補者が求められるかもしれない。藤影継の長子有羅多羅は本居浦で活動し、源貞という松浦党風の別名をもっていたから、呼子・鴨打両氏の代官を勤めていた可能性がある。藤九郎は勝本浦を本拠として、先述のように多彩な活動を展開していたから、そのひとつに佐志氏の代官の仕事があったかもしれない。

領主層と住人層との相互依存関係がより明瞭に認められるケースもある。藤七が壱岐知主志佐重の執事を勤めていたこと、おなじく藤七が志佐・佐志両氏の領内住人で朝鮮に捕獲された者の送還を託されたこと、西余鼠島事件のあと、藤九郎が志佐・塩津留・真弓氏と連携して賊倭の捕獲につくしたこと、などをあげることができる。かれら境界人たちは、朝鮮半島と九州島をむすぶ海域を流動し、拠点を移動したり複数化したりしながら、海賊から外交にいたるさまざまな活動を展開していた。松浦党五氏による壱岐「分治」を支えたのも、こうした境界人のネットワークだったといえよう。

さいごに、朝鮮政府に属しながら、この海域で活躍したひとりの境界人を紹介して、本章を閉じることとしよう。

皮尚宜は、一三九九年に朝鮮に投化し侍衛の執務中に死んだ倭人沙古(官は副司直)の子で(世祖八・四・己丑)、一四七〇年に「禦侮将軍行副司猛」を先途に致仕するにさいして、みずからの人生を「臣は向化を以て、太宗朝の始めより侍衛し、世祖朝に原従功臣の列に与かるを得、去る丁丑年(一四五七)に上護軍を受け、累代侍衛し、年は七十六に至る」とふりかえっている(成宗元・六・庚戌)[26]。倭通事として壱岐に二回、対馬に三回赴き、一四六二年に慶尚道東莱(現、釜山広域市東莱区)に貫郷を賜与された[27]。

皮尚宜は西余鼠島事件後、壱岐勢力との外交を担うなかで、藤九郎と深いかかわりをもった。一四四三年七月、藤九郎が「西余鼠島の賊は壱岐島の人だ」と言っていると聞いて、世宗王は通事皮尚宜・李秀才を乃而浦(三浦のひとつで薺浦ともいう)に遣わして、藤九郎を呼び寄せた(世宗二五・七・甲寅)。皮尚宜は尋問の結果を「対馬・一岐両島の人、同《とも》に虜掠を謀る」と報告した(同・辛未)。藤九郎がソウルを辞するにさいして、皮尚宜は一緒に壱岐へ赴くことになった(同・辛巳)。かれが壱岐で会った投化倭人表思温は、倭服をまとい「朝鮮に帰るつもりはない」と語った(世宗二六・六・乙酉)。一四四八年、皮尚宜は漂風人刷還のため再度壱岐へ赴き、「壱岐にいた漂風者は朝鮮人でなく琉球人でした」と復命し、済州人莫金だけを連れ帰った(世宗三〇・二・丙子、七・己丑)。一四五五年、敬差官元孝然に随行して対馬へ赴いた皮尚宜は、三月一一日に家老古河《ふるかわ》邸に至って、「藤九郎が今ここに来ているが、われらと一緒に行こうとしているのか」と問うた。古河はひそひそ声で、「本島と一岐・上松浦・下松浦の賊首たちが、船三十余艘で江南へ海賊に赴こうとしており、今日はじめて船越で三月中の出発に向け会合しているが、藤九郎だけは貴殿に従って貴国へ行こうとしている」と語った(端宗三・四・壬午)。

朝鮮人の血を引き壱岐に住む藤九郎と、おそらく対馬に出自し朝鮮官人として活躍する皮尚宜と。ふたりの三浦・対馬・壱岐におけるであいは、境界空間ならではの「人のつながり」といえよう。

注

(1) 申叔舟著・田中健夫訳注『海東諸国紀――朝鮮人の見た中世の日本と琉球』(岩波文庫、一九九一年)二一三―二三二頁。

（2）関周一「壱岐・五島と朝鮮の交流」（同著『中世日朝海域史の研究』吉川弘文館、二〇〇二年、所収、初出は一九九一年）一九一頁。

（3）長節子「壱岐牧山源正と松浦党塩津留氏の朝鮮通交権」（同著『中世日朝関係と対馬』吉川弘文館、一九八七年、所収、初出は一九八二年）二四〇頁。

（4）松尾弘毅「中世後期における壱岐松浦党の朝鮮通交」（『九州史学』一三四号、二〇〇二年）二九頁。

（5）村井章介『境界をまたぐ人びと』（山川出版社、二〇〇六年）五六―六一頁。同「十五世紀日朝間の境界人たち――井家次・職家父子の場合」（佐藤信・藤田覚編『前近代の日本列島と朝鮮半島』山川出版社、二〇〇七年、本書第Ⅱ部第四章）。

（6）韓文鍾「朝鮮前期の受職倭人」（九州大学朝鮮学研究会『年報朝鮮学』五号、一九九五年）六一―一一頁。

（7）伊藤幸司「日朝関係における偽使の時代」（『日韓歴史共同研究報告書　第二分科篇』日韓歴史共同研究委員会、二〇〇五年）。

（8）以下、『実録』の典拠表記にあたっては、書名を省略し、引用箇所をこのように略記する（この例では、「成宗十七年十月丁丑条」の意）。

（9）世宗二六・四・己酉に引く「一岐州上松浦塩津留沙門松林院」（源重実の先代実誉と推定される）の礼曹あて復書に、「予は先祖監（塩）津留沙弥源英が少孫為《た》り」とあり、おなじく塩津留経の父聞の復書に、「我れ先祖塩津留沙弥源英の跡を継ぐ」とある。長注（3）論文、二四四―二四五頁参照。

（10）長注（3）論文、二四六頁。ただし確実な根拠は示されていない。観音寺は塩津留氏の郡城のふもと、芦辺町国分東触に現存する。

（11）同右、二一九頁。

（12）「郎可五豆」の朝鮮語音とイサフシとはそうとう距離があるが、「日本国一岐島之図」（図1）中の郎可五豆郷の位置関係からみて、中村栄孝『日鮮関係史の研究　上』（吉川弘文館、一九六五年）四三二頁のあげる二候補（芦辺町中野郷と勝本町鯨伏）中では、鯨伏にあてるほうが自然である。ここでついでながら図1の疑問点にふれておこう。七郷のうち、時日羅郷が図1では毛都伊（本居）浦の左方（ほぼ西）に置かれているが、時曰羅郷の比定地として諸説一致する志原は、中世の本居浦に相当する今の郷ノ浦の東方、無山都郷に比定される武生水の東隣にある。いっぽう、小于郷は図1では無山都郷の右方（ほぼ東）に置かれているが、小于郷の比定地として有力な庄は郷ノ浦の西隣にある。時曰羅郷も小于郷も、図1と現在の地図とで、本居浦＝郷ノ浦から見た方位が逆になっているのである。そこで、図1上で時曰羅郷と小于郷とをいれかえてみると、新旧地図の齟齬は解消する。また、図1では小于郷の右下に頭音甫(坪)浦、左下に火知也麻(初山)浦が置かれているが、実際には、坪と初山は志原の南方の海岸にあって、初山が東、坪が西に位置している。同様に仇只(久喜)浦と因都温而(印通寺)浦の位置関係も逆になっている。

(13) 松尾注(4)論文、三二頁。
(14) 長注(3)論文、二四九頁。
(15) 長節子「三浦の乱以前対馬による深処倭通交権の入手」(同著『中世国境海域の倭と朝鮮』吉川弘文館、二〇〇二年、所収)二八二—二八三頁の表5。
(16) 長注(3)論文、二二六—二三五頁。
(17) 田村洋幸『中世日朝貿易の研究』(三和書房、一九六七年)二七〇—二七一頁。関注(2)論文、三四—三七頁の表1。関説には根拠が示されていないので、おそらく田村説に拠ったものと思われる。
(18) 長注(3)論文、二四三—二四四頁に、「『壱岐国続風土記』は、塩津留氏の居城であったという郡城の城北に「小林《(ママ)》防と云へる民居あり」とし、この所を松林院の跡としている」とある。
(19) 同右、二四〇頁。
(20) 同右、二四〇—二四一頁。
(21) 佐伯弘次「中世の壱岐安国寺」(中尾尭編『中世の寺院体制と社会』吉川弘文館、二〇〇二年)七六—七八頁。
(22) 松尾弘毅「室町期における壱岐藤九郎の朝鮮通交」(『九州史学』一二四号、一九九九年)二五頁。
(23) 韓注(6)論文、一一頁。
(24) 村井章介『国境を超えて——東アジア海域世界の中世』(校倉書房、一九九七年)二三五頁。
(25) 世宗一七・八・乙巳に「故藤七子藤九郎」、同六・一二・戊午に「看佐毛道居住都仇羅」とある。藤九郎は世宗二六年六月に護軍を受職し、翌年正月までに朝鮮に向化した。かれの得た官職は実職ではなく影職であり、これは羈縻の目的で倭人に影職を与えた初例である(木村拓「朝鮮前期の事大交隣と羈縻」未発表博士論文、四五頁)。藤七・藤九郎父子については、松尾注(22)論文にくわしい。

(26)　逆算すると一三九五年の生まれで、五歳のとき父に連れられて投化したことになり、世祖八(一四六二)・四・己丑に「本国に生まれ、侍衛して已に久し」とあるのと矛盾する。

(27)　皮尚宜については、韓注(6)論文、六頁および注(31)参照。

第四章　一五世紀日朝間の境界人たち――井家次・職家父子の場合

一　「朝鮮系倭人」

一五世紀の日朝間通交においては、「日本国王使」から倭寇の転身者にいたるまで、きわめて多様な担い手が活躍した。日本側から通交を行なうさいには、国境空間に生きる「境界人」の関与が不可欠であり、かれらは朝鮮側からしばしば「倭人」の名で呼ばれた。「倭人」は民族的な意味での「日本人」と同義ではなく、日朝の混血であっても、はたまた父母ともに朝鮮人であっても、対馬や壱岐から到来した者は、おしなべてこの名で呼ばれた。いま、朝鮮人の血をひく倭人を「朝鮮系倭人」と名づけ、以下に六つの事例を紹介する。

第一は、一四一九年から三五年にかけて『朝鮮王朝実録』(以下『実録』と略す)に登場する金元珍(原珍、源珍とも表記される)である。一四二三年に朝鮮礼曹から南九州の島津久豊にあてた書契に、「今肥州太守(田平省《たびらはぶく》)遣はす所の金元珍、本是れ本国の産なり」とあって、朝鮮人であることを知る(世宗五・三・乙酉)[1]。ところが同年の別の記事には、「倭人金源珍の女子」に家舎を賜ったとある(同・一二・乙卯)。かれは朝鮮・九州・琉球をまたにかけて、外交使節・通事として活躍したが、定住地はさだかでない。平戸にいることが多かったようである[2]。

第二は、一四二八年から三八年にかけて――ただし三五年以降は故人として――『実録』に登場する藤七である。かれは「一岐知主」の執事を勤め(世宗一〇・二・甲寅)、松浦党志佐・佐志両氏と朝鮮とのなかだちをし(世宗一二・一一・己亥)、数回にわたって朝鮮と貿易を行なっている。壱岐島本居浦(壱岐市郷ノ浦町本居浦)に住み、「倭人藤七」と呼ばれているが(世宗一三・一〇・壬辰)、最初に登場する記事で、「僕日本に生まるると雖も、我が父は便ち是れ貴朝の産なり。僕常に貴朝に趨拝せんと欲す」と自己紹介している(世宗一〇・二・甲寅)。

一四三五年以降藤七の嗣子として登場する藤九郎(都仇羅)に関する記事に、「早田藤九郎は、則ち係本国より出づ、故に授くるに爵命を以てす」とある(世宗二六・一〇・丙寅)ことから、藤七・藤九郎父子は対馬の早田氏と同族と考えられる。[3] 藤九郎は、対馬への渡口「看佐毛道」(風本《かざもと》＝勝本、壱岐市勝本町)に居住し(世宗六・一二・戊午)、造船に巧みで(世宗二七・九・壬辰等)、三九年には対馬の早田六郎次郎らとともに中国への入寇を企て、「一岐州賊万戸」と呼ばれている(世宗二一・二・癸丑)。四四年に賊倭を捕獲した功績によって護軍の職を与えられ、まもなく朝鮮に帰化したが、数年後には帰化をやめて本国に帰り、以後「朝鮮王朝の非制度的な外交顧問的役割を担」[4]う、といった振り幅の大きな人物であった。

第三は、右出の早田六郎次郎の子平茂続で、一四五三年から九四年まで『実録』に登場する受職人である。はじめ護軍、一四六一年に兼司僕、上護軍、僉知中枢院事にあいついで任ぜられ、以後終見まで「倭中枢」を名のる。投化して朝鮮に住んでいたことも、対馬島主特送として朝鮮を訪れた(成宗元・五・己丑)こともあり、明から一〇歳の少年を掠《さら》って対馬に連行したりもした(成宗一七・一〇・甲申)。一四六五年に世祖王から米五石を賜ったときの記事に「茂続は倭人なり。其の母は我国高霊県人なり。前朝の季擄《すえ》せられて去り、乃ち茂続を生む。上の威徳を慕ひ、我国に来居す」とある(世祖一一・三・乙卯)。六郎次郎が朝鮮人女性を妻として茂続を生したことがわかるが、さらに茂続自身も「我国に来居して已に久しく、妻を娶るに至り」(成宗二五・三・己亥)、この女性の腹とは断定できないが、子に中尾吾郎(『海東諸国紀』日本国紀対馬島頭知洞浦条)・皮古三甫羅(彦三郎、成宗二五・三・戊申)がいる。

第四は、一四三〇年に三浦のひとつ塩浦にあらわれて、「塩浦倭館の近処に居し、捕魚して以て生きん」ことを願った「倭而羅三甫羅」である。このことを礼曹に伝えた慶尚道監司の関《かん》(報告書)は、かれを「本我国の人、嘗て倭に擄せらる」と紹介している(世宗一二・閏一二・一五)。朝鮮人であるが、倭寇にさらわれ、「次郎三郎」という日本風の名をもっていた[5]。

第五は、一四四一年に慶尚道で朝鮮への帰化を願った「倭人沙伊文仇羅」である。請願の根拠は「其の父母の本我国の人なるを以て」という事実であって(世宗二三・六・己丑)、両親とも朝鮮人であることがわかるが、「左衛門九郎」という日本風の名をもっていた[6]。

そして第六が、本章で主要な対象とする井《い》太郎兵衛家次である。一四二八年、家次は豊崎郡主宗彦七盛国の使者を載せる船の「船主」として朝鮮にいたり、「父張甫の墳、忠清道に在り、回程に於て拝帰せんと欲す」と願い出て許され、墓の掃除をしてもらったうえに、供え物まで支給された(世宗一〇・三・戊子)。破格の待遇の理由は、父張甫の「本朝に仕へ、宿衛に労あり、且《ま》た国の為に身《みず》ら死す。汝(家次)に爵命を授くるは、義に合ふに庶《ちか》し」という功績と(世宗二六・一〇・丙寅)、家次自身の「己亥東征(応永の外寇、一四一九年)の時に於て、都万戸と同心効力、往来して水を汲み、軍卒をして飢渇に至らざらしむ」という活躍だった[7](世宗一〇・三・戊子)。忠清道に墓があった張甫は朝鮮人であろうから、家次も「朝鮮系倭人」のひとりに数えられる。

第一—第五の事例については、先行研究でほぼ明らかにされている。しかし、井家次とその子職家については、いくつかの論著に多少の言及はあるものの[8]、六〇年近くにもおよぶ通交の全貌を通観したものはない。そこで、家次期・職家期にわけて事跡をたどっていくこととするが、その前に、一四七一年成立の『海東諸国紀』によって、基礎的事実を確認しておこう[9]。

可時浦一百五十余戸　護軍井可文愁戒(掃部助＝職家)。父の賊首井大郎(家次)は、己亥年東征に於て功あり。乙酉年(一四六五)図書を受け、歳ごとに米・豆幷びに十石を賜ふ。壬午年(一四六二)父の職を襲ふ。

可時《かし》はいまの対馬市美津島町加志で、浅茅《あそう》湾の南岸にある。職家の壬午年の襲職、乙酉年の受図書については、『実録』に該当記事が見いだせないが、『実録』に載る井父子関係記事との間に齟齬はない。

二　家次通交期（一四二八―一四六〇）

『実録』における家次の初見記事は、一四二八年二月二六日の「日本井大郎兵衛家次及び宗右京亮茂秋・対馬州宗彦七盛国等、人を遣はし来りて土物を献ず」である（世宗一〇・二・戊寅）。家次は豊崎郡主宗盛国と係わりが深く、初見記事から名前がならんで出てくる。その九日後の日付で、前述の父親のことにふれた記事が続く。この年に米一〇石を賜与されたことが、のちの記事に見える（世宗一二・五・甲寅）。

一四三三年、日本回礼使李芸の帰航にさいして、道性子・伊也二郎・小大郎らとともに「粧船」にあたった。翌年朝鮮を訪れたとき、その賞として「米・豆共二十石」を賜った（世宗一六・四・己巳）。二八年の記事にも「船主」とあったが、この記事からも家次が船を所有していたことがわかる。

一四三五年、はじめて宗盛国の使者のひとりとして朝鮮を訪れ、土物を献じて盛国に対する図書の賜与を謝した。これとは別に家次は箭・鏃を私献した（世宗一七・正・丙戌）。このとき、島主宗貞盛も源右衛門を使者として送り、「失農飢饉」を告げて「米糧焼酒」を求請している。家次も「彦七（盛国）は助戦に因りて九州へ帰《い》き、妻子乞食す、吾も亦朝夕艱窘《かんきん》せり、米糧を給はらんことを請ふ」た。これに対して朝鮮は、貞盛に米一〇〇石と焼酒二〇瓶、盛国に米五〇石、家次に米二〇石を賜与した。使者にすぎない家次への賜物について、『実録』は「井大郎、其の先は本国人なり。故に来たる毎に之に別給す」と説明している（世宗一七・二・己酉）。貞盛の使者には賜物がなかったのに対して、家次には「朝鮮系倭人」であるがゆえの優遇が与えられている。

一四三六年、島主貞盛の使者として到来した家次は、礼曹に、乃至浦の恒居倭人が、対馬島倭人と共謀のもと、海中の小島で商船に乗りこんで搭乗者数を水ましし、留浦糧・過海糧を過大にうけとっている、という不正行為を暴露した。その防止策として、朝鮮政府は、対馬の内外を問わず、貞盛が船の大中小と搭乗者の名・数を文引に記入し、各浦の万戸がその記載を実際と照合する、という案を立てた。家次の行動の動機について、『実録』は「厚く国(朝鮮)恩を蒙り、且つ本国(朝鮮)の言を知る」からだ、と説明している(世宗一八・閏六・辛卯)。ここでは家次は島主の通交統制強化に加担しており、盛国の意思のもとでのみ動いていたわけではなかった。

一四三九年二月、盛国の使者として来た家次が、慶尚右道都節制使につぎのように告げた(世宗二一・二・癸丑)。

対馬島賊万戸六郎次郎・三未三甫羅・汝毎時羅・一岐州賊万戸都仇羅(藤九郎)等、船二十艘を以て、中原に入寇せんと謀る。宗貞盛之を禁ず。宗茂直・宗大善(茂秀)等、貞盛に懇請す。貞盛之を許す。まさに二・三月の間に於て、風便を待ちて入寇し、五・六月の間に乃ち還らんとす。其の計已に定まる。宗大善、素より貴国に宿嫌あり。道に全羅道を過《よ》ぐれば、或いは辺境を犯さん。備へざるべからず。

茂直と大膳茂秀の兄弟は、宗経茂(貞盛の曾祖父)流に反抗して敗れた仁位中村宗氏賀茂(経茂の甥)の子で、島主貞盛の守護代と佐須郡主を兼ねていた⑩。貞盛ははじめ中原を襲う計画にストップをかけていたが、茂直らにひきずられて許可を与えた。豊崎郡主宗盛国は貞盛の弟だが、家次を朝鮮に送ってこの計画を洩らし、早田六郎二郎や同藤九郎らの海賊船が、中原へ向かう(あるいは中原から帰る)道すがら、朝鮮の辺境を犯す危険性を訴えた。島主の統制が利かず、宗氏一族がばらばらの動きをするなかで、「朝鮮系倭人」のなかにも、家次と藤九郎のように亀裂が生じていた。家次の情報に接した朝鮮政府は、全羅・忠清・京畿・黄海・平安の各道に、武備をかためてしっかりと見張り、倭変が生じたら非番の船軍を急徴して兵力を増し、対応するよう命じた(世宗二一・二・辛酉)。

この動きと並行して、朝鮮政府では対馬島主文引(渡航証明書)制の適用範囲について議論があった。従来の方針は、日本国王と管領斯波氏の使者のみを例外とし、それ以外のあらゆる使者に、文引所持を義務づけるというものだった。今回これに加えて、「曾て通信して親ら来たる所の者」「誠心帰順すること井大郎の如き者」「大内殿・菊池殿の如き(者)」についても、「皆貞盛の処分する所の者に非ず」という理由で、文引所持義務を免除した(世宗二一・二・乙卯)。家次は「誠心帰順」者の代表格として、大内・菊池らの大名に伍して、島主の統制外で朝鮮通交を行なう特権を与えられたのである(「曾所通信而親来者」がどのような存在を指すのかは未考)。

家次は一四四一年に一回、四二年に二回、四四年に一回、盛国の使者として朝鮮に土物を献じた(世宗二三・五・丙午、二四・八・戊申、同・一〇・戊申、二六・三・甲子)。四四年には、回賜として盛国に「米・豆幷びに三十石」、家次に「衣笠靴及び米・豆幷びに二十石」が与えられた。派遣主体とならぶほどの待遇が使者に与えられている。同年八月、慶尚道観察使は家次を清州に「遣詣」し、世宗王は清州に到着した家次に衣一襲を賜い、礼曹判書金宗瑞・右参賛李叔畤を派遣して、宴慰させている(世宗二六・八・戊辰)。前述のように、家次の父張甫の墳墓は清州をふくむ忠清道にあったから、これは亡父の墓詣りにちがいない。ここからも、家次がいかに手あつく処遇されていたかがわかる⑾。

一四四四年一〇月、清州から上京した家次は朝鮮政府に受職を願いでた。議政府・礼曹はこれを不可とし、家次に「此れより前、早田藤九郎は、則ち係本国より出づ、故に授くるに爵命を以てせり。且た汝の父は嘗て委質(一身を君に委ねること)宿衛す、故に亦授くるに職を以てせり。汝は則ち既に此等の例に非ず、授職は勢として難し」と回答する案を出した。これに対して右議政申概は、「汝の父は本朝に仕へ、宿衛に労あり、且た国の為に身ら死す。汝に爵命を授くるは、義に合ふに庶し。但だ汝が島の人は、汝の潜かに声息を通ずるを疑ふ。今又授職せば、則ち汝が島は益ます疑を致さん。汝以て嫌と為さざれば、則ちまさに授職すべし」という回答案を出した(世宗二六・一〇・丙寅)。会議の結論は前者の意見に落ち着いたが、「係本国より出づ」という点では藤九郎も家次もおなじ条件のように思えるのに、なぜ家次の受職が非とされたかはわからない。

申概の案からは、家次のあまりにも朝鮮よりの姿勢に対して、対馬島人のなかに疑義が生じていたことがうかがえる。二年後の記事に「日本因番(幡)守井大郎来朝す。護軍を授く」(世宗二八・三・癸巳)、三年後の記事に「大郎曾て投化し、護軍を授く」(世宗二九・閏四・丙戌)とあって、家次の受職が実現するとともに、かれが朝鮮に投化したことがわかる。しかしじっさいには居を朝鮮に移したわけではなかったらしい。

一四五一年に「対馬島護軍井大郎、人を遣はし来りて土物を献ず」という記事があって(文宗元・四・庚辰)、家次は初めて使者を送るかたちの通交を行なった。この形態は、家次の代にはこれ一回きりだが、五三年に初見がある(端宗元・一二・乙巳)職家代の通交では、むしろ通例となる。井氏の通交が転換点にさしかかっているように感じられる。

一四五五年閏六月、端宗(世宗の嫡孫)が叔父首陽大君(世宗の次男)のクーデタによって、わずか一五歳で廃位され、首陽大君が王位に即いた(世祖)。対馬でも、三五年間島主の地位にあった宗貞盛が一四五二年(享徳元)死去し、嫡子成職が跡を継いでいた。世祖が即位すると、成職はじめ九州の諸勢力は、競うように使者を送って土物を献じた。朝鮮側からの通信は、一一月の成職あて礼曹参議書簡が最初だったが、この書簡と賜物を対馬にもたらしたのが、八月に渡航していた「護軍井大郎」すなわち家次であった(世祖元・八・辛酉、同・一一・庚辰)。

同年末には家次は朝鮮に戻っており、世祖の即位を祝う儀式に参列した。一二月一一日に世祖が勤政門に御して朝参を受けたときには、野人浪孛児罕とならんで随班した(世祖元・一二・壬子)。三日後に世祖が慶会楼に儲けた宴では、「琉球国使者道安(じつは博多商人)・倭護軍井大郎・野人浪孛児罕等六十余人」が引見された。野人が得意の射侯を披露し、道安と家次にはそれぞれ「虎・豹皮各一張・細紬三匹・薬嚢」が賜与された。宴が果てて、「倭・野人皆拝謝し、酔飽して館に還」った(世祖元・一二・乙卯)。一四五七年の暮れから翌年初にかけて、「日本国管領使者曾齡」がソウルを訪れたとき、家次は曾齡・藤九郎とともに、慶会楼下で火砲の発射を観たり、思政殿に儲けられた宴会で王の引見を許されたりした(世祖三・一二・己未、同四・正・庚申)。五八年二月に世祖が「慕華館に幸して観射置酒」したときにも、「野人童馬羅古・記三奴、倭人曾齢・乾舶・井大郎・藤仇郎等」が侍っている（世祖四・二・戊戌）。

世祖は即位のいきさつから王位の正統性に不安を抱えていた。一四五七年には端宗に配流先で毒を呑ませるという荒療治を敢行した。それだけにかれは、みずからが有徳の王であることを内外に見せつけるべく、日本や琉球からの使者、はたまた倭人や野人を、めだつ場所に「展示」することを好んだ。「朝鮮系倭人」として外交に活躍した家次と藤九郎は、倭人の代表格として、世祖の王権をもりたてる役柄を与えられたのである。

一四五六年、倭護軍井大郎（家次）は朝鮮政府に高爵への昇任を願いでてこういった。

我れ父の時より国に向ひ誠を投ず。往きて貴国の書契を受け、之を島主に付す。商販の倭船、定めて常数あり、餼廩《きりん》（扶持米）の費えを減ぜしむるに、実に力あり焉。我れの此に来るや、島人皆曰く、「汝は大事を成す、必ずや高爵に応ぜん」と。且た年少《わか》き者の護軍と為《な》り、而して老人も亦護軍為《た》り。心甚だ之を愧づ。得て高爵を拝さば、死するも悔なし矣。

家次は今回も「島主の船隻の数を定むる書契を捧げて（対馬へ）還」った。このようなたび重なる外交上の功労を賞せられ、大護軍に陞授された（世祖二・七・戊寅）。さらに一四六〇年までに上護軍に累進した（世祖六・六・乙丑）。これが、『実録』における家次の終見である。

三　職家通交期（一四五三―一四八四）

前述のように、家次の子職家の通交は一四五三年より見える。かれは五六年には受職して「司正」を名のっており（世祖二・四・辛酉）、六三年には護軍に昇進している（世祖九・閏七・辛未）。

一四七〇年になると、井掃部助（職家）に宛てた島主宗貞国の判物《はんもつ》が見出される(12)。

対馬国与良郷内妙真入道持留の坪付の事

一所　いやしき

（以下一一か所略）

右所々、給所として宛て行なふ所なり。此の旨に依つて存知すべきの状、件の如し。

妙真入道と職家の関係は明らかでないが、島主から「給所」を与えられるということは、宗氏の知行体系にくみいれられ、家臣化したことを意味する。家次の代のような宗氏からの自立性は影をひそめつつある。

それでも一四七五年には、礼曹から対馬島主貞国あての書契を託されている。この書契は、対馬島人による文引制度違反をとがめるものだった（成宗六・六・丁亥）[13]。しかし職家の朝鮮・対馬間での外交的活動は、これ一回しか見出せない。

一四七四年三月、「護軍井可文助藤原職家」が、貞国とならんで、人を遣わして土宜を献じた（成宗五・三・丁酉）。これ以降、同年六月に職家が来朝し、翌月馬二匹を献じたという記事（成宗五・六・癸巳、同・閏六・甲午）を例外として、職家の終見となる一四八四年の通交（成宗一五・四・庚午）に至るまで、二一回（年平均二回）の通交記事があるが、いずれも「人を遣はし来りて土宜を献ず」という定型表現でしるされている。度数のひんぱんさに、父の代からの優遇のなごりがうかがわれるとはいえ、もはやかれ自身が外交上のキーパースンとはいえなくなっていた。

おわりに

一五世紀の日朝関係は、世紀の前半と後半で大きく様相を異にする。朝鮮の外交使節が京都まで来た例は、一四四三年の正使卞孝文の一行が最後である。世紀後半になると、日本へ使者を送る計画が立てられ、人事が発令されても、対馬まで到達したのが最大限で、つぎに使節が京都まで来るのは、一六世紀末を待たねばならない。

対日外交についての朝鮮官人たちの意識も大きく変化した。一四二〇年に京都を訪れた日本回礼使宋希璟が、儒教的華夷意識のいっぽうで日本の実情を正確に認識しようとする姿勢をもち、日本側の武士や僧侶と理解しあえる場面もあったのに対して、一四七〇年代ころ以降になると、日本人は人間としての相互理解がなりたたない「人面獣心」の輩だという認識や、そこへ外交使節として赴くことを忌避する姿勢が、めだつようになる。一四七一年に「対日外交には日本を正しく理解することが不可欠」という考えから『海東諸国紀』をあらわし、七五年に「日本と和を失わざるを願います」という遺言を王に残して死んだ申叔舟は、最後の光芒ともいうべき人物だった。[14][15]

もちろん、朝鮮側の認識だけが一方的に変化したわけではない。一五世紀に朝鮮へ殺到した日本人通交者の行動には、倭寇の被害についての朝鮮側の記憶を逆手にとって、腕力をちらつかせて過大な要求をおし通そうとする傾向が強かった。居留地三浦の人口急増、貿易協定や漁業協定違反の頻発など、対馬が元凶とみなされる難問も重なっていた。

このように対馬・日本と朝鮮との関係がひえこんでいくなかで、媒介者としての境界人の活躍の場も、しだいに狭められていかざるをえなかった。井職家の通交が始まったのは一四五三年で、その後しばらく父子ならんでの通交が続き、一四六〇年で家次の通交が終わる。この代替わりが、たまたま日朝関係の転換期と重なっていた。家次と職家の通交が対照的な様相を見せる理由を、ここに見いだすことができよう。

職家の通交は一四八四年が終見だが、じつはその後二度だけ『実録』にかれの名が登場する。一五一〇年の三浦の乱で対馬と朝鮮の関係が断絶し、二年後の壬申約条で圧縮されるかたちで復活する。そのとき接待が拒否された三五人の名義のなかに、「源武」と「可文愁戒」があった。この「可文愁戒」は井職家であろう。

一五二九年に至って、「小二殿」が「源武の子源成及び可文愁戒の子木工左衛門」の二つの名義をもって、「父の職事を襲ふ」ことを朝鮮に請求した[16](以上、中宗二四・二・己卯)。正確な理解が困難な記事だが、北九州の少弐氏を意味する「小二殿」は、じつは対馬宗氏が保有する偽使の名義で、その「小二殿」が利用しようとしている「木工左衛門」なる名義も、実体のあるものではあるまい。職家の次代として『実録』に名前が出るのは、この「木工左衛門」が唯一である。

注

(1) 以下、『朝鮮王朝実録』の典拠表記にあたっては、書名を省略し、引用箇所をこのように略記する(この例では、「世宗五年三月乙酉条」の意)。

(2) 田中健夫『中世海外交渉史の研究』(東京大学出版会、一九五九年)六一頁に、金元珍について「朝鮮人とも倭人ともいわれていて、そのいずれであるかを確かめることができない」とあるが、民族的には朝鮮人と考えるべきである。なお、村井章介『境界をまたぐ人びと』(山川出版社、二〇〇六年)五六―六一頁参照。

(3) 田村洋幸『中世日朝貿易の研究』(三和書房、一九六七年)一二〇―一二三頁。

(4) 松尾弘毅「室町期における壱岐藤九郎の朝鮮通交」(『九州史学』一二四号、一九九九年)三四頁。

(5)(6) 村井章介『中世倭人伝』(岩波新書、一九九三年)三七頁。

(7) 応永の外寇直後に「対馬島賊中都万戸左衛門大郎」が礼曹に呈した書簡に、「貴国本島を討たるる時、敬んで王命を畏れ、敢えて一箭をも発せず、且つ宗俊に説きて、官軍を委護し、之をして水を汲ましむ」とあって(世宗元・一〇・戊子)、家次が同心した「都万戸」が対馬の早田左衛門太郎だったことがわかる。井父子の功績については、世宗一二・五・甲寅にも、「井大郎、曾て東征の時に於て功あり。且つ其の父張甫、嘗て本朝に侍衛して、国の為に軀を捐《す》つ」とある。具体的な事実は不明だが、張甫は国家のために命を投げ出したらしい。

(8) 田村注(3)書、二四七頁に、「井太郎」すなわち家次が一四三九年宗盛国の使者として朝鮮へ渡航した件(後述)について、数行ふれられており、長節子『中世日朝関係と対馬』(吉川弘文館、一九八七年)二〇六―二〇七頁に、家次が「朝鮮系倭人」

であることの紹介がある。また、荒木和憲「一五世紀対馬宗家の権力形成と朝鮮通交権」(『年報中世史研究』三〇号、二〇〇五年)一三—一五頁にも、井家三代についてある程度まとまった記述がある。

(9) 田中健夫訳注『海東諸国紀――朝鮮人の見た中世の日本と琉球』(岩波文庫、一九九一年)二一九—二二〇頁。

(10) 長注(8)書、第五章「宗氏領国支配の発展と朝鮮関系諸権益」。

(11) 『実録』の同年八月条に、「初め、卞孝文・康勧善等対馬島に至り、皆拘留せらる。久しくして乃ち悟り、優礼して以て遣はす。是に至り、倭人遂に井大郎を遣はし、前送せる賊倭の所在を問はしむ。上、まさに尹仁甫を対馬島に遣はし、宗貞盛に賞賜せんとするも、倭人の父兄子弟の怨憤して已まざるを聞き、上疑危して果さず。議政府に伝旨して曰く、「予まさに仁甫を対馬島に遣はさんとする、今井大郎の来るを待ち、金宗瑞をして井大郎の言を聴かしめ、然る後其の去留を定めん。今随駕せる輔臣僉《みな》曰く、〈前日勧善・孝文ら悉く拘留せられ、幾《ほと》んど一月に至る。……如かず、前日の伝旨に依り、井大郎に謂ひて曰はん、国家尹仁甫を遣はさんと欲するも、汝の来るを聞きて果さず、汝をして通諭せしむ、と。此の如く説諭せば、彼已に仁甫の行を聞くと雖も、心に疑ふ所なからん〉と。其の便否を擬議して以聞せよ」と」という記事がある(世宗二六・八・乙丑)。前年に日本国通信使として京都まで往還した卞孝文と、当年一岐島招撫官として大内氏のもとまで往還した康勧善が、一緒に対馬で一か月も拘留されたという事実は、この記事以外にまったく見えず、前後の両人の動静からしてもありえないことである。井家次が朝鮮・対馬外交のキーパースンだったことをうかがわせる興味深い記事であるが、疑いを存して紹介するにとどめたい。

(12) 文明二年六月二五日宗貞国判物写(『宗家御判物写』与良郡井分右衛門蔵)。佐伯弘次「古代・中世の壱岐・対馬」(『歴史と地理』四九〇号、一九九六年)一〇—一二頁に紹介されている。

(13) 書契の大意はつぎのようであった。「対馬島の商販・釣魚船は島主の文引をかならず所持する制規のはずなのに、昨年一一月、島船一五艘が慶尚道を飛ばして全羅道の諸島にむかった。そして本年正月に、咸安鎮の人八名が捕魚中に賊船と遭遇し、五人の死者が出た。生き残った三人の証言によると、言語・服色・船体いずれも対馬のものだという。島主は責任をもって対馬島人を取り締まれ」。

(14) 村井章介校注『老松堂日本行録――朝鮮使節の見た中世日本』(岩波文庫、一九八七年)。

(15) 河宇鳳「申叔舟と「海東諸国紀」――朝鮮王朝前期のある「国際人」の営為」(大隅和雄・村井章介編『中世後期における

東アジアの国際関係』山川出版社、一九九七年）七七頁。
（16）　中村栄孝『日鮮関係史の研究　下』（吉川弘文館、一九六九年）一三六頁参照。

第Ⅲ部

境界を往来するモノ

第一章　中世倭人と日本銀

はじめに——石見銀山を訪ねて

東西に長い島根県のほぼ中央にある大田《おおだ》市の山間部に、一六世紀に開かれた巨大な鉱山の跡が眠っている。国指定史跡「石見銀山遺跡」である（図1）。一七世紀前半の最盛期には、年間の銀産高が八千貫から一万貫（三万二〇〇〇—四万キログラム）にのぼった。このころ日本全体の銀産高は四—五万貫と推算され、これが全世界の銀産の三分の一を占めたといわれるから、[1] 石見銀山だけで全世界の銀の一五分の一を産出したことになる。

標高五三七メートルの仙ノ山を中心とする山腹のいたるところに、間歩《まぶ》と呼ばれる坑道が口を開け（図2）、その数は鉱山衰退期の一八二三年の調査でも二七九坑を数えた（休止坑をふくむ）。最盛期には銀山全体でなんと二〇万の人口があったと伝えられる。いくらなんでもこれは信じがたいが、それでも四万人前後は確実だという。一九九二年から仙ノ山山頂の東北にある標高四七〇メートル前後の平坦地石銀《いしがね》地区の発掘が始まり、一六世紀、ここに選鉱・製錬の作業場を中心とする大きな集落があったことがわかってきた。宅地のほか、石垣・井戸・池・寺跡・墓地なども確認されている[2]（図3）。従来、銀山七谷と呼ばれる谷筋に雛段状の集落址があることは知られていたが、山上にも大規模な集落の立地があったことを考えあわせれば、過大に思えた最盛期の人口にも、かなり真実味が出てきたといえよう。

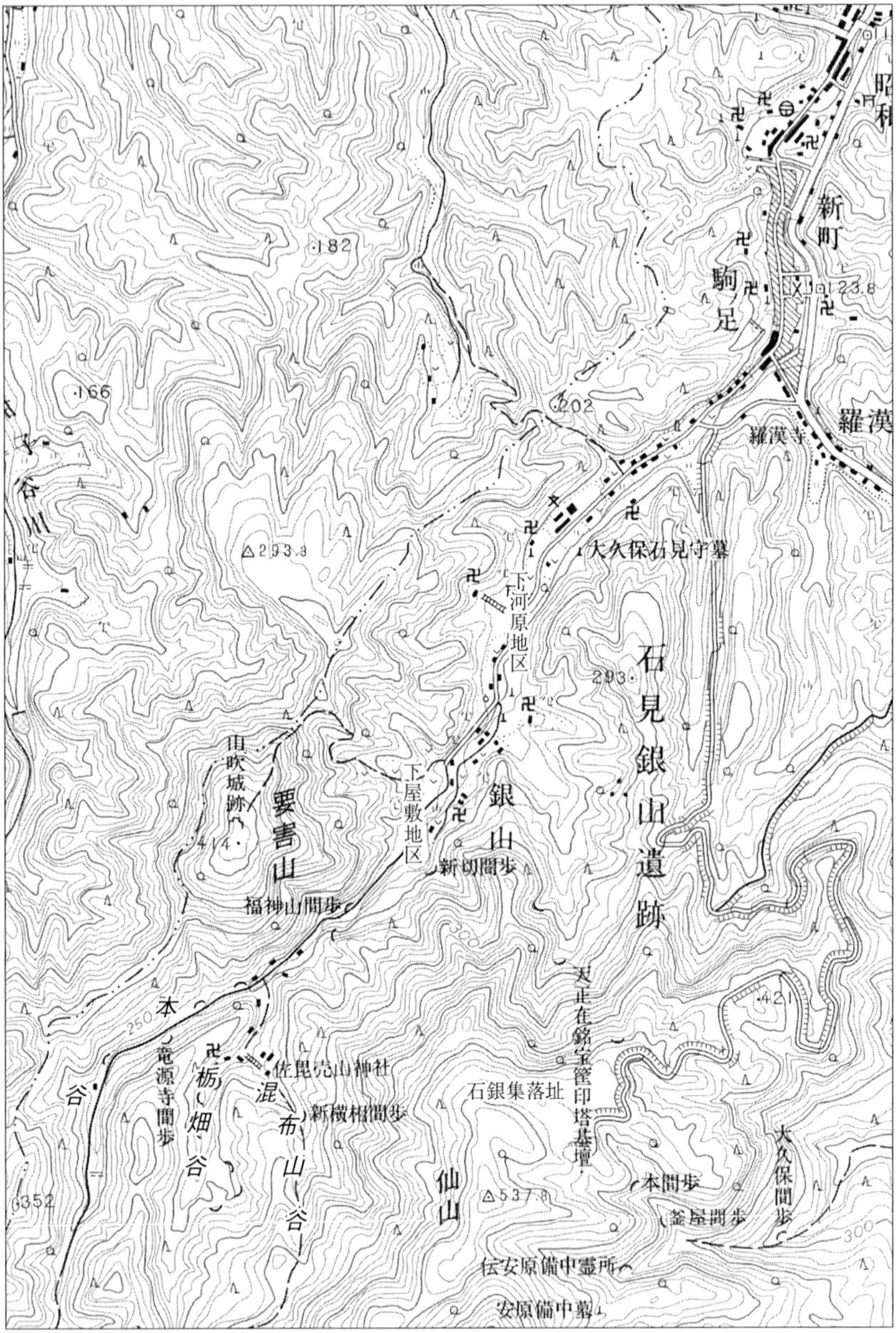

図1　石見銀山遺跡位置図(1/25,000)

石銀地区に先行して行なわれた他地区の発掘調査でも、銀山川沿いの下河原で一七世紀の巨大な吹屋《ふきや》（精錬所）跡が出土したほか、銀山川から山吹城への登り口の下屋敷地区に、鉱山管理事務所というべき休《やすみ》役所があったことが確認された。石銀地区をふくむこれらの発掘地点からは、一六世紀後半以降の中国陶磁や、一六世紀末から一七世紀初

図 2　龍源寺間歩　銀山遺跡にはこのような間歩(坑道)の名ごりがいたるところに残る．撮影／村井

図 3　石銀地区発掘現場　石銀は仙ノ山山頂の南東一帯にある平坦地で，最盛期には多量の銀を産出した．遺跡の発掘調査により，17 世紀初頭の吹屋(精錬所)が発見された．(『朝日百科 日本の歴史別冊 歴史を読みなおす 14』より転載．撮影／熊谷武二)

頭の唐津焼および唐津系陶器が多く出土しており、鉱山町の消費生活をしのばせると同時に、日本海航路を通じての九州や大陸方面とのつながりを語ってくれる。③

銀山川をはさんで仙ノ山の北西に隣りあう要害山（標高四一二メートル）の頂上には、戦国期の山城「山吹城」の跡が

図4　山吹城　石見銀山の西北に隣接する要害・山吹城は，戦国時代に銀山を奪いあって，大内・尼子・小笠原・毛利などが死闘をくりひろげた軍事的拠点だった．現在も遺構が残る．（『朝日百科　日本の歴史別冊　歴史を読みなおす 14』より転載．撮影／熊谷武二　縄張図は原図：寺井毅）

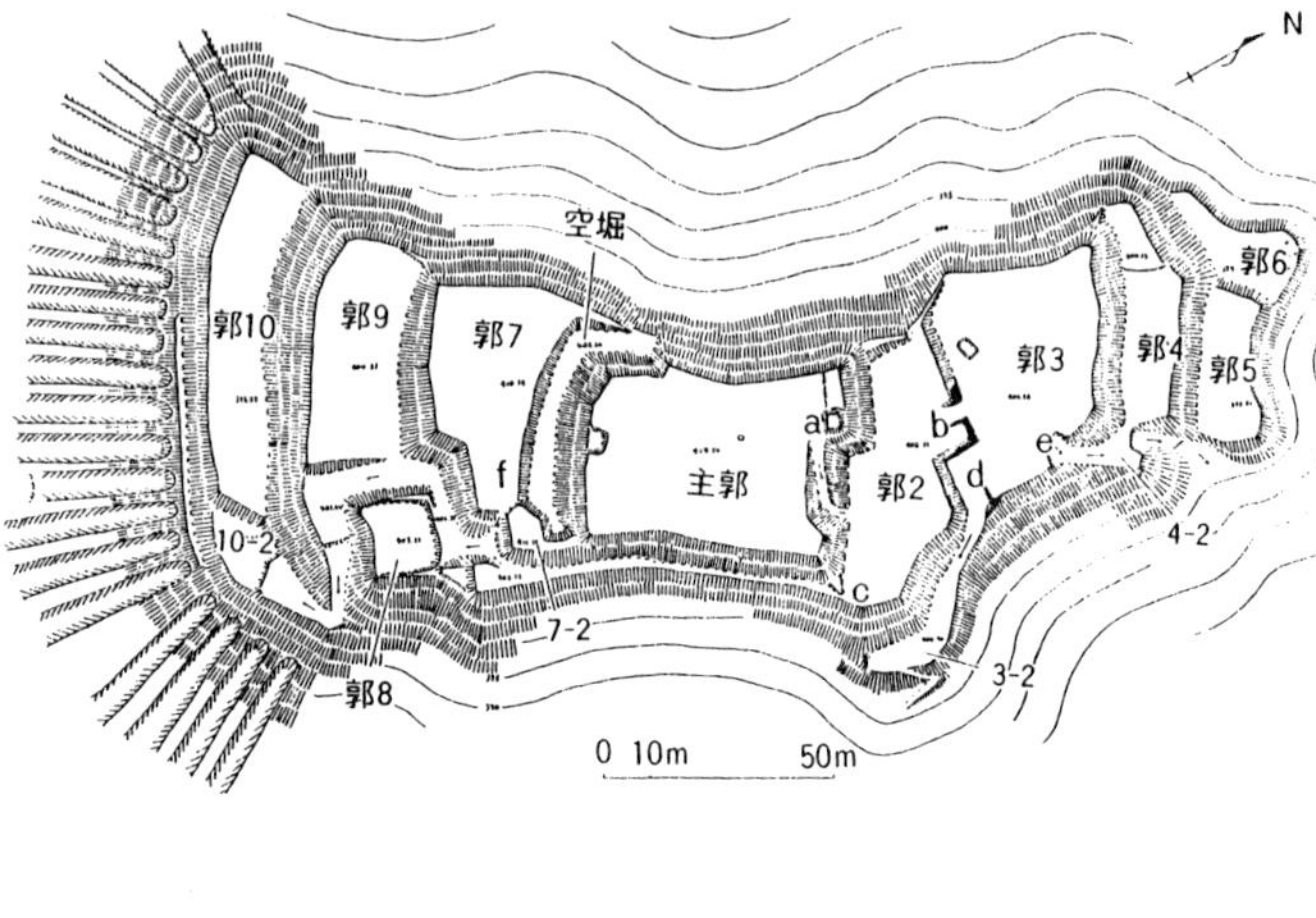

ある。銀山の掌握をめぐって、三〇年以上もの間、大内、小笠原、尼子《あまご》、毛利の軍勢が鎬《しのぎ》をけずった軍事的要衝で、最高部の主郭を中心に一〇の郭が階段状に展開し、樹木の茂った現在も人工の跡が歴然としている（図4）。また、銀山から西へ、降路《ごうろ》坂を越えて宿場町西田（大田市温泉津《ゆのつ》町）にいたる道の押えとして、峠の南にそびえる標高六三八メートルの山上に、「矢滝城」も築かれた[4]。

鉱山領域の下手に接する大森地区は、鉱山管理者の住宅、町屋・店棚、寺院・神社などが川に沿って細長く展開、江戸時代の町並みの雰囲気をよく残しており、「大森銀山地区重要伝統的建造物保存地区」に指定されている。ここには、大森町のもっとも下手にあって現在石見銀山資料館になっている大森代官所跡をはじめ、大森町年寄遺宅熊谷家、郷宿田儀屋遺宅青山家、代官所同心遺宅柳原家、地役人遺宅の岡家・三宅家・阿部家・河島家などの歴史的建造物が建ちならぶ。商家と武家が混在するのがこの町の特徴とされる（図5）。

これらの大規模で多彩な遺跡群は、過疎に悩む地域の振興の目玉として期待が寄せられており、発掘調査や町並み復元の成果をふまえた観光開発が進行中だ。過疎化のおかげもあってこの地域には大規模開発の波がまだ寄せておらず、遺跡の保存状態は良好である。遺跡の史的価値を損なうことなく、しかも多くの観光客が呼べるような、バランスのとれた開発が望まれる。

『銀山旧記』によれば、石見銀山の発祥は一三〇九年の大内弘幸による発見にさかのぼるというが、確実なところでは一五二六年、神谷《かみや》寿禎《じゅてい》が海上から南方に光り輝く山を見て銀鉱脈の存在をさとり、山師三島清右衛門と共同で採掘を始めた。この山が仙ノ山、別名銀峯《ぎんぷ》山《せん》である。寿禎は有名な博多の豪商神谷宗湛《そうたん》の祖父にあたる人であり、三島清右衛門は出雲西部の港町口田《くちた》儀《ぎ》（出雲市多伎町）の出身で島根半島北岸にある鷺浦《さぎうら》（出雲市大社町）銅山を経営していた。銀山の発見が博多から西へ延びる日本海沿岸航路を背景に行なわれたことが明瞭である。

このころの鉱石積み出し港は、銀山から北西に一二キロメートルの友ノ浦（大田市仁摩町）だったという。切り立っ

図5　大森町の町並み　石見銀山の鉱山地区の下手に連なる町は，今も江戸時代の町並みの雰囲気をよく残している．(『朝日百科 日本の歴史別冊 歴史を読みなおす 14』より転載．撮影／熊谷武二)

図7　温泉津　温泉街のもっとも下手，温泉津港のある入江に接するあたり．撮影／村井

図6　友ノ浦　撮影／村井

た崖にはさまれた細長い入江の入口に鵜の島があって、天然の防波堤となっているが、この島には寿禎が祀ったといわれる厳島神社がいまもある。入江の南側には鋸歯状の切れこみがあり、天然の船入りとなっている。入江の奥は狭い谷に細長く集落が展開し、やがて道は台地上に登っていく。きわめて小さい港だが、ひとつの小天地をなしており、中世の雰囲気が色こく漂う（図６）。

一五三三年には、寿禎が博多から宗丹・桂寿⑤という技術者を連れてきて、朝鮮伝来の灰吹《はいぶき》法と呼ばれる銀精錬法を導入、それ以後爆発的な増産をみた。一五六〇年代になると、積み出し港も友ノ浦では手ぜまになり、銀山の西方一五キロメートルにある天然の良港温泉津（大田市温泉津町）が利用された。銀山と温泉津を結ぶ降路坂越えの道は、一七世紀前半に中国山地を横断して尾道にいたるルートが整備されるまでは、灰吹銀の積み出しや銀山町の生活物資の搬入でにぎわった。現在「歴史の道」として整備され、そのルートを四、五時間で歩くことができる。

七世紀以来という歴史を誇るひなびた温泉町温泉津は、温泉津港のある深い湾入から東に延びる谷間に沿って、狭い道の両側に旅館や商家や寺社が石州瓦の甍をならべている（図７）。温泉津は明末の日本研究書『籌海図編《ちゅうかいずへん》』や『図書編』にも名がしるされる重要な港湾で、軍事的要衝としても重視された。毛利氏はここに温泉津奉行をおき、湾の入口に鵜丸《うのまる》城・櫛島城というふたつの海城を築いている。銀山が盛期を過ぎてからも、温泉津は北前船や上方船の寄港地として繁栄を続けた。一七九八年にこの地を訪れた吉田桃樹は、旅行記『槃游余録《ばんゆうよろく》』に「大船つどう港にて、家居多くにぎはゝし」としるしている⑥。

一　「ヨーロッパ世界経済」と「華夷変態」

石見銀山を始めとするめざましい日本銀の増産を支えた条件は、灰吹法の導入という技術革新だけでなく、人類史上はじめて「世界史」を語れるようになった時代といわれる一六世紀の大変動だった(7)。

一四九八年にバスコ＝ダ＝ガマが喜望峰をまわってインドのカリカットに到達して以来、ポルトガルの勢力は一五一〇年にインドのゴアに一大拠点を築き、一一年には東南アジア最大の交易ターミナル・マラッカを占領、一二年には香料諸島のアンボンに商館をおいた。ついで中国への進出をめざして大陸南岸の交易ルートを東進し、一五四〇年には浙江省の多島海域に到達。まもなくアジアの東端日本列島にも姿をあらわす。一五五七年には明朝からマカオ居住を許され、マラッカ・マカオ・長崎間に定期航路を開いた。これは日本銀が中国へ流れこむルートとなる。

いっぽう、一四九二年にコロンブスが新大陸を「発見」して以来、スペインは西インド諸島から中央アメリカ・南アメリカにかけて植民帝国インディアスを築きあげた。一五一九年にはマゼランの艦隊が世界周航に出発、南アメリカ大陸の南端をまわって太平洋を横断し、二一年にフィリピンに到達する。スペインのアジアでの拠点づくりは、ポルトガルとの対立により難航したが、ようやく一五七一年にルソン島にマニラを建設し、メキシコのアカプルコとの間に定期航路を開いた。これは「西インド」の銀(ボリビアのポトシ銀山を中心とする)が中国へ流れこむルートとなる。

こうして一六世紀、イベリア両国は地球を逆まわりしてアジアで出会い、有機的連関で結ばれた地球規模の「世界」が、ヨーロッパの主導権のもとで成立する端緒を開いた。この世紀が「ヨーロッパ世界経済」の端緒的形成の時期であり、ここに歴史上はじめてグローバルな「世界史」を語りうるようになったといわれるゆえんである(8)。

かれらの「新世界発見」のもくろみがどの辺にあったかは、ポルトガル人メンデス＝ピントがその著『東洋遍歴記』のなかであけすけに語っている(第一四三章)。

この島(琉球)についてここで簡単に何か話してみたい。それは、いつか我らの主なる神がポルトガル人を鼓舞して、第一にかつ主としてその聖なるカトリックの教えの高揚、発展のために、そして次にそこから手に入れることのできる多くの利得のために、この島の征服を意図させることを思し召すような場合に、どこから踏み入るべきかを、また、この島の発見によって獲得される多くのものを、そして島の征服がいかに容易であるかを、知らんがためである。

第一にキリスト教の伝道のため、第二に貿易の利潤のため、ある地を征服することを、神がポルトガル人に命じたときに備えて、どこから侵入すべきか、征服後に何が獲得できるか、そして征服がいかに容易かを、ひろく知ってもらうために、その地について語るというのだ。そしてスペイン人がインディアスで行なったことは、それを地でいくものだった(ラス＝カサス『インディアスの破壊についての簡潔な報告』)。

しかしアジアにおいては、なりゆきはまったく異なっていた。ポルトガル人がアジアでも植民帝国の形成を夢みていたことは、右に引いた琉球についてのピントの一文からも明らかだが、現実にポルトガルがアジアにおいてなしえたことは、すでにアジアで活発に機能していた交易ルートへのわりこみと、いくつかの戦略的・経済的な拠点の確保を出るものではなかった(図８)。インディアスにおいてのように、現地の経済構造を根底から変更し、ひいては人口の激減を引きおこすような事態は、アジアでは起きなかった。ウォーラーステインも注意ぶかくつぎのように断っている⑨。

「ヨーロッパ世界経済」は、一六世紀末までには北西ヨーロッパと地中海のキリスト教徒支配地域のみならず、中欧やバルト海地方をも包含していた。それどころか、ヌエバ・エスパーニャ、アンティーリャ諸島、中央アメリカ、ペルー、チリ、ブラジルなどの新世界の一部をさえ含んでいたのである。つまり、スペインとポルトガルが有効な支配を確立していた地域はすべて含まれていたのである。(しかし)……一時期のフィリピン諸島を除いて、極東も入れるべきではないし、オスマン・トルコ帝国も含めないほうがよい。

一六世紀、「ヨーロッパ世界経済」の波はたしかに東アジアにも寄せ始めていた。しかしそこには中国を中心とす

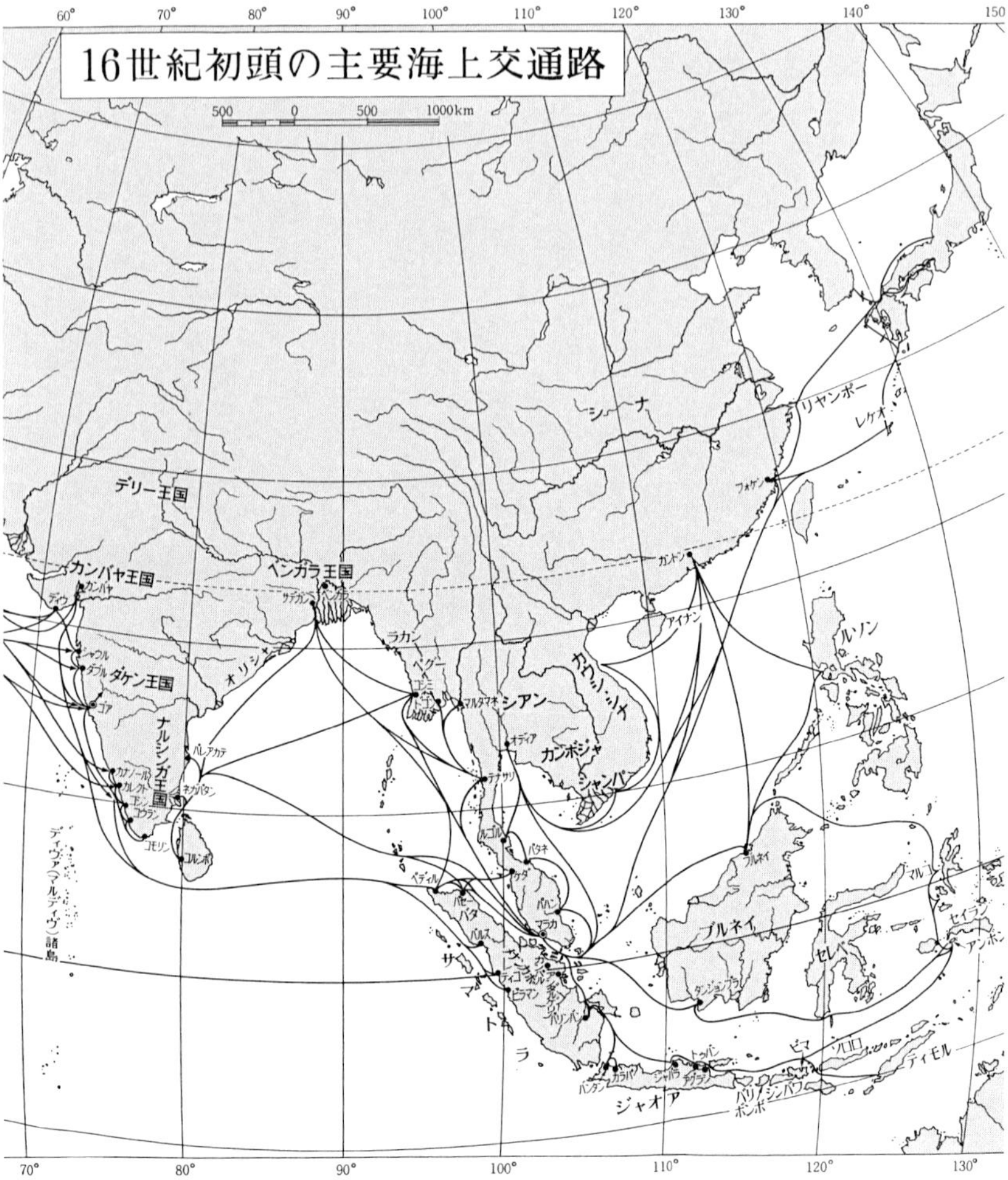

図8　16世紀の主要海上交通路　ヨーロッパ人がアジア海域で往来したルートは，16世紀初頭よりアジアで活発に機能していた交易路と一致する．(大航海時代叢書V『東方諸国記』〈岩波書店〉付図に加筆)

る独自の経済圏があり、それを支える「世界帝国」の秩序があって、ヨーロッパ勢力はそこに力ずくで踏みこむことはできなかった。ところが東アジアの「世界帝国」の秩序それ自体は、ヨーロッパ勢力の登場を待たず、内部から崩れ始めていた。「中華」が政治的にも、経済的にも、文化的にも「四夷」の優位に立つ「華夷」の秩序は、辺境における経済発展と軍事国家の登場によって大きく動揺し、その結末が一六四四年の明清交代であった。この変動を日本列島とその周辺に視点をすえてとらえなおすならば、それはつぎの三点に要約できる。

第一に、日本列島においては、全国規模の戦乱を通じて、軍事的要因に主導されながら、中世的な権力分散状況が克服され、豊臣秀吉の天下統一にいたる。その運動は列島内では止まらず、一六世紀の末に、朝鮮への侵略戦争を引きおこした(文禄・慶長の役、壬辰・丁酉の倭乱)。政治的統合の進展は生産力の集中的運用を可能にし、戦争の巨大化とあいまって、鉱山開発のような大規模事業に好適な環境がととのった。

第二に、中国大陸においては、商品流通の発展にともなって銅銭中心の通貨体系が限界に達し、銀中心の通貨体系へ移行し始める。これに応じて明朝が雑多な租税を銀による納入にまとめる「一条鞭法《いちじょうべんぽう》」という徴税法を採用したことが、銀需要の拡大に拍車をかけた。いっぽう、北方・東方では騎馬民族のモンゴルや女真が、先進地域の経済発展に連動した辺境の経済ブームのなかで利益を手中におさめ、もちまえの機動的軍事力にものをいわせて勢力を拡大し、明朝の支配を大きくゆさぶり始める。これに対抗するための軍費調達も、銀需要の拡大要因となった。

第三に、ポルトガル・スペインというヨーロッパのカトリック勢力が東アジアにあらわれ、既存の交易ネットワークに、ときには腕力にものをいわせて参入し、中国大陸の沿海部や日本列島西辺を基地とする密貿易勢力——いわゆる「後期倭寇」——の一員となった。かれらは、一五六六年のアマルガム精錬法の実用化以来爆発的な増産をみた「西インド」の銀を中国市場にもたらしただけでなく、日本銀を中国大陸へ運んだ。

一七世紀はじめ、ヌルハチが全女真を統一、一六一六年に後金《ごきん》を建国すると、はやくも一九年にはサルフ山で明の大軍を撃破、二七年と三六年には朝鮮半島に侵入した(丁卯・丙子の胡乱)。やがて清《しん》と改号した後金は、一六四四年に明に代わって中華の主となる。秀吉が果たせなかった夢を清の太宗が実現させたわけだが、「華」と「夷」がところを替えたこの事件は、東アジアの人々に対して、根本的な世界観の変革を迫るできごとだった。清自身は、みずからを中華の主として認知させるために、国家の制度をととのえ、文化を奨励し、康熙・雍正・乾隆の盛期を現出した。しかし朝鮮や日本は明の回復を願い、清を容易に中華と認めようとはしなかった。明回復の不可能をさとったとき、朝鮮や日本にこそ華は生きのびている、という文化的自尊意識が出てくる。江戸幕府の儒学をつかさどる林家《りんけ》が、海外情報を集成した書物のタイトルに用いた「華夷変態」ということばは、その政治的かつ文化的な衝撃をもっとも集約的に表現している。

こうした「中華世界帝国」の変貌は、一六世紀の世界史的変動の重要な構成部分であり、東アジアとヨーロッパの出会いも、その一角を占めながら生起した。「世界経済」の形成あるいは「世界史」の成立を、ヨーロッパの側だけから語ることは一面的といわなければならない。そして、大変動を引きおこす要因となり、またその変動の結果として引きおこされたのが、一六世紀なかばころに始まるグローバルな銀の動きである。その最大のものは、「西インド」から大西洋を越えてヨーロッパへ、また太平洋を越えて中国へいたる流れであり、それにつぐのが日本から中国への流れ、そしてヨーロッパから中国への流れだった。この流れを生む最大の吸引力が中国にあったことは疑いない。こうして世界を駆けめぐる銀は、各地で進行する社会の高度な軍事化を資金面で支えるいっぽう、貨幣形態をも銀中心のものに変貌させていったのである[10]。

二　世界を駆ける日本銀

朝鮮半島ルート

一五二六年に石見で鉱石の採掘が始まり、三三年に灰吹法の導入により増産をみた日本銀は、当初は国内の需要はわずかであり、大半が輸入の決済に宛てられたり、あるいは輸出商品として、海外に流出していった。その状況をもっともくわしく知りうるのは朝鮮の史料である。日本銀の急激な流入が、朝鮮の政治・経済・社会に深刻な影響をおよぼしていくようすを、『朝鮮王朝実録』によって眺めてみよう。

一六世紀のはじめまでは、日朝間の貿易において銀はむしろ日本側の輸入物資だった。このころ朝鮮では、咸鏡道の端川《タンチョン》を中心に銀山がさかえ、政府は採掘を民間にゆだね、銀を税として納めさせていた。この銀は通事らによってひそかに中国にもちこまれ、あるいは日本との貿易の決済に宛てられた。たとえば一五〇一年、対馬島主の使者が銅一万三五〇〇余斤の買い取りを請い、また翌年には銀一〇〇〇両を求めている（『朝鮮王朝実録』燕山君八年正月壬辰条、以下『朝鮮王朝実録』からの引用注は「燕山君八・正・壬辰」のように略記する）。

右のようにこの時期、朝鮮を訪れる倭人が携えた商品の中心は銅だった。大永のころ（一五二一―一五二八年）、例の神谷寿禎が出雲の鷺浦銅山に年々往来して銅を買い付け、貿易品に宛てていたと伝えられる[11]。日本海航路を通じた寿禎と鷺浦銅山主三島清右衛門とのつながりは、前述のように石見銀山発見のきっかけとなったが、その背景には日朝間の銅貿易の伸張があったのである。

一五二八年、ソウルで「倭の鉛鉄」をもってひそかに銀を造った者が摘発された。

甲士李世孫、中部（ソウルの行政単位）に告訴して曰く、「金仲良・金有光・朱義孫・李守福・安孝孫等、各おの木緜五百同を出して同務を作《な》し（共謀して）、或いは倭通事と潜かに禁物を貿し、或いは京に赴く通事の処に於て黄金三十九両・銀七十四両九銭を付送す。而して朴継孫・王豆応知・安世良・張世昌等、倭の鉛鉄を以て銀を黄允光の家に作り、七、八日に至る」と云ふ。中部、此の告状に拠り、本曹（刑曹）に牒報せり。（中宗二三・二・壬子）

端川など朝鮮の銀山では、銀を含む鉛鉱（含銀鉛鉱）が採掘され、これから灰吹法によって銀を分離する技術が発達していた。一五〇六年の史料に「端川に命じ、進むる所の鉛六千九百斤、錬銀の後、滓鉛を以て青瓦を燔造す」（燕山君一二・八・庚戌）とある。このばあいの「鉛」は明らかに含銀鉛であるから、朴継孫らが倭人から入手した「鉛鉄」も含銀鉛だと思われる。『銀山旧記』は、石見銀山の開山当初は鉱石そのものを精錬のため博多に送っていたとしている。右の「倭の鉛鉄」は、銀山より博多に送られた含銀鉛鉱がそのまま朝鮮へもちこまれたものか、あるいは博多で銀鉱石を〝鉛に吹いて〟含銀鉛にしたものかの、いずれかであろう[12]。

このように寿禎らが石見銀山を発見した二年後、早くも日本銀が朝鮮を経由して中国へ流入していた。灰吹法が銀山に定着した一五三三年をへて、一五三八年ころになると、倭人が朝鮮にもちこむ品のほとんどが銀になっている。この年、領議政尹殷輔以下の重臣たちは、つぎのような意見を国王に呈した。

近来倭人齎《もたら》す所の商物、例として旧数を減じて貿易す。故に専ら持ち来らず。聞く、今来たる倭人は、只銀両のみを持ち、他物を持たず、と云ふ。該曹をして新旧の価を参酌して以て貿《か》はしめん。（中宗三三・八・己未）

「近来、倭人がもってくる商物については、旧来の数量を減じて貿易するのを例としてきた。今やってきた倭人は、銀だけを持ち、ほかの物は持っていないということだ。新旧の価格を参酌してこの銀を買うことにしよう」。このとき到来した倭人は、北九州の豪族少弐《しょうに》氏の使者を名のる者だったが、かれらに関してはつぎのような記録もある。同年、議政府・戸曹・礼曹が協議して国王につぎの意見を呈した。

今次前後小二殿の使倭持つ所の銀鉄、多くして三百七十五斤に至る。其の直《あたい》を准折するに、則ち五升綿布にして、四百八十余同を下らず。今若し悉く公貿を許さば、則ち日本及び大内殿も亦皆これを利とし、多く銀鉄を以てこれを別幅に付し、称して商物と為し、以て公貿を求めん。則ち国用の布物久しからずして虚竭せん。誠に細慮にあらず。礼曹をしてこれに語りて言はしめん、「銀鉄は国用緊要の物にあらず、必ずしも公貿せず。但だ、汝等所持の商物を見るに、銀鉄最も多し。若し一切公貿を許さざれば、則ち汝必ずや失望せん。三分の一を以て今姑《しばら》く公貿せん。今後銅・鑞鉄・鉛鉄の外、絶えて持ち来る勿《なか》れ」と。亦須らく此を以て諸倭に転諭し、以て其の意を観るべし。彼若し忿恚《ふんい》せば、数を量りて貿を許すが当たるに似たり。其の公貿の余数、如《も》し私貿を許さば、則ち富商大賈《か》、唐物に転売するを利とし、必ずや高価に貿買し、まさに無窮の弊あらんとす。厳しく防禁を立てざるを得ず。（中宗三三・一〇・己巳）

「この間小二殿の使倭がもたらした銀は三七五斤、綿布にして四八〇余同になる。いま公貿易でこれをぜんぶ買い取ると、日本国王や大内殿もその利に目をつけ、銀を商物として公貿易を求めてくるだろう。そうなっては国用の布がすぐ底をついてしまう。そこで礼曹に「銀はわが国にとって緊要の物ではないので、公貿易の対象にはならないが、今回は特別に三分の一だけ買うこととしよう。今後は銅・錫・鉛のほかはもちこんではならない」といわせてはどうか。公貿易で買い取った残余の銀について、私貿易を許せば、富商大賈が唐物を買い付ける原資とすべく、かならず高値で銀を買い取って、大きな弊害が生じるだろう」。

倭人たちが銀の見返りとして朝鮮に求めた物は圧倒的に綿布だった。当時朝鮮では木綿以下の布が貨幣として機能しており、倭人の要求にそのまま応じていては、国家として使用すべき木綿が不足してしまう。それでもなお朝鮮政府は、倭銀を国家財政によって買い取る「公貿易」にこだわり、大商人による私貿易を許さなかった。かれらによって倭銀が中国にもちこまれるのを恐れたからである。

国家による政策的抑圧は、倭銀を買い取ろうとする大商人だけでなく、国内の銀生産自体にもむけられ、せっかく増産を見ていた端川以下の銀山にもしばしば採掘中止が命じられている[13]。一五四二年、廷臣らはこう述べている――「銀鉄、我が国の境内に産せざる所なし。但だ此の物、生民の衣食に関はらず、一たび利源を開かば、則ち或いは争ひて利に趨《はし》りて其の本を忽《わす》るるを慮《おそ》る。故に官既に採らず、亦民採を禁じて久し」（中宗三七・五・己巳）と。ここでは禁銀の理由を、民が利に走るようになるから、としているが、倭人に対する表むきの説明であり、真の動機は別のところにあった。一五四〇年、司諫院・司憲府の諫官である台諫は、国王につぎのような意見を呈した。

我が国貢銀の時、責納甚だ厳し。土産にあらざるを以て、勢まさに支へ難からんとす。我が祖宗朝に至り、至誠奏請し、艱難して免を得たり。……近来、奢侈日ごとに甚しく、利源日ごとに開き、婚事に至り、異土の物にあらざれば礼と為さざらんと擬す。卿・士大夫、争ひて奢華を尚《たっと》び、厮隷《しれい》(召使)・下賤も亦唐物を用ふ。しかのみならず、倭銀流布して市廛《してん》に充牣《じゅうじん》(充満)し、赴京の人公然と駄載し、一人の齎《もたら》す所三千両を下らず。公貿の布物を以てこれを商賈に付し、銀両に換持し、商賈の人、坐して後の行次を待ち、其の布物を以て官に還納するに至る。……中朝の序班(明の鴻臚寺所属の官名で、百官の班次を序することを掌る)、我が国の使臣に問ひて曰く、「古《いにし》へ、銀は爾国の産にあらずと称せしに、近くは乃ち多多来る。何処より出づるや」と。其の齎す所の銀を公然と買売すること、一序班のこれを知るに止まらず、中朝の卿士、たれかこれを知らざらん。当初銀貢を減ずるを蒙りしは、只我国の礼義の邦たるを以てこれに信従するなり。今若し土産を固諱するを以て欺誣せられ、上国指して不直と為さば、則ち我が国の慚懼《ざんく》已《すで》に極まれりと為す。況んや貢銀の命、復《ま》た万一に出づれば、則ちまさに何を以てかこれに応ぜん。(中宗三五・七・甲寅)

「以前、明から銀を貢納せよという要求がきびしかったので、「朝鮮には銀は産しない」と奏請して免除してもらった。ところが、さいきん倭銀が流布して市場に充満するようになり、これを北京に赴く人が公然と駄載し、一人のもたらす量が三〇〇〇両を下らない。これでは朝鮮が明から不実を問われ、万一貢銀の命が復活するようなことにもなりかねない」。朝鮮政府の手を縛っていたものは、冊封関係にもとづく明からの貢銀の命が、復活しはしないかという恐れだった。朝鮮では冊封関係の重圧が日本にくらべてはるかに強く、銀の産出や流通を抑圧していたのであり、そうした制約がほとんどなく、銀産の飛躍的拡大をみた日本と対照的である。

一五四〇年代になると倭銀問題はあらたな段階にはいった。倭人のもちこむ銀があまりにも多量で、公貿易による対応の限界を超えてしまったのである。一五四二年、「日本国王使」をなのる使僧安心が、八万両もの銀をもちこみ、買い取りを要求してきた。この安心がじつは対馬の仕立てた使者であり、持参した「国王の書契」[14]も偽作であることは、朝鮮側も認識していた。司憲府執義の任説はいう。

倭使の来たるは、皆な齎銀貿売《せいぎんぼうばい》の利の為めなり。錬銀の術、これを我が国より学べば、則ち固より禁銀、我国の甲典たるを知れり。見售《げんしゅう》能はざるを恐れ、国王の書契に託称す。此の倭、其の真に日本の使たるを信ずべからざるなり。書契の内、首《はじ》めより銀両に及び、対馬の事を力陳す。言辞疑ふべし。海島の狡夷の、国王の書契を偽造すること、其の理なきにしもあらず。察せざるべからず。（中宗三七・五・丙申）

「安心らは国王使を名のっているが、その目的はもっぱら銀をもちこんで売りさばくことにある。かれらは朝鮮で禁銀が国是になっていることを知りながら、そのために銀が売れないことを恐れて、国王の書契を偽作し、国王の使者だからといって、むりやり銀を買い取らせようとする。その証拠には、書契のなかで最初から銀のことに言及し、対馬のことを力説しているではないか」。

八万両（約三二〇〇キログラム）の銀がいかに膨大な量かは、つぎに掲げる領議政尹殷輔らの意見書にあきらかである。

銀八万両、他物の価と并せて磨錬を為さば（換算すると）、則ち官木九千余同なり。慶尚道に儲在の木、勢として其の数に充て給するを得ざれば、則ち已むを得ず司《し》贍寺《せんじ》（地方の奴婢の貢布を掌る官衙）の官木を多く補ひてこれを貿《か》はん。国家若し皆貿はんと欲すれば、則ち国儲裕かならず、尽くは貿ふべからず。公貿易を酌定し、其の余は民間をして私貿せしむるが当たり。（中宗三七・四・庚午）

「官木」とは国家備蓄の木綿布のことで、一同は五〇匹にあたるから、九〇〇〇同は四五万匹ということになる。銀八万両をぜんぶ買うとすればこの量の綿布が必要だが、慶尚道に備えられている分では足りず、ソウルの司贍寺にある分で補わなければならない。しかし国儲をぜんぶ吐き出したとしても、買いつくすことはできず、一部を公貿易で買い、残余を民間の私貿易にゆだねるほかはない、と廷臣たちはいう。

しかし私貿易を導入してぜんぶ買うことができたとしても、そこからまた別の問題が生まれる。司憲府はいう。

倭国の銀を造ること、未だ十年に及ばざるに、我が国に流布し、已に賤物となれり。頃《この》ろ法を立て防禁するに縁《よ》り、今国書を以て鬻《いく》を我に強《し》ふ。若し貿を許し、利を得て去らしめば、則ち後に必ずや此れに継ぎて已まざらん。

（中宗三七・閏五・庚午）

「倭国で銀を造り始めてからまだ一〇年にもならないのに、倭銀がわが国に流布し、すでに安値となっている。もしいまもちこまれた八万両の銀を朝鮮が買い、倭人に利を得させて帰したら、この後かならず倭使があいつぐようになるだろう」。一五四二年のこの史料から推して、倭銀が朝鮮に本格的に流入し始めたのは一五三三年ころ、すなわち石見銀山に灰吹法が定着したのとほぼ同時と考えられる。そして一五四二年の時点では、あまりにも大量の流入のため、銀価が下落して「賤物」といわれるほどになっていた。この状況で倭人のいいなりに銀を買ったら、その利に味をしめて続々と倭使が銀を朝鮮にもちこんできて、収拾がつかなくなる心配があった。

司諫院も銀貿易に応ずるのに反対して、つぎのように論じた。

日本国使、通信を以て名と為し、多く商物を齎し、銀両八万に至る。銀は宝物と雖も、民、これを衣食すべからず。実に無用たり。我国、方《まさ》に綿布を以て行用し、民、皆此に頼りて生活す。民の頼る所を以て、其の無用の物に換へ、利は彼に帰し、我れ其の弊を受く。甚だ不可なり。況《いわ》んや倭使の銀を齎すこと、在前になき所なり。今若し貿を許さば、則ち其の利の重きを楽《この》み、後来の齎す所、必ずや此に倍せん。若し一たび端を開けば、以て無窮の欲に応じ難からん。これを始めに却《しりぞ》けば、則ち彼望みを缺《か》くと雖も、其の怒り猶ほ浅からん。其の応じ難きに及んで中止を為さんと欲すれば、則ち其の怒り益ます深く、害亦必ずや大ならん。且つ公貿已に不可と為す。

而して民の貿を許すは、禁銀の令に違《たが》ふあり、又不可たり。請ふ、貿易する勿《な》く、以て後弊を杜《ふさ》がんことを。

（中宗三七・四・甲戌）

はじめはこのような一切貿易に応じない、という意見が大勢を占めたが、中宗はその採用をためらい、やがて朝議は尽貿・略貿・不貿に三分した（中宗三七・閏五・壬申）。小田原評定のすえの結論は、銀の三分の二を市価に従って公貿易・私貿易に分けて買う、というところにおちついた（中宗三七・閏五・丙子、六・丁酉）。

以上のような倭銀の流入に対する朝鮮政府の対策としては、ことごとく公貿して民間人に倭銀を密買できなくし、もって銀が中原に流入する源を断つ、という積極策も唱えられた（中宗三六・五・丁巳）が、あくまで中心は、倭銀に手を出した者を重罪に処する方向にあった。『経国大典』刑典・禁制条には「潜かに禁物を売る者、杖一百・徒三年、重き者は絞」という条項があるが、一五四〇年に倭銀の中国もちこみ（齎銀赴京）に「禁物重者」の項を適用して死罪とし、倭銀の密買（潜貿倭銀）はそれより一等減とした（『大典後続録』刑典・禁制条、中宗三五・七・丙辰、八・己卯、一〇・戊寅・己卯・癸未）。

一五四二年に安心が八万両の銀をもちこんだとき、朝鮮政府は倭人に銀のもちこみをいっさい禁止する「約条」を申し渡したらしい。一五五二年、安心が四たび到来して銀の買い取りを求めたとき、三議政は「貿銀を許さざるの意、安心僧壬寅（一五四二年）の来に於て詳知せざるに非ず。而るに今又齎し来る。是れ其の心、強請してこれを抑售（押し売り）せんと欲するなり。許貿すべからざるの事、宣慰使をして百方開諭せしめ、怒を発するに至ると雖も、堅く拒みて従はざらん」との意見を呈している（明宗七・六・癸亥）。これについて王は「銀子は壬寅年約条して持ち来たるを得ざらしむ」と指摘した（明宗八・二・壬申）。

朝鮮半島を経由して大陸へ流れこんだ倭銀は、経済先進地の中原ばかりでなく、遼東の辺境地帯にも吸い寄せられた。朝鮮との国境に近い遼東の鳳城を訪れたある朝鮮人は、当時のようすをこう伝えている（『通文館志』巻三・開市）。

是より先、関東、土曠《ひろ》く民稀にして、民は業に楽しまず。鳳城の内も人戸蕭条、只居するは八旗兵丁の銭糧を食する者のみ。地は皆拋荒し、柵外と異なるなし。近く十余年より、買売漸く盛へて以来、生理益ます勝り、人居益ます繁く、一巨鎮となる。柵下も又大村を成し、柵より城に至り、皆隴畝《ろうほ》を成し、鶏犬相聞ゆ。市期に当る毎に、金（遼寧省金県）・復（同省復県）・海（同省海城県）・蓋（同省蓋平県）の棉花を載する者、瀋陽・山東の大布三升を載する者、中後所（熱河省綏中県の内）・遼東の帽子を運搬する者、車馬輻輳す。南方の商船は直に牛荘《ニウチャン》（遼寧省海城県の西）の海口に泊す。近くは北京の人あり、又糸貨を以て載せて柵門に到る。而して城中に開く所の店舗は幾《ほと》んど関内の大処の如く、閭閻櫛比《りょえんしっぴ》し、商人等の衣服・車騎の盛んなることは、公侯に擬《まが》ふ。而して我が民は則ち、松都（開城）より関西（平安道）に及び義州に至り、凡そ商を以て業と為す者、皆折本（資本を損する）負債し、甚しきは子孫に至り敗絶して、運餉《うんしょう》の不虞を管するの儲けは、幷びに虚簿鬼録と作《な》る。既に互市と曰はば、則ち其の利病たるや彼れ此れ宜しく均しかるべし。而るに今此の如し。蓋し以ふに、我が民の齎して以て市に赴く者、人参《にんじん》禁物にあらざれば則ち必ず銀子なり。銀は国産にあらずして、公私の蓄へは皆其の限数あり。且つ民俗、其の子貨の利を貪り、肯《あ》へて歳を経て閑積せず、市毎に必ず儲を傾けて送去し、一たび入りては還ることなし。

「もともと遼東は、土地は広いが人居はまれで、鳳城もわびしい家屋に兵士が暮らす寒村だった。ところが十余年まえより交易が次第にさかんになり、産業はさかえ人口もふえ、一巨鎮となって、前線の柵から鎮城までの間にも、耕地が拓かれ鶏や犬の声も聞かれるようになった。市の日には、金県・復県・海城県・蓋平県などの近郊から棉花を運んでくる者、瀋陽や山東の麻布を運ぶ者、中後所や遼東の帽子を運ぶ者が集まって、車馬輻輳のにぎわいをみせる。南方の商船は牛荘の海口に入港し、北京の人は生糸を載せて柵門にいたる。城中で営業する店舗は京畿の大店のようで、町なみが軒を連ね、商人らの衣服・車騎の豪華さは、公侯とみまがうほどだ。これにくらべてわが国の民は、開城・平壌から義州にいたるまで、商売をなりわいとする者はみな資本を損失して負債をかかえ、はなはだしきは子孫にいたるまで没落してしまう。交易というものは、損益がかれこれ等しくあるべきなのに、このていたらくだ。けだし思うに、わが民が市にもっていく物は、人参以下の禁物か、さもなければかならず銀だ。銀は国産品でないので、公私の蓄えに限りがある。かつ商人たちは利をむさぼるあまり、銀を備蓄することなく、市のたびに財布をはたいて銀を遼東に送り、一度送ってしまった銀は二度と戻ってはこない」。

一六世紀のこの地域では、中国中央部のめざましい経済発展に刺激されて経済ブームが起きており、朝鮮半島をしのぐほどの活気を見せていた。そこで利益を手中にした実力者たちの代表が、李成梁、毛文龍、そして後金(清)の太祖ヌルハチである。かれの手元にも日本銀が蓄積されていたかもしれない。

東シナ海ルート

日本銀の中国流入は、朝鮮半島経由だけでなく、東シナ海を横断する直航ルートがあり、このほうが太かったと思われる。中国の銀吸引力は、倭人たちをして、朝鮮半島経由でなく直接に中国沿岸に銀をもちこむことの有利さを気づかせた。一五四一年の礼曹の啓にこうある。

銀鉄、倭人をして後に持ち来るなからしむる事、已に開諭せり。近者《ちかごろ》臣等更にこれを聞く、「前には則ち倭人銀鉄を持ち来たりて我が国に売る。故に法を立てて厳禁し、これを買ふを得ざらしむ。今は則ち倭人等、中国南《なん》徼《きょう》に於て、販売に利あり。故に我が国の銀鉄、反りて買去を為す」と云ふ。我が国の宝の、金銀・珠玉等の如き物、但だに中国に通ぜざるのみならず、亦倭野人にも通ぜざるの法、載せて国典に在り。我が国の宝物数あり。而して尽く倭国に輸するは、豈に其れ可ならんや。近者只買銀のみを禁じ、売銀を禁ぜず、下人法あるを知らず。請ふ、国典を申明し、倭奴に転売するを得ざらしむるは何如。(中宗三六・一一・丙午)

「この間、倭人に銀のもちこみをやめさせ、朝鮮人に倭銀を買うことを厳禁した。ところが今倭人らは、中国の南辺で銀が高く売れるので、わが国にある銀を買い戻すようになっている。わが国にある金銀・珠玉のような宝物は、中国だけでなく倭人・野人にも渡さないことが国典にうたってある。倭人に銀を転売してはならないと国典に明記してはどうだろうか」。

一五四四年、承政院は、朝鮮半島南辺に漂着した福建省の唐人から得た供述を、つぎのように王に報告した。

今唐人を推するに、言語一ならず、奸詐を為すに至る。初め居処を問ふに、或いは河間（河北省の内）と曰ひ、或いは福建と曰ふ。福建に何物あるかと問へば、則ち某山ありと曰ふ。即ち大明一統志を取りてこれを考ふるに、則ち果してこれあり。又何事に因りて到来せるかと問へば、則ち答へて曰く、「貿銀の事を以て日本に往き、風の漂する所と為りて此に至る」、と。別に他言なし。（中宗三九・六・壬辰）

また一五五三年の記録にも、「日本国は銀子多く産す。故に上国の人交通往来して販貿し、而して或いは漂風に因り来泊し、我が国の海辺に作賊す。若し我が国の人、深く風濤の険に入りてこれを窮迫せば、則ち恐らくは大変あらん」とある（明宗八・七・辛未）。

これらの朝鮮史料は、倭人や中国人密貿易商が、東シナ海上のルートで列島から銀を搬出していたことを物語る。江南と日本列島を結ぶこの銀の道については、中国側の史料『籌海図編』巻四・福建事宜にもみえている。

漳・潮は乃ち浜海の地なり。広・福の人、四方の客貨を以て預め民家に蔵《かく》し、倭至ればこれを售《う》る。倭人は但だ銀のみ有りて置買す。西洋人の貨を載せて来り、貨に換えて去るには似ざるなり。故に中国、倭寇の消息を知らんと欲すれば、但だ人をして南澳《なんいく》（広東省の島の名）に往き、飾《よそお》ひて商人と為りてこれと交易せしむれば、即ち其の来ると来ざると、来数の多寡とを得るに庶《ちか》からん。而して一年の内に事情知らざること無からん矣。

「漳州・潮州は海に面した土地である。広東・福建の人は、ここの民家に各地の産物を隠しておき、倭人が来たらそれを売る。倭人はただ銀のみをもってきて、それを中国の物資の対価とする。これは西洋人がいろんな貨物をもってきて、中国の物資と交換するのとはちがっている。ゆえに中国の人が倭寇の消息を知ろうと思うなら、人を南澳に遣わし、商人のなりをしてかれらと交易させれば、かれらが来るか来ないか、また何回くらい来るかを、およそ知ることができよう。そして一年以内には倭寇の事情がみなわかるようになるだろう」。

右の銀の道にはヨーロッパ勢力も加わっていた。次項で紹介するメンデス＝ピントの『東洋遍歴記』の記事によれば、平戸―漳州間を往来する中国船の積んでいた日本銀を、イスラム海賊が奪い、最後にはポルトガル人が手に入れていた。

日本銀とヨーロッパ

まもなく日本銀の名はヨーロッパに鳴りひびくようになる。イタリア人チェザーレ＝フレデリチは、一五六〇年ころにこう書いている[15]。

毎年インドからシナに行く船は、インド・カンパヤの薬品やマラバル・南洋諸島の香料を積んで行ったので、香薬船（ナウ・ダス・ドロガス）と呼ばれていたが、のちには日本の銀を積むのがおもな目的となったため、銀船（ナウ・ダス・プラタス）と呼ばれるにいたった。

フランシスコ＝ザビエルは、インドのゴアからポルトガルのシモン＝ロドリゲス神父にあてた一五五二年四月八日付の手紙に、「カスチリヤ人は、此の島々（日本）を、プラタレアス群島（銀の島）と呼んでいる」「ノヴァ・イスパニヤから此のプラタレアス諸島を探検する目的で、多数の艦隊が出帆しながら、途中で破滅の厄に遭うとの話を聞くと、私は哀れを催す……日本の島々の外に、銀のある島などは、発見されていない」としるした（『聖フランシスコ・デ・サビエル書翰抄』下、一七二―一七三頁）。

一七世紀初め、イギリスやオランダの船によって、日本からソモ Somo あるいはソーマ Soma と呼ぶ上質の銀が多量に搬出された。これはおそらく佐摩《さま》の音写で（当時石見銀山は近くの地名によって佐摩銀山とも呼ばれていた）、石見銀山の灰吹銀だと考えられる。その他日本の銀の種別名としてセド（佐渡か）、ナギト（長門か）、タジモン（但馬か）などの名も見える(16)。

ロンドンの商人ラルフ＝フィッチの航海記は、一五八八年二月にマラッカに到着したことをしるしたあと、ポルトガル人の日本貿易に関してこう述べている(17)。

> ポルトガル人がマカオより日本にいたる際には、多量の白絹・金・麝香《じゃこう》・陶磁器をもたらし、日本より銀以外に何ものも搬出しない。彼らは日本に毎年いたる大なるカラック船を有し、日本より毎年六〇万クルサード以上を輸出し、すべてのこの日本の銀と彼らが毎年インドから搬出する銀で二〇万クルサード以上のものとをシナで有利に運用し、シナより金・麝香・絹・陶磁器及びその他の高価な金で飾られた品を輸出するのである。

日本銀が直接ヨーロッパにまで搬出されたとは、中国という巨大な銀の吸引力が近くにある以上、考えにくい。しかし右のフィッチの記録も語るように、日本銀を原資として中国や東南アジアから諸種の産物が買いつけられ、ヨーロッパやその他の地域に輸出された。その意味で日本銀は世界を駆けた、といってもそれほど誇大ではないだろう。

三　灰吹法の伝播と倭人ネットワーク

多民族混成の交易者集団

以上のような一六―一七世紀の巨大な変動を、権力や国家の動きだけで説明するのでは、決定的に不充分だ。たとえば、ヨーロッパ勢力まで参加している密貿易集団が、なぜ「倭寇」と呼ばれたのだろうか。この「倭」あるいは「倭人」とは、一五―一六世紀の東アジアのなかでもっとも国家的統合の弱体だった日本の西部辺境を根拠地としながら、朝鮮人や中国人をもふくみつつ登場した、いわば国境をまたぐ人間集団だ。かれらは、一四世紀後半以来の明を中心とする冊封体制がゆるむにともなって、国家間あるいは公権力間の公的通交にとってかわって、この地域の人や物や技術の交流の主役になっていった。

ここでアジア海域における諸民族の星雲状態を語る例を二、三紹介しよう。まず一五三二年正月、黄海で嵐に遭い、朝鮮のある島に漂到した「唐人」たちに、体験を語ってもらおう。

俺《われ》等十人、去る正月十五日、広鹿島で炭を載せ、老鶴觜の地に向かふに、海中悪風に遭ひて漂流し、是の月二十七日夜半、名知れざる島に到る。陸地を相距《へだ》つこと一布長許《ばか》りにて、反船（転覆）し、白江・張万・城名・劉文挙・李天材等五人溺死す。俺等五人、浮きて陸地に出、飢留すること五日なり。第六日、俺等五人寒を避けて溝《こう》壑《がく》に隠れ伏すに、伐木の声を聞く。俺等偕《とも》に進み、姜福をして其の縁由を陳べしめんと欲す。伐木人等、或いは斧を持ち、或いは鏵《すき》を持ち、或いは木弓・鉄箭を持つ。俺等に問ひて曰く、「汝等は倭人なるや、㺚子《だっし》なるや」と。姜福曰く、「是れ倭人・㺚子に非ず、乃ち江南・遼東の人なり」と。多般哀乞す。伐木人は新旧の船各一隻にて到泊す。而して新船の九人、固拒して応ぜず。旧船の六人許諾し、先づ俺等に熱水を饋《おく》り、又熟豆半升を饋る。後伐木すること四日、船に載せ又風を待つこと三日。第七日、二月初四日の朝食時に至り、俺等旧船に同坐し、是の日二更、名知れざる江辺に到る。船主言ふ、「此れより南に向かひ八、九里許《ばか》り、則ち瓦家及び草家有り。汝等下陸し、天明を待ちて彼に到らば、則ち以て生を得べし」と云ふ。俺等天明を待ち、指示の処に向かふに、果して其の言の如し。路に打柴人五名に逢ふ。其の人言ふ、「更に進むこと三、四里。則ち大瓦家有り。其の家にて飲食を得べし」と云ふ。俺等其の家に帰到するに、其の家人飯を饋り、留宿せしむ。翌日、其の家の主人、騎馬入城す。唐津《タンジン》浦万戸四人、俺等を率ゐて去る。（中宗二七・二・己酉）

広鹿島で炭を船に載せ、老鶴觜の地に向かっていた姜福以下一〇人の唐人たちは、悪風に遭って漂流し、一二日後、朝鮮のある島に漂到した。船が覆って五人が溺死し、助かった五人は、上陸後六日目に木こりたちに助けられた。このとき、木こりたちは姜福らに「おまえたちは倭人か、㺚子(女真人)か」と尋ね、姜福は「倭人や㺚子ではなく、江南・遼東の人間だ」と答えた。漂流者たちは最後に忠清道《チュンチョンド》の唐津浦万戸によって護送されているから、漂到した島も忠清道のどこかだろう。この時期の黄海上では唐人・倭人・㺚子が活動しており、朝鮮人には簡単には区別がつかなかったことがわかる。それと同時に、倭人や㺚子が、朝鮮の一般庶民にとって耳なれた存在となっていることも見逃せない。

つぎにポルトガル人メンデス＝ピントの『東洋遍歴記』は、一五四二年のこととしてこうしるしている(第六六章)。

私たちがノーダイ港を出発し、コモレン諸島と陸との間を航行すること五日目の土曜日の正午、プレマタ・グンデルという海賊が襲ってきた。グンデルは、パタニ、スンダ、シャムやその他の土地で、しばしばポルトガル人に大損害を与えていた不倶戴天の敵である。かれらはこちらをシナ人と思ったので、水夫のほかに二百人の戦闘員を乗せた二隻の巨大なジャンク船を率いて私たちを攻撃し、そのうちの一隻がメン・タボルダのジャンク船を捉え、もう少しで攻め落とすところだった。……敵はきわめて果敢に戦ったので、アントニオ・デ・ファリアは部下の大半を負傷させられ、二度にわたって危うく負けそうになった。そのとき三隻のロルシャ船(シナの小さな商船)とペロ・ダ・シルヴァの乗った小ジャンク船が駆けつけ、われらの主《しゅ》の嘉《よみ》したもうたことには、この救援によって味方は失地を回復し、敵を追いつめ、八六人のイスラム教徒を殺して、まもなく戦闘は終った。……敵のジャンク船の積荷を調べたところ、戦利品は八万タエル(両)にのぼった。その大部分は、グンデルが平戸からシンシェウ(漳州)に行く三隻のジャンク船から奪った日本銀だった。したがって、この船だけで十二万クルザドを載せていたことになる。沈没したもう一隻のジャンク船にもほぼ同額の積荷があったと思われ、味方の多くはそれをたいへん残念がった。

南シナ海のどこかで起きたらしいこの海戦では、ポルトガル人、イスラム教徒、中国人密貿易商が入り乱れ、日本銀をめぐって争っている。注目すべきは、かれらの乗船がすべてジャンクなど中国式の船だったことで、ジャンクに乗ったイスラムの海賊は、やはりジャンクに乗ったポルトガル海賊を、中国人とまちがえて攻撃したのである。ヨーロッパ人やイスラム教徒も、中国大陸沿海の密貿易ネットワークに乗っかることで、初めてアジア海域で活動することができた。「倭寇」と呼ばれる海上勢力の実態をよく示す例といえよう。

最後は一五四九年、浙江省沿海の密貿易基地双嶼《そうしょ》が明軍によって陥落したとき、捕えられたポルトガル船に乗っていた三人の黒人の供述である(朱紈《しゅがん》『甓余《へきよ》雑集』巻二・議処夷賊以明典刑以消禍患事⑱)。

一は名沙里馬喇、年三十五、地名満咖喇人《(マヽ)》。船を使ひ星象を観るを善くす。仏郎機《フランキ》番に毎年銀八両を将て雇用して船に駕《の》せらる。一は名法哩須、年二十六歳、地名哈眉須人。十歳の時仏郎機番に買ひ来られ、海上に在りて長大(成長)す。一は名嘛哩丁牛、年三十歳、咖呋哩人。仏郎機番に幼より買ひ来らる。同口に称《いわ》く、「仏郎機十人と伊《かの》一十三人、漳州・寧波の大小七十余人と共に、船に駕して海に在り。胡椒・銀子を将て、米・布・紬・段に換へて買売し、日本・漳州・寧波の間を往来す。今的日を失記するも、双嶼に在りしとき、名知られざる客人、小南船を撐《さおさ》し、麪《むぎこ》一石を載せて、送りて番船に入り、綿布・綿紬・湖糸有りと説き、銀三百両を騙去し、坐して等《ま》つも来らず。又寧波客人林老魁、先づ番人と与《とも》に、銀二百両を将て、段子・綿布・綿紬を買ふ。後まさに伊《かの》男留まりて番船に在り、銀一十八両を騙去せんとす。又名知れざる寧波の客人有り、哄《あざむ》きて湖糸十担有りと称し、番人に売与して、銀七百両を騙去せんと欲す。六担をば、日本人に売与して、銀三百両を騙去せんと欲す。今双嶼に在りて獲せらる六、七十人の内、漳州一人、南京一人、寧波三人有り。及び漳州一人は斬首、一人は水に溺れて身死し、其の余は遯散《とんさん》せり」、等の語あり。

捕獲された黒人のうち、沙里馬喇という満咖喇人は、操船と観象(気象観測)に巧みで、ポルトガル人に年俸銀八両で雇われて船に乗せられていた。法哩須という哈眉須人は、一〇歳のときポルトガル人に買われ、海上で成人した。嘛哩丁牛という咖呋哩人は、ポルトガル人に幼いころ買われた。三人は異口同音に語った――「ポルトガル人一〇人と彼の一三人(三人?)は、漳州・寧波の七十余人とともに、船に乗って海にでかけ、胡椒と銀を以て米・布・紬・緞子と交換する貿易を行ないつつ、日本・漳州・寧波の間を往来していた。今たしかな日付は失念したが、双嶼にいたとき、名を知らない客人が小南船を操り、麪一石を載せてポルトガル船に乗りつけ、綿布・綿紬・湖糸があると称して銀三〇〇両を騙し取った。また寧波の客人林老魁は、まずポルトガル人とともに銀二〇〇両で緞子・綿布・綿紬を買ったが、のちポルトガル船に留まり、銀一八両を騙し取ろうとした。また名を知らない寧波の客人は、湖糸一〇担を売ると偽って、ポルトガル人から銀七〇〇両を騙し取ろうとし、六担を売ると偽って、日本人から銀三〇〇両を騙し取ろうとした。今双嶼にいて捕獲された六、七十人のうち、漳州人は一人、南京人は一人、寧波人は三人である。漳州人一人は斬首され、一人は溺死し、そのほかは逃げ散った」等々。

密貿易者の巣窟である双嶼には、中国人が仏郎機番と呼んだポルトガル人、漳州など福建人、寧波など浙江人、そして日本人が入り乱れ、南海産の胡椒や日本産の銀がもちこまれ、中国産の諸物資と交換される。取引のようすは貿易というよりだましあいであり、日本人も被害に遭っているが、そうしたなかで銀が一般的等価物としてあらわれていることは注目される。

銀流出をになう人的連鎖

ここで朝鮮半島にたちもどり、日本銀の流出をになった人的要素をくわしく観察しよう。まず、日本銀のあらわれる最初の史料としてさきに紹介した、一五二八年の刑曹の啓をふたたび掲げる(二三一頁参照)。

金仲良・金有光・朱義孫・李守福・安孝孫等、各おの木緜五百同を出して同務を作し、或いは倭通事と潜かに禁物を貿し、或いは京に赴く通事の処に於て黄金三十九両・銀七十四両九銭を付送す。而して朴継孫・王豆応知・安世良・張世昌等、倭の鉛鉄を以て銀を黄允光の家に作り、七、八日に至る。

朴継孫らの鉱山技術者によって含銀鉛鉱から抽出された銀が、倭通事のなかだちによって、木綿を代価にひそかに金仲良らの商人に売られ、さらに北京へ赴く通事に付託されて中国へもちこまれる。ここから、〈倭人—倭通事—ソウル商人—赴京通事〉という密貿易の人的連鎖が読みとれる。この連鎖には、銀精錬の技術を提供した朴継孫らや、密造の場に自宅を提供した黄允光も組みこまれていた。

国家の下級役人が銀の密貿易に深くかかわった事例は、ほかにも多くみられる。一五三九年、内需司(宮廷の物品や奴婢を管理する官衙)書題という官を帯びる朴守栄という者が、ひそかに織物や生糸をもって倭人の入港地慶尚南道薺浦《チェポ》に行き、宮廷の御用達と偽って銀を倭人から買い、中国に付送した(中宗三四・一〇・戊子)。一五四三年、礼賓寺(賓客の接待を掌る官衙)の奴で東平館(ソウルの倭館)の庫直を勤めていた能石という者は、「市裏の人」と共謀して倭人と交通し、内外あい応じて銀を潜かに売買したとして、罪に問われた(中宗三八・一二・辛未)。また一五四四年には、安心らの到来以後、倭銀が流布し、北京に赴く通事でこれを携帯しない者は百人のうち一、二人もいない、と指摘されている(中宗三九・三・辛丑)。

以上のように、朝鮮で国禁とされた倭銀にさまざまな社会層がかかわり、日本から中国への銀の道をになっていたが、このシンジケートのかなめはソウルの商人だと考えられる。一五二八年の例で、倭通事から銀を受け取って赴京通事に託した金仲良ら五名はソウルの商人とみてまちがいあるまい。また一五三九年の朴守栄について、廷臣らは「どこの者かはわからないが、おそらく市井の人であろう」といっているから、その実体はむしろ商人とみられる。一五四三年に能石と共謀した「市裏の人」も同様である。

以上のような商人の活発な動きは、中央集権的な官僚体制の制約を突き破りつつ、民間資本が成長してきたことの反映であった。そうした民間資本の代表格として史料に頻出するのが、「富商大賈」と呼ばれた豪商である。さきに紹介した一五三八年の議政府・戸曹・礼曹共同の啓(二三二—二三三頁参照)は、もちこまれた倭銀の三分の一を公貿することを提案したあと、こうつけくわえていた。

其の公貿の余数、如し私貿を許さば、則ち富商大賈、唐物に転売するを利とし、必ずや高価に貿買し、まさに無窮の弊あらんとす。厳しく防禁を立てざるを得ず。(中宗三三・一〇・己巳)

「公貿易で買い取った残余の銀について、私貿易を許せば、富商大賈が唐物を買い付ける原資とすべく、かならず高値で銀を買い取って、大きな弊害が生じるだろう」。ここから、①厖大にもちこまれる倭銀を高値で買い取れるほどに民間の資本が成長していたこと、②にもかかわらずその発展が国家政策によって抑圧されていたこと、の二点が読みとれる。

前述のように、一五四二年に「日本国王使」安心が八万両もの銀を朝鮮にもちこんで買い取りをせまったが、このときも「富商大賈」の豊かな財力が指摘されている。

今客使、銀一万両を以て、戊戌(一五三八年)の価に依らんことを請ふ。然れば則ち、官木一千六百同なり。他の商物は皆市井人の貿はんと欲するの物なり。国家は則ち只其の要物を貿ふのみにて、不緊の物は市人をしてこれを貿はしむれば、則ち一、二日の内、富商大賈尽く貿ふべきなり。(中宗三七・七・甲子)

「いま倭使は四年前の戊戌年の交換レート(銀一万両＝官木綿一六〇〇同)で銀を買い取るよう求めている。銀以外の商品は、みな市人が買いたいと望んでいる物だ。国家は必要なものだけ買うことにし、不緊の物は市人に買うことを許可すれば、今日明日のうちに富商大賈がぜんぶ買い取ってしまうだろう」。これは安心らがもってきた銀以外の物資についての言であるが、政府の財力をはるかにうわまわる民間の経済力をほうふつとさせる。

商人たちの倭銀との接点は、都ソウルにとどまらず、倭人が入港する慶尚道の沿海地域にまで伸びていた。一五四一年、阿伊孫という「京人」が、「倭人と相通じ、銀鉄を潜かに相買売し、徒《ただ》に其の直を給はざるのみならず、本物も亦還給せず」として倭人から訴えられた（中宗三六・一一・乙巳）。阿伊孫と同人と思われる何有孫を義禁府が取り調べたところ、「妻の家宜寧《ウィニョン》（慶尚南道晋州の北）に在り、故に熊川《ウンチョン》の人これを知る、熊川の人銀鉄を持ち吾が家に到る」と供述した（同丙午）。翌年六月に礼曹判書金安国が「密封辟人」をもって王に啓したところによると、事件の首謀者は「京商人」の河有孫（＝何有孫）で、共謀した熊川の住人末乙孫は逃亡したという（中宗三七・六・丁酉）。慶尚南道の熊川は三浦で最大の薺浦を管轄する城邑で、はやくから倭人との密貿易の一大拠点になっていた[19]。ソウルの商人が、姻戚関係を媒介に、熊川とソウルを結ぶ銀の密貿易ルートを確保していたことがわかる。

以上のように、この時期民間商人の実力にはあなどりがたいものがあったが、しかしその経済力を十全に発揮するには密貿易という不法領域に踏みこまざるをえず、つねに法や強制力による規制・摘発というリスクをまぬかれなかった。戦国時代の日本のような民間資本の自由な発展は、明との冊封関係のもと、中央集権的に編成された国家権力によって、抑圧されていた。一五四一年に左議政洪彦弼が呈したつぎのような意見書は、国家と民間商人のそうした関係を語るとともに、銀の精錬法の流出も同様の環境のもとで起きたことを示唆している。

> 頃歳以来、我が国無頼獪商《かいしょう》の徒、潜かに辺氓《へんぼう》と結び、奸を售《う》り術を逞《たくま》しうし、倭奴の駔市《そし》（仲買人）と射利す。鉛を化して銀となすも、又我が国巧商の手より出づ。（中宗三六・六・丙子）

灰吹法の伝播

「鉛を化して銀となす」灰吹精錬法を日本にもたらし、日本銀の爆発的な増産を導いたのも、こうした多民族的ネットワークだった。

この精錬法の中心工程は、①銀鉱石に鉛を加えて溶解させ、含銀鉛を取り出す、②含銀鉛を加熱して、融点の

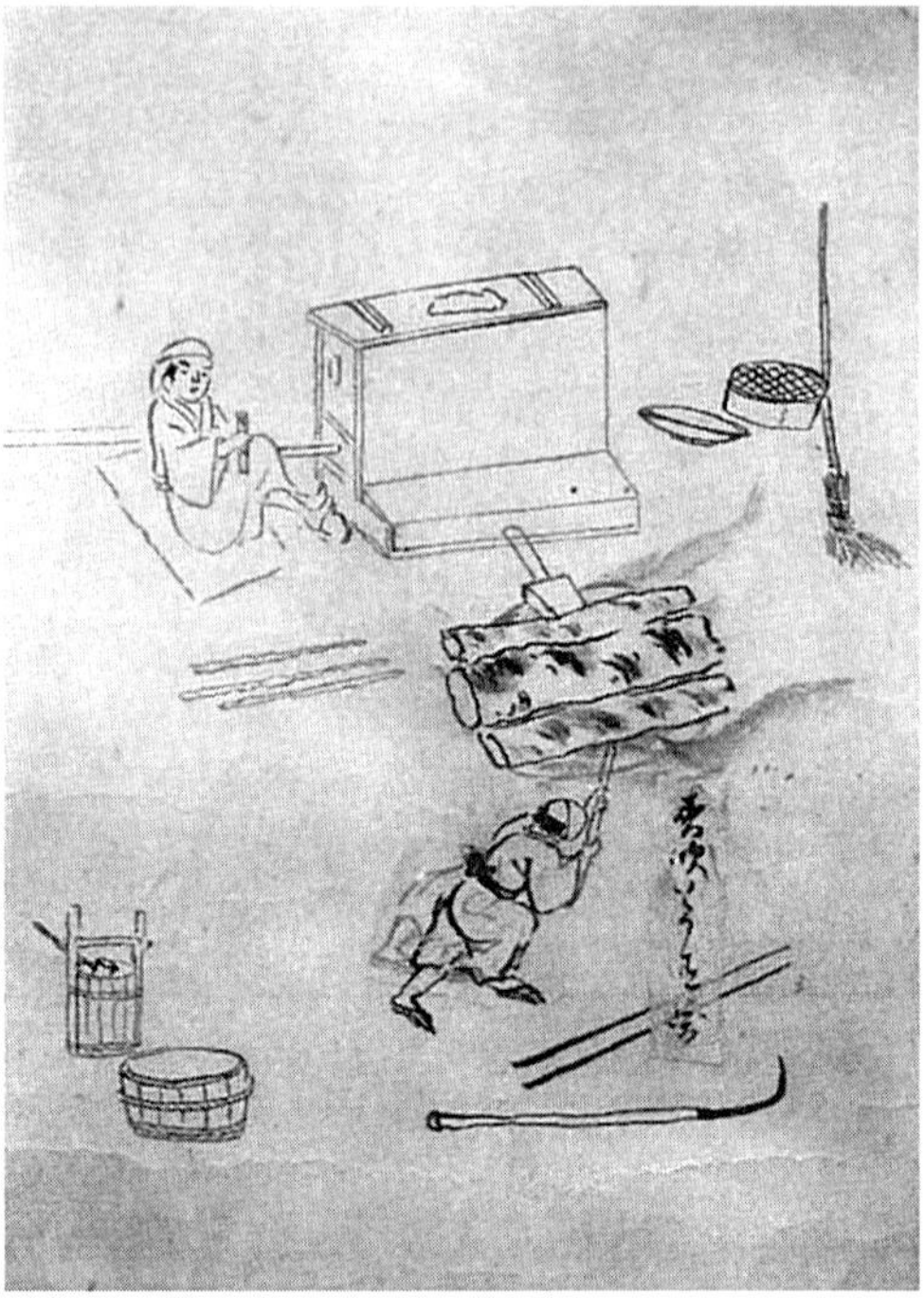

図9　灰吹きの図　石見で根づいた灰吹法は，以後半世紀あまりで全国の銀山に伝わった．図は含銀鉛を炭火で熱し，鉛を灰のなかに溶かしこむ工程．（「石見銀山絵巻」個人蔵）

低い鉛を灰吹床の灰に沁みこませて銀を分離する、という二段階に分かれる（図9）。『銀山旧記』によれば、一五二六年の発見直後は、石見銀山の銀鉱石は、神谷寿禎らによって鉱石のまま博多か朝鮮まで送られ、精錬されていたらしい。その後一五三三年以前に、鉱山現地で工程①を済ませ、取り出した含銀鉛を博多に送るようになって、輸送コストが大幅にさがった。一五三八年にソウルで「倭の鉛鉄」をもってひそかに銀を造った者が摘発されたことは前にしるしたが、この「鉛鉄」は鉛を含む銀鉱石そのものか、工程①を経た含銀鉛のいずれかと考えられる。その後一五三三年に寿禎が宗丹・桂寿という技術者を博多から石見に連れてきて、工程①②の両方が銀山でできるようになり、飛躍的な増産が始まる。一説によれば桂寿（慶寿）は朝鮮人の鉱山技術者だという。

灰吹法はこのようにして石見に定着した[20]わけだが、それを担った人的ネットワークを考えるのに非常に参考になる事件が、一五三九年に朝鮮で起きている。この年閏七月、全羅道《チョルラド》全州《チョンジュ》判官の柳緒宗という者が、さきに慶尚道《キョンサンド》の金海《キメ》にいたときに倭人と密貿易を行なっていたことが明るみに出た。

全州判官柳緒宗、金海に居る時、私人を率ゐて海外加徳島《カドクト》に猟し、東萊《トンネ》県令金漢に捉へらる。又京中富商を引き、其の家に接主（犯罪人に宿を提供すること）し、倭虜を誘引し、変じて我が国の服を着せ、恣に買売を行なはしむ。兵使金舜皐に請ひて曰く、「若し我に公文を給はば、則ちまさに加徳島に入りて倭を捕ふべし」と。兵使答へずしてこれを止む。其の意は則ち、其の家に往来する商倭を殺し、己《おの》が功となさんと欲するなり。（中宗三四・閏七・丙申）

加徳島は倭人入港地薺浦の沖合にある大きな島で、倭物の密貿易の絶好の基地となっており、当時ここに鎮を設けて密貿易をとりしまるという案について、朝廷で議論が行なわれていた。(21) 柳緒宗が私人をひきいてこの島に渡ったのも、狩猟のためだけではあるまい。またかれは金海の私宅をソウルの富商に提供して、そこに倭人を招き寄せ、密貿易を行なわせていた。そのさい倭人には朝鮮人のみなりをさせ、露見を防ごうとしている。ことが露われそうになると、逆に「もし公文書で命じてもらえるなら、自分が加徳島に入って倭人を捕まえてこよう」と慶尚道兵馬節度使（兵使）金舜皐に要請したが、拒絶された。緒宗の意図は、私宅に出入りする倭人を加徳島で殺し、それを自分の手柄にしようとしたのである……。〈ソウルの富商―地方官―商倭〉という人的連鎖がよみとれるとともに、土地の有力者でもある地方官のしたたかさを見ることができる。

柳緒宗はその後全州判官に転じると、全羅道和順《ファスン》県の南にある蒜山《サンサン》という丘に亭を構え、守亭として私奴を置いて、京商が禁物を隠しておくための場所として使わせていた。緒宗の行状を調査するためソウルから送られた敬差官が、亭に集積されていた物資を摘発している。

柳緒宗、亭を蒜山に作り、京商人洪業同等を接主す。商人の物貨、敬差官安玹に現捉せらる。守亭の奴子逃避して現はれず。緒宗の妻父卞琬を推調するに、緒宗、琬をして逃躱《とうた》（逃亡）して以て自ら免れしむ。商人若し宿を過ぎて去らば、則ち其の物貨、まさに其の亭に積在すべからず。所居を距たること相遠きを以てこれを釈《ゆる》すべからざるなり。（中宗三四・八・甲戌）

緒宗はまず守亭の奴を逃亡させ、取調べを受けた妻の父をも機をみて姿をくらまさせた。しかし司憲府はかれの罪状をこう糾弾する――「商人が緒宗の亭にただ宿泊しただけならば、物資が亭に山のように積まれるはずがない。亭が緒宗の家から遠いからといって、その罪を許すべきではない」。そしてこれとあわせて指弾されたのが、私宅における銀の密造である。

　緒宗の犯す所は此れに止まらず。倭と私《ひそ》かに通じ、多く鉛鉄を貿ひ、私かに其の家に於て吹錬して銀を作り、倭奴をして其の術を伝習せしむ。其の罪尤も重し。（同）

右は司憲府の啓の一部であるが、これを受けて王が承政院に下した伝《でん》（命令）にもつぎのようにある。

　柳緒宗多く失する所あり。故に殞命《いんめい》（死ぬこと）を許らず、情を得るを期として（くわしい事情が判明するまで）刑訊するが可なり。但だ倭人と交通して、多く鉛鉄を貿ひ、吹錬して銀を作り、倭人をして其の術を伝習せしむる事、台諫（司憲府）の啓する所を以て推鞠《すいきく》（取調べ）せよ。緒宗は武班の人と雖も、官、判官に至る。識なしと為さず。且つ吹錬作銀、人人これを為すべからず（普通の人にできるわざではない）。必ずや匠人（技術者）ありて、然る後乃ち為すべきなり。其の家中に匠人ありや否や、未だ知るべからざるなり。（中宗三四・八・癸未）

銀の密造だけでなく、倭人に造銀の術（銀精錬法）を伝習させたことを、司憲府や王はとりわけ重くみている。鉛鉄（含銀鉛であろう）を売るために緒宗の私宅を訪れた倭人たちは、銀の精錬が行なわれているのを見て、その方法を学びとった。あるいはより積極的に技術を聞き出したかもしれない。一五三八年よりどれくらい前のことか不明なので、これを灰吹法が最初に倭人に伝わった例とすることはできない。灰吹法が石見銀山に導入されたのは五年前の一五三三年だから、おそらくこの一件より前に伝播はなされていただろう。しかしこの一件から灰吹法流出の情景を想像することは、けっして不可能ではない。

ここに見えるのは、公的・国家的な交通のウラにある私的・非合法的な人間のネットワークである。だがそれは、柳緒宗が「全州判官」というりっぱな地方官を帯びていることから明らかなように、けっして社会の外部にあるアウトロウ集団ではない。地方社会が経済的に豊かになり、私宅に銀精錬場を構え、精錬技術者も抱えられるような富有者を生み出していたことが、国家の厳重な禁銀政策にもかかわらず、灰吹法を国外に流出させていったのである。

このような経済的変貌は、柳緒宗の私宅の内部で完結するはずはなく、周辺の地域社会をも巻きこんでいった。王の伝を受けて、領議政尹殷輔はつぎのように論じた。

　緒宗若し郷家に於て錬鉄作銀し、倭奴をして其の術を伝習せしむるに至らば、則ち鄰保未だ必ずしも知らざるにあらず。緒宗の家の切人（隣人）を拏致《だち》推覈《すいかく》（連行して取り調べる）し、務めて実情を得るは如何。（同）

そしてこのころから倭銀がどっと朝鮮半島に流入してくることは、さきに見たとおりである。朝鮮は、その原因が銀精錬法の流出にあることを、はっきりと認識していた。安心が到来した年である一五四二年の記録につぎのようにある。

　倭奴の銀を齎して貨に貿《か》ふること、近年より始まる。我が国奸細の徒、潜かに造銀の法を教ふるに縁り、此の無窮の弊を致す。防禁の猶ほ厳ならざるを恐る。（中宗三七・四・丁丑）

　書契の中を見るに以為《いわ》く、「金山に真銀を産す、季世の偉珍なり」と。彼、我が国の奸人縁《よ》り造銀の術を学得す。則ち此の国の禁、彼豈に知らざらん。（中宗三七・五・丙戌）

以上見たように、朝鮮半島南部の地方役人の家が、ソウルの商人と倭人との密貿易のアジトになっていた。おなじ場所が灰吹精錬の秘密工場でもあり、鉛をそこに売りこんでいた倭人たちが、やがて灰吹法の技術を学び、日本へもち帰った。灰吹法の流出ルートは、〈柳緒宗―宗丹・桂寿―神谷寿禎〉といった人的連鎖として理念化できる。むろん緒宗と宗丹らの間をつなぐ史料があるわけではないが、宗丹らが朝鮮人の工人だとすれば、緒宗のような有勢者の保護下にあった可能性は大きい。

おわりに——大久保石見守長安

石見銀山で確立した銀生産の技術システムは、やがて兵庫県・生野や新潟県・佐渡や秋田県・院内の銀山にも移植されて、爆発的な増産をもたらしてゆく。生野銀山は、一五四二年に石見の商人が鉱石を買って石見へ運び精錬したことから始まるという。また佐渡金銀山の発祥である鶴子《つるし》銀山の発見も一五四二年のことだが、一五九五年に石見の山師三人が来山したことで、盛期を迎えたという。

しかしながら、その過程で生産力増大の果実をわがものとしていったのは、大内氏・尼子氏・毛利氏らの戦国大名、ついで豊臣・徳川の統一権力だった。仙ノ山のとなりにある山城《やまじろ》「山吹城」は、戦国時代に大内・小笠原・尼子・毛利などの大名が、銀山をわが手に確保するために争奪をくりかえした軍事拠点である。三〇年も続いた争いは、一五六二年に毛利氏の勝利に帰したが、一五八五年、九州平定をねらう豊臣秀吉の圧力のもと、銀山は秀吉と毛利氏の共同管理に移行する。秀吉は、一五九二年に始まった朝鮮侵略戦争にさいし、石見銀で大量の銀貨「文禄丁銀」を造り、戦費をまかなった。

戦国争乱の最後の勝者となった徳川家康は、一六〇〇年の関ヶ原の戦いの直後に、石見銀山周辺の七か村に禁制を掲げ、軍勢・甲乙人の濫妨狼藉、放火、田畠作毛の刈り取り、竹木の伐採を禁じている。このとき全国に掲げられた禁制のなかでもっとも西のもので、家康の銀山によせるなみなみならぬ関心を知ることができる。[22] 一六〇一年、家康は、江戸幕府草創期の能吏として有名な大久保長安[23]を銀山奉行として石見に送りこみ、毛利氏の手から銀山をとりあげて直轄地とし、銀山周辺の一四四か村、約四万八千石を銀山御料に指定した。その後幕府は各地の鉱山をつぎつぎと天領にしていった。長安はまもなく「石見守」の官途をなのるようになり、佐渡・伊豆など各地の金銀山の開発と運営に辣腕をふるった。仙ノ山の東山腹にはかれの名を冠した「大久保間歩」があり（図10）、下河原の吹屋跡の近くには墓塔が立っている。

このようなあつい手あてのもとに、新しい鉱脈の探査が精力的に進められ、やがて長安が備中国から呼び寄せた山

図 10　大久保間歩　狭い入口から入ると巨大な坑道があり，竪坑と横坑が縦横に走る．(『朝日百科 日本の歴史別冊 歴史を読みなおす 14』より転載　撮影／熊谷武二)

図 11　釜屋間歩　撮影／村井

師安原伝兵衛が、釜屋間歩という優秀な鉱脈を発見する(図11)。伝兵衛は、おびただしく採掘された銀から三千貫を家康に進上し、辻ヶ花丁字文胴服一領と扇一柄を褒美にもらった(大田市大森町清水寺蔵)。かれは「備中守」の官途を名のるまでに出世し、その墓所は仙ノ山南東の山腹にある。

さきに述べたように、銀山の繁栄を準備したものは、たしかに倭人のネットワークであり灰吹法の導入による技術革新だった。しかし、世界の産銀の三分の一を占めるほどの爆発的な増産は、幕藩体制の成立によるかつてない権力集中と、その条件下での生産力の効率的な管理運用がなければ、けっして達成されなかっただろう。

他方、東アジアの各国で、華夷意識の再編成と強固に集中された軍事力に支えられて、海禁体制が再建または構築される。清や朝鮮の海禁は一六世紀以前よりずっときびしくなった。日本でも、徳川幕府によって対外交通・貿易の国家管理が完成し(いわゆる鎖国)、中世のアナーキーな状態は一変した。国境を超えて人的連鎖や〈地域〉が存立しうる条件は大きく後退し、中央集権的な統一国家権力が、倭人たちの活動を窒息させていった。歴史の非情というべきであろうか。

注

(1)　小葉田淳『金銀貿易史の研究』(法政大学出版局、一九七六年)七—八頁につぎのようにある。
十七世紀に入って、日本銀の輸出額はどれほどの量に達したかは、重要かつ興味ある問題であるが、的確に計算することは困難である。一六三〇年代にはポルトガルの日本貿易は、すでに全盛期をすぎていたが、一六三五(寛永十二)年に三隻で一万五〇〇〇貫、一六三六年に四隻で二万三五〇〇貫、一六三七年に六隻で二万六〇〇〇貫、一六三八年に一万二五〇〇貫の銀を輸出したという。またナホッドによると、オランダ船による銀輸出は一六三五年に三二八五貫六九〇匁、一六三六年に六七二〇貫と見える。これに中国船の輸出銀、さらに一六三五年までは朱印船の分を加えると、おそらく少なくとも十七世紀初期においては、丁銀勘定で一カ年四万貫、ときに五万貫(一二〇万キログラム、五〇〇万テール)にも達したのであるまいか。そしてこの中の大部分は結局中国に流入したものと見られる。

日本銀の輸出額の大きさを注意するために、西欧学者の研究した当時の世界の銀生産額の数字を挙げておこう(この数字の中には日本など東洋の分は考慮されていない)。一五二一―四四年の一カ年平均産額は九万二〇〇キログラム、次の一五四五―六〇年のそれは主としてポトシの開発によって三一万一六〇〇キログラムと三倍余に飛躍し、次の二〇年間のそれは二九万九五〇〇キログラム、一五八一―一六〇〇年のそれは四二万キログラム内外、以後十七世紀中は多少減少している。

(2)『石見銀山遺跡発掘調査概要7』(大田市教育委員会、一九九四年)。
(3)注(2)文献のほか、『石見銀山遺跡発掘調査概要3〜6』(大田市教育委員会、一九九〇―一九九三年)、遠藤浩巳「よみがえる中世都市 石見銀山」(『歴史読本』一九九五年一一月号)参照。
(4)『日本城郭大系14』(新人物往来社、一九八〇年)二〇五―二〇六頁。
(5)近年、大田市大森町の城上《きがみ》神社宮司上野武三氏宅から発見された「高野山浄心院往古旦家過去帳姓名録」と題する一冊の写本には、天文七年(一五三八)から元文二年(一七三七)までに死去した二四五名の人名・居住地・死没年月日などがしるされている。上野家は神谷寿禎の末裔で、武三氏の曾祖父が、万延二年(一八六一)にお札配りに大森を訪れた高野山浄心院の役僧がもっていた原本を写したものと考えられる。田中圭一「中世金属鉱山の研究」(『歴史人類〈筑波大学歴史・人類学系〉』二二号、一九九四年)に全文が翻刻されている。
これは銀山のうち昆布《こぶ》山・石銀・栃畑・本谷の四地区の分で、他地区のものがもう二冊あったことがしるされているが、確認されていない。銀山の山上や山内に相当数の居住者がたしかにあったことがわかるだけでなく、人名の記載には、「フロヤ」「ナベヤ」「キリハリヤ」「フキ屋」「蔵本」「ハンシヤウ」「タチンヤ」など、職業のうかがえる例もある。死没年月日の大半は慶長以前の年号であり、一六世紀にさかのぼる情報も多く含まれている。

そのなかに「一同昆布山出し土　慶寿　十五日」という一行があり、この「慶寿」がかの工人桂寿だとすると、『銀山旧記』等の由緒書以外の文献に初めてかれの名前が確認されたことになる。いずれにせよこの「過去帳」は石見銀山の文献史料としてきわめて重要なもので、今後の緻密な研究が待たれる。なお『山陰中央新報』一九九五年一一月二五日付の記事を参照。
(6)『温泉津町誌 上巻』(温泉津町、一九九五年)二八七頁。なお本章の記述は、さきに発表した拙著『中世倭人伝』(岩波新書、一九九三年)および拙編『環日本海と環シナ海――日本列島の十六世紀』(『朝日百科 日本の歴史別冊 歴史を読みなおす14』朝日新聞社、一九九五年)を下敷きにした部分が多い。あわせて参照いただければ幸いである。

(7) 荒野泰典・石井正敏・村井章介「時期区分論」(同編『アジアのなかの日本史Ⅰ』東京大学出版会、一九九二年、所収)三七―三九頁参照。

(8) イマニュエル＝ウォーラーステイン『近代世界システム――農業資本主義と「ヨーロッパ世界経済」の成立』Ⅰ・Ⅱ(川北稔訳、岩波書店、一九八一年)。

(9) 同右Ⅰ、一〇二頁。

(10) 浜下武志・川勝平太編『アジア交易圏と日本工業化一五〇〇―一九〇〇』(リブロポート、一九九一年)、加藤榮一「銀と日本の鎖国」(歴史学研究会編『世界史とは何か〈講座世界史1〉』所収、東京大学出版会、一九九五年)など参照。

(11) 小葉田注(1)書、一七一頁。

(12) 小葉田淳『日本鉱山史の研究』(岩波書店、一九六八年)一五四頁。

(13) 小葉田注(1)書、八七―九二頁。

(14) 問題の「日本国王書契」の要旨は以下の通りである(中宗三七・四・庚午)。

癸未年(一五二三)、朕の臣、事ありて大明より還る。風に随ひて貴国に漂流する者若干、抑して奸賊と号し、これを誅戮し、これを束縛し、大明に献じて弊邦に還さず。嗚呼、君子亦党《くみ》せんか。琉球国の漂氓、嘗て貴国に在り、皆重賞撫育せられ、或いは大明よりこれを還し、或いは弊邦を憑《たの》みてこれを還す。夫れ琉球と日本と、隔たること其の幾万里なるかを知らず、況んや貴国に於てをや。万里を以て肝胆と作《な》し、隣国を以て楚越と作すは、殆ど例約に違ふ者なり。我が北陸に山あり、其の名を金山と曰ふ。近年真銀を産す。寔《まこと》に季世の偉珍なり。故に往歳、これを以て大明に献じ、大明嘉悦す。今以て貴国に聘す。具《つぶ》さに別幅に在り。大明漂氓八十余名、風を被り日本の豊州浦に放来す。其の姓名を問はしむるに、則ち敢へて言はず。皆大明国裏、京を去ること万里、南境の商賈なり。頼みて今使舶に附し、道を貴国に仮り、以てこれを還さんと欲す。而して其の志を問ふに、則ち彼の八十余名、貴国を忌みて悼頭して曰く、「若し我を朝鮮より還さば、則ち必ず自ら身を溝壑《こうがく》に転《まろ》ばさんのみ。唯琉球より帰去するを願ふのみ」と云ふ。竟《つい》に彼の意に任せ、琉球よりこれを還す。

(15) 岡本良知『十六世紀日欧交通史の研究』(弘文荘、一九三六年)二八六頁。
(16) 小葉田注(12)書、一四九―一五一頁。
(17) 小葉田注(1)書、六六頁。
(18) 藤田豊八『東西交渉史の研究 南海篇』(岡書院、一九三二年)四八九―四九〇頁。小葉田注(1)書、六一―六二頁。佐久間重男『日明関係史の研究』(吉川弘文館、一九九二年)二四六頁。
(19) 村井注(6)所引『中世倭人伝』一一一頁以下。
(20) 山口啓二「金銀山の技術と社会」(『講座日本技術の社会史5』所収、日本評論社、一九八三年)。
(21) 村井注(6)所引『中世倭人伝』一八〇頁以下。
(22) 村上直「家康の石見銀山領支配と禁制」(『日本歴史』三六五号、一九七八年)。
(23) 村上直・田中圭一・江面龍雄編『江戸幕府石見銀山史料』(雄山閣、一九七八年)所収「大久保石見守長安」参照。

第二章　鉄砲伝来再考

一　問題のありか

手もとにある一般むけの年表をめくってみると、「鉄砲伝来」という事件は、いずれも一五四三年の項に、つぎのようにしるされている。

①八月二五日、ポルトガル船が種子島に漂着して鉄砲を伝える（『コンサイス世界年表』三省堂、一九七六年）

②八月二五日、ポルトガル商船、大隅国種子島に漂着し鉄砲を伝える〔南浦文集〕（『年表日本歴史3』筑摩書房、一九八一年）

③八月二五日、ポルトガル商船、種子島に漂着し、鉄砲を伝える〔南浦文集〕（『日本文化総合年表』岩波書店、一九九〇年）

④八月、ポルトガル人、種子島に来て、鉄砲を伝える（歴史学研究会編『日本史年表　増補版』岩波書店、一九九三年）

これらの記述から一般的にえられるイメージは、ポルトガル本国からはるばる種子島へやってきた船が、ヨーロッパ式の鉄砲を日本に伝えた、というものだろう。「ポルトガル（商）船」ということばから、「南蛮屏風」に描かれたような西洋式の外洋帆船（ナウ）以外のものを思い浮かべることはむずかしい[1]。そしてこの常識的なイメージからは、日本とヨーロッパが、一六世紀のなかばに種子島で直接出会った、という〈アジア抜き〉の歴史像が結ばれることになる。

さて、各年表の記載の主要な典拠は、②③に示されるように、薩摩の禅僧文之《ぶんし》玄昌《げんしょう》の作品集である『南浦文集』巻一に収められた「鉄炮記」という文章である。これは薩摩藩のブレインであった学僧文之（別号南浦）が、慶長一一年（一六〇六）、種子島久時（鉄砲伝来時の当主時尭《ときたか》の子）の求めに応じて、鉄砲伝来のいきさつをくわしくしるしたものである。まずは重要部分を摘記しよう（原漢文、以下漢文史料は原則として読み下して引用）。

【史料Ⅰ】「鉄炮記」（『南浦文集』巻一の内）

a **天文癸卯**（一二年、一五四三）秋八月二十五丁酉、我が西村の小浦に一の大船あり。何れの国より来るかを知らず。船客百余人、其の形類せず、其の語通ぜず。見る者以て奇怪と為す矣。其の中に**大明の儒生一人、名は五峯なる者**あり。今其の姓字を詳かにせず。時に西村の主宰に織部丞といふ者あり。頗る文字を解す。偶《たまたま》五峯に遇ひて、杖を以て沙上に書して云ふ、「船中の客、何れの国の人なるやを知らざるなり。何ぞ其の形の異《い》なる哉」と。五峯即ち書して云ふ、「此れは是れ**西南蛮種の賈胡**《かこ》なり。粗《ほぼ》君臣の義を知ると雖も、未だ礼貌の其の中に在るを知らず。是の故に、其の飲むや杯飲して杯せず、其の食ふや手食して箸せず。徒らに嗜欲の其の情に愜《かな》ふを知りて、文字の其の理を通ずることを知らざるなり。所謂賈胡一処に到れば輙ち止まるといふ、此れ其の種なり。其の有る所を以て其の無き所に易ふる而已。怪しむべき者に非ず矣」と。

b 賈胡の長二人あり、一を**牟良叔舎**と曰ひ、一を**喜利志多佗孟太**と曰ふ。手に一物を携ふ。長さ二、三尺。其の体為るや、中通じ外直にして重きを以て質と為す。其の中は常に通ずと雖も、其の底は密塞を要す。其の傍らに一穴あり、火を通ずるの路なり。形象、物の比倫すべき無きなり。其の用為るや、妙薬を其の中に入れて、添ふるに小団鉛を以てす。先に一小白を岸畔に置き、親《みずか》ら一物を手にして、其の身を修め、其の目を眇《すがめ》にして、其の一穴より火を放つときは、則ち立《たちどころ》に中《あた》らざる莫し矣。其の発するや掣電の光の如く、其の鳴るや驚雷の轟くが如し。聞く者其の耳を掩《おお》はざるは莫し矣。一小白を置くは、射る者の鵠（小さい的）を侯（大きい的）の中に捿《お》く比《たぐ》ひの如きなり。此の物一たび発せば、銀山も摧《くだ》けつべし、鉄壁も穿つべし。姦宄《かんき》の仇を人の国に為す者、これに触るれば則ち立に其の魄を喪ふ。況んや麋鹿《びろく》の苗稼《びょうか》に禍する者に於てをや。其の世に用ある者、勝《あ》げて数ふべからず矣。時尭これを見て以て希世の珍と為す矣。……時尭、其の価の高くして及び難きことを言はずして、蛮種の二鉄炮を求めて、以て家珍と為す矣。其の妙薬の擣篩《とうし》和合（擣《つ》き篩《ふる》い混ぜ合せる）の法をば、小臣篠川小四郎をしてこれを学ばしむ。時尭朝に磨き夕に淬《きょ》め、勤めて已まず、嚮《さき》の殆ど庶《ちか》き者、是に於て百発百中、一として失《はず》す者なし矣。

c　時尭把玩の余り、鉄匠数人をして其の形象を熟視せしめ、月鍛季錬、新たにこれを製せんと欲す。其の形制は頗るこれに似たりと雖も、其の底のこれを塞ぐ所以を知らず。**其の翌年蛮種の賈胡復《また》我が嶋熊野の一浦に来る。**浦を熊野と名づくるは、亦小廬山・小天竺の比ひなり。賈胡の中、幸ひに一人の鉄匠あり。時尭以て天の授くる所と為し、即ち金兵衛尉清定なる者をして、其の底の塞ぐ所を学ばしむ。漸く時月を経て、其の巻きてこれを蔵《おさ》むることを知る。是に於て**歳余にして新たに数十の鉄炮を製す。**

この史料についてはのちにくわしく論ずるが、たとえば、〝ねらいを定めるときには目をすがめにする〟などの情景が事こまかに描かれており、信頼度を増している。当面、①種子島にやってきた大船に「五峯」という中国人がおり、これが有名な倭寇の首領王直の号と一致すること、②「西南蛮種の賈胡」の長の名として牟良叔舎・喜利志多佗孟太のふたつがしるされていること、の二点を確認しておきたい。

ポルトガル人の種子島到来については、ヨーロッパにも関連史料のあることが、早くから知られていた。ポルトガル人アントーニオ＝ガルバンの著『諸国新旧発見記』（一五六三年刊）に見えるつぎの記述である。ガルバンは一五四〇年までモルッカ提督として香料諸島のテルナテ島で任についていた人物だが、離任後リスボンに帰っていたから、ディオゴ＝デ＝フレイタスに発する情報は、間接的にガルバンの耳に届いたものと思われる。

【史料Ⅱ】『諸国新旧発見記』

一五四二年、ディオゴ＝デ＝フレイタスがシャム国ドドラ市（アユタヤ）に一船のカピタンとして滞在中、その船より三人のポルトガル人が一艘のジャンクに乗って脱走し、シナにむかった。その名をアントーニオ＝ダ＝モッタ、フランシスコ＝ゼイモト、アントーニオ＝ペイショットという。かれらは北方三〇度余に位置するリャンポー市に入港しようとしたが、うしろから激しい暴風雨が襲ってきて、かれらを陸から遠ざけてしまった。こうして数日、東の方三二度の位置にひとつの島を見た。これが人々のジャポンエスと称し、古書にその財宝について語り伝えるジパンガスのようである。

ポルトガルの日本《ジパンガス》「発見」を伝えるこの記述が、のちジョアン＝ロドリーゲスが一六二〇年代に著した『日本教会史』第四章において、種子島銃の伝来と結びつけられ、以後ヨーロッパでは、一五四二年にポルトガル人が日本を「発見」して鉄砲を伝えた、とする説が定着した。ともあれガルバンからは、①ポルトガル人の出発地がシャムであり、ほんらいの目的地はリャンポー（双嶼《そうしょ》）であったこと、②かれらの乗ってきた船が中国式のジャンクであったこと、③ポルトガル人の名前のうち、ダ＝モッタは「鉄炮記」の佗孟太に、フランシスコは牟良叔舎に、それぞれ音通すること、の三点を確認しておきたい。

日欧史料間の一年のずれに関しては、その後ヨーロッパ側史料の再解釈がはかられ、後述のように、鉄砲伝来の年代は一五四三年説が定説化した。いっぽうさいきんの日本における鉄砲研究では、〈アジア的要素〉が強調される傾向にあり、鉄砲を伝えたのは王直を始めとする倭寇勢力である、とか、種子島が唯一の伝来の場ではなく他にもルートを考えるべきだ、といった言説が熱っぽく語られている。[2] しかしそこでは、「鉄炮記」の「五峯」が王直なのかどうかもあいまいなままにその史料的価値が疑問視され、これを王直と同定したばあいに生じる齟齬――従来『日本一鑑』によって王直の日本初来は乙巳歳（一五四五年）とされてきた――についても、詰めた検討はなされていない。

このように現在の学説状況には、一五四三年説が不動のものとなるいっぽうで、基本史料間に存在する矛盾さえ充分に解きほぐされないままに、〈アジア的要素〉がいたずらに強調されるという、停滞が見られる。「鉄炮記」以下の日本史料、『日本一鑑』などの中国史料、そしてガルバンなどのヨーロッパ史料を厳密につきあわせて、(3) 鉄砲伝来の史実を、よりたしかな史料的基礎のうえにくみたてなおすことが、いま必要なのではないか。本章を「鉄砲伝来再考」と題する所以である。

二　後期倭寇と双嶼港

「鉄炮記」の五峯と、中国史料に見える王直の行動とを、つきあわせることから始めよう。まず鄭若曾著『籌海図編』（一五六二年）および鄭舜功著『日本一鑑』（一五六五年）から、関係史料を掲げる。

【史料Ⅲ】『日本一鑑』窮河話海巻六・海市

a　浙海の私商は福建の鄧獠より始まる。初め罪を以て按察司の獄に囚はる。嘉靖丙戌（一五二六年）、越獄して逋《のが》れ、下海して番夷を誘引し、**浙海双嶼港**に私市す。合（合州）・澳（マカオ）の人盧黄四等に投託し、私通交易す。

b　嘉靖庚子（一五四〇年）、これに継いで許一松許二楠許三棟許四梓、**仏郎機国夷人**〈斯の夷は正徳間（一五〇六―一五二一年）に於て広東に来市す。恪《かく》ならずして、海道副使王鋐に駆逐せられて去る。後乃ち満剌加《マラッカ》国を占めて住牧す。許一兄弟、遂に満剌加に於て其の来るを招く〉を勾引し、浙海に絡繹《らくえき》たり。亦双嶼・大茅等の港に市す。茲より東南の釁《きん》門始めて開く矣。……〈〈　〉内はもと細字双行、以下おなじ〉

c　夥伴《かはん》（なかま）王直〈的名鋥、即ち五峯〉、乙巳歳（一五四五年）に於て**日本に往市し、始めて博多津倭助才門等三人を誘ひて双嶼に来市す**。明年（一五四六年）復《また》行き、其の地に風布す。直浙の倭患始めて生ず矣。

【史料Ⅳ】「寇踪分合始末図譜」（『籌海図編』巻八の内）

a
許棟——巣双嶼港（二十二年（一五四三）与李光頭合踪）——（坐遣其徒）分踪——福建／浙江（不常）——敗走（二十七年（一五四八）四月双嶼破故也）——就擒（六月与弟社武倶為指揮呉川所執）

此浙直倡禍之始。王直之故主也。初亦止勾引西番人交易。二十三年（一五四四）始通日本。而夷夏之釁門〔開脱〕矣。許棟滅王直始盛。

b
王直——入双嶼港（二十三年（一五四四）入許棟踪為司出納）——往日本（為許棟領哨馬船随貢使至日本交易）——改屯列表（二十七年（一五四八）許棟為都御史朱紈所破直収許棟余党自作船主）——（以下略）

先是日本非入貢不来互市。私市自二十三年（一五四四）始。許棟時亦止載貨往日本。未嘗引其人来也。許棟敗没。直始用倭人為羽翼。破昌国。而倭之貪心大熾。入寇者遂絡繹矣。……。

【史料Ⅴ】「擒獲王直」（『籌海図編』巻九・大捷考の内）

a　王直は歙《きゅう》（安徽省徽州歙県）の人なり。少《わか》くして落魄し、任侠の気あり。壮に及んで智畧多く、施与を善くす。故を以て人これを宗信す。一時の悪少、葉宗満・徐惟学・謝和・方廷助等の若《ごと》き、皆楽《この》んでこれと遊ぶ。間《ひそ》かに嘗て相与《とも》に謀りて曰く、「中国は法度森厳にして、動もすれば輒く禁に触る。孰《たれ》か与に海外に逍遥せんや」と。

b　嘉靖十九年（一五四〇）、時に海禁尚弛し。直、葉宗満等と**広東に之《ゆ》き**、巨艦を造り、将て硝黄糸綿等の違禁物を帯し、**日本・暹羅・西洋等の国に抵《いた》り**、往来互市すること五、六年、致富貲《はか》られず。夷人大いにこれに信服し、称して**五峯船主**と為す。則ち又亡命せる徐海・陳東・葉明等の若きを招聚して、これを将領と為し、貲（＝資）を傾けて倭奴の門多郎次郎四助四郎を勾引して、これを部落（軍団）と為し、又従子王汝賢・義子王滶あり、これを腹心と為し、**五島の夷**を会して乱を為す。

王直の行動と、日本人やポルトガル人との接点をさぐるには、浙海最大の密貿易基地、双嶼港について知らなければならない。[4] 双嶼は舟山諸島南部六横山(島名)の東岸、仏肚山との海峡に面した港で、海峡にある双子の小島からこの名がついた。一五二六年ころから福建の脱獄海賊鄧獠が「番夷を誘引して」南海方面との密貿易の基地としたところである(Ⅲa)。一五四〇年、王直以前の倭寇の首領として名だかい許棟兄弟が、マラッカに赴いて多数の仏郎機国夷人(ポルトガル人)を浙海に誘引した(Ⅲb)。許棟が双嶼にあらわれるのは、李光頭と合流した一五四三年らしい(Ⅳa)が、このころにはポルトガル人も双嶼に定着しただろう。ポルトガルの東方進出は、中国人密貿易商に誘われ、かれらの築きあげていた密貿易ルートに乗って、はじめて実現したものだったのである。

一五四四年、王直が双嶼に来て、許棟らの集団に加わり「司出納」(会計係)となる(Ⅳb)。翌四五年、許棟の「領哨馬船として貢使に随って日本に至り交易」した[5](Ⅲc・Ⅳb)。同年王直は博多に至り、助才門ら三人の倭人を誘って双嶼へ連れてきた(Ⅲc)。かれは翌四六年にも日本へ渡航し、日本人をなびき従えた(Ⅲc)。これが「夷夏の釁門開く」(Ⅳa)とか「直浙の倭患始めて生ず」(Ⅲc)とかあるように、嘉靖の大倭寇の幕あけとなった。その後一五四八年に双嶼が朱紈ひきいる明の官兵に攻略されて許棟が囚われの身となる(Ⅳa)と、王直は許棟の残党をまとめて瀝港《れっこう》(列表)に移り、倭寇勢力の親玉に収まる(Ⅳb)。

いっぽう王直の伝記史料であるⅤによれば、王直は安徽省徽州歙県の生まれで、若いころから任侠集団に身を投じて人望が篤く、葉宗満ら「一時の悪少」たちと謀って、海禁を破り海外に乗り出した。一五四〇年、まず宗満らとともに広東に行き、巨船を造って硝石・硫黄・生糸・綿などの禁制品を積み、「日本・暹羅・西洋等の国」に赴いて密貿易を行なうこと五、六年、巨万の富を得たという。このころから「五峯船主」と呼ばれたらしい。

史料をすなおに読めば、王直が日本・シャム・西洋を往来していたのは一五四〇年から四四、五年にかけてであり

年表1 （月日は日本・中国それぞれの暦による．＊は同一の史実か）

1526	鄧獠，脱獄して双嶼に私市（Ⅲa）
1540	許棟，マラッカよりポルトガル人を浙海に導く（Ⅲb）
〃	王直，広東へ行って巨艦を造る（Ⅴb）
1540-44/45	王直，禁物をもって日本・暹羅・西洋に往来互市すること5,6年（Ⅴb）
1542	ポルトガル人，ジャンクに乗ってシャムからジパンガスに至る（Ⅱ）＊
1543	許棟，双嶼を巣窟とする（Ⅳa）
〃・8・25	王直，ポルトガル人を導いて種子島に至る（Ⅰa）＊
1544	王直，双嶼に登場，許棟の「司出納」となる（Ⅳb）
1545	王直，貢使に随い日本に行って交易．博多津の倭を双嶼に導く（Ⅲc・Ⅳb）
1546	王直，また日本へ行き「直浙ノ倭患始メテ生ズ」（Ⅲc）．「五島ノ夷ヲ会シテ乱ヲ為ス」（Ⅴb）
1548・4	双嶼が陥落し，許棟は捕えられ，王直は瀝港（列表）に移る（Ⅳab）

（Ⅴb）、その期間のおわり近くの四四年に双嶼にあらわれた（Ⅳb）ことになる。従来、王直の日本初来は双嶼入りよりあとでなければならない、との思いこみから、Ⅴbの「日本」の字はのちの情報がまぎれこんだものと解釈され、「鉄炮記」（Ⅰa）の「五峯」に王直をあてる（そうすると王直の日本初来が一五四三年になる）ことにも疑問がはさまれてきた。[⑥] しかしながら、王直は双嶼に姿をあらわすよりまえにシャムでポルトガル人と接触があり、かれらを導いて日本に来ていた、と考えれば、Ⅰa・Ⅳb・Ⅴbの間になんの矛盾も生じない。またポルトガル史料（Ⅱ）に一五四二年ポルトガル人がシャムからジャンクに乗って出発した、とあるのともマッチするのである（むろんⅠaとⅡとの一年のずれは残るが）。なおⅢcに「乙巳歳に於て日本に往市し、始めて博多津倭助才門等三人を誘ひて双嶼に来市す」とあるのを根拠に、王直の日本初来を一五四五年とするのが通説だが、これはあくまで博多への初来であって、日本渡航としては二度め（またはそれ以上）と解すべきである。

以上より、一五四〇年代前半の王直の行動は、一五四〇年に広東から下海し、[⑦] 四三年（または四二年）にシャムからポルトガル人を導いて種子島に至り、四四年に双嶼にあらわれ許棟の勢力と合体してその会計係となり、四五年に再度日本へ行って博多商人を双嶼に連れてきた、という流れで理解できる。

以上の考察の結果を、わかりやすくまとめたのが**年表1**である。

三　「新貢三大船」と関東への伝来

前節で考察した王直の日本到来と微妙に重なって、種子島で艤装した「貢船」が、一五四四年に寧波に入港していた。そこで問題となるのは、この船が王直の行動や鉄砲伝来とどのようにかかわるかである。まずこの船の関係史料をまとめて掲げる。

【史料Ⅰ】「鉄炮記」（『南浦文集』巻一の内）

d　翅《ただ》畿内・関西の得てこれを学ぶ而已に非ず、関東も亦然り。我れ嘗てこれを故老に聞けり。曰く、天文壬寅・癸卯の交（一一―一二年、一五四二―一五四三）、**新貢の三大船、将に南のかた大明国に遊ばんとす**。是に於て畿内以西の富家の子弟の進んで商客と為る者、殆ど千余人、檝師《しゅうし》・篙師《こうし》（檝は梶、篙は棹）の舟を操ること神の如くなる者、数百人、**船を我が小嶋**（種子島）**に艤す**。既にして天の時を待ちて、纜《ともづな》を解き橈《かい》を斉《そろ》へて、洋を望んで若《じゃく》（海神の名）に向ふ。不幸にして狂風海を掀《あ》げ怒濤雪を捲き、坤軸（地軸）も又拆《くだ》けんと欲す。吁《ああ》時耶命耶。**一の貢船**は檣（帆柱）傾き檝摧《くだ》けて烏有と化し去る。**二の貢船**は漸くにして大明国寧波府に達す。**三の貢船**は乗ることを得ずして我が小嶋に回る。翌年（一五四四）再び其の纜を解いて南遊の志を遂げ、海貨・蛮珍を飽載して、将に我が朝に帰らんとす。大洋の中、黒風忽ち起つて西東を知らず。船は遂に飄蕩して、東海道伊豆州に達《いた》る。州人其の貨を掠め取りて、商客亦其の所を失ふ。**船中に我が僕臣松下五郎三郎といふ者あり。手に鉄炮を携へて**、既に発して其の鵠に中らずといふこと莫し矣。州人見てこれを奇なりとし、窺伺《きし》倣慕《こうぼ》して多くこれに学ぶ者有り矣。茲より以降、関東八州、率土の浜に曁《およ》び、伝へてこれを習はずといふこと莫し。

【史料Ⅵ】『種子島家譜』巻二・恵時

天文十三年（一五四四）甲辰……四月十四日、渡唐船〈二合船と号す〉解纜す。
天文十四年（一五四五）乙巳六月十四日、二合船帰朝す。

【史料Ⅶ】『明世宗実録』

a〔嘉靖二三年・一五四四・八月〕戊辰。日本国、先に嘉靖十八年（一五三九）に於て入貢し、二十年（一五四一）国に回る。是に至り、夷使釈寿光等、復来りて貢と称す。礼部言ふ、「日本は十年一貢を例とす。今の貢は未だ期に及ばず、且つ表文なし。幷びに正使以て憑信し難し。宜しく例に照して阻回し、其の方物は収めて下次の貢儀に候作すべし。本国に移文して知会せしめよ」と。……

b〔嘉靖二四年・一五四五・四月〕辛酉。日本国、己亥（一五三九年）に入貢し辛丑（一五四一年）に帰国せしより、甲辰（一五四四年）に逮《およ》び、三歳のみなるに、復遣使来貢す。其の期に及ばざるを以て、許さず、督して国に還らしめたり。而るに各夷、中国の財物を嗜《この》み、相貿易し、延ばすこと歳余、肯《あ》へて去らず。

まず、Ⅰdの「二貢船」とⅥの「二合船」とは同一であろう。Ⅶaに見える「夷使釈寿光」が乗っていたのがこの船であることは、Ⅰdに「二の貢船は漸くにして大明国寧波府に達す」とあることからほぼ確実である。もし寿光の船がⅠdの「三貢船」だとすると、Ⅶaの時点より前に「二貢船」が寧波に入港していなければならないが、『明実録』にそれに相当する記事はない。Ⅶからは、明政府が日本国の前回の入貢（これは一五三九年に入国した湖心碩鼎らの第一六次遣明船である）からの貢期に神経をとがらせていることがうかがえるから、Ⅶaの時点より以前に「二貢船」が寧波に入港していたならば、記録に残らなかったはずはなく、Ⅶにも言及があるはずである。このことから、「三貢船」は寧波以外の港（おそらく双嶼）に入ったことも推定できる。

右をふまえて「二貢（合）船」の足跡をたどってみると、一五四三年に種子島を出発した（Ⅰd）が、嵐のため（おそらく三貢船と同様）種子島へ引き返し、翌四四年四月再度出港（Ⅵ）、八月に寧波に入港し（Ⅶa）、朝貢貿易を求めたが許

年表2　(月日は日本・中国それぞれの暦による)

1542/43	一～三貢船，種子島を出発　嵐で一貢船遭難，三貢船種子島へ引き返す(Ｉd)
1544・4・14	二合(貢)船，種子島を出発(Ⅵ)
1544	三貢船，ふたたび種子島を出発して入明(Ｉd)
1544・8・2	二貢船の貢使寿光，寧波へ入港(Ｉd・Ⅶa)　ついで双嶼へ廻るか
1544/45	三貢船，帰国の途上，嵐で伊豆に漂着(Ｉd)
1545・4	寿光，中国(双嶼？)に居すわる(Ⅶb)　この後まもなく出港か
1545・6・14	二合(貢)船，王直をともなって双嶼より種子島に帰還(Ⅵ・Ⅳb)

されず、四五年四月以降(Ⅶｂ)に中国をはなれ、六月に種子島に帰着した(Ⅵ)。寧波で貿易を拒否された一行は、おそらく四四年中に同地をはなれ、Ⅶｂの時点(四五年四月)では別地(おそらくは双嶼)に赴いて密貿易を試みていた[8]。『籌海図編』に「(許棟が)二十三年(一五四四)始めて日本に通ず」(Ⅳａ)あるいは「(日本との)私市は二十三年より始まる」(Ⅳｂ)とあるのは、一五四四年に許棟の勢力が寿光の一行と接触したことを指すのであろう。そしてⅣｂには、王直が同年双嶼で許棟と合流した後、「貢使に随つて日本に至」った、とあるから、四五年に王直が日本へ行った(Ⅲｃ)とき乗った船は、寿光らの二貢(合)船であろう。もしそうなら、王直は種子島を経て博多へ行ったことになる。

なおＩｄによれば、「三貢船」は一五四四年渡航に成功し、海貨・蛮珍を満載して帰国の途についたが、大洋中で嵐に遭い、伊豆に漂着した。この船には種子島氏の臣松下五郎三郎が鉄砲を携えて乗っており、これが関東に鉄砲の伝わった始めという。

以上の考察の結果を、**年表2**にまとめておこう。

こうして種子島からの「貢船」一件は、寧波を窓口とする朝貢貿易から双嶼に拠る密貿易へと、日明交通の基軸が移動する動きのなかに、位置づけられる。その転換のキーパースンこそ王直だった。ではこの船を明に送り出した主体はだれなのだろうか。

Ｉｄに「畿内以西の富家の子弟の進んで商客と為る者、殆ど千余人、檝師・篙師の舟を操ること神の如くなる者、数百人、船を我が小嶋に艤す」とあるが、もとより誇張はあるにせよ、これだけの貿易船団の編成は、種子島氏単独では不可能だろう。そこで参考になるのが、ポルトガル人メンデス＝ピントの記述である（『東洋遍歴記』第一三五章）。さまざまな気晴らしに日を過ごしながら、私たちがのんびりと満ち足りて、この種子島《イリャ・デ・タニシュマ》に滞在すること二十三日経った時、この港に豊後王国から、多数の商人の乗っている一隻の船《ナウ》が着いた。……〔ナウタキン（直時＝時尭の前名）は〕私たちをそばに呼び、少し離れたところにいた通訳に合図して、彼を通じて言った。「我が友人よ、今渡された、余の主君であり、かつおじである豊後王のこの手紙を読むのを是非聞いて貰いたい。それから、お前たちへの頼みを言うことにしよう」。……

ピントは鉄砲伝来の場にいたポルトガル人のひとりとして語るのだが、それは事実とは認めがたい。しかしポルトガル人初来からあまり経たないうちに種子島を訪れていることは事実らしく、問題の貢船についても情報を得、それを鉄砲伝来の物語に織りこんだ。それが右の叙述なのではないか[9]。とすると右に見える豊後王、すなわち大友義鑑こそ、貢船の派遣主体ということになろう。ただし、ピントは豊後王を時尭の叔父（別の箇所には「母の兄」とある）とするけれども、『種子島家譜』巻三は時尭の生母を「嶋津薩摩守忠興女」とするす。

四　鉄砲伝来年代の再検討

ここでもう一度「鉄炮記」（Ｉａｂ）の伝えるところを確かめておこう。――天文癸卯（一五四三年）八月二十五日、種子島に百余人の船客をのせた大船が着いた。乗っていた「大明儒生五峯」が筆談で語ったところによると、船客は「西南蛮種の賈胡」で、貿易のために来たという。賈胡の長の名を牟良叔舎・喜利志太侘孟太といった。ふたりは島主種子島時尭の前で鉄砲を放って見せ、「希世の珍」と感じ入った時尭は、大金を投じてこれを買いとった。

他方ガルバンの記述（Ⅱ）の大意は――一五四二年、ディオゴ＝デ＝フレイタスの部下の三人のポルトガル人（アントーニオ＝ダ＝モッタ、フランシスコ＝ゼイモト、アントーニオ＝ペイショット）が、シャムからジャンクで脱走してリャンポーをめざす途中、嵐に遭い、三二度の島ジパンガス（ジャポンエス）に漂着した。

幸田成友は、イスパニア商人ガルシア＝デ＝エスカランテ＝アルバラードがフレイタスから香料諸島のティドレ島で聞いたポルトガル人の二度の琉球《レキオス》渡航の情報を紹介し、その一度めがⅡに符合することを指摘した。(10) エスカランテはメキシコ副王が一五四二年にアジアへむけて派遣したルイ＝ロペス＝デ＝ビリャロボス艦隊の随員で、同艦隊は翌年二月にミンダナオ島に到着したが、メキシコ帰航に失敗して、一五四五年一一月ティドレ島でポルトガル人に投降した。この間一五四四年一二月にフレイタスはビリャロボスと会談しており、エスカランテがフレイタスから琉球情報を得たのもこのころと考えられ、情報の信頼度は高い。ビリャロボス一行のリスボン送還後、エスカランテが一五四八年にまとめた報告書に収められ、現在セビーリャのインディアス文書館に所蔵されている。(11)

【史料Ⅷ】『ルイ＝ロペス＝デ＝ビリャロボス遠征報告』

彼（フレイタス）と一緒にそこ（シャム）にいた中の、ポルトガル人二人がチナ沿岸で商売しようと一隻のジャンクで向ったが、彼らは暴風雨にあってレキオスのある島へ漂着した。そこで彼らはその島々の国王から手厚いもてなしを受けた。それは、シャムで交際したことがある〔レキオ人の〕友人たちのとりなしによるものであった。彼らは食料を提供され立ち去った。

これらの人々が〔レキオ人の〕礼儀正しさや富を目撃したことから、他のポルトガル商人たちもチナのジャンクに乗って再びそこへ行った。彼らはチナ沿岸を東に航海し、さきの島に着いたが、今回は上陸を許されず、持参した商品とその値段の覚書を提出すべきこと、及び代金は直ちに支払われることが申し渡された。ポルトガル人たちはそのとおり提供したので、支払いをすべて銀で受け取り、食料を与えられ、退去を命ぜられた。

幸田は、エスカランテとフレイタスの接触が一五四四年末であることから、ポルトガル人のレキオス渡航は、第一回めが一五四二年、第二回めが一五四三年とするのが至当だとした。これを受けて所荘吉は、一五四二年にポルトガル人が種子島に漂着したが、このとき鉄砲伝来はなく、鉄砲は翌年再度の来航時に伝えられた、と解した。⑫「鉄炮記」（Ｉｂ）とガルバン（Ⅱ）とでは、ポルトガル人の名前が一部しか一致しない――牟良叔舎をフランシスコ＝ゼイモトに、佗孟太をアントーニオ＝ダ＝モッタにあてるのはよいが、ペイショットにあたる名がＩｂには見えず、逆にＩｂの「喜利志太」が浮いてしまう――のだが、所説は、一五四二年の三人のうちフランシスコ＝ゼイモト（牟良叔舎）だけが道案内として再度渡航した、と解することでこの隘路を切り抜ける。またⅡは鉄砲について一言もしるしていないことも、所説にとって有利である。Ⅱが鉄砲伝来と結びつけて解釈されるのは、『日本教会史』以降のことなのである。

いっぽう、ドイツ人イエズス会士でザビエルの研究家として著名なゲオルク＝シュールハンマーも、ポルトガル人の一度めのレキオス渡航を一五四二年、二度めを四三年とするが、ガルバンよりもエスカランテの記述に信をおいて、一度めは琉球に至っただけとし、「鉄炮記」の記事を採用して、二度めにようやく種子島に至った、と考えた。⑬エスカランテのいう「レキオスのある島」を、所は種子島、シュールハンマーは琉球と解するわけだが、後者の説では、エスカランテは二度めもおなじ島に着いたとしるしているのに、これをあえて種子島と解するという無理がある。⑭また所は、ガルバンに北緯三二度の島とあるのを根拠に、一度めの漂着地を薩摩の阿久根に修正したが、⑮その結果おなじ矛盾に逢着することになった。

ここに、従来見逃されてきた事実がひとつある。連年、再度のポルトガル人渡来の事実は、じつは「鉄炮記」にもしるされているのである。すなわち一回めの渡来の翌年、また「蛮種の賈胡」が種子島の熊野浦にあらわれたので、種子島時尭は、乗っていたひとりの鉄匠から砲底を塞ぐ技術を学ばせ、「歳余にして」数十挺の鉄砲の製造に成功した、という（Ｉｃ）。つまりヨーロッパ史料（Ⅷ）によれば一五四二年と四三年、「鉄炮記」（Ｉ）によれば四三年と四四年にポルトガル人の渡来があったのだ。前者の一五四三年の記事と後者の一五四三年の記事とが同一のことを指しているとすると、一五四二、四三、四四年の三年連続で渡来があったことになるが、そう考えるよりは、ⅠとⅧのどちらかを一年ずらして重ねあわせ、両者ともおなじ〈連年、再度の渡来〉を語っている、と考えるほうが合理的ではあるまいか。

台湾の史学者李献璋は、「鉄炮記」を深く読んで、つぎのように指摘した。[16]――二度めのポルトガル人来島が一五四四年だとすると、その後砲底を塞ぐ技術を習得して種子島銃の製造に成功するまでに「歳余」を要した（Ⅰc）のだから、製造成功は早くて一五四五年になるが、これは「一五四四年に渡明した三貢船に乗っていた松下五郎三郎が種子島銃を携えていた」というⅠdの記述と矛盾する。しかし、初度のポルトガル人渡来を一五四二年、再来を四三年と修正すれば、砲底を塞ぐ技術は四四年に習得されたことになり、松下が同年に製造された数十丁の鉄砲のひとつを携えて三貢船に乗ることは十分可能になるから、矛盾は解消する。そのうえ、ヨーロッパ史料との食いちがいもなくなる。

三四年も前に提起されながら正当な評価を得られていない[17]この説こそ、正しく的を射ていた、と私は思う。「鉄炮記」自身が時間的な矛盾をはらんでいたのである。なおⅠa―cの部分だけを一年前にずらせて理解しながら、Ⅰdをそのままにするのは恣意的だという批判があるかもしれないが、Ⅰdは故老からの伝聞という独自のソースに拠っているので、これを切り離してⅠa―cの部分だけを批判することは可能である。これに従うと、前述した王直の日本初来も一年引きあげねばならなくなるが、そうしても中国史料との矛盾は生じない（年表1参照）。むしろ、一五四三年にポルトガル人がふたたび種子島に来たのも、王直に導かれてあった、という推測が可能になる。

とすると、ポルトガル人の種子島初来から王直が双嶼にあらわれるまでの経過はこうなる。――一五四二年、王直の船に乗ってシャムから種子島に到着したポルトガル人が鉄砲を伝える。かれらはおなじ船でシャムへ帰り、翌四三年また王直の船で種子島に来、砲底を塞ぐ技術を伝授する。「鉄炮記」にはポルトガル人の再来の季節がしるされていないが、かれらはおよそ太陽暦の七、八月ころ南西の季節風に乗じて日本に向かい、一〇、一一月ころ北東の季節風に乗じて日本を立ち去るのが常だったから⑱、かれらがシャムにもどって二度めのレキオス行きの情報をもたらしたのは、太陽暦で同年の暮か、翌四四年のはじめ以降であろう。この情報は当然フレイタスの耳に入り、同年の末、フレイタスからエスカランテに語られる。王直のほうは、同年の南西の季節風に乗って、本来の目的地であった双嶼にあらわれて許棟の集団に加わる。そしてその翌年(一五四五年)、許棟の配下として、貢使寿光に同行してまた種子島へ渡った……。

右の王直の行動を要約した文字が、『籌海図編』(Ⅴb)の「巨艦を造り、将て硝黄糸綿等の違禁物を帯し、日本・暹羅・西洋等の国に抵り、往来互市すること五、六年」であった。そして『日本一鑑』(窮河話海巻二・倭好)に「手銃〈初め仏郎機国より出づ、国の商人始めて種島の夷に教へて作る所なり……〉」とあるように、鉄砲伝来もかれの交易活動の一シーンをなすものにほかならなかった。

五　残された問題

以上で私説の提示を終えるが、もとよりこれですべての問題が解決したとは思っていない。筆者自身が納得しきれていない疑問点を最後にあげて、後考に備えたい。

①ⅠaとⅡとでポルトガル人の数および名前にずれがある。前者を一五四三年、後者を一五四二年とする所・シュールハンマー説にとって支えとなるデータだが、Ⅱと同一のソース(フレイタス情報)に基づくⅧと、Ⅰとが、〈連年、再度の渡航〉という点で符合する事実を重視するなら、やはりⅠaとⅡはおなじ事件を述べていると考えざるを

えない。むしろまったく別な時間、別な場で成立し、別なルートで文字に定着したⅠa・Ⅱふたつの情報に、重なり合う部分(牟良叔舎＝フランシスコ、侘孟太＝ダ・モッタ)が存在するという事実のほうが、希有なことなのではないか。

②①の点を認めるとしても、Ⅰaを一年前にずらすのでなく、**Ⅱを一五四三年に修正するのはどうか。**これに従うとⅧの語る二度のレキオス渡航をも一五四三年と四四年に修正する必要が生じ、四四年末までに情報がエスカランテに伝わるための時間的余裕がきびしくなる(かならずしも不可能ではないが)。それよりもⅠaとⅡのどちらを修正すべきかという問題は、煮つめれば鉄砲伝来から六〇年以上あとに成立した史料と、約二〇年後にまとめられた史料との、価値評価の比較に行きつくだろう。

③**Ⅰaのポルトガル人来航のようすが、ⅡⅧのような暴風雨による漂着という感じではない。**これについては、ⅡⅧは暴風雨を経験した者が残した記録であるのに対して、Ⅰaは陸にいて来航を迎えた側の記録である、というちがいをふまえる必要がある。嵐に遭って針路の変更を余儀なくされたとしても、かれらの船がぼろぼろの漂流船として種子島の人々の前にあらわれたとはかぎるまい。

④**ポルトガル人の二度めの種子島(レキオス)渡航を、Ⅰcは歓迎したようにしるすが、Ⅷは「上陸を許されず、退去を命ぜられた」としるす。**しかしⅧを見ても貿易は完全に行なわれ、無事帰航しているので、ポルトガル人は一定期間種子島に留まっただろう。鉄砲製造技術の細部を伝授するくらいの余裕はあったと考えられる。

⑤**Ⅰdがしるす鉄砲の関東伝播の話は、どこまで信頼がおけるのか。**Ⅰdを信ずれば一五四五年には伊豆に種子島銃が製造法もろとも伝わったことになるが、その早さは九州や畿内にもひけをとらない。ところがじっさいに鉄砲の使用状況を文献で追ってゆくと、関東は九州や畿内よりはるかに遅れ、使用開始が一五六〇年代まで降ってしまううえ、その後も後進性を克服できていない。[19] くわえてⅠdのしるす「松下五郎三郎」なる人名は他の史料にみえず、

「はたして実在の人物か否か疑わしく思われる」[20]。私がもっとも不安を感じるのはこの点である。ここが突破できないと、「鉄炮記」に内在する時間的矛盾という李説の根幹が崩れ、Ｉａの「天文癸卯」を修正する必要も薄れてしまう。しかしⅧとの整合性の確保という外的要請は残る（①参照）。内的にも、Ｉｄのしるす「貢船」の動きについては、Ⅵ・Ⅶ・Ⅳｂなど関連史料もあるからさほど疑う必要はなく、ゆえに「三貢船」が帰途嵐に遭って関東へ漂到したのも事実ではないか。むろんそうだとしても、「松下が鉄砲をもって三貢船に乗っていた」という話に真実味が増すわけではないが。

注

（1）ただ、④の年表が「ポルトガル（商）船」とせず「ポルトガル人」としていることは、船が後述のように中国式のジャンクだったことを考慮した結果と思われ、注目される。

（2）その代表的な論者が宇田川武久である。『鉄炮伝来――兵器が語る近世の誕生』（中公新書、一九九〇年）および『東アジア兵器交流史の研究――十五～十七世紀における兵器の受容と伝播』（吉川弘文館、一九九三年）参照。もとより筆者は〈アジア的要素〉の強調を否定する者ではない。むしろそれを正当に評価するための作業として、本章を位置づけているつもりである。

（3）宇田川は『朝鮮王朝実録』にみえる火器の記事を、鉄砲伝来研究のうえで活用すべきことを強調する。しかし『実録』にみえる「火炮」の文字を無批判に鉄砲と解釈する（前掲『鉄炮伝来』一三頁。前掲『東アジア兵器交流史の研究』一四一頁）など、問題が多い。『実録』にみえる諸火器のなかで、いわゆる鉄砲（ポルトガル語のespingarda、英仏語のarquebus）に相当するのは「鳥銃」「鳥嘴銃」に限定されるのではないか。そして鳥銃の朝鮮史料における初見は、一五八九年に豊臣秀吉の使者宗義智らが「二孔雀及び鳥銃・槍・刀等の物を献ず、命じて孔雀を南陽海島に放ち、鳥銃を軍器寺に下す、我が国の鳥銃有ること、此より始まる」とある『懲毖録《ちょうひろく》』の記事とされる（有馬成甫『火砲の起原とその伝流』吉川弘文館、一九六二年、六九五頁）。一五九二年の文禄の役以降の記述になると、『実録』に鳥銃が頻出し、朝鮮側が大きな軍事的脅威と認識していたことがわかる。ゆえに『実録』以下の朝鮮史料は、アジアにおける諸火器の使用状況や、日本の軍隊への鉄砲の普及については、なるほど貴重な史料であるが、日本への鉄砲伝来に関する史料としては、検討の対象にならない。

(4) 李献璋「嘉靖年間における浙海の私商及び船主王直行蹟考(上)(下)」(『史学』三四巻一・二号、一九六一年)。とくに(上)の五四―五六頁。

(5) 王直の日本渡航の年代を語ってくれそうな史料は、Ⅲc「王直、乙巳歳(一五四五年)に於て日本に往市し」、Ⅳa「二十三年(一五四四)始めて日本に通ず」、Ⅳb「私市は二十三年より始まる」の三つで、一年のずれがある。後述のように、かれは嘉靖二四年(一五四五)四月以降に帰航した日本からの貢使寿光らと同行したと考えられるので、日本行きの年代はⅢの一五四五年が正しいと考えられる。Ⅳのふたつについては別の解釈が可能である(二七〇頁参照)。

(6) 李注(4)論文(下)、四七、五〇―五二頁。

(7) 王直は内陸部の安徽省出身で、おそらく浙江や福建を経ずに、広東から海に出たのだろう。かれの双嶼への出現が遅れるのはそのせいであろう。

(8) 史料Ⅶbは、寿光らはこの時点(一五四五年四月)でなお寧波に留まっていた、と読めないこともないが、それ以前に明側が寧波での朝貢貿易を「許さず、督して国に還らしめた」ことは明らかだから、その後「中国の財物を嗜み、相貿易し」たのは他地における密貿易と考えられる。ゆえに「延ばすこと歳余、肯へて去らず」とは、寧波から立ち去るのを拒否したという意味ではなく、中国からの意味であろう。なお、田中健夫『倭寇――海の歴史』(教育社歴史新書、一九八二年)一三三頁に、「(王直は)日本の貢使に随行して日本にむかった。この貢使というのは前年明に渡ったけれども貿易を許されずに帰国を命じられた僧寿光の一行だったらしい。正式の貿易を許されなかった寿光は寧波あたりで密貿易を行ない、王直と関係を結んだのであろう」とある。

(9) 東洋文庫版『東洋遍歴記3』(平凡社、一九八〇年)に付された訳者岡村多希子の「解説」によれば、ゲオルク＝シュールハンマーはピントがはじめて日本に渡航した年を一五四四年と考証しているという(三〇四頁)。これはまさしく「二合船」が種子島から解纜渡唐した年にあたる(史料Ⅵ)。

(10) 幸田成友『日欧通交史』(『幸田成友著作集』第三巻、中央公論社、一九七一年、一―一二頁。初出は一九四二年)。

(11) 岸野久『西欧人の日本発見――ザビエル来日前日本情報の研究』(吉川弘文館、一九八九年)二六―二七頁。

(12) 所荘吉「鉄砲伝来論攷」(『鉄砲史研究』六三・六四号、一九七四年)。同「鉄砲伝来をめぐって――その正しい理解のために」（種子島開発総合センター編『鉄砲伝来前後――種子島をめぐる技術と文化』有斐閣、一九八六年）。なお、史料Ⅷのレキオス（琉球）が種子島をふくむとみることに疑問があるかもしれないが、一六世紀のヨーロッパ人や中国人に琉球と日本との境界がそれほど厳密に認識されていたとは思えない。九州の西南につながる島々の全体をばくぜんとレキオスの名で呼んでいたのではないか。この点については本書第Ⅳ部第四章で立ちいった考察を試みている。

（13）ゲオルク＝シュールハンマー「一五四三年ポルトガル人の日本発見」（初出一九四六年、リスボン）。岸野前掲書、三〇―三二頁の要約による。

（14）洞富雄『鉄砲――伝来とその影響』（思文閣出版、一九九一年）三〇〇頁。

（15）所荘吉「日本銃砲史五」（『鉄砲史研究』二〇八号、一九八九年）。

（16）李注（４）論文（下）、五一頁。

（17）洞注（14）書、二九〇―二九二頁は李説を紹介して「この史料批判はきくべき卓説であると思う」と評価しながら、史料Ⅰdの記述には全幅の信頼を置きがたいとして、「いまのところ、まだ漠然と、鉄砲伝来の年次を一五四三年（天文十二年）前後とみなしておく」、との結論に達している（二九六頁）。

（18）幸田注（10）書、二〇頁。

（19）宇田川注（２）前掲『東アジア兵器交流史の研究』一七七頁以下。

（20）洞注（14）書、一四五頁。

第三章　鉄砲伝来研究の現在

一　「鉄砲伝来再考」まで

〈鉄砲はいつ、だれが、どこに伝えたか〉という命題について、たいがいの年表には「一五四三年、ポルトガル船が種子島に漂着して鉄砲を伝える」と書いてある。薩摩の学僧文之《ぶんし》玄昌《げんしょう》が一六〇六年に書いた「鉄炮記[①]」を典拠とするこの説は、教科書にもゴチックでしるされるほど周知の史実であって、疑いの余地はないかに見える。ところが研究史をひもとくと、「周知の史実」がたちまち混沌としてくる[②]。主要な問題点に絞っても、つぎの三つを指摘できる。

①ポルトガル人(以下「葡人」と表記する)アントーニオ＝ガルバンの著『諸国新旧発見記』(一五六三年刊、以下『発見記』と略記)に、一五四二年に葡人三人が「ジャポンエス」あるいは「ジパンガス」を「発見」したとしるされている[③]のを受けて、ジョアン＝ロドリーゲスが一六二〇年代に『日本教会史』に書いた一五四二年種子島伝来説がある[④]。日欧の史料間に存在する一年の差を埋めるべく、ドイツ人イエズス会士ゲオルク＝シュールハンマーと日本の鉄砲史家所荘吉は、一五四二年に葡人が来たのは種子島ではなく別地点であり(シュールハンマー説は琉球、所説は薩摩の阿久根)、またこの時には鉄砲伝来はなく、翌年に種子島で葡人が鉄砲を伝えた、という解釈を打ち出した。これが今のところ通説と見なされている。

②「鉄炮記」によれば、葡人と同船していた「五峯」という中国人が、葡人と種子島家家臣との意思疎通に重要な役割を果たしたという。この五峯がのちに倭寇王として知られるようになる王直（別号五峯）であるかいなかについては、王直の日本初来を一五四五年とする中国史料『日本一鑑』[5]と齟齬があり、あいまいなままにされてきた。

③宇田川武久は、東アジア（とくに朝鮮と日本）における火器の使用状況を調査した結果、日本の鉄砲は種子島を唯一の源流とするとは考えがたいとし、ヨーロッパではなく東南アジアで使われていた銃が、倭寇によって、〈一五四三年・種子島〉以外の時と場においても、日本に伝えられたとする。従来の論議を根っこから覆しかねない説であった。

このような状況を受けて、私は一九九七年に発表した「鉄砲伝来再考」（本書第Ⅲ部第二章。以下これを「前稿」と呼ぶ）でつぎのような解釈を提示した。

まず、①についてはつぎの二点を主張した。第一、ガルバンと並ぶ重要なヨーロッパ史料「ディオゴ＝デ＝フレイタスの情報」（以下「フレイタス情報」と略記）に、葡人が連年、おなじ「レキオスのある島」[6]に至った、とある以上、シュールハンマー・所説は矛盾の解消になっていない。第二、台湾の史学者李献璋がかつて指摘した「鉄炮記」の内部矛盾――一五四四年の葡人再来から「歳余」を費やして製造された種子島製の銃を、一五四四年種子島を出帆した船に乗っていた松下五郎三郎が携えていた――を考慮すれば、同記が天文一二・一三年（一五四三・四四）に「西南蛮種の賈胡」が種子島に到来したとしるすのは、一五四二・四三年に訂正すべきである。

そして②については、『籌海図編』[7]巻九大捷考・擒獲王直に、「嘉靖十九年（一五四〇）、時に海禁尚弛し。直、葉宗満等と広東に之き、巨艦を造り、将《もっ》て硝黄糸綿等の違禁物を帯し、日本・暹羅・西洋等の国に抵《いた》り、往来互市すること五、六年、致富貲《はか》られず。夷人大いにこれに信服し、称して五峯船主と為す」とあることをふまえて、葡人がシャムから種子島まで乗ってきたジャンクは王直のものであり、かれはシャム・種子島間を一五四二・四三年に二往復したのち、一五四四年にシャムから双嶼に至って倭寇許棟の一団に加わり、一五四五年にまた日本へ行った、と解釈した。

しかしながら、前稿は日本・中国・西欧の史料間に存在する矛盾を解きほぐすことに主眼を置いたので、③の点についてはくわしくは述べなかった。またいっぽうで、葡人日本初来および鉄砲伝来の時期と場所については、前稿と前後していくつかの論文が発表され、にわかに論議が活発になってきた(三一二頁補注参照)。そこで本章では、それら諸説を批判的に紹介しつつ、③の点についても私見を提示し、大方の批判を仰ぎたいと思う。

二　種子島の画期性否定論について

私見によれば、一五四二年種子島に漂着して鉄砲を伝えたのは王直の所有するジャンク船であった。あとでくわしく述べるが、ヨーロッパ人出現後しばらく、かれらを日本に運んできた船は、圧倒的にジャンクであった。その運航主体は、王直をはじめ、フランシスコ＝ザビエルをマラッカから鹿児島へ運んだラダラオ(海賊の意)の例などが示すように、後期倭寇であった。近年の学界では、広い意味での「倭寇」がヨーロッパ人日本初来および鉄砲伝来に深く関わっていたことを否定する説はなく、日欧のであいにアジアという媒介が働いていたことは、共通の理解になっているといってよいだろう。

宇田川武久は、この点をさらに推し進めて、「鉄砲を伝えたのはポルトガル人ではなく倭寇とみたほうが史実に近く、種子島が唯一の伝来地ではない、と強調する(宇田川一九九三：一四二頁)。この説に従えば、戦国史において一五四二年(あるいは一五四三年)はいかなる意味でも画期ではないことになりかねない。しかし、一五四二年(あるいは一五四三年)の種子島以外に、たしかな鉄砲伝来の史実は確認できないし(ただし、後述のように一五四四年に種子島にスペイン系の鉄砲が伝播した可能性がある）、「種子島」が日本製鉄砲の最初のブランドとなったことも事実である。葡人のアジア進出以前から、火薬を使った武器（火器）が中国を中心に広く使われていたことはたしかだけれども、これらは主として城壁や船を破壊するための兵器であった。[8] これに対して、西欧起源の鉄砲（ポルトガル語の espingarda、スペイン語の arcabuz、漢語の鳥銃）は、兵士をねらいうちで殺傷するための兵器で、それゆえ狩猟にも使用された。ポルトガルによるアフリカ・アジア各地での拠点確保や、日本における戦国動乱の帰趨にとって、大きな意味をもったのは、火器一般ではなくこの鉄砲であった。また、「西洋式の銃が種子島で日本人に伝えられた」という趣旨の記述が、日本では「鉄炮記」、ポルトガルでは『東洋遍歴記』[9]（一五六九年ころの成立、岡村多希子訳、平凡社東洋文庫、以下『遍歴記』と略記）、中国では『日本一鑑』（本節の末尾に掲げる）という、相互に無関係に成立した史料に共通してしるされていることも看過すべきでない（中島二〇〇五：五四頁）。

もっとも宇田川は、種子島に伝えられた形式の火縄銃は天文一二年（一五四三）前後の中国に存在していなかったと述べてはいる（宇田川一九九三：一四四頁）。しかし論の基調は倭寇一辺倒論とうけとられかねないもので、じっさい、学界ではおおむねそう理解されている。宇田川の所論には、一五四四―一五四七年の朝鮮・明史料に見える明人の携えた「火砲」を、なんの根拠も示すことなく鉄砲と解する（宇田川一九九三：一四〇―一四一頁）など、明らかな誤りも見られる。この点を指摘したものとして、洞一九九一（五四―五五頁）、春名一九九三、佐々木編二〇〇三（一二三―一二四頁（関周一執筆分））があり、後二者では一五四四年の時点で朝鮮軍も「火砲」を用いていたことが指摘されている。[10] にもかかわらず、宇田川は近年の著書においても、批判に一言も言及することなく、火砲＝鉄砲説をくりかえしている（宇田川二〇〇六：四七―四八頁）。

宇田川が得意とする銃の様式の考察にしても、東南アジア製であることがただちにヨーロッパとの関係を否定することにはならない。的場節子は、ヨーロッパ各地に現存する古銃の情報をふまえて、種子島銃の「火ばさみの倒れる方向が銃口側であり、瞬発式火縄点火装置を持ち、銃床が頬付け式である」という仕様は、「西欧で一六世紀前半に開発された鳥類狩猟仕様の……銃と特徴が一致」するが、「ヨーロッパでは一六世紀半ばには瞬発式火縄点火装置が火花点火装置にとって変わったためにこの仕様の銃はあまり長期間製作使用されなかった」と指摘している〔的場一九九七：五七―五八頁〕。種子島銃のモデルを、ヨーロッパ製銃の流れを汲んでマラッカで現地生産された銃に求める的場の結論は、鉄砲伝来と倭寇との関わりという観点から見ても、説得的である。

　日本に現存する鉄砲のもつ、名称・様式・サイズ・弾の大きさ・メカニック等の多様さは、たしかに、宇田川がいうように、その起源が〈一五四二(／四三)年・種子島〉だけではなかった可能性を示唆している。葡人の日本「発見」以後、ヨーロッパ勢力が日本に殺到するなかで、多様なかたちで(種子島以外をも含めて)鉄砲技術が伝わったことは充分想像される。その意味で、〈一五四四年・種子島〉で「皿伊旦崙《ペイタロ》」(＝Pedro＝ペロ＝ディエス)が「阿留賀放至」(＝arcabuz)を津田監物(根来津田流の祖)に伝えた、とする的場の指摘は貴重である〔的場一九九七：四八―五〇頁〕(11)。スペイン人の伝えたこの銃は、初伝銃と異なった仕様であった可能性があるからである。

　宇田川のいうように、「薩摩筒」「堺筒」「国友筒」など多様な様式の和銃が成立してくる背景に、種子島とは時間や場所を異にする鉄砲伝来の情景を想定してもよい。事実、「薩摩筒」の様式は種子島銃のような「外カラクリではなく、弾金のない内カラクリであり、火挟みは鉄製で銃床も様変わりしている」という〔宇田川一九九三：一六〇頁〕。

　とはいえ、日本銃のすべてのヴァリエーションが各別の伝来にまで遡るはずもなく、砲術家たちの創意工夫によって伝来後に生じた変異も多いにちがいない。宇田川は、なぜかこの点のスクリーニングをおこなわず、いきなり「鉄炮の伝来は種子島以外、西日本一帯のひろい地域に分散波状的にあった」という「新事実」につなげてしまう〔宇田川二〇〇六：一二三〇頁〕。宇田川が専門とする砲術史の立場から、ぜひ伝来後の変異が解明されることを期待したい。

　日本の鉄砲の起源については、ほぼ同時代人である明人鄭舜功が、とっくに答えを出してくれていた、と私は思う。

すなわち、かれの著『日本一鑑』（一五六五年）の窮河話海巻二・器用の「手銃」という項目に、「初め仏郎機国より出づ。国の商人始めて種島の夷に教へて作る所なり」という解説がある。鉄砲は「仏郎機国」すなわちポルトガル起源のものであるが、それを種子島の「夷」に教えたのは、「国の商人」すなわち王直ら倭寇であった。日欧の直接のであいという常識のウソでも、アジア的要素一辺倒論でもない、きわめてバランスのとれた歴史認識が、ここには示されている。

三　近年の研究動向

一九八五年、清水紘一は「日葡交渉の起源」と題する論文（清水二〇〇一に収録）において、日本側に伝えられた史料の厳密な読み直しを通じて、前稿とは異なる視角から一五四二年種子島伝来説を提起した。じつは前稿は、この論文の存在に気づかないまま立論するという大きなミスを犯していた。[12] 以下、清水の説くところを要約する。

『種子島家譜』には、鉄砲伝来と同年に並列的ないし雁行的に起きた事件として、禰寝《ねじめ》重長の種子島進攻事件がしるされている。『種子島家譜』はこの事件が起きた年を天文一二年（一五四三）とするが、『島津貴久記』は天文一一年に懸けている。『種子島家譜』が種子島時尭の屋久島逃亡と種子島帰還をともに天文一二年とするのは、事件全体の経緯からするときわめて不自然だが、そうなった原因は、鉄砲伝来と禰寝進攻事件が同年のできごとだったという歴史的記憶と、前者を天文一二年のこととする「鉄炮記」とを、『種子島家譜』の編者がともに満足させようとしたことにある。そこで、『島津貴久記』を採用して進攻事件を天文一一年のこととし、両事件を同年とする歴史的記憶を尊重して鉄砲伝来も天文一一年のこととすれば、事件全体の経緯は自然なものとなる。また、時尭が鉄砲という新兵器をあれほど積極的に導入しようとした歴史的環境も、「ポルトガル人の渡来は、この危機（禰寝進攻――村井注）を打開し得る新兵器「鉄砲」を将来した出来事として、格別の意味を持っていた」という（清水二〇〇一：四七頁）[13]ぐあいに、より具体的に理解できる。

また清水は、「フレイタス情報」が語る「レキオの島」への葡人の二度の航海が、「鉄炮記」に「西南蛮種の賈胡」の初来の翌年に「蛮種の賈胡復《ま》た来る」とあることと符合する、と指摘している（清水二〇〇一：六一頁）。前稿でこの符合を「従来見逃されてきた事実」としたことは撤回しなければならない。

以上のように、清水と前稿とは、まったく異なる論拠から、期せずしてともに一五四二年種子島伝来説という、古い学説を復活させることになった。ここでひとつつけくわえておきたいことは、日本側の文献にも鉄砲伝来を天文一一年（一五四二）とするものが存在する事実である。それも、天文一〇年の豊後神宮寺浦への明人漂着（後述）を誤って翌年に係けたもの[14]でも、内容は「鉄炮記」の記述に依拠して年代だけを前年とするもの[15]でもなく、独自の内容をもっている。

すなわち、『歴代鎮西志[16]』天文一一年条に、「今年鴃舌《げきぜつ》（鳥のさえずりのように意味のわからない言葉）の舟、大隅邦種子島に漂泊す。島主有り、兵部丞時尭と号す。彼は即ち種島を氏とす。時尭其の船を容れ、数日懇情を加ふ。是れ舟人の持ち来る所の鉄炮の方術を伝へんが為なりと云云。其の術の致す所百発百中なり。千古猶焉《これ》を聞く無し。種島之を伝へ、而して薩摩守に伝ふ。其の後漸次本朝に行はると云云」とある。用語・表現・文章とも「鉄炮記」とまったく異なっているから、「鉄炮記」とは別系統の史料に基づいたものと考えてよいだろう。

前稿発表とおなじ一九九七年、的場節子は論文「南蛮人日本初渡来に関する再検討」を公にし、葡人日本初来の年代・場所について「新説」を打ち出し、かつ西欧に伝存する古銃に関する新たな情報を紹介した（的場一九九七）。このうち後者は、種子島銃の仕様が一六世紀前半の西欧で開発された鳥類狩猟のための銃と一致することを指摘しており、宇田川の所論に対する有効な批判となっていることは、すでにふれた。いっぽう、葡人初来を〈一五四二年、豊前の日本海岸〉とする前者は、誤った史料解釈に基づくものである。

的場は、「フレイタスの情報」を「鉄炮記」と符合し一五四三・四四年の葡人種子島到来を語る史料とするいっぽうで、『発見記』の語る史実はこれら二史料とは別だとする。そして、『朝鮮中宗実録』三七年(一五四二)四月庚午条に「大明漂氓八十余名、風に放たれて日本の豊州浦に来る。其の姓名を問はしむるに、則ち敢へて言はず。皆大明国裏の京を去ること万里南境の商賈《しょうか》なり」とあるのを、『発見記』の葡人ジパンガス「発見」と同一の史実を語るものだとする(的場一九九七：四一―四六頁)[17]。

しかし、「フレイタスの情報」に見える第一回目のレキオス到着と『発見記』のジパンガス「発見」を別だとする根拠は、レキオス／ジパンガスという地名のちがいと、葡人の二人／三人という人数のちがいの二点にすぎない。前者についていえば、一五五〇年代以前に葡人が作成した日本列島周辺地図では、イァパンがレキオスの一部とされている(本書第Ⅳ部第三章[18])から、レキオスと呼ばれた島が種子島ではありえないという解釈(この点はシュールハンマー説も同様)はなりたたない。また人数のちがいについては、「フレイタス情報」は葡人の名前を伝えておらず、『発見記』のしるす三人のうちの二人について言及したものか、あるいは三人が二人と誤り伝えられたものという解釈も充分可能である。

さらに、的場が積極的な根拠として提示した『朝鮮中宗実録』の記事は、一五四二年四月二〇日以前にソウルに至った「日本国王使」安心が携えていた書契のなかに見えるものである。「豊州浦」に明船が漂着してから、情報が安心の耳に入り、それが書契にしるされ、――その間に安心が「日本国王使」に任命され――、安心がソウルに至って、朝鮮政府に書契を渡すまでに要する時間を考えれば、漂着が一五四二年に収まる可能性はひじょうに少ない。そのうえ、大陸方面から「日本への航海は、季節風の航海であり、……日本には、陰暦六、七月頃来航し、同じく十月から翌年二月頃帰航するのが普通であった」(清水二〇〇一：六七頁)から、一五四二年の春に明船が日本に漂着することはまずありえない。『中宗実録』の記事は、『歴代鎮西志』ほかの史書が伝える、天文一〇年（一五四一）七月二二日に豊後神宮寺浦（現、大分市）に明人二八〇名を乗せた船が来着した事件と同一のものと解するのが至当であろう（明人の数のちがいという問題は残るが）。なおこの解釈は、早く小葉田一九六九（四八二頁）に示されていたものである⒆。

四　「レキオスのある島」はどこか

二〇〇五年、東洋史家の中島楽章は、「ポルトガル人の日本初来航と東アジア海域交易」と題する論文（中島二〇〇五）で、「フレイタス情報」にしるされた一五四二・四三年にポルトガル人が到来した「レキオスのある島」とは琉球（沖縄本島）で、「鉄炮記」のしるす「天文癸卯（一五四三）」とその翌年の葡人種子島到来とは、別の史実を語るものだと論じ、鉄砲伝来の年代については通説どおり「鉄炮記」の一五四三年が正しいとした。その論点は多岐にわたるが、本章の立場から最小限のコメントを加えておく。

㈠『遍歴記』以外の欧州史料に鉄砲伝来のことが出ないことについて、中島は、「日本について漠然と「金銀に富む」と記すだけで、鉄砲伝来などの具体的記述が一切ないのは奇妙に思われる」という（中島二〇〇五：四三頁）。だがこれはそれほど不自然だろうか。鉄砲伝来は日本側にとってはきわめて大きな事件だったが、欧州側にとっては「日本発見」こそが記述に値するできごとで、鉄砲は売れ筋の商品のひとつにすぎなかった。同様に、「鉄炮記」の描く大船に、嵐による漂着らしいようすが窺えないこと（中島二〇〇五：五三頁）も、船に乗っていて嵐に遭遇した者と、陸にいて船を迎えた者との、記述者の立場の相違で説明できる。

㈡一五五〇年代までのヨーロッパ製地図が語るように、鉄砲伝来のころのヨーロッパ人は、イァパン（日本）全体をレキオスという大地域のなかにある島と認識していた（本書第Ⅳ部第四章）から、種子島を「レキオスのある島」と表現することに、なんの不思議もない。日本を琉球から独立した地域として描いた最初のヨーロッパ製地図は、一五六一年のバルトロメウ＝ヴェーリョ作「世界図」である。中島説にかぎらず、早くから日本が琉球とは別の地域と見られていたという思いこみに基づいて、「フレイタス情報」のレキオスを安易に琉球（沖縄本島）に比定する論が多い⑳。

㈢ 中島説は、『発見記』と「フレイタス情報」との符合を認める立場をとるので、『発見記』の「ジャポンエス（ジパンガス）」記事を、「エスカランテ報告（＝「フレイタス情報」）に述べる琉球到達の記事を、誤って（または故意に）日本発見を伝えたもの」と解することになる（中島二〇〇五：四五―四六頁）。しかし、中島の示す論拠はもっぱら『発見記』の史料的信頼度の低さという一般条件のみであり（中島二〇〇五：五〇頁、中島二〇〇九：五一―五二頁）、『発見記』が葡人の種子島到達を回想して、（その時点では「レキオスのある島」への到達であったが）じつはジャポンエス・ジパンガス（日本）の発見という事件だった、と述べている可能性を排除できていない。さらに、『発見記』はその島の位置を「東の方三二度」とするが、種子島ないしは大隅のどこかの港に関する一五四四年の「ペロ＝ディエス情報㉑」も、「日本の島」の位置をおなじく「三二度」としている。的場は、一五四七年のジョルジ＝アルバレス情報もくわえて、「日本の緯度を三二度とする認識」がポルトガル領東インド関係者にいきわたっていたと推定している（的場一九九七：四三頁）。その時点で著述された『発見記』が、北緯二六度付近にある沖縄への到達を三二度の島への到達と誤認した可能性は、きわめて小さいだろう。

㈣ 中島説は、『発見記』・「フレイタス情報」という欧文史料を、種子島とも鉄砲伝来とも無関係なものとするが、その結果、日・中・欧の史料相互間に存在する以下のような多くの符合を、すべて偶然としてかたづけざるをえなくなった。①「おなじ島に二年連続で葡人が到来した」という「鉄炮記」と「フレイタス情報」の符合。②「葡人がシャムのドドラ市（アユタヤ）からジャンクに乗って日本近海にやってきた」という欧州史料（『発見記』・「フレイタス情報」）と、「王直が一五四〇年に海に乗りだし、その後五、六年の間に日本・暹羅・西洋等の国に至った」という『籌海図編』巻九大捷考・擒獲王直との符合。③「フレイタス情報」と『遍歴記』の種子島記事で、ともに葡人が銀を購入していること。④到来葡人の名前が、「鉄炮記」は「牟良叔舎（フランシスコ?）」・「喜利志多佗孟太（クリストヴァン＝ダ＝モッタ?）」とし、『発見記』は「アントーニオ＝ダ＝モッタ、フランシスコ＝ゼイモト、アントーニオ＝ペイショット」としており、一部一致すること。日本「発見」後、銀を求めて多くの葡人が日本へ殺到した状況から考えて、①③④についてはたまたまそうなったという可能性も排除できない。しかし、五峯＝王直説に立つかぎり、②の、欧州史料と中国史料の双方に日本（「フレイタス情報」では「レキオスのある島」）・シャムが出るという暗合を無視することは、史実の復元に臨んで掌中の玉を捨ててしまうことにならないか。

(五)　中島説は、「鉄炮記」が一五四三年のこととしてしるす「新貢三大船」の種子島出帆（初度）を、一五四四年に修正することで、「一五四五年に種子島で製造に成功した鉄砲を、一五四四年に種子島を再度出帆した三貢船に乗っていた松下五郎三郎が携えていた」という矛盾を解消しようとする。中島は『種子島家譜』に天文一三年（一五四四）四月一四日に二合（貢）船が解纜したとあるのを初度の渡航とし（中島二〇〇五：五六頁以下）、一五四三年に初度の渡航を遂げたが「嵐のため（おそらく三貢船と同様）種子島に引き返し、翌四四年再度出港」したとする私見を、史料解釈に無理があると一蹴した（中島二〇〇五：七〇頁）[22]。なるほど、「鉄炮記」には「一の貢船は檣傾き楫摧けて烏有と化し去る。二の貢船は漸くにして大明国寧波府に達す。三の貢船は乗ることを得ずして我が小嶋に回る」とあって、二貢船はすんなり渡航したかに見える。ところが、中国史料『日本風土記』巻二は一―三号船の出帆を嘉靖二二年（一五四三）としており[23]、これは初度の渡航にちがいないから、『種子島家譜』に見える天文一三年（一五四四）の解纜は、やはり私見のように再度の出帆と考えざるをえない。「漸くにして」の一句にその経緯が籠められているのではないか。とうぜん三貢船の再度の出帆も同年となり、それを一五四五年に下げる中島説はなりたたない。やはり李献璋＝村井説のように、「鉄炮記」前半部の「天文癸卯（一五四三）」を一五四二年に修正するほうが無理が少ないのではないか。

いっぽう、中島説で検討にあたいするのはつぎの二点である。

第一は、「フレイタス情報」に、漂着事件前のできごととして「彼（フレイタス）がシャン（中略）の町に船を留めていた時、そこへレキオ人たちのジャンクが一隻やってきた。彼はこれらの人々と大いに話を交わした。（中略）彼は、彼らレキオ人と非常によい友人となり、そこを去った」とあり、漂着後「彼ら（フレイタスと一緒にシャムにいたふたりの葡人）はその島々の国王から手厚いもてなしを受けた。それは、シャムで交際したことがある友人たちのとりなしによるものであった」とあることから、シャムで葡人と交際のあった「レキオ人」は琉球人であり、その友人のとりなしによって国王から手厚いもてなしを受けた「島々」も琉球である、という解釈である（中島二〇〇五：四七頁）。

第二は、「フレイタス情報」によれば、一五四三年と推定される二度目の渡航のさいに、琉球は葡人の上陸を許さなかったが、その背景として、明が琉球で起きた中国人海賊の争闘を契機に、一五四二年五月琉球に中国商民との交通貿易を戒めていた、という事実（『明世宗実録』嘉靖二一年五月庚子条）を指摘したことである（中島二〇〇五：四七―四八頁）。

第二点から検討する。葡人の上陸が許されなかったとはいえ、貿易は行なわれて商品が銀に交換されており、「中国商民と交通貿易するを得ず」という明皇帝の戒諭は、ほとんど守られなかったことになる。葡人の受けた待遇と明皇帝の戒諭との間に、中島説がいうほどの強い連関があるかどうか疑問である。そのいっぽうで中島は「明朝の禁令は東南アジア華人にまで及んだわけではな」いともいう（中島二〇〇九：七二頁）。もしそうなら、東南アジア港市からやってきた華人のジャンクを、琉球側はなぜ明に対して気がねする必要があったのだろうか。

つぎに第一点。中島もいうとおり、フレイタスら葡人がシャムで親しくなったレキオ人が琉球人であることは、当時の琉球・シャム間の親密な国交から考えて動かしがたい（中島二〇〇五：四六頁）。しかもなおふたりの葡人の漂着先を種子島と解するには、その友人のレキオ人が漂着時にたまたま種子島に来ていたと考えなければならない。琉球国王・種子島氏間には一五二一年に君臣関係が結ばれており〔本書第Ⅳ部第三章〕、一五四二年には種子島の船が那覇に入港している〔中島二〇〇五：六八頁〕から、ありえない事態ではないが、かなり苦しい解釈を強いられることはいなめない。

以上の検討により、中島説が前稿に対するもっとも手ごわい批判であったことは認めざるをえないが、なお拙論を撤回する必要があるとは思わない。しかし、右の第一点を重視して、「フレイタス情報」を種子島および鉄砲伝来から切り放したばあい、どんな解釈の可能性があるかを考えてみることは、試みられてよい。中島説は「フレイタス情報」と道づれで『発見記』までも琉球に関するものとしたが、これは前述のように無理が多い。そこで注目されるのが、両史料を切り放して解釈する的場節子の説である。

的場は、一九九七年の論文では、「フレイタス情報」を一五四三・四四年の葡人種子島到来を語る史料とし、『発見記』を種子島と切り放して、一五四二年に葡人が豊前国に到来したことを語る史料とした。これが誤釈から生まれた「新説」であることは先に見た。ところが、二〇〇七年の著書では解釈をガラリと変えて、フレイタス兄弟の「極東海域知識の北限は、レキオ〔琉球〕までであったと思われる」、「フレイタス情報に伝えられる二度目の琉球渡航船」などの表現が示すように、結果的に中島説と一致する見解を採用した〔ただし中島論文は参照されていないようである〕〔的場二〇〇七：一一八、一二一頁〕。いっぽうで『発見記』については「一五四二年の日本発見情報」をしるしたものとしている。

「フレイタス情報」と『発見記』の間には、ともにディオゴ＝デ＝フレイタスに発する情報であること以外にも、「葡人がシャムのドドラ市〔アユタヤ〕からジャンクに乗って日本近海にやってきた」という共通するストーリーがある〔中島二〇〇九：四五頁〕。しかし的場のいうように、一五四二年の日本「発見」以降、東南アジア港市から日本へむけて銀を求める葡船が殺到した事実を踏まえると、おなじような事態が近接した時期、近接した場所で複数生じていた可能性がある〔的場二〇〇七：一一一頁〕[24]。そうなると、『発見記』に見える葡人は日本へ漂着し、「フレイタス情報」に見える葡人は琉球へ漂着した、という偶然もありえなくはないし、「フレイタス情報」では琉球に葡人が連年到来し、「鉄炮記」では種子島に葡人が連年到来した、ということになるのかもしれない。

しかし、このように若干の矛盾点を根拠に、符合しそうな史料をどんどん切り放してしまえば、史料間に矛盾はなくなるかもしれないが、日本列島のどこへでも邪馬台国をもっていけるのにも似た、収拾のつかない諸説乱立にたち至るだろう。また、伝来に関するたしかな史料は「鉄炮記」しか残らないことになり、結果として、「鉄炮記」の描く伝来の情景を細部まで鵜呑みにした、史料批判の放棄におちいりかねない[25]。

五　鉄砲伝来のクロノロジー

以上により、現時点においても前稿に根本的な修正を加える必要はないことが確認できた。しかし、この間諸説を検討するなかで、細部においては修正や追加を施す余地のあることがわかってきた。そこでそれらを補いつつ、鉄砲伝来の経緯をクロノロジカルに再構成してみよう〔前稿で述べたことについては典拠注記を省略する〕。

そのさいには、従来信憑性への疑念から利用が控えられがちだったメンデス＝ピント『東洋遍歴記』を、どの程度有効に使うことができるかに留意しながら、作業を進めようと思う。一般的にいってピントには、鉄砲伝来、ザビエルの到来、「豊後王国」の内乱などの重要事件に自身がたちあったかのように描き出す傾向が顕著であり、できごとの生起した年代や順番については信を措けないことが多い。しかしできごとの内容は、創作のように見えても他の信頼できる史料で裏づけのとれるばあいがあり、ジョアン＝ロドリーゲスの非難するほど捏造に満ちているわけではない。慎重な批判を踏まえて有効に利用する道を探るべきであろう[26]。

一五四二年（嘉靖二一・天文一一）

八月、三人の葡人を乗せた王直のジャンクが、シャムのアユタヤから中国沿岸で貿易しようと海に乗り出したが、暴風のため「レキオスのある島」（種子島）に漂着した。島主の種子島時尭は、葡人の携えていた鉄砲の威力に感銘を受け、大枚を投じて二挺を買いとる（『鉄炮記』）。ついで葡人と王直はマラッカに帰航した。

なお、ディオゴ＝ド＝コウトの『アジア史』[27]によると、葡人たちは種子島からシャムにもどったのではなく、「丁度都合の良いモンスーンを利用してマラッカに帰還した」らしい〔岡本一九四二：一六四頁、的場一九九七：四三頁〕。その後かれらがシャムにもどったことは、アユタヤにいたフレイタスがかれらから日本情報を得ていることからまちがいない。すなわち、かれらはポルトガルの東南アジア最大の基地であるマラッカも訪れており、それが『籌海図編』の「日本・暹羅・西洋等の国に抵り、往来互市」という王直の行動記録に痕跡を留めたと考えられる。なお、当時の中国史料における「西洋」とはヨーロッパの意味ではなく、中国南方の海洋世界を東西に二分したときの西半分を指す。

一五四三年（嘉靖二二・天文一二）

大友氏が仕立てたと思われる「貢船」が種子島で艤装して出帆するが、嵐に遭って一貢船は沈没、二・三貢船は種子島へもどった（二貢船の種子島帰還は推定）。ふたたび葡人が王直のジャンクで種子島に来航し、鉄砲の筒底をネジで密塞する技術を伝授する。年末から翌年にかけて、葡人・王直はシャムに帰航し、「レキオス」の情報を葡人ディオゴ＝デ＝フレイタスにもたらす。

一五四四年（嘉靖二三・天文一三）

種子島銃の製造始まる。四月、二貢船の寿光らが種子島を出帆し、六月寧波に入港したが貿易を許されず、浙江省舟山諸島にある密貿易基地双嶼に移る（双嶼への移動は推定）。三貢船は鉄砲を携えた松下五郎三郎を乗せ、入明に成功する。王直はシャムから双嶼に至って許棟の倭寇集団に加わる（『籌海図編』巻八寇踪分合始末図譜）。フレイタスは二月ころシャムを出て、マラッカ経由マルク諸島テルナテに移動し、一一月、スペインのルイ＝ロペス＝デ＝ビリャロボス遠征隊の随員ガルシア＝デ＝エスカランテ＝アルバラードに「レキオス」情報を語る（清水二〇〇一：六五―六六頁）。

「フレイタス情報」とならんでエスカランテが書き留めた「ペロ＝ディエスの情報[28]」によれば、当年五月、スペイン人ペロ＝ディエスは、マレー半島のパタニから福建省漳州を経て「日本の諸島」に至った（岸野一九八九：二二一―二二三頁）。鉄砲が紀伊国根来へ飛び火した経緯を語る『紀伊国名所図絵』『津田流鉄砲口訣記』によれば、天文一三年（一五四四）に津田監物は種子島に滞在していた「皿伊旦崙《ペィタロ》」から鉄砲の術を学んだという。「皿伊旦崙」＝ペドロ（スペイン名）＝ペロ（ポルトガル名）であるから、これはペロ＝ディエスに比定できる。この銃が初伝銃とちがう仕様のものだったらしいことは、『津田流鉄砲口訣記』に鉄砲が「阿留賀放至」すなわちarcabuzというスペイン語で記録されたことから想像される（的場一九九七：四八―五一頁、的場二〇〇七：一五七―一五八頁）。

いっぽう、メンデス＝ピントが初めて種子島に来たのは、シュールハンマーによって一五四四年と考証されている[29]から、かれはディエスと同行した可能性が高い。『遍歴記』において、ピントが鉄砲伝来の目撃者として語るシーンは、ディエスによる伝授のシーンを初伝にアレンジしたものではないか。『遍歴記』がピントと一緒に種子島に来たとしるす葡人の名は、ディオゴ＝ゼイモトとクリストヴァン＝ボラリョであるが、「鉄炮記」のしるす「牟良叔舎」「喜利志多陀孟太」という名前のうち、牟良叔舎がガルバンの伝えるフランシスコ＝ゼイモト、陀孟太がガルバンの伝えるアントーニオ＝ダ＝モッタに符合し、喜利志多が『遍歴記』のクリストヴァンに符合するとすれば、「鉄炮記」もまた、ふたつの鉄砲伝来シーンをごっちゃにして記述していることになる〔岡本一九四二：一五七頁、清水二〇〇一：三三頁〕。

また「ペロ＝ディエスの情報」によれば、パタニに住むシナ人の所有する五隻のジャンクが、数人の葡人を乗せて日本のある港にいたとき、一〇〇隻以上のシナ人のジャンクが襲ってきたが、葡人が四隻のボートに乗り、三門の火砲（大砲）と一六挺の銃（鉄砲）で迎え撃ち、多くの敵船を破壊しシナ人を殺した、という。いっぽう、『池端文書』天文一三年（一五四四）一一月五日付の池端清本譲状案二通の奥書に、[30]「弥次郎重尚（清本の嫡孫）、小禰寝港に於て唐人南蛮人と戦の時、手火矢《てびや》に中《あた》りて討死し了《おわ》んぬ」とある。「手火矢」は九州地方に独特な鉄砲の呼び名である。ふたつの史料が同じ事件を語っている〔清水二〇〇一：五五―五八頁〕とすれば、大隅半島の小禰寝港で、シナ人（＝唐人）と葡人（＝南蛮人）とが衝突し、葡人側が火砲と鉄砲を使用し、多くのシナ人が戦死したが、戦死者のなかには日本の在地武士も含まれていたことになる。このような情景は、ポルトガルの進出したアジアの各地で見られたにちがいない。

一五四五年（嘉靖二四・天文一四）

ペロ＝ディエスは、春の季節風に乗って、ジャンクで種子島からボルネオ島経由テルナテに帰航し、同年一一月ころ、エスカランテに日本情報を語った〔岸野一九八九：二二一―二二三頁〕。いっぽう、二貢船が双嶼から王直を乗せて六月種子島に帰還する。三貢船は帰路、伊豆国まで流され、東国に鉄砲を伝えたという。[31]『日本一鑑』窮河話海巻六海市によれば、王直はこの年、博多津倭助才門等三人を連れて双嶼に帰っている。かれが種子島から豊後を経由して博多へ行ったとすれば、二貢船にそのまま乗っていったと考えるのが自然である。このことから、二貢船を仕立てた主体は大友氏であると推断できる。

一五四六年（嘉靖二五・天文一五）

ルイス＝フロイスの『日本史』（松田毅一・川崎桃太訳、中央公論社刊）が一五七八年に大友宗麟の語った回顧談として伝えるところによると、宗麟が一六歳で父義鑑《よしあき》とともに豊後府内にいたころ、「府内に近い港に一隻のシナのジャンクが入ってきたが、船員のなかに六、七名のポルトガル人の商人がまじっていた」。義鑑は「シナの異教徒であったジャンクの水先案内人」に唆されて、葡人を殺してその財産を奪おうとしたが、キリシタンになる希望を懐く宗麟に諫められて、思いとどまった[32]。このことがあった年を、宗麟の生年から計算して天文一四年（一五四五）とするのが通説だが、岡本一九四二（三二三―三二四頁）によれば、フロイスはおなじ書簡で一五七八年の宗麟の年齢を四八歳と記載しており、一六歳は一五四六年となる。これは西洋風に満年齢で計算したためという。

これが葡人の豊後初来と考えられるが、この前段階に位置づけられるのが、『遍歴記』第一三五章のつぎのような記述である。――ピントら三葡人が種子島に滞在中、「豊後王国」から種子島に多数の商人の乗った一隻の船《ナウ》が着き、葡人を府内に招く旨の「豊後王」（大友義鑑）の書簡をもたらした。葡人のうちピント自身がこの要請に応じて、山川、鹿児島、外浦、湊、日向、臼杵をへて府内へ赴いた。この船《ナウ》とは、『日本一鑑』窮河話海巻七の丙午年（一五四六）の記事に、「夷属豊後国刺史源義鑑、勘合を夷王宮に請ふるを得、僧梁清を遣はして来貢す」とある梁清の乗った船であろう。

『遍歴記』第一三四章によれば、ピントが府内滞在をきりあげた原因は、種子島に残留していた葡人から手紙が届き、「葡人を種子島に連れてきたシナ人海賊がシナに出発する準備をしている」という情報に接したことだった。このシナ人海賊とは、一五四四年にペロ＝ディエスをマレー半島のパタニから種子島に連れてきて、翌年いったんディエスを乗せてマルク諸島のテルナテへ帰航した人で、この年また種子島を訪れたのであろう。そこでピントらは府内から種子島へもどり、この海賊のジャンクに乗ってリャンポー（双嶼）へ渡った。かれらの種子島滞在期間は、豊後への往復を含めて五か月半であったが、かれが種子島を立ち去ったとき、島には六〇〇挺以上の鉄砲があったという。

いっぽう、前年に博多を経て双嶼にもどっていた王直は、この年また日本にあらわれた。『日本一鑑』窮河話海巻六海市は、これにより「直浙の倭患始めて生ず矣」と述べる。『籌海図編』巻九擒獲王直が「五島の夷を会して乱を為す」というのもこのころからであろう。

中国史上名高い嘉靖の大倭寇がこうして幕を開ける。

六　「チナのジャンク」と日本銀

ヨーロッパ人日本来航の初期、かれらはみずからの船で本国から直接日本にあらわれたわけではなく、東南アジアから中国式のジャンクに乗って来た。このことはかれら自身が語る疑いの余地ない事実なのだが、鉄砲伝来の情景として日本人が連想する船は、南蛮屏風に描かれるような黒塗りの外洋帆船、すなわちポルトガル人がアジアへの航海に用いたナウと呼ばれる船で、往々にして帆に十字架があしらってあったりする。

しかしながら、以上の記述で使用した史料は、この常識をことごとくうらぎってくれる。一五四二年の日本「発見」のとき葡人が乗っていた船は、『発見記』にも「フレイタスの情報」にも「一艘のジャンク」としるされており、コウトの『アジア史』でも「ジャンク」である。一五四三年の葡人種子島再来については、「フレイタスの情報」に「チナのジャンクに乗って再びそこへ行った」とある。一五四四年にペロ＝ディエスが種子島に乗ってきた船は「シナ人のジャンク」で、翌年テルナテへ帰航したのも「ジャンク」によっている。またかれの滞日中にある港（大隅国小禰寝港）で起きた海戦は、葡人を乗せた「パタニに住むシナ人の所収する五隻のジャンク」を「一〇〇隻以上のシナ人のジャンク」が襲ったというものだった（「ペロ＝ディエスの情報」）。一五四六年豊後府内に葡人を始めて連れてきた船は「一隻のシナ人のジャンク」であり（フロイス『日本史』）、ついでこの葡人が種子島から双嶼へ行くさいに利用した船は、「私たち（葡人）をそこ（種子島）に連れてきたシナ人海賊」の「ジャンク」であった（『遍歴記』第一三七章）。

この間の記述で「ナウ」ということばがあらわれるのは、葡人の府内行きの前提として『遍歴記』第一三五章がしるす「（種子島に）豊後王国から、多数の商人が乗っている一隻の船《ナウ》が着いた」という一節のみである。しかしこの船には葡人が乗っていた形跡がないうえ、『遍歴記』の訳者岡村多希子はこの「ナウ」を船を意味する普通名詞として訳している。岡本良知によれば、西洋式のナウが日本列島に現れた最初は、一五四六年の葡商人ジョルジ＝アルバレスの船である（岡本一九四二：三〇一―三二二頁）[33]が、それ以後においても、たとえば一五四九年にマラッカから鹿児島に来たザビエルが利用したのは、中国人海賊の船であるから、あきらかにジャンクであった（村井一九九七：一三〇―一三三頁）。

以上の事例において、ヨーロッパ人がマラッカ海峡以西から同一の船を乗り通して日本まで来たケースはひとつもなく、かれらの出発地は、マラッカ・アユタヤ・パタニ等、ことごとく東南アジアの港市である。マラッカ海峡以東の南シナ海・東シナ海は中国人商人が主導権をにぎる海域であり、そこで活躍した船がジャンクだった。一五一〇年代にこの海域に進出してきた葡人は、優勢な軍事力をもつとはいえ、いきなり自分たちの船で自由に航海できたわけではなかった。ほとんどのばあい、かれらの行動はジャンクによっており、ザビエルの手紙に明らかなように、航海の主導権は中国人の側にあった[34]。

そのような不自由な状況にもかかわらず、ヨーロッパ人は一五四二年以降毎年のように種子島やその周辺にやってきた。「ペロ＝ディエスの情報」には、前述のように日本の港に停泊中の五隻のジャンクに数人の葡人がいたとある。おなじ記録にはさらに、「レキオ諸島から別のポルトガル人たちが集まって来た」ともある。なにがかれらを日本に引きつけたのだろうか。

コウト『アジア史』に、初来の葡人は種子島で「ジャンク船を修理したり、積み荷の商品を銀と交換した。当地では銀が唯一の代価交換物であった」とある。「フレイタス情報」には、再来の葡人が持参した商品の代価をすべて銀でうけとったことがしるされている。「ペロ＝ディエスの情報」には、「彼らの富は銀で、小さな塊にして持っている」とある。また『遍歴記』第一三三章に、「種子島の王ナウタキンが、大勢の商人と貴人を従え、交易用の銀をいっぱいに詰めこんだ多数の大きな箱を従えて、私たちのジャンク船に来た」とあり、同第一三七章では、リャンポーに帰還したピントらが、「私たちが発見した新しい日本について、そこにある大量の銀について、シナの商品で得た多大の利益について話した」とある。(35)

一五二六年に博多商人によって石見銀山が再発見され、一五三三年に灰吹法《はいぶきほう》による銀精錬が同地に定着して以来、日本銀は急激に生産量を増やし、アジア海域にシルバーラッシュをまきおこしていた。当初は中国人や倭人が銀を中国の江南沿岸や朝鮮半島南岸に運んでいたが、この貿易利潤に眼をつけたヨーロッパ勢力もこのビジネスに参入した（本書第Ⅲ部第二章）。

日本銀をめぐるシナ海域の星雲状態を語る事例をふたつ紹介しよう。ともに鉄砲伝来のあった一五四二年ころの状況である。第一は前にふれた「日本国王使安心」（二三五頁以下参照）である。安心は一五四二年に八万両もの銀を朝鮮にもちこんで朝鮮政府を困惑させたが、かれの携えた書契は「我が北陸に山有り、其の名を金山と曰ふ。近年真銀を産す。寔《まこと》に季世の偉珍なり。故に往歳これを以て大明に献ずるに、大明嘉悦す。今以て貴国に聘す」と述べている（『朝鮮中宗実録』三七年四月庚午条）。「北陸」の「金山」とあるが、石見銀山のことをぼかしていったものであろう。

第二は『遍歴記』第六六章が一五四二年ころのこととしてしるすシナ海域のどこかで起きた海戦の描写である。平戸から銀を積んで福建省の漳州めざして航海中の中国商人のジャンクを、プレマタ＝グンデルというムスリム海賊がジヤンク二艘で襲って銀を奪い取った。その海賊船をピレス一行の首領であるアントニオ＝デ＝ファリアのジャンク船団が襲い、一艘から八万タエルの銀を獲得したが、もう一艘は銀もろとも沈んでしまった。

日本列島から中国大陸へむけて巨大な銀の流れが生じ、それをのちに「倭寇」と呼ばれるようになる中国人密貿易商が担って巨利を挙げていた。ちょうどそのころ東アジアにあらわれた葡人がそれに参入したが、はじめはジャンク世界に客分として加えてもらっているにすぎなかった——。一五四二年、鉄砲伝来をともなった〈日欧の出会い〉の歴史的環境は、このように要約することができる。鉄砲伝来はたしかに世界史的な意味をもち、また日本史の大きな節目ともなったできごとであった。だが同時に、あくまで〈アジア史の文脈〉において生起した事件であったことも忘れてはなるまい。

七　「豊後王国」と鉄砲

先述のように、葡人がはじめて豊後府内を訪れたのは一五四六年のことである。フロイスの『日本史』によると、この年、一六歳の大友宗麟（義鎮《よししげ》）は、府内に来たジョルジュ＝デ＝ファリア以下六、七名の葡人を、父義鑑が殺そうとしたのを諫止したという。いっぽう『遍歴記』第一三五章によると、メンデス＝ピント、ディオゴ＝ゼイモト、クリストヴァン＝ボラリョの三葡人が種子島に滞在中、豊後王国から商船が来て、葡人を府内に招く旨の豊後王の書簡をもたらした㊱。ピントだけがこれに応じて府内へ赴く。これは『日本史』のいう葡人の府内訪問とおなじことを述べたものと思われる。

「豊後王国」「豊後王」という表現に違和感があるかもしれないが、ヨーロッパ人の眼には大友氏の領国はそのように映っていた。一五六一年に葡人バルトロメウ＝ヴェーリョが作った「世界図」に描かれたIAPAM（日本）は、明瞭

恵時
＝女
　ナウタキン(直時＝時尭)――久時
豊後王(義鑑)――女

な境界をもつ六つの地方から成っている。それらは、BANDOV(坂東)・MIACOO(都)・MAGVCHE(山口)・TOMSA(土佐)・BVGO(豊後)・CAGAXVMA(鹿児島)と表記されている。それぞれ、古河公方・幕府・大内氏・長曾我部氏・大友氏・島津氏の支配領域に対応するものであろう(本書第Ⅳ部第四章参照)。

『遍歴記』第一三六章によれば、ピントの府内滞在中、豊後王の次男アリシャンドノ(大友晴英＝大内義長)が、いじっていた銃の暴発で重傷を負ったのを、葡人のしわざと誤解した人々がピントを殺そうとしたが、ピントの施した手あてで王子が回復したので、事なきをえたという。しかしこの事件は一五四六年よりもあとのことで、治療した葡人もピントではない[37]。

その後、「種子島に残っていた二人の葡人の手紙によって、私たちをそこに連れてきたシナ人海賊がシナに出発する準備をしているという報を受け」、ピントは種子島にもどる(『遍歴記』第一三七章)[38]。ふたりの葡人とはゼイモトとボラリョで、葡人たちを種子島に連れてきたシナ人海賊とは、一五四四年にパタニからディエスを連れてきた人であるが、名前は伝わらない。ピントらはかれの船に乗って種子島から双嶼(リャンポー)へ渡った。

以上の葡人府内訪問のいきさつから、この時期種子島氏と大友氏がきわめて親密な間柄だったことが窺える。『遍歴記』第一三五章によると、ナウタキン(種子島直時＝時尭)は葡人に「豊後王は余の主君であり、余のおじ、つまり母の兄弟である。しかも余のとりわけよき父である。この名を付すのは、妻の父だからであり……」と語っている。これを信ずるならば、豊後王大友義鑑は直時から見て母の兄弟であると同時に妻の父でもあった。大友・種子島両家は二重の姻戚関係で結ばれていたことになる[39]。

ところが、江戸時代に種子島家の歴史を集大成した『種子島家譜』では、直時の母は島津薩摩守忠興(島津貴久の母の兄弟・島津薩州家の祖）の娘となっている。また、直時の嫡子で「鉄炮記」を書かせた久時の母は、「家女房」で「黒木道純女」としるされている。『家譜』による限り、種子島氏と大友氏の姻戚関係は影も形もないのである。

しかし、こののち大友氏は九州の覇権をめぐって島津氏と争って敗れ、豊臣時代に滅亡してしまう。ほんらい独立的な勢力だった種子島氏は島津氏に臣従し、家老クラスの家として存続していく。こうした過程で、大友氏との姻戚関係が隠蔽され、島津一族との関係におきかえられてしまった可能性は充分あるのではないか。

注目すべきは、種子島氏と大友氏がほかならぬ鉄砲をめぐってねんごろな交際があったことである。『種子島家譜』（『鹿児島県史料 旧記雑録拾遺 家わけ四』）に引用されている大友義鎮の種子島直時あて書状は、直時が音問に付して「南蛮小銃筒」を義鎮に贈ったことに対する礼状である。

預音問候、令祝着候。殊南蛮小銃筒送給候。畏悦候。仍太刀一振・刀一腰進之候。委細古市長門守可申候。恐々謹言。

三月廿日　　義鎮（花押）

種子島弾正忠《（直時）》殿

さらに大友氏は、天文二三年（一五五四）以来、足利将軍家に「南蛮鉄砲」を献上しており、永禄三年（一五六〇）の礼状では、それが「石火矢幷種子嶋筒」という表現になっている（『編年大友史料』）。

一五五〇年代には、豊後は鉄砲の大生産地のひとつになっていた。永禄二年（一五五九）には豊後で鉄砲が造られた確証が、日本史料のなかに見いだされる（福田一九七七）。『遍歴記』第一三四章[40]が伝えるところでは、「一五五六年に、日本人が断言したところによれば、この王国の首府である府中（フシエオ）の町には三万挺以上の鉄砲があった」という。これは話半分にしても、永禄七年（一五六四）には、毛利軍との合戦で大友軍一万五〇〇〇は一二〇〇挺の鉄砲を備えていた（『大友記』）。

注

（1）『南浦文集』所収。洞一九九一および清水二〇〇一に全文の翻刻がある。

（2）以下本節の叙述は、本書第Ⅲ部第二章「鉄砲伝来再考」（初出一九九七年）に述べたことの要約である。

（3）岡本一九四二（一六〇頁）に関係部分が訳出されている。口語体に直して引用する。「一五四二年、ディオゴ＝デ＝フレイタスがシャム国ドドラ市（アユタヤ）に一船のカピタンとして滞在中、その船より三人のポルトガル人が一艘のジャンクに乗って脱走し、シナに向かった。その名をアントーニオ＝ダ＝モッタ、フランシスコ＝ゼイモト、アントーニオ＝ペイショットという。彼らは北方三〇度余に位置するリャンポー市に入港しようとしたが、うしろから激しい暴風雨が襲ってきて、彼らを陸から遠ざけてしまった。こうして数日、東の方三二度の位置にひとつの島を見た。これが人々のジャポンエスと称し、古書にその財宝について語り伝えるジパンガスのようである」。

（4）『日本教会史　上』（大航海時代叢書Ⅸ、岩波書店）一八六頁。「（葡人三人が）一五四二年に……種子島と呼ばれるところに入港した。そのところでポルトガル人たちは鉄砲の用法を教えたので、その用法がそこから日本中に広まり、鉄砲《エスピンガルダ》の製造を教えたポルトガル人の名前は今もその島に伝えられている」。

（5）鄭舜功著。商務印書館刊行、民国二八年影印本による。

（6）岸野一九八九（二五—二七頁）に全文が訳出されている。その主要部分はつぎのとおり。「彼（フレイタス）と一緒にそこ（シャム）にいた中の、ポルトガル人二人がチナ沿岸で商売しようと一隻のジャンクで向ったが、彼らは暴風雨にあってレキオスのある島へ漂着した。そこで彼らはその島々の国王から手厚いもてなしを受けた。それは、シャンで交際したことがある〔レキオ人の〕友人たちのとりなしによるものであった。彼らは食料を提供され立ち去った。これらの人々が〔レキオ人の〕礼儀正しさや富を目撃したことから、他のポルトガル商人たちもチナのジャンクに乗って再びそこへ行った。彼らはチナ沿岸を東に航海し、さきの島へ着いたが、今回は上陸を許されず、持参した商品とその値段の覚書を提出すべきこと、及び代金は直ちに支払われることが申し渡された。ポルトガル人たちはそのとおり提供したので、支払いをすべて銀で受け取り、食料を与えられ、退去を命ぜられた」。

(7)　鄭若曾著。内閣文庫蔵、嘉靖四一年(一五六二)の初刊本による。なお漢文史料はすべて読み下して掲げる。

(8)　ただし洞一九九一(三六―四一頁)によれば、「原始的手銃 hand gun」をふくみ、こちらは一五世紀には日本に伝わっていた。

(9)　第一三二―一三四章の関係記事を中島二〇〇五(四二頁)の要約によって掲げる。「メンデス・ピント、ディオゴ・ゼイモト、クリストヴァン・ボラリョの三人のポルトガル人は、中国人海賊のジャンクに同乗して広東近海の浪白澳《ランパカウ》を出航したが、暴風雨により漂流し、種子島に漂着した。島の前面に投錨したところ、島の住民が船を寄せてきたので、交易の希望を告げた。住民は停泊すべき港を指示したので、艀船に導かれて、大きな集落のある港に入った。すると種子島の領主ナウトキン(直時＝時尭の前名)が銀を詰めた箱を携えて到来し、ポルトガル人を上陸させ、商品を交易し歓待した。ある日、ゼイモトが鉄砲で狩猟をするのを見て、ナウトキンは強い関心を示す。ゼイモトはナウトキンに鉄砲を贈り、その製法を伝受した。ナウトキンは鉄砲の練習に励むとともに、家臣に鉄砲を製造させ、ポルトガル人が五か月半後に種子島を出航したときには、六百挺以上の鉄砲が造られていた」。

(10)　しかし、朝鮮軍による「火砲」の使用ははるかに遡る。一三八〇年に高麗軍が倭寇に大勝した「鎮浦口の海戦」で、「始めて茂宣(海道元帥崔茂宣)製《つく》る所の火砲を用ひ、其の船を焚《や》く。煙焔天に漲《みなぎ》り、賊焼死して殆ど尽き、海に赴きて死する者も亦衆《おお》し」とある(『高麗史節要』辛禑六年八月条)し、一五一〇年に朝鮮東南部で倭人が武装蜂起した「三浦の乱」でも、鎮圧軍の都元帥(総指揮官)柳順汀は、使者をソウルに遣わして、「多く器械・火砲を請」わせている(『朝鮮中宗実録』五年四月己酉条)。

(11)　根拠となった『紀伊国名所図絵』(文化年間一八〇四―一八一八年)巻六下・炮術家津田監物算長宅の記事を掲げる。「(前略。「鉄炮記」によって伝来の情景を述べる)と始終を具《つぶさ》にものがたるに、算長《かずなが》おもハず掌《て》を拊《うっ》て大によろこひ、我毎《わがつね》にもとむるところのもの果して是なりと、遂に嶋(＝大隅国小浦島)人に随て種子島にわたり、時尭に謁し、多年の渇望をのへて、懇切にこれをつたへんことをもとめしかバ、時尭ほとんど其こゝろさしを感懌《かんえき》し、前に蛮人より得たるところの鳥銃《てっぽう》および製作の法までを、こと〴〵くつたへけるが、此とき蛮賈のうち皿《ぺ》伊《い》且《た》(旦)崙《ろ》といへるもの当嶋に止《とどま》りて有たるに、能《よく》此術に達練せしかバ、すなハちこれに就て昼夜にこれを学ふに、いく程もなく其奥妙をきハむ。算長既に其もとむるところを得て、今ハ十分に具足セしかバ、あつく時尭に謝し、暇を告て帰国をこそハ促《うながし》けれ。是より先に、算長が舎弟杉の坊明算、甥の幼児の稍成長しけるに、しきりに父を慕ふのやるせなく、且其たよりもしらまほしく、渠《かれ》をたづさへて西国におもむき、算長が行衛《ゆくえ》をたづねしに、はからずも種がしまにわたり、彼鳥銃をミしに、いとあやしき軍器なれハ、いかにもして得まくほしさに、これも時尭に手寄《たより》て、さま〳〵にいひこしらへ、竟に鳥銃を得て帰りしが、其術および製作をさへしらされバ、これを施し用ふることあたハず、いたづらに秘置のミなりしに、算長かへり来つて、直に根来山のふもとなる村に住鍛工辻芝《ママ》清右衛門〈元泉州堺の産人なり〉なるものをかたらひ、製作の法をしらしめ、一時に数千鳥《ママ》の鳥銃を造らしめ、懇望にまかせてこれをあたへ、其術を弘めしが、杉の坊明算も是をまなび、ともに名誉の達人とハなれりけり」。鳥銃を「阿留賀放至」の名でしるすのは、『鉄砲由緒書』（一六一〇年）〔洞一九九一：三五頁〕・『津田流鉄砲口訣記』〔的場一九九七：四八―五〇頁〕である。

(12) 村井章介「一九九七年の歴史学界――回顧と展望　日本中世五」（『史学雑誌』一〇七編五号）参照。清水論文はその後清水二〇〇一に収録され、そのさい前稿および的場一九九七への言及が追加された。ただし、前稿の所論が「ヨーロッパ側史料に依拠した天文十一年説」として紹介されたことは、前稿が日・中・欧の史料を突き合わせた結果として一五四二年説を再提起した論文であるので、遺憾である。

(13) 佐々木編二〇〇三（八八頁、関周一執筆分）にもほぼ同様の指摘があるが、清水論文が参照された形跡はない。

(14) 佐藤信淵『西洋列国史略　下』。的場一九九七（四一頁）参照。

(15)『西藩野史』（明治二九年活版本一三一―一三二頁）。岡本一九四二（一五三頁）参照。

(16) 元禄年間、犬塚盛純の著。鍋島報效会蔵本の影印版（青潮社、一九九三年）による。

(17) 的場はのちの著書において、フレイタス情報における葡人到来地を琉球に変更するとともに、『朝鮮中宗実録』の解釈に対する私の批判をうけいれた〔的場二〇〇七：第四章〕。

(18) 一五四五―一五五〇年ころの「無名ポルトガル製世界図」（ローマ・Vallicelliana 図書館蔵）、一五五四年の「Lopo Homem 作世界図」（フィレンツェ・科学史博物館蔵）、一五五八年の「Diogo Homem 作アジア図」（大英博物館蔵）などである。

(19) 以上でふれなかったおもな研究について一言しておく。まず鈴木一九九七は、鉄砲に関する通説の思いこみをつぎつぎと打ち破る好著であるが、鉄砲伝来の歴史過程については、ほぼ宇田川説に沿った理解である。「種子島」が、鉄砲の普及し始めたことから江戸時代を通じて鉄砲のブランドとして通用した事実を踏まえて、モノとしての鉄砲との遭遇よりも、ひとつの技術体系としての鉄砲製作が種子島で始まった事実に重きを置く視点は重要である。この点を強く意識して編まれたのが佐々木編二〇〇三で、工学と史学の研究者が共同して「生産システムの導入」という観点から鉄砲伝来を論じている。おもに関周一が執筆した伝来の歴史過程については、おおむね前稿の理解が採用されているが、火縄銃伝来を「一連の生産システムとして導入された、意図的な〝事件〟」としてとらえる点に特色がある（六七頁）。すなわち、種子島はかねてから火縄銃に着目していて葡人来航を機に製造に乗り出したもので、葡人再来時にネジ密塞技術が習得されたのも積極的な技術者招致の結果であり、その後の生産の全国展開から考えて種子島における製造は「試験操業」の性格を有していた、というぐあいである（八八―八九頁）。しかし、この解釈は結果から遡って歴史を必然的な展開としてとらえすぎてはいないか。

(20)　中島二〇〇九（四九頁）は、「一五四二年説をとる論者は、当時の琉球王国の領域は奄美諸島まで及んでいたため、ヨーロッパ人も種子島を含む九州西南の諸島を、漠然と琉球と認識していた可能性があると説明している」と述べるが、私見に関するかぎりこの評言は誤解である。一五四〇年代ころのヨーロッパ人の琉球・日本認識は、たとえば一五五四年のローポ＝オーメン「世界図」では、Os lequios という大地域のなかに、小琉球（台湾）、大琉球（沖縄）、南西諸島の島々、対馬、五島、そして Iapam がおなじ大きさの細字で書きこまれている、といったレベルのものであった。伊川二〇〇七（一五七頁）では、「フレイタス情報」の「レキオス」について、「常識的に理解するならば、単数形でレキオともいわれる琉球と解せられる」とする。「琉球のなかに日本がある」という非常識が、当時の葡人の認識においては現実であった。

(21)　「フレイタス情報」とおなじく一五四八年のガルシア＝デ＝エスカランテ＝アルバラード著『ルイ＝ロペス＝デ＝ビリャロボス遠征報告』に収められている「ペロ＝ディエスの情報」に、「一五四四年五月、彼（ディエス）はパタニをシナ人のジャンクで出発し、シナの海岸にあるチンチェオ（漳州）に到着した。……そこから彼らは、日本の島へ行った。この島は三二度にあり、リォンポー（寧波）から一五五レグワのところにあり、ほぼ東北に横たわっている」とある。

(22)　伊川健二も中島と同趣旨の批判を私見に加えている（伊川二〇〇七：一七八頁）。伊川のばあい、中島が「鉄炮記」後半部の年次を一年あとに修正するのとはちがって、「鉄炮記」の文中「船を我が小嶋に艤す。既にして天の時を待ちて、纜《ともづな》を解き……」とあるのを、天の時を待っているうちに翌天文一三年（一五四四）を迎えた、と読みこんで、初度の渡航を一五四四年、再度の渡航を一五四五年にもってくる（伊川二〇〇七：一五九―一六〇頁）。その結果、せっかく見つけた『日本風土記』の記事についても、「「鉄炮記」解釈とは渡明年代に一年のずれがある」仕儀となる（同：一五二頁）。

(23)　「（嘉靖）二十二年（一五四三）、西海道、使を遣はす。長門の僧人福師、舡三号に駕して来貢す。一号は風に遭ひて半途に壊る。二号は壊紅の人従を救載して之に返る。止だ一舟（＝三号）のみ独り行く。沿〔海脱ヵ〕松門衛送りて定海に至る。詔して、四十人をして朝見燕賞せしむること旧の如し」。他史料と比較すると、二号と三号が逆になっているらしい。『日本風土記』は一五九二年侯継高が著した『全浙兵制考』の附録とされた書で、著者は不明。

(24)　「一五四二年からわずか三年の間に双嶼に定着した数だけでも、二〇〇名のポルトガル人が南シナ海から東シナ海へと移動したことになる。その間に毎年の台風で発生したであろう漂着事件は、ポルトガル側の記録に残された一件や二件で済んだというわけではなかった」。

(25)　たとえば、的場二〇〇七（一一三頁以下）に、大船に乗った百余名の船客をすべて葡人とする解釈がある。たしかに「西南蛮種の胡賈《マこ》の長という、二名のみがポルトガル人であったかのような従来の解釈」は問題かもしれないが、かといって五峯のみが明人で残りはすべて葡人という解釈が、実態にせまるものだろうか。さらに問題なのは、「嘉靖十九年（一五四〇）、時に海禁尚弛し。直（＝王直）、葉宗満等と広東に之《ゆ》き、巨艦を造り、将て硝黄糸綿等の違禁物を帯し、日本・暹羅・西洋等の国に抵《いた》り、往来互市すること五、六年。致富貲《はか》られず。夷人大いにこれに信服し、称して五峯船主と為す」と述べる中国史料（『籌海図編』巻九大捷考・擒獲王直）との関連を指摘してきた研究史を無視して、五峯と王直の関係をあいまいにしたまま、種子島到来船を「ポルトガル商人団の航海」などと性格づけていることである。これは的場自身の「当時のポルトガル人は、日本に往来した中国私商船に便乗していた」という認識〔的場二〇〇七：一二六頁〕とも齟齬するもので、「鉄炮記」への盲信がもたらした逸脱と評せざるをえない。

(26)　的場二〇〇七（第五章）も『東洋遍歴記』の再評価の必要を論じている。

(27)　第三（八か？）〔岡本一九四二：一六二頁〕巻第一二章「どのようにして日本諸島を発見したか」の一部を、的場一九九七〔四三頁〕の訳文により掲げる。「中国人より色白で眼の小さく髭の薄いこの男達は、此の地はニポンヂ（Nipongi）という島々であるとポルトガル人に伝えた。それはポルトガル人の間でジャパンと呼ばれている島々である。ニポンヂの人々は好意的であったので、ポルトガル人も彼らと交わりここでジャンク船を修理したり、積み荷の商品を銀と交換した。当地では銀が唯一の代価交換物であった。そして丁度都合の良いモンスーンを利用してマラッカに帰還した」。

(28)　岸野一九八九（一七―三〇頁）に全文が訳出されている。一部を以下に引用する。「この人（ペロ＝ディエス）はボルネオから最後の船で来た。そしてそこ（ボルネオ）へは日本の諸島からジャンクで来たのであった。……一五四四年五月、彼はパタニをチナ人のジャンクで出発し、チナの海岸にあるチンチェオ(漳州)に到着した。……そこから彼らは、日本の島へ行った。この島は三二度にあり、リォンポから一五五レグワのところにあり、ほぼ東北に横たわっている。……彼らの富は銀で、小さな塊にして持っている。その見本は最近船が到着した時、閣下のもとへ運ばれた。彼は一〇キンタルの胡椒が六〇〇〇ドゥカードで売れた、と述べている。彼は次のように述べている。パタニに住むチナ人の所有する五隻のジャンクがその港(日本のある港)にいた時、そのジャンクには何人かのポルトガル人がいたのであるが、そこへ一〇〇隻以上のチナ人のジャンクが互いにつなぎ合って襲って来た。これに対し、五隻のジャンクにいたポルトガル人は四隻のボートに三門の火砲と一六丁の銃をもって応戦し、チナ人のジャンクを破壊し、多くの人々を殺した、と」。

(29)　岡村多希子「解説」(『遍歴記』第三巻、三〇四頁)。

(30)　『鹿児島県史料 旧記雑録拾遺 家わけ一』七三一・七三二号。清水二〇〇一(五七―五八頁)の引用する九州史料刊行会編『禰寝文書』三所収のテキストでは、「手火矢」を「乎火矢」と判読している。

(31)　古老からの伝聞にもとづく「鉄炮記」の鉄砲東国伝播譚は、前稿の末尾にしるしたとおり、東国側史料から判明する鉄砲の普及状況との間にズレがあり、その信頼性に不安がある。しかし、その前提となる種子島からの「新貢三大船」の渡航について、その史実性に疑問を呈した研究者はいない。

(32)　第七巻一四七―一四八頁。「予が一六歳で、国主であった父君(義鑑)とともに府内にいた頃、(すでに)予はキリシタンになりたいと思った。……予がその歳頃に、府内に近い港に一隻のシナのジャンクが入ってきたが、船員の(中に)六、七名のポルトガル人の商人がまじっていた。その首領はジョルジュ・デ・ファリアという富める人であった。シナの異教徒であったジャンクの水先案内人は予の父に、もし労せずに富もうと欲するなら、あのポルトガル人たちを殺して、彼等の財産を奪えばよいと勧告した。父は利欲に目がくらみ、シナ人たちの企みを実行するつもりであった。予はそのことを知ったので国主に会い、(殿)の保護を求めて遠くからはるばる領内の港へ商いにやって来た異国人たちを何の理由も罪もないのに、ただ(己が)利欲のために殺害するようなことがこの世にあってよいものか。彼等が到来したことは領国にとって名誉であり、(当地の)港を信用すればこそ来(航)したのであって、国主にとっては有利な出来事であって、いかなることがあろうとも、(予は)彼らを助けるためには死ぬ覚悟をしているくらいだ、と鋭く反撥した。その結果、父は……そのような悪事を実行することを断念した」。

(33)　このときのことを述べているらしい叙述が、『遍歴記』第二〇〇章にある。「(ナウタキン＝種子島直時は)それがその土地

(種子島)に行った初めての船であったところから、船の装備や帆具に驚き、私たちの来着をたいそう喜んでいる様子を見せ、そこで自分と交易をして欲しいと幾度も求めた」。船の装備や帆具に驚いているようすから、この船は直時が見慣れたジャンクではなくナウであったと見られる。日本人最初のキリスト教徒アンジローが殺人の罪を犯して薩摩からマラッカへ逃れたときに乗った船は、アルバレスの帰航時の船であり、それが薩摩を出帆したのは、『遍歴記』第二〇三章によれば一五四七年一月一六日である。

(34) 岡本一九四二(一九七頁)は、一五八〇年代に葡人の指揮するジャンクで極東海域を航海した宣教師アロンソ＝サンチェスの報告に、「その海員は安針の外は皆支那人なり。その故は兵と砲を登載せしこの種の船を操縦するは支那人のみ能くすればなり」とあることを紹介している。

(35) もちろん、日本から搬出された品が銀だけだったというのは誇張で、イエズス会のパードレ、ニコラオ＝ランチロットの第二日本情報(一五四八年)には、「日本の商人はチナ人と取引し、日本からチナへ銀、武器、硫黄、扇子をもって行き、チナから硝石、大量の生糸、陶磁器、水銀、麝香の固まりをもたらす」とある(岸野一九八九：一二二頁)。

(36) 「私たちがのんびりと満ち足りて、この種子島に滞在すること二十三日経った時、この港に豊後王国から、多数の商人の乗っている一隻の船が着いた。……／(ナウタキンは)通訳に合図して、彼を通じて言った。「我が友人よ、今渡された、余の主君であり、かつおじである豊後王のこの手紙を読むのを是非聞いて貰いたい。それから、お前たちへの頼みを言うことにしよう」……それは次のように言っていた。「……種子島のナウタキンよ、腹の底から真実に愛しているそなたの父、そなたにその名と存在を得させたもの、豊後《ブンゴ》と博多《ファカタ》の王、フィアンシマと土佐《トサ》と坂東《バンドー》の名家の主人、五島《ゴト》と下関《シャマナシャケ》の小王たちの最高の長たる余、オレジェンドは、……次のことを伝える。……余の娘を訪問させているフィンジェアンドノを介して、そなたのもとにいるというその三人(のポルトガル人)のうちの一人を余のもとへ送って余に見せて貰いたい。……」／この手紙を読み終ると、ナウタキンは言った。「この豊後王は余の主君であり、余のおじ、つまり母の兄弟である。しかも、余のとりわけよき父である。この名を付すのは、妻の父だからであり、このような理由で、彼は実の息子と同じように余を大変に愛しているのだ」……」。

(37) この一件については、一五七七年六月五日臼杵発フロイス書簡に引用された大友宗麟の宣教師フランシスコ＝カブラル宛て書簡の抄出に、「当地に一ポルトガル人三箇年予と共にありたり。後山口の王となりたる予が弟の隻手に受けたる銃創をこのポルトガル人治療せり」とある。ここに見える葡人は、豊後に三年滞在したとあるから、明らかにピントではなく、年代も一五四六年より後のことである〔岡本一九四二：三一五―三一六頁〕。

(38)「この時、種子島に残っていた二人のポルトガル人の手紙によって、私たちをそこに連れてきたシナ人海賊がシナに出発する準備をしているという報を受けたので、そのことを王に話し、出発の許可を乞うた。すると王はあっさりと出発を許し、息子(アリシャンドノ)の手当についていろいろと感謝の言葉を述べた。そして、あらゆる必需品を備えた一隻の橈漕の船を私のために仕立てさせ、召使い二〇人と、船長として一人の身分のある家来を乗組ませてくれたので、私は、土曜日の朝、府中の町を出発し、次の金曜日の日没に種子島に到着した。ここに私たちはさらに一五日滞在し、その間にジャンク船は用意万端整って、先に詳しく述べた、ポルトガル人が当時交易をしていたシナ王国の海港リャンポーに向け出発した」。

(39) 的場二〇〇七(第五章)は、『遍歴記』にあらわれる種子島の領主「ナウタキン」について、種子島直時(＝時尭)を指すとする通説を否定して、「船や航海を意味する、Naut-という接頭辞」を冠した「船大君」「船大公」という意味の普通名詞と解釈し、その具象としては、大友氏の姻戚だった土佐中村の領主一条氏の一族で、種子島の熊野浦(『遍歴記』に見えるMiaigima宮島に擬定)に住した者だとする。そして『遍歴記』に描かれた葡人とナウタキンのやりとりを、天文一三年(一五四四)葡人が二度目に種子島の熊野浦に来た(「鉄炮記」)さいのものとし、その葡人たちのなかに、別の根拠から同年種子島に来たと推定されているピントがいたとするのである。対明貿易のからみで大友氏と一条氏が豊予海峡をはさんで緊密につながり、その要所に種子島が位置したとする指摘は、たいへん興味ぶかいが、ナウタキン＝一条氏という結論には同意できない。一条兼定の母が大友義鎮の姉妹でその妻が義鎮の女子という二重の関係は、『遍歴記』の語るナウタキンと豊後王の関係に類似するが、この豊後王は義鎮ではなくその父義鑑であるから、一世代のずれがある。そのうえ、一条氏当主が種子島に住んでいたはずがないから、的場は、一五四九年に二八歳で夭折した房基の遺子兼定を後見した、房基の弟康政をナウタキンの最有力候補にあげる(一五二―一五三頁)。大友氏が一条氏庶流の康政と『遍歴記』にしるされたような親密な姻戚関係を結ぶとは考えがたい。さらに、「鉄炮記」の「其の翌年(一五四四)蛮種の賈胡復我が嶋熊野の一浦に来る。浦を熊野と名づくるは、亦小廬山・小天竺の比なり。賈胡の中、幸ひに一人の鉄匠あり。時尭以て天の授くる所と為して、即ち金兵衛尉清定なる者をして、其の底の塞ぐ所を学ばしむ」。というくだりを再読しても、鉄砲製造法習得の中心人物は時尭(＝直時＝ナウタキン)と考えざるをえない。

(40)「鉄砲熱はその後ますます盛んになり、それから五ヶ月半後、私たちがそこを立ち去った時には、その地には六〇〇挺以上の鉄砲があった。／そして、のちに、副王ドン・アフォンソ・デ・ノローニャが進物を託して私を豊後王のもとに最後に派遣したさい、すなわち一五五六年に、日本人が断言したところによれば、この王国の首府である府中の町には三万挺以上の鉄砲があった。……／ゼイモトが善意と友情から、また、先に述べたように、ナウタキンから受けた礼遇・恩顧の幾分かに応えるために贈ったわずか一挺の鉄砲が因で、この国は鉄砲に満ちあふれ、どんな寒村でも少なくとも一〇〇挺の鉄砲の出ないような村や部落はなく、立派な町や村では何千挺という単位で語られているのである」。

(補注) 前稿発表の一九九七年以後にかぎって、主題にふれた文献を管見のかぎりでリストアップする(すべてを本章中で引用したわけではない)。「＊」印以降は、本章で引用した一九九六年以前の文献である。

伊川健二二〇〇七『大航海時代の東アジア――日欧通交の歴史的前提』吉川弘文館
IGAWA, Kenji 二〇一二 "The Encounter between Europe and Japan", *ACTA ASIATICA*, No. 103
宇田川武久二〇〇四「鉄炮にみる南蛮文化の到来」『歴史学研究』七八五号
――二〇〇六『真説 鉄砲伝来』平凡社新書
――編二〇〇七『鉄砲伝来の日本史――火縄銃からライフル銃まで』吉川弘文館
久芳 崇二〇〇八「明代中国における鉄砲の伝来と導入」『七隈史学』九号
――二〇一〇『東アジアの兵器革命――十六世紀中国に渡った日本の鉄砲』吉川弘文館
国立歴史民俗博物館編二〇〇六『歴史のなかの鉄炮伝来――種子島から戊辰戦争まで』(展覧会図録)
佐々木稔編二〇〇三(共著者、関周一・峯田元治)『火縄銃の伝来と技術』吉川弘文館
清水紘一二〇〇一『織豊政権とキリシタン――日欧交渉の起源と展開』岩田書院
――二〇〇四「ポルトガル人の種子島初来年代をめぐって――日欧交渉の起源・補遺」『南島史学』六四号
――二〇〇六「「鉄炮記」の基礎的研究」『中央大学論集』二七号
――二〇〇六・二〇〇七「鉄砲の初期普及過程(1)(2)」『史料研究』三・四号
――二〇〇八「ポルトガル人のレキオ(琉球)初来説をめぐって――日欧交渉の初期過程」『外政史研究』七号

清水有子二〇〇六「ポルトガル人日本初来に関する基礎的問題」『南島史学』六七号
――――二〇〇七「一六世紀イベリア両国の東アジア進出――ヴィリャロボス艦隊の事例を中心に」メトロポリタン史学会編『歴史のなかの移動とネットワーク』桜井書店
鈴木眞哉一九九七『鉄砲と日本人――「鉄砲神話」が隠してきたこと』洋泉社〔ちくま学芸文庫に再録、二〇〇〇〕
SUN, Laichen 二〇〇六「東部アジアにおける火器の時代――一三九〇－一六八三」（中島楽章訳）『九州大学東洋史論集』三四号
関　周一二〇〇四「一六世紀アジアにおける鉄砲と戦争」小林一岳・則竹雄一編『戦争Ⅰ 中世戦争論の現在』青木書店
――――二〇〇六「鉄砲伝来をめぐる近年の歴史学研究」『銃砲史研究』三五四号
所　荘吉一九九九「鉄炮伝来の真相」『設楽原歴史資料館研究紀要』三号
中島楽章二〇〇五「ポルトガル人の日本初来航と東アジア海域交易」『史淵』一四二輯
――――二〇〇九「ポルトガル人日本初来航再論」『史淵』一四六輯
――――二〇一一「銃筒から仏郎機銃へ――十四～十六世紀の東アジア海域と火器」『史淵』一四八輯
的場節子一九九七「南蛮人日本初渡来に関する再検討」『国史学』一六二号
――――二〇〇七『ジパングと日本――日欧の遭遇』吉川弘文館
村井章介一九九七『海から見た戦国日本――列島史から世界史へ』ちくま新書〔『世界史のなかの戦国日本』と改題してちくま学芸文庫に再録、二〇一二〕
MURAI, Shosuke 二〇〇二 “A Reconsideration of the Introduction of Firearms to Japan”, *Memoirs of the Research Department of the Toyo Bunko*, No. 60　東洋文庫（「鉄砲伝来再考」の英訳）
村井章介二〇〇四a「鉄砲はいつ、だれが、どこに伝えたか」『歴史学研究』七八五号
――――二〇〇四b「鉄砲伝来と大分」大分県立先哲史料館『史料館研究紀要』九号

＊

宇田川武久一九九三『東アジア兵器交流史の研究――十五～十七世紀における兵器の受容と伝播』吉川弘文館
岡本良知一九四二『十六世紀日欧交通史の研究』弘文荘〔復刊、原書房、一九七四〕

岸野　久一九八九『西欧人の日本発見――ザビエル来日前日本情報の研究』吉川弘文館
小葉田淳一九六九『中世日支通交貿易史の研究』刀江書院
春名　徹一九九三「書評と紹介・宇田川武久著『東アジア兵器交流史の研究』」『国史学』一五一号
福田一徳一九七七「豊後大友氏と鉄砲について」『日本歴史』三五三号
洞　富雄一九九一『鉄砲――伝来とその影響』思文閣出版

第Ⅳ部

境界と中心の古琉球

第一章　東南アジアのなかの古琉球――『歴代宝案』第一集の射程

はじめに――『歴代宝案』校訂本・訳注本の刊行によせて

『歴代宝案』(以下『宝案』と略称)は、琉球王国の展開した外交に関する文書約四五九〇通を集成した一大外交文書集で、年代は一四二四年から一八六七年までの四四四年間におよぶ。外交・貿易を重要な存立基盤とした琉球の歴史にとって、不可欠の史料であることはいうまでもないが、中国を中心とする国際社会で通用した外交文書についての情報をふんだんにふくむ点でも、また史料に恵まれない東南アジア諸国の国制や外交体制をかいまみせてくれる点でも、「アジア史」レベルでの貴重な財産といえる。[1]

ところが、『宝案』はきわめてむずかしい史料でもある。そのむずかしさにはふたつの面がある。ひとつは、二部あった原本が関東大震災および沖縄戦で失われてしまい、不完全な写本や不鮮明な写真本でしか伝わっていないという、伝来上の問題である。もうひとつは、明・清代の公文書の書式で書かれており、用語・文体・構文のいずれにおいても、普通の漢文の知識ではこなしきれないという、解釈上の問題である。その結果まだまだ未解明の部分が大きく、多くの論著で言及される著名な史料にもかかわらず、そのポテンシャルを発揮しきれていないように思われる。

新沖縄県史編纂事業の柱のひとつとして、一九九二年から始まった『宝案』校訂本・訳注本の刊行[2]は、困難な状況を突破する条件を与えてくれた。校訂本は、できるかぎり鮮明な影印のうえに諸伝本との異同を注記して、望みうる最上のテキストを容易に見られるようにした。また訳注本は、長年にわたる解読作業を通じて蓄積された知識を、読み下しおよび語注のかたちで惜しげもなく提供してくれる。これと並行して、一九九〇年から研究誌『歴代宝案研究』（沖縄県立図書館史料編集室、ついで沖縄県教育委員会の刊行）が年一回発刊され、論文・史資料・目録などが掲載されている。

こうして『宝案』研究は急速な進歩をとげつつあるが、研究の現状には大きな偏りがあるように見うけられる。「朝貢貿易」をキーワードとする琉球・中国関係にあまりにもウェイトがおかれすぎて、この史料がほんらいもっている射程が充分に活かしきれていないうらみがある。たとえば、邊土名朝有の『『歴代宝案』の基礎的研究』（校倉書房、一九九二年）および『琉球の朝貢貿易』（同、一九九八年）は、独力で難解な中国式公文書の解読にとりくんだ大作だが、明・清との関係のみを対象として、東南アジア諸国との関係を完全に無視している。また『歴代宝案研究』に掲載された論文も圧倒的に中国関係が多く、一九九九年刊の第一〇号に掲載された川勝守「環中国海地域間交流と明帝国冊封体制」が、部分的に東南アジアにふれているのみである。

右の状況には無理からぬ面もある。数量的にみて、『宝案』文書の中心が、皇帝と琉球国王との間で授受された詔・勅・表や、中国の礼部・福建布政司と琉球国を往来した咨文、朝貢使節・通事に発給された一種の通行手形である執照・符文など、対中国関係の文書で占められることはまちがいない。また東南アジア通交の目的自体、「前往貴国出産地面、収買椥椒蘇木等貨回国、以備進貢大明御前」（貴国出産の地面に前《すす》み往き、椥椒・蘇木等の貨を収買して国に回《かえ》り、以て大明御前に進貢するに備ふ）といった定型表現が示すように、中国への進貢品の獲得にある、としか述べられていない。

しかし、東南アジア諸国との往復文書の数は、『宝案』第一集に載せる一六九七年までの文書総数一〇三四通（最後の東南アジア通交のあった一五七〇年までにかぎれば四四五通）のうち一〇八通を占めており、数量的にも無視できるものではない。また内容的にみても、ひとつひとつの文書を読みこみ、あるいは関連史料とつきあわせることによって、すべてが中国への進貢へと方向づけられるかにみえる字面のかげに、琉球をもその一端にふくみこんだ東南アジアの地域間交流の姿を、透視することができる。

もちろんこの課題についても、小葉田淳『中世南島通交貿易史の研究』(日本評論社刊、一九三九年〔刀江書院、一九六九年増補版〕)、東恩納寛惇『黎明期の海外交通史』(帝国教育会出版部、一九四一年〔琉球新報社、一九六九年再版〕)、安里延『日本南方発展史――沖縄海洋発展史』(三省堂、一九四一年〔琉球文教図書、一九六七年再版〕)という三つの古典的研究がある。戦後にも和田久徳「十五世紀初期のスマトラにおける華僑社会」(『お茶の水女子大学人文科学紀要』二〇号、一九六七年)、真栄平房昭「一五・一六世紀における琉球＝東南アジア貿易の歴史的位置」(『琉大史学』一二号、一九八一年)、同「琉球＝東南アジア貿易の展開と華僑社会」(『九州史学』七六号、一九八三年)、和田「十四五世紀における東南アジア船の東アジア来航と琉球国」(『球陽論叢』ひるぎ社、一九八六年)など、数は少ないがすぐれた仕事がある。

本章は、それらに学びつつ、なん通かの『宝案』文書の読みこみを通じて、琉球を東南アジアのなかに置いて考えようとする試みである。

一　最初の文書の解析――洪熙元年暹羅国宛琉球国王咨文

洪熙元年(一四二五)暹羅《シャム》国宛琉球国中山王咨文(40-01③)は、『宝案』第一集に収められた東南アジア関係文書のうちもっとも古い年紀をもつだけでなく、他のいずれの文書にもないユニークな内容を備えている。この咨文は、いったん中止した通交の復活にあたって、中止前の通交状況と中止にいたった事情に言及しており、『宝案』文書の残り始める一四二四年以前の状況についての貴重な情報源である。ところが、そのユニークさも一因となって、用語・構文ともにきわめて難解であり、多くの論者が言及してきたにもかかわらず、完全な解釈が施されているとはいえない。

まずは先入見なしに文書の姿を見ていただくため、かなりの長文ながら、全文を底本の字配りのまま、あえて白文で引用する。四角で囲んだ文字は、「校訂本」で「＊カ」と注記される推定された字である。ゴチックはのちの説明の便宜のため筆者が施した。

　　琉球國中山王爲
朝貢事近據使者佳期巴那同通事梁復**告稱**
　永樂十七年間蒙差使者阿乃佳等坐駕
海船三隻賚捧禮物前到
暹羅國奉献事畢回國**告稱**蒙所在官司
言稱禮物短少以致官買磁器又禁約本
處不許私賣蘇木倶蒙官賣要補其船錢
切照事有艱緊深是有損□使徃来人員
告乞施行當蒙敬奉
王令旨何不早說惶恐之甚今後去船加感
禮物奉献以表遠意**敬此**外除自永樂十
八年至今加感禮物遣使佳期巴那通事
梁復等坐駕船隻經渉海洋動有数万餘
里歷[渉]風波十分艱險及至到彼除將礼

物交
進外蒙所在官司仍行官買磁器更甚因
致盤纏缺乏深爲靠損難以奉命往復告
乞施行據告再三因此永樂二十二年停
止船隻除外參照自洪武至永樂年来曽
祖及祖王先父王至今逓年累遣使者賫
捧菲儀前詣
貴國奉献蓋今多年矣荷蒙
貴國親愛懐念四海以爲一家累蒙回恵
弥既及寵愛遠人常復從容貿易並無官
買之事切思感戴之甚今據告事理合咨
貴國煩爲照前矜憐遠人航海之勞免行
官買磁器容令收號蘇木椡椒等貨回國
庶使永通往来遠人悅服異域懐柔今將
奉献禮物数目開坐于後須至咨者
今開
織金段五匹　素段貳拾匹
硫黄参千斤小　報二阡伍伯斤正
腰刀五柄　摺紙扇参拾柄

大青盤貳拾箇　小青盤肆伯箇
小青碗貳阡箇
右　咨
暹　羅　國
洪熙元年　月　日
咨

この文書をていねいに解読した先行研究に、『那覇市史資料編』第一巻四・歴代宝案第一集抄(一九八六年)に収められた西里喜行の解説「歴代宝案文書の様式と構成」(二四—二七頁)と、『歴代宝案』訳注本第二冊(一九九七年)に収められた和田久徳らによる当該文書の読み下し・訳注(三七一—三七四頁)がある。

西里は、「引用部分をどのように理解するかが内容全体の理解を左右する」と述べて、文書中に引用されている①使者佳期巴那《かきのはな》・通事梁復の「告」、②使者阿乃佳《あらかー》の「告」、③所在官司の「言」、④王の「令旨」、のそれぞれの範囲について、東恩納・小葉田・安里・高良倉吉らの説を批判しながら、自説を提示した。この方法はきわめて妥当なものである。『宝案』文書のような中国式の公文書を読むさいには、文中に引用された他からの引用はどこからどこまでか(しかも入れ子状の多重引用が珍しくない)を、厳密に押さえつつ解釈を進めていかなければならない。とくに④について、「王」を琉球王と解したうえで、引用が終わった直後に置かれる「敬此」という「接受語」に注目し、「令旨」の範囲を「以表遠意」までとつきとめたのは卓見だった。

しかし、①—③についての西里説には疑問がある。その最大の弱点は、文中に「告称……告乞施行」というまったく同一の表現がふた組、入れ子状で存在する事実に、注意を払わなかった点にある。「告称」は「告」という文書の引用の始まりを示し、これを受ける「告乞施行」(告して施行を乞ふ)は、「告」という文書様式の書止文言としてふさわしい。和田らはこのことに気づいており、引用①の終わりを後者の「告乞施行」、引用②の終わりを前者の「告乞施行」であると、正しく注記している。

ただし、和田らは「告称」を熟語と解して、①の最初を「近ごろ使者佳期巴那、通事梁復と同《とも》に告称するに拠るに」、②の最初を「使者阿乃佳等……告称するに」と読み下している。この「称」は、日本古代の公文書によく見られる「得某某解偁」（某某の解を得るに偁《いわ》く）と同様、引用の始まりを示す記号的表現と考えられ、『宝案』文書によくみられる「拠（蒙）……称」という表現は、「……に拠るに（を蒙るに）称《いわ》く」と読むべきである。[4] また、「告」が一字で特定の文書様式名として使われていることは、「告乞施行」「拠告再三」「拠告事理」といった表現から明らかである。

「称」を右のように解さなかったことは、和田らの③の理解を誤らせることになった。和田らによる該当部分の読み下しは、「所在の官司の、礼物短少なりと言称して、以て磁器を官買するを致し、又、禁約して本処にて蘇木を私売するを許さざるを蒙る。倶に官売するを蒙れば、其の船銭を補うを要す。切に照らすに……」となっていて、「所在官司言」の引用が存在すること自体を認めていない。これでは、③の始まりを「所在の官司の言を蒙るに称すらく」と正しく読み下した西里より、むしろ後退している。③についての西里のつまずきは、その引用を「不許私売蘇木」までとした点にある。この付近には引用の終わりを示すどのような記号的表現もみあたらない。すこしあとに出る「切照」という接受語こそそれにあたるのだが、西里はこれを②の引用を受けたものと見あやまった。

以上の解析から、①佳期巴那・梁復の告の内部に、②阿乃佳等の告と④王の令旨のふたつが引用され、さらに、②の内部に③所在官司の言が引用されている、という引用構造が明らかになった。これを簡略に示すと、つぎのようになる。

拠使者佳期巴那同通事梁復**告称**「永楽十七年間蒙……使者阿乃佳等……**告称**『**蒙**所在官司**言称**〈礼物短少、……要補其船銭〉**切照**、……**告乞施行**』、当蒙敬奉王令旨、『何不早説、……以表遠意』**敬此**、……**告乞施行**」、拠告再

三、……

先学たちが右のような理解にいたらなかった理由を推測すると、おそらく三重の入れ子のいちばん内側、「所在官司言」の後半の「倶に官売を蒙り、其の船銭を補うを要《もと》む」が、琉球使節の言のようにみえるからだろう。しかしこれも「蘇木についても官売を受けて、旅費の補いとしてください」と解すれば、「所在官司言」の続きとみて充分解釈可能である。そもそも、交易物の官売買をやめてもらうことが使節の重要な任務だったはずで、いくら金づまりとはいえ、使節の側から官売を求めるとは考えにくい。

以上の作業をふまえて筆者なりの読み下し案を以下に示す。なお、本文書に頻出する中国公文書特有、なかんずく咨文特有の表現については、西里・和田を始めとする先学の探究に学ぶところ多かったことはいうまでもない。

琉球国中山王、朝貢の事の為にす。近ごろ使者佳期巴那《かきのはな》・同通事梁復の告に拠るに称《いわ》く、「永楽十七年の間、使者阿乃佳《あらかー》等を差し、海船三隻に坐駕し、礼物を齎捧し、暹羅《シャム》国に前《すす》み到りて奉献し、事畢《おわ》りて国に回《かえ》り、告するを蒙るに称く、『所在の官司の言を蒙るに称く、〈礼物短少なれば、以て磁器を官買するを致す。又禁約ありて本処にて蘇木を私売するを許さず。倶《とも》に官売を蒙り、其の船銭を補ふを要む〉と。切に照らすに、事に艱緊あり。深く是れ□⑤使往来の人員を損ふあり。告して施行を乞ふ』と。当《とき》に敬んで王の令旨を奉ずるを蒙るに、『何ぞ早く説《い》はざるか。惶恐これ甚し。今後去《い》く船は、礼物を加感（加増）して奉献し、以て遠意を表せよ』と。此れを敬むの外《ほか》除、永楽十八年より今に至るまで、礼物を加感し、使佳期巴那・通事梁復等を遣はし、船隻に坐駕して、海洋を経渉せしむ。ややもすれば数万余里、風波を歴渉して十分艱険なるあり。彼に至《いた》到るに及び、礼物を将《もっ》て交進するを除くの外、所在の官司の仍《な》ほ磁器を官買するを行ふを蒙ること更に甚し。因りて盤纏《ばんてん》（旅費）の欠乏を致し、深く靠損《こうそん》（靠は違うの意）を為し、以て命を奉じて往復し難し。告して施行を乞ふ」と。告に拠ること再三なり（再三告が呈された）。此に因り永楽二十二年船隻を停止したる除外《ほか》、参照するに、「洪武より永楽に至る年来《としごろ》、曾祖及び祖王・先父王より今に至るまで、逓年《まいとし》累《かさ》ねて使者を遣はし、菲儀《ひぎ》(粗末な礼物)を齎捧して、貴国に前み詣《いた》りて奉献すること、蓋し今に多年なり。貴国の親愛して四海を以て一家と為すを懐念《おも》ふを荷蒙《こうむ》り、累ねて珍貺《ちんかん》(貴重な贈り物)を回恵し、及び遠人を寵愛し、常に復《ま》た貿易を従容《ゆる》して、並びに官買の事なきを蒙る。切に思ふに感戴これ甚し」と。今、告の事理に拠り、合《まさ》に貴国に咨すべし。煩為《ねが》はくは、前に照らして、遠人航海の労を矜憐し、磁器を官買するを免行《や》め、蘇木・楜椒等の貨を収号(受け取ること)せしめ、国に回《かえ》るを容《ゆる》さるれば、永く往来を通じ、遠人悦服し、異域懐柔せしむるに庶《ちか》からん。今、奉献せる礼物の数目を将《もっ》て、後に開坐(リストアップ)す。須《すべか》らく咨に至るべき者なり。(以下略)

二　官買をめぐる攻防——宣徳六年暹羅国宛琉球国王咨文

前節末に掲げた読み下しをもとに、この文書の語る豊かな内容を、他の史料も参照しながら、汲みとっていこう。

文書の後半で、「参照するに」として、琉球・シャム両国の関係が始まってからの良好な状態が回顧されている。それによれば、明初洪武年間の察度王(曾祖)代に始まって、武寧王(祖王)・思紹王(父王)を経て現在の尚巴志王に至るまで、毎年琉球船がシャムに赴き、つねに「官買の事」なく貿易が許されてきたという。こうした関係を文書は「四海を以て一家と為す」ということばで表現している。

先学の研究(小葉田前掲書、四三四—四三五頁、安里前掲書、一三〇頁)によれば、一三八九年に琉球国中山王察度が高麗に献じた方物に蘇木・胡椒が見え(『高麗史』辛昌伝、元年八月条)、ついで翌年に中山王察度・王子武寧・通事屋之結《うっち》が明に献じた方物に胡椒・蘇木・乳香が見える(『明実録』洪武二三年正月庚寅・二月己卯条)。胡椒・蘇木・乳香などは琉球には産しないから、シャムなど東南アジアから入手したものにちがいない。一三九一年には、暹羅斛国の使者が高麗国王に「出産土物」を献じて、「一三八八年に命を受けて日本に至り、一年滞在したのち、今日貴国に来ました」と語っている(『高麗史』恭譲王世家三年六月戊子条)。

このように、一四世紀末には、琉球・シャムの両国とも、東アジアと東南アジアを結んで中継貿易を積極的に展開していた。両国間の関係の成立はもっと溯るかもしれない。こうした両国の貿易活動を、明への進貢品の確保という理由づけの枠内でのみ理解することはできない。

その後、永楽一七年(一四一九)に到来した使節阿乃佳らの船三隻に対して、シャムは「礼物短少」を理由に官売買を強制した。明を中心とする国家間貿易において、官による売買(すくなくとも民に優先してのそれ)はむしろ普通のかたちだったが、琉球にとっては貿易利潤が大きく損なわれることになる。翌一八年、阿乃佳らは帰国してシャムの態度変更を尚巴志王に告した。驚いた王は、今後シャムへ送る船には礼物を加増するよう指示し、同年、使者佳期巴那・通事梁復が加増された礼物を載せてシャムへ渡航したが、持参した中国産陶磁はまたも官買の対象とされてしまい、旅費にも事欠く始末だった。

「永楽十八年より今に至るまで」とある「今」は、佳期巴那らの「告」＝帰国報告に従って王が貿易船の派遣を停止した永楽二二年の時点をさすだろう。とするとその間何回か(最大限、永楽一八・一九・二〇・二一の四回)貿易船は派遣され、[6]そのつど官買停止の要求は却下され続けたらしい。佳期巴那らの「告」の引用が終わった直後にある「拠告再三」という文言は、使者の帰国のたびにおなじような「告」が呈されたことを示唆する。結局、永楽二二年(一四二四)は派遣が中止されたが、その翌年である洪熙元年には、はやくも40-01の咨文をたずさえた使者が送られた。[7]

洪熙二年(一四二六)九月一〇日の暹羅国宛中山王咨文(40-03)に、「珍貺《ちんかん》を回恵せらる。已《すで》に明らかに照数して収め訖《おわ》るを除くの外、今思ふに、前後の恩、未だ謝を伸ぶるに由なし」とあって、この年もシャム通交は継続され、宣徳三年(一四二八)まで毎年一隻の貿易船が派遣された(40-04・05)。この間の咨文は定型的表現に終始しており、琉球の要求であった官買停止は実行されていたものと思われる（安里前掲書、一四七頁）。

宣徳四年には二隻が派遣された（40－07・08）が、正使南者結制《なんじゃうっち》が翌年帰国して呈した告により官買の復活が告げられ、同五年度の発遣は停止された。宣徳六年九月三日の暹羅国宛琉球国中山王咨文（40－11）に、つぎのようにある。

宣徳五年、正使南者結制等の告に拠るに称く、「差来を蒙れる各船の使臣等、暹羅国に到りて、礼物を奉献する外、各船に装載せる磁器等の物は、所在の管事頭目、多く官買に拘《とど》めて、磁器を将て逐一搬選し抽取するを蒙るに縁《よ》り、遷延して日久しきに致るに及ぶ。又、貨物の価銭を給するも亦虧剋《きこく》（減額）を加ふ」と。切に思ふに、海道の窵遠《ちょうえん》（はるかに遠い）なること数万余里、風波を経歴すること十分艱険にして、方《はじ》めて彼に到るを得るも、前の如く寛柔に撫恤《ぶじゅつ》する若《ごと》きにあらず、甚だしきは虧剋して不便なるに至る。再三告辞して、肯《あ》へて使を奉じて前来せず。此が為停止するの外……

右の記述から官買の具体的なようすが知られる。それは「管事頭目」のさじ加減に左右される部分が大きく、頭目は琉球船の運んできた陶磁器を運ばせて、ひとつひとつ選びとって買いつけるので、際限もなく時間がかかってしまう。また、貨物（陶磁器以外の物品か）も正当な価格を下回る代金しかよこさない。「価銭」という表現からして、シャムにおける琉球船の搬入品と搬出品との交換は、銭貨を媒介としたらしい。使節は陶磁器などの代価を銭でうけとり、その銭で胡椒・蘇木などを買うわけだが、官買では両方の取引とも役人の管理下で行なわれた。

このような状況は、意外なところからもたらされた情報によって、転機を迎えることになる。40－11の咨文は、前引部分に続けてこう述べている。

近ごろ三仏斉国旧港の公幹に差往せられて回《かえ》り来る正使歩馬《うばま》結制等の告に拠るに称く、「旧港に在《お》るに、遇たま暹羅国の船隻の来るあり。人言説するに、『前年の間、管事頭目は国王の之を責むるを蒙り、管事を立つること已に訖んぬ』」、と。告に拠り切に念《おも》ふに、貴国の交通も亦た往来の義を尚ぶ。人を行《や》り命を伝へ、用《もっ》て和好の望みを堅くす。合行《まさ》に今、正使郭伯茲毎《こはちみー》等を遣はし、礼物を齎捧して、船隻に坐駕し、前《すす》み詣《いた》りて奉献せしめ、少しく芹忱《きんしん》の意(粗末な誠意)を伸ぶべし。幸《ねが》はくば海納せられよ。更に煩《ねが》はくは、今去《い》く人船は四海一家もて念と為し、官買を寛免し、自ら両平に蘇木等の貨を収買するを行なはんことを。国に回りて応《まさ》に大明御前に進貢するに備ふべし。

シャムへの使者派遣が停止された宣徳五年(一四三〇)、歩馬結制らが三仏斉国旧港(パレンバン)に発遣された(43-08)。歩馬らは旧港に滞在中の同年末か翌年の初めころ、たまたま入港したシャム船の乗員から、シャムの「管事頭目」が国王の譴責をこうむって更迭された、という情報を得た。歩馬らは宣徳六年二月三日付の旧港からの返書(43-11)を携えて帰国した。シャムの方針が変わるきざしを感知した琉球は、さっそく郭伯茲毎らをシャムに送って、官買の「寛免」を要請させることにした。このとき、「四海一家」に加えて「両平」(両者平等に利益があること)というスローガンが登場している。

ついで宣徳七年九月九日付の暹羅国宛琉球国中山王咨文(40-12)に、「近ごろ貴国の咨文を准《う》く。内に開《しる》すに、備《つぶ》さに本国の咨文(40-11のこと)の事理を准けて、官買を免《や》め、自ら両平に貿易を行ふを寛容す、とあり」とあって、シャムが琉球の官買停止要求をうけいれたことを知る。以後、官買が長期にわたって復活することはなかった。

以上の経過から、当時のシャムの市場における陶磁器の取引価格は、官による買値をはるかにうわまわっていたことがわかる。明への進貢品の買いつけという琉球船の目的は、あくまで名目であり、民間ベースの商取引が主流となるべき条件が成熟しつつあった。いずれかの国の「官」が勝手な理屈をふりまわすことを排除し、「四海一家」「両平」をスローガンとして、地域社会で合意しうるような交易のありかたが求められた。琉球がその主唱者であったことは注目してよい[8]。シャムが琉球の要求をのまざるをえなかったのも、そのような流れにそった動きだった。

このような民間主導の交易の展開は、明と諸国との間の冊封関係をかならずしも絶対的な存立条件とはしないような、地域間の交流が成熟しつつあったことを物語る。なるほど琉球の行なった中継貿易は国営の事業であり、民間主体とはいいがたい。しかしなお、琉球が東南アジアから買いつけた南海産品のすべてが明への進貢に用いられたのではなかった。『朝鮮王朝実録』によれば、当時倭人の諸勢力が南海産品を携えて朝鮮に渡航していたことが知られる。つぎの節でふれる九州探題などはその代表格である。ほんの一例のみ示せば、一四二三年にソウルに来た日本九州前摠官源道鎮（渋川満頼）の使者の持参した礼物のなかには、犀角《さいかく》・麒麟血《きりんけつ》・陳皮《ちんぴ》・丁香《ちょうこう》・草菓《そうか》・黄芩《こうきん》・藿香《かっこう》・蘇《そ》合油《ごうゆ》・蘇木などがふくまれていた（『世宗実録』五年九月丙申条）。これらはほぼまちがいなく、倭人勢力が琉球から入手したものである。琉球は、国王を中心とする国家それ自体が、地域交流を担う民間の交易主体としての側面をもっていたのである。

三　華僑ネットワーク――宣徳三年旧港管事官宛琉球国王相懐機書簡

『宝案』第一集巻四十三「山南王併懐機文稿」に収める文書二三通のうち、琉球国山南王関係の五通を除く一八通が懐機関係、さらにそのうち八通は明関係（明皇帝からの頒賜品目録と天師府宛の通信）、一通は暹羅関係（後述）で、残る九通が琉球・旧港（パレンバン）間の外交を語る文書である。なかでもっとも古い宣徳三年（一四二八）一〇月五日付の旧港管事官宛琉球国王相《おうしょう》懐機書簡（43-04）は、永楽一九年（一四二一）ころ、琉球が旧港との間に通交を開こうとしたことを伝えている。その背景には、前述のように、同一七年以降官買問題をめぐってシャムとの関係が悪化していたという事情があった。

琉球國王相懐機端粛奉書
旧港管事官閣下自永樂十九年間准日

本國九州官源道鎮送到旧港施主烈智
孫差来那弗答鄧子昌等二十余名到國
告乞逓送回國准此縁無能諳火長思係
遠人難以久留未〔敢〕故擅便除啓
國王敬蒙即便差令正使闍那結制等駕使
海舡一隻已到暹羅國仍行乞爲轉送外
未知到否今有本國頭目實達魯等駕使
小船一隻装載磁器等貨到貴國買賣仍
令尺楮付實達魯等前到
旧港管事官前告稟回報今備礼物馳送
少伸遠意万望笑留所有今去人船煩爲
寛容買賣趕趁風迅回國庶爲四海一家
永通往来便益今将礼物開坐于后草字
不宣

今開

素段五匹　鎖子甲貳領

衮刀貳柄　腰刀貳柄

摺扇拾把

宣德三年拾月初五日　奉書

〔読み下し〕

琉球国王相懐機、端粛して書を旧港管事官閣下に奉る。永楽十九年の間より、准《う》くるに、「日本国九州官源道鎮、旧港の施主烈智孫の差来せる那弗答鄧子昌等二十余名を送到し、国（琉球）に到り、告して逓送回国せしむるを乞ふ」とあり。此を准くるに、能く諳《そら》んずるの火長なきに縁《よ》り、遠人以て久留し難きに係るを思ふも、未だ敢へて擅便せず。国王に啓して、敬んで即便《ただち》に正使闍那《じゃな》結制等を差令《つかわ》して、海舡一隻に駕使して、已に暹羅国に到れば、仍《な》ほ行乞して転送を為さしむるを蒙るを除くの外、未だ到れるや否やを知らず。今、本国頭目実達魯《したるー》等、小船一隻に駕使して、磁器等の貨を装載して、貴国に到りて買売するあり。仍《な》ほ尺楮（手紙）を実達魯等に付して、旧港管事官の前に前《すす》み到り、告稟回報せしむ。今、礼物を備へて馳送し、少しく遠意を伸ぶ。万望むらくは笑留せられよ。所有《みぎ》の今去《い》く人船は、煩《ね》為《が》はくは、買売を寛容し、風迅（季節風）に趕趁《かんてん》（走る）して国に回らしめば、四海を一家と為し、永く往来を通ずるに便益なるに庶《ちか》からん。いま、礼物をもつて后《のち》に開坐す。草字《そうじ》不《ふ》宣《せん》。（以下略）

永楽一九年（一四二一）、日本国九州官源道鎮（九州探題渋川義俊の父満頼）が、日本に来た旧港の施主烈智孫（施亜烈済孫が正しい）の使者那弗答（マレー語で船主を意味する nakhoda の音訳）鄧子昌ら二十余名を、琉球に送到し、琉球の手で本国に送り届けてくれるよう乞うた。琉球の王相懐機は、旧港までの海路を諳んじる火長（航海長）がいないので、送還をためらっていたが、尚巴志王にその旨を啓したところ、「海船一隻に乗って暹羅国に赴くことになっている正使闍那結制らに、暹羅国に着いたら旧港人を本国に転送してくれるよう願わせよ」との仰せであった。しかし、鄧子昌らが無事（旧港に）到着したかどうかはわかっていない。そこで宣徳三年（一四二八）、琉球は再度使者として「本国頭目実達魯」[9]を旧港に送り、貿易関係を開くことを要請させた。ここにも「四海一家」のスローガンが見られる。

この書簡からは、鄧子昌らの本国送還ルートにそって、①九州探題渋川氏—②琉球国王相懐機—③〔暹羅国〕—④

旧港管事官施済孫の連携がうかがえる。②から④に宛てたこの書簡において、「(琉球)国王」で一字擡頭にし、「旧港管事官」では平出にとどめていることが示すように、②④は琉球やシャムの国王からは一段下がる地位であった。①の要請を琉球国王でなく②がうけとっていることから、①もまた同様である。九州探題は日本国王である足利氏の家臣になるから当然であろう。のちにマラッカ等において、シャーバンダルという重職(港務長官と訳され、各港市に一ないし数名いた)が出現するが、『宝案』文書に現れる「管事官」「管事頭目」はその漢語表現ではあるまいか。(10)

琉球の王相や九州探題も、そのような役職の一類型に位置づけることができよう。

この書簡からは③の実態がつかめないが、琉球の例からみてシャム国王が関わったとは考えにくく、懐機のような、王に次ぐ地位にあって対外的な窓口の役割を果たしていた中国人が、シャムでも関与した可能性が高い。正統三年(一四三八)以前、懐機は「密讃知道」というシャムの「中人」から書と酒の進献を受けた(43‐17)。この人物をシャム在住の華僑とする安里説(前掲書、一五一頁)は確実な根拠を欠くが、国王より下の層の国際的交際を示す例としては注目に値する。(11)

当時の旧港は形式上爪哇《ジャワ》国(マジャパヒト朝)に服属していたため王が存在せず、永楽五年(一四〇七)に明から旧港宣慰使に任じられた広東出身の施進卿の子済孫(④)が、同二二年に宣慰使の地位を嗣いでいた。旧港という国家の実体は、「爪哇国旧港宣慰司」(『明実録』洪熙元年閏七月丙午条)と呼ばれる華僑集団で、そのリーダーが宣慰使を世襲する施氏だった。したがって、琉球が国王を表に立てて旧港と通交することは敵礼にそむく。(12)琉球の対旧港外交を王相懐機が担ったのはこのためである。

『宝案』に見られる琉球・旧港の往復文書九通は、前記のような敵礼関係に規定されて、通常のように国王間でなく、いちだん低いレベルの華僑勢力相互のやりとりとなった。そのおかげで、〈明帝の冊封を前提とする国王間関係〉という公的たてまえの下に隠れていた、東南アジアの地域間交流の姿が浮かびあがる。

実達魯らの訪問を受けた旧港側は、実達魯の帰国に使者蔡陽泰（あるいは察陽とも）を同行させて箋文・礼物を琉球へ送り、一行は宣徳四年（一四二九）六月に琉球に到着した。旧港の箋文は残っていないが、琉球側が旧港使の帰国にあわせてふたたび送った使者に携えさせた二通の書面によって、右の経過が知られる。二通はともに宣徳五年一〇月一八日付の懐機書簡で、正使歩馬結制に託された43-08が「三仏斉国旧港僧亜剌呉」あて、正使達旦尼《たたに》に託された43-09が「三仏斉国宝安邦（Palembang の音訳）本目娘」あてになっている。

二通の書簡は同年一二月一一日に旧港に届き、翌六年二月三日付で返信が書かれ、琉球使の帰国に託された。返信も二通あって、43-10の差出は「三仏斉国宝林邦（これも Palembang の音訳）粧次（この二字衍か）本頭娘」、43-11の差出は「三仏斉国宝林邦愚婦俾那智（Pinatih の音訳で王妃ないし第一夫人の意）施氏大娘仔」となっている。

右の往信と返信の対応について両説がある。「本目娘」と「本頭娘」を同一人として管事官にあてる和田説（前掲「十五世紀初期のスマトラにおける華僑社会」七八頁）と、「本目娘」を「施氏大娘仔」に対応させる小葉田説（前掲書、四八一頁）である[13]。

その後、懐機から旧港人に対して、正統三年（一四三八）一〇月二六日付で二通、同五年九月から一〇月にかけてまた二通、書簡が送られた。前者のセットは、43-15が正使阿普尼是《あふにし》で「三仏斉国旧港管事官」あて、43-16が正使不記載で「三仏斉国宝林邦施氏大娘仔」あてであるが、後者のセットにおいて、宣徳六年に旧港からの返書（43-10・11）をうけとってからの無沙汰を述べているから、正統三年のセットは相手に届かなかったらしい（「訳注本」四六七頁）。いっぽう後者のセットは、43-22が正使伍実《ぐし》佳勃也《かーうふや》で「三仏斉国宝林邦本頭娘」あて、43-23が正使不記載で「三仏斉国旧港宝林邦施氏大娘」あてとなっている。これを最後に旧港との交渉はとだえたらしく、以後の『宝案』文書にその名を見いだすことはできない。

以上のように、懐機の相手となった旧港側の人間の特徴は、つねに二人がセットになっていることと、その二人ともが女性であることの二点である。最初の書簡である43‐04と正統三年の43‐15の宛先が「旧港管事官」となっているが、その該当者は本頭娘と呼ばれる女性だった。「頭目たる女性」の意味で、永楽一九年当時の管事官施済孫の姉妹、すなわち施進卿の二女と推定されている（小葉田前掲書、四八二頁）。他方の「施氏大娘（仔）」は、進卿の長女だが他家に嫁していたため妹の後見人を勤めた人で、「大娘仔」とは奥さん、おかみさんの意味だという（「訳注本」四六〇頁）。

鄭和の遠征に随行した馬歓の著『瀛涯勝覧《えいがいしょうらん》』旧港国の条に、「就《すなわ》ち進卿に冠帯を賜ひ、旧港に帰《い》きて大頭目と為《な》り、以て其の地を主《つかさど》らしむ。本人死し、位は子に伝へず、是に其の女施二姐王と為る」とある（小葉田前掲書、四八二頁）。これによれば、旧港の支配者の地位は進卿から男子済孫には伝えられず、二女が襲ったことになる。済孫と姉妹との間で地位をめぐる争いがあったのかもしれない（同、四九八―五〇一頁）。

この例のように、『宝案』の東南アジア関係文書は、琉球との通交という対外関係のみならず、東南アジア諸国の内部事情を伝える史料としても、有効なばあいがある。

おわりに

『宝案』の東南アジア関係文書群を通覧して印象的なのは、通交に関して琉球側の積極性が著しいのに対して、相手側の対応は、返礼の使者を琉球使の帰り船に託して送る程度が最大限で、独自に琉球むけの貿易船を仕立てた例は例外的にしかみられないことである。

東南アジア諸国は、明に対しては朝貢船を送っていたことが『明史』等によって判明するから、琉球への派船も不可能ではなかった。事実、一五世紀なかごろの那覇港のようすを伝える『おもろさうし』（一三‐八）の歌に「たう　な

ばん　よりやう　なはどまり」(唐・南蛮の船が寄り合う那覇泊)とあるし、一四七一年に朝鮮で成立した『海東諸国紀』所収の琉球国図にも、那覇の湾口のところに「江南・南蛮・日本商舶所泊」としるされている。『宝案』文書の語る公的通交の外で、シナ海を南蛮船が行き交い、琉球にも訪れていたことはたしかなようだ。

『宝案』の射程の外に、さらに茫漠とした世界が広がっている。

注

(1)『宝案』の基本的諸事項については、小葉田淳「歴代宝案について」(『史林』四六巻四号、一九六三年七月、『歴代宝案研究』創刊号に再掲)、田名真之「歴代宝案について」(『那覇市史資料編』第一巻 四 歴代宝案第一集抄、那覇市役所、一九八六年)、和田久徳「『歴代宝案』第一集解説」(『歴代宝案』校訂本第二冊、沖縄県教育委員会、一九九二年)など参照。

(2)村井章介「日本の史料整理事業と韓国関係史料」(『国史館論叢』七四輯、韓国国史編纂委員会、一九九七年)二一二―二一五頁で、沖縄県史編纂と『宝案』刊行計画の特徴を紹介した。

(3)『宝案』第一集巻四十の一番目の文書、の意。以下本章では『宝案』文書をこの方式で表記する。

(4)42‐01宣徳三年九月二四日中山王執照の「拠王相懐機呈称、有本国頭目実達魯等告称、云々」という部分を、「訳注本」は「王相懐機の呈に拠るに称すらく、本国の頭目の実達魯等の告称する有り、云々」と読んでいる(第二冊四二三頁)。第一句では「称」を引用開始を示す記号と解しながら、第二句では「告称」とつなげてしまうのは、首尾一貫しない。後半は「本国の頭目の実達魯等の告有りて称く、云々」と読むのがよい。なお17‐13の読み下しでは、「訳注本」も「使者阿普斯古・通事沈思良の告に拠るに称すらく」と、私見に近い読みをしている(第一冊五二七頁)。

(5)諸本に欠けているこの字を、「校訂本」第二冊は最初「遣ヵ」と注記し、「訳注本」第二冊に収められた正誤表において「今ヵ」と改めた(四八六頁)。その根拠は不明だが、「今」よりは「遣」のほうが意味が通りやすいように思われる。本章では空白としておく。

(6)次節でとりあげる宣徳三年(一四二八)一〇月五日の旧港管事官宛琉球国王相懐機書簡(三二九―三三〇頁に全文を引用)に

名の見える闍那結制《じゃなうっち》らは、『宝案』に文書のない永楽末年の遣シャム国使節のひとつである。本文で述べたように、一四一八・二一の両年にシャムへ赴いた使者は佳期巴那のようであり、二二年はシャムへの使船派遣が停止されているから、闍那結制らがシャムへ発ったのは一九・二〇年のいずれかである。書簡の書きぶりからして、九州探題の使者が琉球に来た当年である一九年中よりは、二〇年に首途した可能性のほうが高いだろう（安里前掲書、一四〇頁は一九年、小葉田前掲書、四六八頁は一九年以後二一年以前とする）。

（7）洪熙二年（一四二六）の暹羅国あて中山王咨文（40‐03）に、「近く暹羅国の咨文二道を准《う》くるに、各おの開《しる》す。本国（琉球）の咨に、正使阿勃馬結制《うばまうっち》幷びに浮那姑是《ふなくし》等を差はし、海船二隻に坐駕し、礼物を賚送して国（暹羅）に到り、番貨を収買するに及んで回国し、用に備ふ、とあり」とあって、洪熙元年には阿勃馬結制および浮那姑是を頭とする船二艘が渡航したことがわかる。同年のもう一通の咨文（40‐02）に、正使浮那姑是が「仁字号海船」に乗ってシャムへ渡航したことがしるされているから、咨文40‐01をたずさえて往った正使は阿勃馬結制ということになる。後者の咨文になぜ正使の名がしるされていないのかは不明である。

（8）安里前掲書、一三七頁に「琉球が若し暹羅の商業・習俗・事情に暗かつたなら、暹羅政府に委託売買せしめる所謂官売買の形式をとるのが常道である。然るに官売買を却けて極力自由売買を切望してゐる。これは琉球の使節・交易使者が、如何に彼地の事情に精通してゐたかを思はしめ、当時琉球人の南蛮に対する知識の程度を表示する有力な史料となるのである」という指摘がある。

（9）宮田俊彦「実達魯と蔡璟——初期の琉球外交史」（『琉明・琉清交渉史の研究』文献出版、一九九六年、所収）参照。

（10）シャーバンダルについては、真栄平前掲「一五・一六世紀における琉球＝東南アジア貿易の歴史的位置」五六—五七頁参照。また、東恩納前掲書、二〇五—二〇六頁に、「暹羅来書に関係官吏の事を「管事頭目」と云うてあるが、これは暹語でChaota と称し漢字に謝替と書かれる港務官の事であらう」という指摘がある。

（11）ただし43‐17文書は「王相府大人（懐機のこと）」で一字擡頭しているから、密讃知道自身は懐機と対等の地位ではない。この文書の差出人で、懐機の執事的な立場であるらしい「琉球国執礼等事官烏魯古結制《うるくうっち》」が、密讃知道と敵礼関係にある。なお、東恩納前掲書、二〇六—二〇七頁参照。

（12）43‐04の一〇日前の日付をもち、旧港に正使実達魯らを送る旨を告げる琉球国中山王咨文（40‐06）がある。咨文を旧港あて送ることは相手を対等に扱うことになるが、それを配慮してか、この咨文にはほんらいあるべき宛先がしるされず、年月日の下に「往旧港」と注記するという、異例のかたちをとっている。

(13)　本目娘＝本頭娘とする和田説は、和田自身が気づいているように、管事官たる本頭娘をつねに前に置く『宝案』本巻の文書配列と矛盾する(43‐08が僧亜剌呉あて、43‐09が本目娘あて)。いっぽう、東恩納は「僧亜剌」について、「明史に謂ふ所の僧伽烈《サンカラ》と同一で、パレンバンの東隣に在るサンアロタン(Saengairotan)の音訳かと思はれる」と述べている(前掲書、一六二頁)。そうすると、僧亜剌呉を本頭娘にひきつけるよりは、施氏大娘仔の関係者(おそらく夫で、呉はその姓か)とみる和田説に分が出てくる。

第二章　中世日本と古琉球のはざま

はじめに

「鬼界(が)島」(以下「キカイガシマ」と表記する)は日本中世の代表的な境界地名である。鎌倉末期の『八幡愚童訓(甲本)』巻下に「当世ハ、素都《ソト》ノ浜ヨリ初テ、鬼界嶋ニ至マデ、武威ニ靡《なびき》ケル事ハ、只風ノ草ヲ靡《なびかすが》如シ」とあるように、それは東の境界「外(の)浜」と対偶の位置にある西の境界であり(1)、「日本国」の支配がおよぶ限界空間であった〔大石一九八〇、村井二〇〇七〕。

一〇世紀末、奄美島人が筑前・筑後・薩摩・壱岐・対馬にいたって海賊行為におよんだとき、大宰府は「貴駕島に下知して南蛮を捕へ進めし」めた(『日本紀略』長徳四年九月一四日条)。奄美島人が「南蛮」と呼ばれて完全に夷人あつかいなのに対して、「貴駕島」は大宰府の「下知」を受けて軍事・警察活動を行なう官衙的なものとして登場している。現在発掘調査が進行中の喜界島城久《ぐすく》遺跡群は、大宰府遺跡にきわめて近似した遺物を出土し、本土系の官衙遺跡と見られているが、この遺跡を「貴駕島」に結びつける着想は、きわめて刺激的である〔永山二〇〇八〕。至近距離にある奄美大島と喜界島が、「日本国」の支配とのかかわりでは対蹠的な位相に置かれていたわけで、これも境界のもつダイナミズムの表現といえるだろう。

鎌倉末期になると、長門本『平家物語』巻四に「きかいは十二の嶋なれば、くち五嶋はにほんにしたがへり、おく七嶋はいまだ我てうにしたがハずといへり」とあるように、キカイガシマは一二の島の総称としてあらわれ、それが日本の支配に属する口五島といまだ属さない奥七島に区分されて、認識されている。奥七島を吐噶喇《とから》列島に比定する点は諸説一致しており、そうすると吐噶喇海峡に「国境」が走っていたことになるが、このテキストからは、「日本国」から発する力が、境界としての「きかい十二島」を二分する方向に働いていたようすを、知ることができる。

このころまでは、キカイガシマのさらに外側は中央の文明に浴さない「異域」にすぎなかったが、まもなくそこにもうひとつの文明の中心、琉球王国が登場する。そのことによってキカイガシマはどう性格を変えるのだろうか。本章では、千竈《ちかま》氏・種子島氏・島津氏という南九州の武士勢力からの視線と、琉球王国からの視線の交わるところに、縮めていえば中世日本と古琉球のはざまに、境界たるキカイガシマがどのように立ちあらわれるかを、見ていきたいと思う。(2) それを通じて、そこが朝鮮と琉球との境界でもあったことが浮かびあがってくるだろう。以下、もっとも広くとったばあいの境界空間として、九州島と沖縄本島の間の海域を「キカイガシマ海域」と呼んでおきたい。

一　謎の「わさのしま」をめぐって

中世のキカイガシマ海域を考えるにあたって、『千竈文書』所収、嘉元四年（一三〇六）千竈時家処分状（『鹿児島県史料　旧記雑録拾遺　家わけ六』四一一―四一三頁。〔村井二〇〇五：一二〇―一二一頁〕に写真掲載）は、必見の一級資料である。千竈氏は尾張を本貫とする御家人の出身で、いつのころからか北条得宗家の被官となり、得宗領薩摩国川辺《かわなべ》郡の地頭代官職と郡司職を得て、現地へ下向した。嘉元四年、千竈時家は三人の子息、二人の息女、二人の配偶者に所領を分割譲与し、得宗北条貞時の認定を受けた。そのうち男女の子息に譲った分のなかに、キカイガシマ海域の島々が登場する。その部分だけを抜き書きすると、嫡子貞泰に「くち五嶋、わさのしま、きかいかしま、大しま」、次男経家に

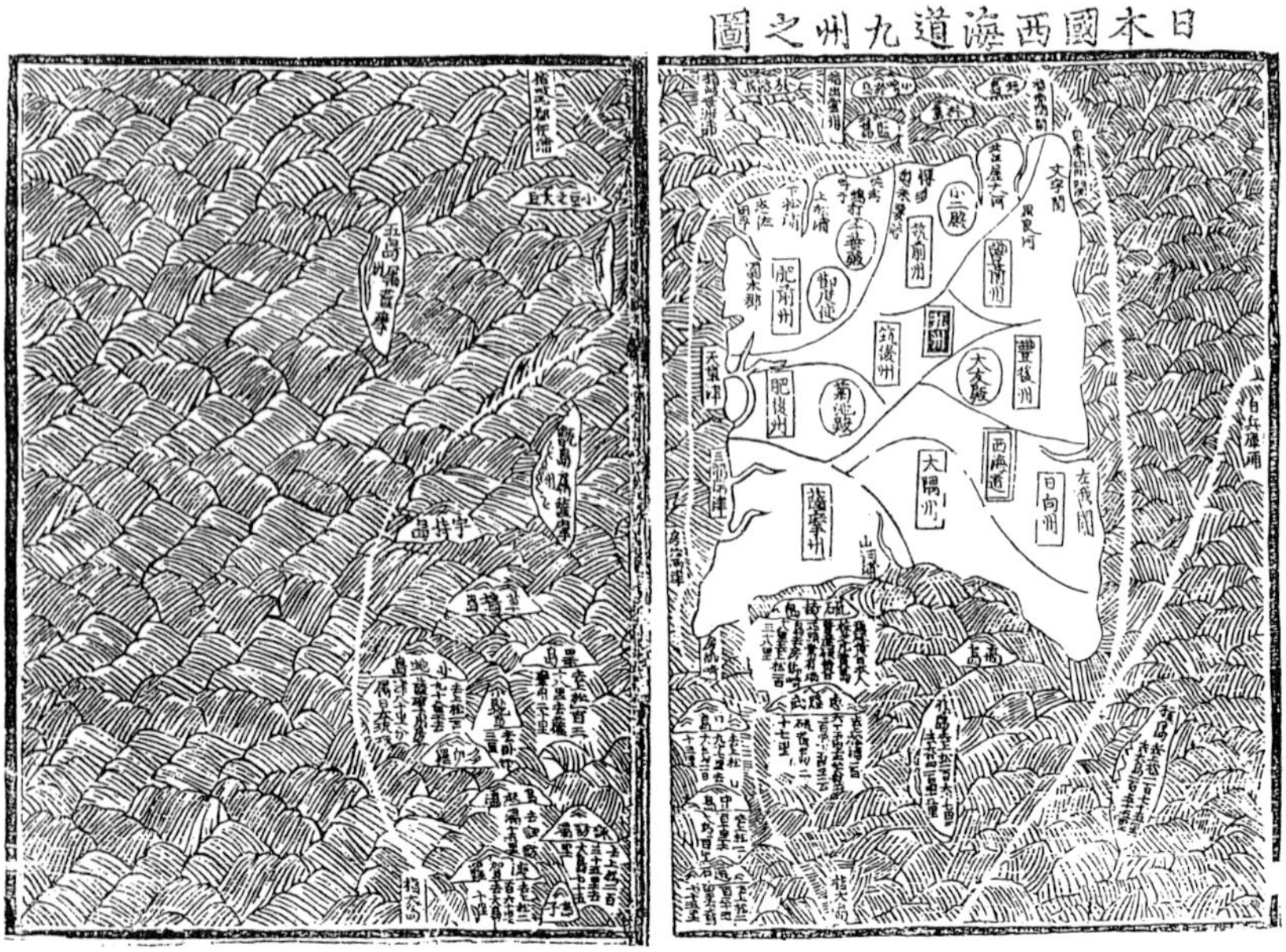

図1

「ゑらふのしま」、三男熊夜叉丸に「七嶋」、女子姫熊に「とくのしま」、女子弥熊に「やくのしまのしものこほり」が譲られている〔小田一九九三、村井一九九七〕。

個々の島の考察に入る前に、譲与の内訳をしるした処分状に島が出てくることの意味を考えておこう。譲与の対象は当然ながら相続財産としての意味をもつ。それらは、何々村とか田地何反とかいった形でしるされるのが普通で、島が出てくるのはかなり珍しい。島を知行する意味は、島のなかにある耕地の所有にあるのではないだろう。この処分状には坊津や泊など薩摩半島西南端の湊も出ていて、湊と島々をつなぐ海の道が想定される[3]。想像するに、千竈氏は琉球方面にまでいたる交易にかかわっており、島にはその拠点や中継地として経済的価値があったのではないか。

さて、処分状がしるす島名を現実のどの島に比定するかであるが、「きかいかしま」を喜界島、「大しま」を奄美大島、「七嶋」を吐噶喇列島、「とくのしま」を徳之島、「やくのしま」を屋久島に比定することには、ほとんど異論がない。

「ゑらふのしま」は口永良部島・沖永良部島の二説があるが、応永一五年（一四〇八）に島津元久が種子島清時に屋久島とともに与えた「恵良部島」（『鹿児島県史料　薩藩旧記雑録前編二』七七六号）、一四七一年に朝鮮で成立した『海東諸国紀』所収の「海東諸国総図」・「日本国西海道九州之図」（図1）に描かれた「恵羅武」が、ともに口永良部島を指すことは明瞭だから、沖永良部島説〔永山一九九七、橋本二〇〇五〕は無理がある。もっとも、『おもろさうし』九三八番の歌に徳之島とならんで出る「永良部」は、沖永良部島に比定できるが、これは沖縄側からの呼びかたであり、ヤマト側からの視線を語る『千竃文書』の「ゑらふのしま」は、やはり口永良部島に比定すべきである。ちなみに、キカイガシマ海域になぜふたつの「えらぶ」が存在するのか、という問いは、ヤマトからの視線、沖縄からの視線という発想で解けるのではないか。

問題が残るのは、貞泰分に見える「くち五嶋」と「わさのしま」である。「くち五嶋」に竹島・硫黄島・黒島がふくまれることは諸説一致する。残る二島を屋久島と口永良部島とする永山修一らの通説〔永山一九九三、同一九九七〕に対して、かつて私は、草垣群島・宇治群島とする新説を提示した〔村井一九九七〕。そのおもな根拠は、「くち五嶋」に口永良部島がふくまれるとすると経家分の「ゑらふのしま」と重複し、おなじく屋久島がふくまれるとすると弥熊分の「やくのしまのしものこほり」と重複することであった。

他方「わさのしま」については、私も「どう頭をひねっても比定すべき島が見つからない」〔同：一一九頁〕とお手あげであった。ところが、最近橋本雄から、「わさ」を朝鮮語として読んで、臥蛇島（がじゃじま）に比定してはどうか、というアイディアが示された〔橋本二〇〇五〕。なるほど、「臥蛇」は朝鮮音でまさしく「わさ」となるから、この説は説得力がある。謎の「わさのしま」の行く先がみつかったわけだが、影響はそれにとどまらない。臥蛇島は吐噶喇列島すなわち「七嶋」のひとつだから、貞泰分の「わさのしま」と熊夜叉丸分の「七嶋」が重複していることになり、処分状中で島名の重複がないことを前提とする私の永山説批判は、根拠を失うことになった。

だからといって、永山説が証明されたわけでも、拙論が成立の余地を失うわけでもない。『海東諸国紀』所収「海東諸国総図」[4]において、「宇持島」「草檣島」は「亦《ヤク》島」＝屋久島よりずっと大きく描かれている。拙論はその堂々たるプレゼンスからの着想であった。この地図には、一五世紀当時キカイガシマ海域を往来していた博多商人の航海知識がもりこまれている。かれらにとっては、今はとるにたりない無人島群にすぎないふたつの群島が、巨大な屋久島よりも重要な存在だったのである。千竈氏にとっての経済的価値も、おそらくこれと比例するだろう。

また、中世に口五島が薩摩国川辺郡の内であったことは、興国四年(一三四三)の文書に「薩摩国河辺郡黒嶋・硫黄郡司職」とある(『南北朝遺文九州編』一九六五号)ことや、貞治二年(一三六三)に島津貞久が同師久に譲った所領のなかに「薩摩国河辺郡 同拾弐嶋此外五嶋」がある(同四四六七号)ことから明らかである。

屋久島・口永良部島は、古代は大隅国駁謨《ごむ》郡に属したが、応永一五年(一四〇八)には薩摩国の所属となっていた(『鹿児島県史料 薩藩旧記雑録前編二』七七六号)。これを両島が川辺郡の所属になった結果と解すれば、通説に有利かに見える。しかし、時家処分状の「やくのしまのしものこほり」という表現は、中世郡として屋久上郡・同下郡が成立していたことを示唆する。屋久島は天長元年(八二四)までは馭謨・益救《やく》の二郡にわかれており、中世の屋久上下郡はその復活ともいえよう。とすれば、屋久島は川辺郡の外ということになる。他方、宇治・草垣は、平成大合併以前は川辺郡笠沙《かささ》町に属し、中世の笠沙は阿多郡加世田別符の内であったが、両群島が中世から笠沙に属していた証拠はない。以上より、宇治・草垣両群島が中世川辺郡に属していた可能性は、屋久・口永良部両島がそうであった可能性より、はるかに大きいといえよう[5]。

しかし、「わさのしま」が朝鮮語で解しうることの発見は、小さな論争を超えて大きな意味をもっている。処分状の書かれた一四世紀初頭に、朝鮮半島とキカイガシマ海域を結ぶ海の道が、島の名が朝鮮語で呼ばれるほど密接であったとなると、『海東諸国紀』の地図で視覚化された一五世紀後半の〈朝鮮―九州西岸―キカイガシマ海域―琉球〉を結ぶ海の道を、百数十年溯らせうる可能性が出てくるからである。

それに加えて、徳之島で生産され南九州から与那国島までの範囲に供給された中世須恵器カムィヤキが、西南九州の在地領主と奄美地方の按司層が連携して朝鮮半島から陶工を呼び寄せて開かれ、その終末期が一四世紀であるとされる〔吉岡二〇〇二〕ことも、考えあわせてみよう。そうすると、『千竈文書』を媒介に、カムィヤキと『海東諸国紀』の地図をつなげて考えることができ、そこから中世における朝鮮半島とキカイガシマ海域との深いつながりが浮かびあがってくる。

さらに想像を広げると、一〇世紀末の奄美海賊の行動範囲が、薩摩や大隅にとどまらず、筑前や壱岐・対馬、すなわち朝鮮半島の目前にまでおよんでいたという、一見不思議な事実が想起される。これもまた、キカイガシマ海域と朝鮮半島とのつながりのなかに置いてとらえ、奄美海賊と朝鮮との連携、さらにいえば奄美海賊への朝鮮人の参与まで、視野に入れる必要があるのではないか。この事件が、大宰府からの最初の報告では「高麗国人」のしわざとされていたことも、たんなる誤報ではすまされないのかもしれない〔田中二〇〇八参照〕。

キカイガシマ海域は、琉球と日本列島とのはざまであると同時に、あるいはもしかするとそれ以上に、琉球と朝鮮半島とのはざまであった⑹。

二　種子島氏の「島」知行

薩摩・大隅の守護島津氏は、源頼朝から「十二島地頭職」を与えられた〔小田一九九三：一九三頁〕が、川辺郡郡司・地頭職を保有する得宗とその代官千竈氏に圧倒されて、その知行は有名無実化していた。幕府滅亡により千竈氏が退場すると、島津氏はこの「十二島地頭職」をテコにキカイガシマ海域に勢力を広げていく。延文元年（一三五六）足利義詮が島津貞久の所領を安堵したなかに「十二島地頭職」が見え(『南北朝遺文九州編』三八九一号)、貞治二年(一三六三)には、前述のように島津氏による領有権の主張が「十二嶋此外五嶋」に拡大している。この「五嶋」に奄美群島(大島・喜界島・徳之島)が含まれることは確実で、さらに沖永良部島・与論島が加わる可能性が高い。とすれば、一四世紀初頭の千竈氏の所領を超える範囲にまで広がっていたことになる〔村井二〇〇六：七〇―七五頁〕。

島津氏は、キカイガシマ海域に確保した所領を、領国内の武士たちに分与した。そのなかでもめだつのが、海域の入口にある種子島の島主種子島氏である⑺。

応永一五年(一四〇八)、薩摩・大隅・日向守護島津元久は、肥後左近将監入道(種子島清時)の忠節を褒して、「薩摩国内屋久・恵良部両嶋」を料所として与えた(『鹿児島県史料　薩藩旧記雑録前編二』七七六号)。同日付で元久は清時に起請文を送って、「三ケ国如何様に転変候と雖も、身の用に立たるべきの由承るの間、御大事の時は捨て申まじく候、此の如く申し談じ候上は、讒者出来し、不慮の外の荒説その聞え候はん時は、直に申し承り不審を散ずべく候」と誓いあった(同七七七号)。種子島の島津に対する関係は、家臣というより対等な同盟者に近いものだったことがわかる。

同一九年(一四一二)、島津元久の弟久豊は清時に「硫磺・竹島・黒島三島」を加賜したが、同三一年(一四二四)にいたって、日向海江田城の合戦に清時の弟時真が遅参したことを咎められ、種子島氏は「恵良部島」の返上を余儀なくされた。三年後、清時の子時長は島津忠国(久豊の嫡子)から「恵良部島」を返してもらったが、その後永享八年(一四三六)までの間に、ある事件によって「硫礸島・竹島・黒島」を削られてしまう。

筑州博多船悪鬼納《おきなわ》より帰る時、竹島籠浦に於て暴風に遇ひ、船及び人共に海中に没す。即ち太守(島津忠国)に聞す。時に或もの、「唐船漂到せしに、其の人を殺し其の材を収む」と譏す。硫礸島・竹島・黒島を削らる。(『種子島家譜』時長条)

博多の船が沖縄から帰る途中、竹島で暴風に遭い、船も人も海中に没したが、「漂着した唐船に種子島が海賊行為を働いたものだ」と、島津忠国に讒言する者があり、(8)時長は三島を失う結果となった。種子島氏と讒者のいずれの言い分が正しいかは不明だが、(1)キカイガシマ海域が九州と琉球を結ぶ物流ルート上にあり、博多商人や中国船も参入して、財の交易や争奪が行なわれていたこと、(2)この海域で島を知行する者には、その島の近海における安寧保持の義務があったこと、がうかがえる。

島の賜与・没収のくりかえしからは、島津氏の権力が強大だったかに見えるが、永享八年に種子島時長が死んで弟幡時に代替わりすると、島津好久(忠国の弟で薩州家の祖、のち用久と改名)は、応永一五年の時と同内容の契約を幡時と交わしている(『鹿児島県史料　薩藩旧記雑録前編二』一一九七号)。両氏の関係は依然として同盟関係に近いものであった。好久は同日または近い日付で樺山氏・禰寝氏とも同様の契約を交わしている(同一二〇〇・一二〇一号)。好久は忠国の「守護代」であったが、兄弟の関係はしだいに険悪化しており、嘉吉元年(一四四一)には謀叛の咎で追討されるにいたる。島津氏が種子島氏との同盟関係を脱しえなかった背景に、当主権力の不安定さがあった。

この契約と同時に、好久は幡時に「薩摩国川辺郡内七嶋伊集院知行分嶋二」を料所として宛行なった(同一一九八号)。『種子島家譜』は二島を臥蛇島・平島とする。この二島は七島に含まれるので、宛行なわれたのは「七島と二島」ではなく「七島の内の二島」であろう。種子島氏の権益が吐噶喇列島まで延びたことが注目される。

幡時の子時氏の代には島のことが見えず、時氏の子忠時代の永正九年(一五一二)、島津忠治(忠国の曾孫)から指宿郡・谷山郡内の地とともに、「臥蛇　一嶋」が安堵された(同一八三七号)。これは前年の忠節に対する賞として約束されていた「三ケ国中、自然之地百町」の宛行(同一八三二号)を実行したものだが、臥蛇島を除く田数の総計は一五町余にすぎない。翌年、「七嶋臥蛇之嶋」から貢物として綿一八把・鰹節五連・叩煎の小桶が届いた。島知行による種子島氏の獲得物は、これが唯一の所見である。

その後間もなく、種子島氏の琉球方面との関係は、質的に飛躍する。島津氏の関与ぬきに、直接琉球王国との関係が成立するのである（同一九五二・一九五三号）。

「永正十八年（一五二一）七月十三日到来」

今年以二貴国之使節一妙満寺渡海、然ハ所レ蒙之尊札、委細令二披見一候。仍両国永々和親之義簡要候。殊両品之重貺不レ勝二万感一候。餞副二別楮一。不宣。

林鐘（六月）十五日　　　三司官

種子嶋武蔵守（忠時）殿閣下

追而令二啓上一候。

抑貴国之御船荷口之事、妙満寺於二此方一御披露候間、那覇之奉行此義依下申二述三司官一候上、則達二上聞一候。然者種子嶋前々為二琉球一有二忠節之義一、従二今年一御船一艘之荷口之事、可レ有二免許一由、承二綸言一候。仍為二証明一進二別楮一候。万端不宣。

正徳十六年「当本朝大永元年」辛巳林鐘十五日　　　三司官印「国王尚真代」

種子嶋武蔵守殿閣下

一五二一年、種子島忠時は琉球に「妙満寺」という僧を使節として派遣し、「尊札」と「重貺」を届けさせた。そのさい妙満寺は、「御船荷口」の権利を賜与されるよう願い、この請願は那覇奉行、三司官を経て国王尚真の耳に達した。琉球は、以前より種子島が琉球に忠節を尽くしてきたことに免じて、「御船一艘之荷口」を当年より免許することに決し、その旨の「綸言」を忠時に伝える三司官の書状が、妙満寺に手渡された。

この事例から注目されることがいくつかある。

第一に、「種子嶋前々為琉球有忠節之義」とあるように、種子島と琉球の通交はかなり以前から始まっていた。のちにふれる一五五六年の中山王書簡にも「多載之佳例」とあり、多年におよぶ往来がうかがわれる。種子島氏のキカイガシマ海域における島知行には、琉球にいたる通交ルートの掌握という意味があったにちがいない。とくに臥蛇島にはそのような意味が大きかったらしい。

第二に、種子島・琉球両者の関係は、「貴国之使節」「両国永々和親」という表現に示されるように、独立国どうしの外交関係に近いものと意識されていた。今回は国王直下の三司官と種子島島主との間に敵礼関係が設定されているが、一五五六年になると、「琉球国中山王(尚清)」の書簡が「種子島殿平時尭公」宛てに出されている(9)(同一九五四号)。

第三に、「船荷口」とは貿易船を送って積荷を売りさばく権利を指すと考えられるが、それが一年・一艘の単位で認められていたことは、朝鮮王朝がおもに対馬の諸勢力に対して認めていた「歳遣船」の制度をほうふつとさせる。こうした制度を施行することにより、琉球王国は、朝鮮王朝と同様、周辺の諸勢力の通交を主従関係の論理で把握していた。種子島の通交を琉球に対する「忠節」と表現するのは、そのような意識のあらわれである。

三　薩摩・朝鮮と琉球の境界

一四五三年、琉球国中山王の使者道安が朝鮮を訪れて、礼曹にさまざまな情報をもたらした。道安は、この時期もっとも活躍した博多商人である。『朝鮮王朝実録』端宗元年五月丁卯(一一日)条には、道安自身の供述と、道安の連れてきた朝鮮人漂流民の証言が掲げられている。以下、やや長くなるが、箇条書きの単位で必要な記事を抜き出して掲げる。

丁卯。琉球国中山王使者道安を礼曹に宴す。礼曹、道安の言を録して以て啓す。

(1) 一。去る庚午年(一四五〇)、貴国人四名、臥蛇島に漂泊す。島は琉球・薩摩の間に在り、半ばは琉球に属し、半ばは薩摩に属す。故に二名は則ち薩摩人これを得、二名は則ち琉球国王の弟、兵を領し岐浦島を征してこれを見、買ひて国王に献ず。王、闕内に置き、厚く撫恤を加ふ。

(2) 一。中山王云ふ、「往年我国人十二名、朝鮮の海辺丑山浦に漂到す。朝鮮厚待し、衣糧を優給して送還す。我今に至るも深く感じ、肆《ゆえ》に二人を将《もっ》て常に眼前に置き、厚く衣服・飲食を給ふ。汝今適《たまた》ま来る。我甚だこれを喜び、汝に付して送還す」と。

(3) 一。琉球国は薩摩と和好す。故に博多の人の薩摩を経て琉球に往く者、未だ阻碍あらず。近年以来、相和睦せず、尽く擄掠を行ふ。故に却りて大洋に従《よ》り迤邐《いり》(旁行)して行く。甚だ艱苦たり。今我等出来の時、商船二艘亦搶擄を被る。

因りて博多・薩摩・琉球相距の地図を示す。

又漂流人万年・丁禄等の言ふ所を録して以て啓す。

(4) 一。庚午年十二月、我二人及び石乙・石石伊・徳万・康甫等六名、一船に同乗し、忽ち海中に於て風に遭ひ、臥蛇島に漂到す。康甫・徳万は皆島中に病死す。居民は三十余戸、半ばは琉球に属し、半ばは薩摩に属す。島人我二人を率ゐ、水路を往くこと三日程の加沙里島に留まること十余日間。琉球国人甘隣伊伯也貴、事に因りて本島に到り、万年を見て家に帯帰す。翼日闕に詣で、白青段子各二匹を持ちて家に還り、即ち我を率ゐて闕に詣づ。意は必ず我を買ひ進むる也。……留まること三月間、琉球人完玉之、又加沙里島に到り、銅銭を用て丁禄を買ひ、帯還して喚ばしむ。……留まること三年間、道安等入帰す。王曰く、「常に解送せんと欲するも、然して路を知る人なし。汝其れ帯去せよ。若し朝鮮これを喜ばば、則ち諸処に漂来せる朝鮮人等をば、亦皆刷還せん」と。

(5) 一。朝鮮人六十余、琉球に漂到す。皆物故し、只年老の五人生存するあるのみ。其の女子は皆国人と交嫁し、家産富饒たり。老人等は略《ほぼ》朝鮮語に暁《あか》るし。

(1)(4)にあるように、朝鮮人が流れ着いた臥蛇島は居民数三十余戸、琉球・薩摩の間にあり、半ばは琉球に属し、半ばは薩摩に属す、という場所であった。それを反映して、四人の朝鮮人漂流民は、薩摩に二人、琉球に二人と、折半された(村井二〇〇六：七六頁)。「国境」における興味深い法慣習が露頭しているとともに、臥蛇島が特別な存在であることもうかがえる。『海東諸国紀』所収「日本国西海道之図」に描かれた臥蛇島の下に、「上松(肥前国上松浦)を去る一百九十八里、薩摩州房津(坊津)を去る八十里、日本・琉球に分属す」という説明が加えられている。道安のもたらした情報と『海東諸国紀』地図との密接な関係がうかがえる。

(1)(4)によれば、万年・丁禄の二人は、「岐浦島」すなわち喜界島征服のために兵を率いて遠征していた琉球国王の弟によって、加沙里(=笠利)島すなわち奄美大島北東部を経由して、首里の兄王に献じられた。笠利から首里への送致を担った琉球人甘隣伊伯也貴・完玉之は、緞子や銅銭で朝鮮人を買いとっているから、人身売買をなりわいとする商人と思われる。かれらから道安へ、道安から朝鮮側への漂流民引き渡しにも、人身を商品とする貿易の性格があったにちがいない。琉球国王が朝鮮人の刷還に熱心だった理由もそこにある。[10]

この時期、奄美・吐噶喇の海域で琉球と薩摩が軍事的に衝突していた。(3)にも、もとは仲のよかった両者が近年以来和睦せず、船の略奪が頻発しているとある。そのあおりで、博多人が薩摩を経由して琉球へ行くばあい、外洋航路をとって遠まわりせざるをえなかった。ふたたび『海東諸国紀』所収「日本国西海道九州之図」を見ると、海上を走る白い線として描かれる航路のなかで、上松浦・奄美大島間が、九州西海岸沿いをたどるものと外洋を通るものと、複線になっていることに気づく。前には物流規模の拡大による複線化と解した(村井二〇〇五：一二三頁)が、むしろ(3)の「大洋に従《よ》り迤邐《いり》して行く」の視覚化と考えられ、これも道安情報と『海東諸国紀』地図との密接な関係を語るデータである。[11]

以上のように、この時期のキカイガシマ海域は、薩摩・琉球間の軍事的緊張に包まれていた。しかし、琉球と朝鮮

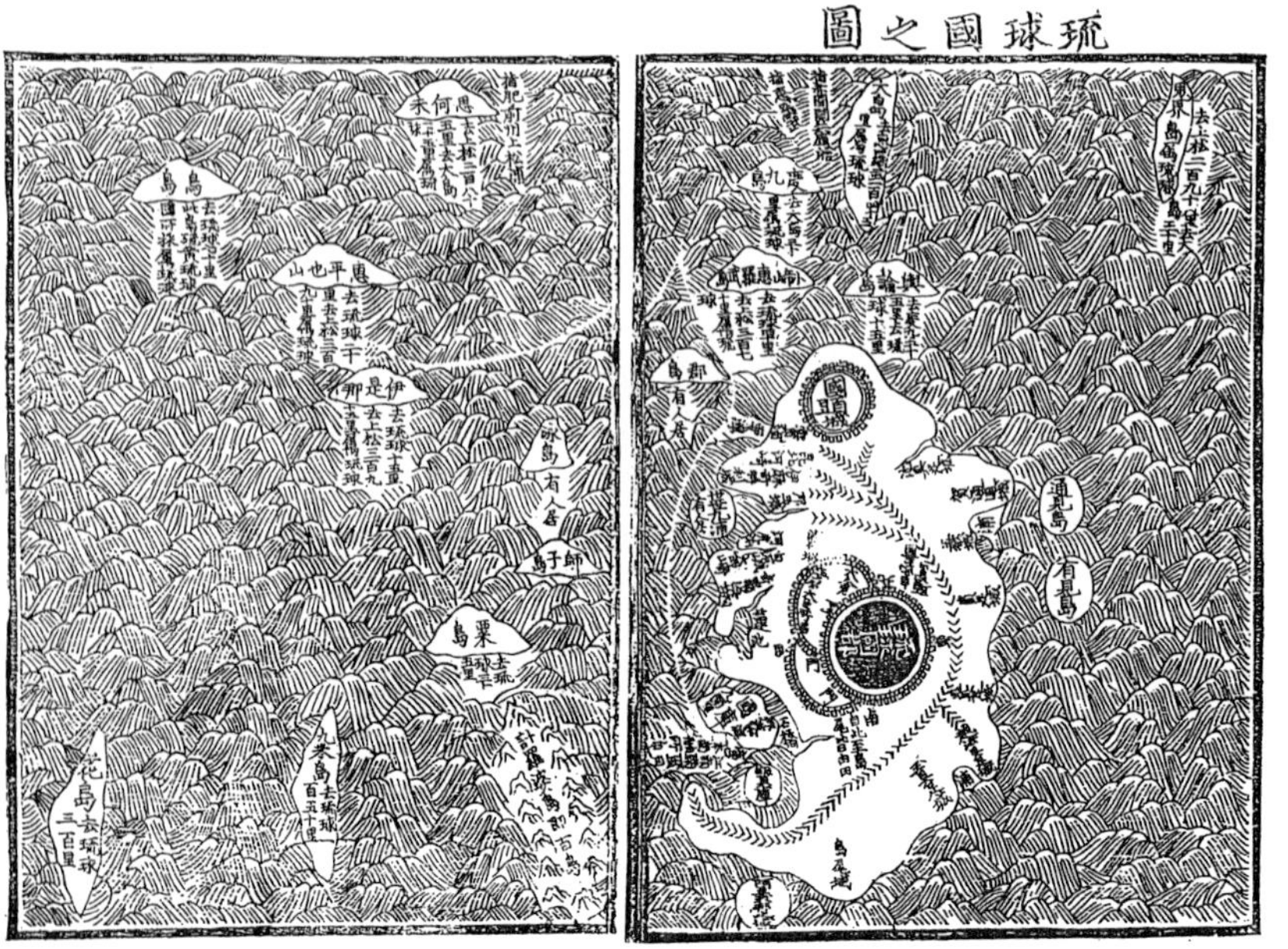

図2

の境界領域としては、この事例自身が語るように、漂流民送還という平和的慣習が健在であった。朝鮮から琉球にむけても漂流民送還が行なわれていたことは、(2)に語られており、今回の送還は琉球側からの返礼の性格をもっていた。また、(5)にあるように、琉球に長く留まる朝鮮人の集団もあり、女子が琉球人に嫁いで富裕な生活を享受したり、生き残った老人が朝鮮語をよく解するといった状況が見られた。

一四世紀には、奄美群島、もしかしたら沖縄直前の与論島までが、ヤマト側の千竈氏・島津氏の所領とされていた。それは日本の「国土」がそこまで広がったことを意味するわけではない。千竈時家処分状と同時代の『長門本平家物語』が奥七島を日本の支配の外としていたように、中央からの視線では境界はずっと手前にあった。それにしても、ヤマト周縁部の領主勢力の力が、その境界を超えた先におよんでいたことは事実であろう。

一五世紀前半に琉球王国が三山統一を達成すると、

その国力がキカイガシマ海域におよんでくる。(1)(3)の語る薩摩・琉球の衝突は、琉球側の進出によって起こった。その結果、一四五〇―一四七〇年ころには、奄美群島までが琉球王国の版図となった。『海東諸国紀』所収「琉球国之図」(図2)において、大島(奄美大島)・鬼界島(喜界島)・度九島(徳之島)・小崎恵羅武島(沖永良部島)に「琉球に属す」という注記がある。

しかしその支配は必ずしも安定的ではなかった。一四六六年には尚徳王が喜界島の「賊」を討っており(『中山世譜』五)、第一尚氏から第二尚氏への王家交代を経た一四九三年には、「琉球の附庸である大島に、近年日本の甲兵がやってきて、島を奪おうとし、多くの戦死者が出たが、一〇回に八、九回は琉球が勝利した」と伝える戦争があった(『朝鮮王朝実録』成宗二四年六月戊辰条)。一五三七年にも、尚清王は大島を討って酋長のひとり与湾大親《ゆわんうふおや》を滅ぼした(『中山世譜』七)。一五二九年を初見として、奄美群島地域にも沖縄本島に残るのとおなじ様式の国政文書(辞令書)が残されており、ようやくこのころ本島なみの支配が実現されたことを知る〔村井二〇〇六：七七頁〕。その後の奄美群島での辞令書残存数は、沖縄本島に匹敵する。

四　琉球から見たキカイガシマ海域

それでは、琉球からの眼にキカイガシマ海域の島々はどのように映っていただろうか。古琉球で歌われていた歌を、王府の事業として一六―一七世紀に集成した『おもろさうし』は、それを語る一級の史料である。

『おもろさうし』は、文字はひらがな主体でわずかに漢字を交え、言語は古い琉球語――「おもろ語」の名がある――で書かれている。どんなメロディーで歌われたかは、楽譜も伝承もなくて、残念ながらわからない。この歌謡集には長い研究史があって、歌われている古いことばの意味をひとつひとつ突きとめ、その成果を集成した分厚い辞書が作られるなど、大きな成果をあげてきた。それでも相当数の未詳語が残っている。

『おもろさうし』には奄美群島に関する歌がたくさん入っている。永山二〇〇八に『おもろそうし』に見える奄美諸島の島名」という一覧表があり、索引として便利である。そのなかで私がおもしろいと思ったものをつまんで紹介しよう。

『おもろさうし』の冒頭、嘉靖一〇年（一五三一）の年紀をもつ「第一　首里王府の御さうし」のなかに、笠利が登場する歌がある。

4一聞得大君ぎや　　（聞得大君が）
　天の祈り　しよわれば　（天の神への祈りをし給えば）
　てるかはも　誇て　（太陽も祝福して）
　おぎやか思《も》いに　（尚真王に）
　笠利　討ちちへ　みおやせ　（笠利を討って奉れ）
又鳴響《とよ》む精高子《せだかこ》が

「聞得大君」とは王のまつりごとを祈禱によって支える最高神女で、「鳴響む精高子」はそのいいかえである。このおもろの歌いかたは、六行目まで進んだあとに二―五行目をくり返すのであるが、「一」に続く語と「又」に続く語は同一のものの別名であることが多い。「おぎやか思い」は、一五・一六世紀をまたいで五〇年間も王位にあり、琉球王国の最盛期を現出した尚真王を指す。その尚真のために、天の神に対して、笠利を討って奉れと祈るのが、歌の大意である。江戸時代以前は笠利が奄美大島の中心地であったから、笠利を討つとは大島を討つのと等しい。薩摩との間で大島が争奪の対象となっていた時代に作られた歌であろう。

「第十三　船ゑとのおもろ御さうし」には、多数の奄美群島に関わる歌が入っている。この一冊には、タイトルに

「船」が入っているように、船や航海や船乗りにかかわる歌が集まっている。「ゑと」は労働にともなって歌われる歌謡のことである。

868 一聞ゑ押笠《おしかさ》
　鳴響む押笠
やうら　押《お》ちへ　使い　（そっと押して神を迎え）
又喜《き》界《や》浮島
　喜界の盛《も》い島

「押笠」は神女の名。この歌のばあい、船を海へおしだす動作を歌う三行目がリフレイン部である。そして「又」以下には、喜界島を起点に沖縄本島にいたる島々が出てくる。まず喜界、つぎに辺留《ひる》笠利が来る。辺留は大島の笠利にある小地名で、グスク地名が残る。それから中瀬戸内（大島の瀬戸内海峡）↓金の島（徳之島の美称）↓せりよさ（沖永良部島の古名）↓かゑふた（与論島の古名）、というように島の名がつぎつぎにあらわれる。そのあらわれかたは、「浮島にか（ゝ）ら　辺留笠利きやち」、すなわち浮島から辺留笠利へ、というかたちでくりかえされ、つながっていく。そして沖縄本島にいたって、北端の辺土《へど》にある安《あ》須《す》杜《もり》、今《な》帰《き》仁《じん》城《ぐすく》にある金比《かなひ》屋《や》武《ぶ》という御嶽名が出てきて、最後は那覇泊にいたる。

ほとんどおなじ内容の歌が、「第十　ありきゑとのおもろ御さうし」五五四番にある。安須杜と金比屋武の間にあかまる（国頭《くにがみ》村桃原にあり）と崎ぎや杜（国頭郡古宇利島の御嶽《うたき》）が入り、金比屋武のあとは崎枝（中頭郡残波岬）、親泊（泊・那覇港の美称）と来て、到達点が首里《しょり》杜《もり》（首里城）になっている。沖縄本島の西北側海岸が格段に詳しくなり、最後が政治の中心首里でしめくくられていることから、八六八番を増補した作と思われる。いずれにせよ、これらの歌が歌われていた琉球王国の盛時には、喜界島から始まって那覇・首里にいたる海の道が、たいへん活発であったことが読みとれる。それは、キカイガシマ海域の人々が貢納物を携えて首都を目ざした道行きでもあったろう。

そうした海の道で活躍した人々の姿がうかがえる歌もある。ふたつとも「第十三　船ゑとのおもろ御さうし」所収。

867一勝連人《かつれな》が　船遣《ふなや》れ　（勝連びとの船使い）
　船遣れど　貢《かまへ》　（船使いこそ貢ぎ物）
　徳　大みや　（徳之島・大島を）
　直地《ひちやぢ》　成ちへ　みおやせ　（地続きにして奉れ）
又おと思《も》いが　船遣れ
938一勝連が　船遣れ
　請《うけ》　与路《よろ》は　橋　し遣《や》り　（請島・与路島を橋のように足がかりにして）
　徳　永良部　（徳之島・沖永良部島まで）
　頼り為《な》ちへ　みおやせ　（親類縁者にして奉れ）
又ましふりが　船遣れ

「おと思い」「ましふり」ともに勝連の船人の名であろう。沖縄本島の東南側、勝連グスクという立派な城がある土地の船人が、奄美群島までの海の道をわが庭のように闊歩する姿を思い浮かべることができる。徳之島や大島までの海を地続きにして奉れとか、請島・与路島（大島西南の属島）を橋として徳之島・沖永良部島の人たちまで親類縁者にして奉れとか、気宇壮大な歌詞である。キカイガシマ海域の島々を琉球に結びつけるのに、船がいかに重要な役割を果たしたかがしのばれる。その船を操る船人たちは、さぞ敬愛の的だったことだろう。

最後は船造りを歌った作である。おなじく「第十三　船ゑとのおもろ御さうし」所収。

943一徳山の撫で松　（徳山の美しい松で）

親御船《おうね》は　孵《すだ》ちへ　　　（王の船を造って）
飛ぶ鳥と　競《いそ》いして　走《は》りやせ　（飛ぶ鳥と競うように走らせよ）
又西嶽の撫で松

西嶽というのは徳之島にある丘陵の名で、徳山はその別称である。そこに撫で松という美しい松が生えている。その松で王の船を造って、飛ぶ鳥と競うように走らせよ、と歌うこの歌は、造船のようすをうかがい知る貴重な史料である。しかし、徳之島に豊富な松があったという事実には、それだけにとどまらない意味がありそうだ（現在の徳之島にはほとんど松がないという）。

松はたいへん火力の強い木である。焼物を焼くときには、もちろん土や水、技術者や労働者が必要であるが、燃料も不可欠の要素である。徳之島には燃料として最適な松が豊富にあった。もちろん時代的な隔たりを埋めなければならないが、この歌をカムィヤキの生産にもつなげて考えることができるのではないだろうか。

おわりに

喜界島をふくむキカイガシマ海域の島々の姿を、朝鮮・ヤマト・琉球からの視線を中心に見てきた。その観察から、外来者が拠点を島々に作って、それが島々の歴史にめだった事象として刻まれていくようすがわかってきた。律令国家の出先機関と思われる城久遺跡群や、朝鮮半島から来たと思われるカムィヤキは、その代表的な事例である。

さて、そのことを島の側から見るとどうなるのか。外来勢力が拠点を作ったことが、島の人々と無関係であったはずはない。どういう関係が島人と外来者とのあいだに結ばれ、そのことが島の歴史になにを残したのか。外から来て消えてしまって、あとになにも痕跡を残さなかったという可能性も、頭に入れておかなくてはならないだろう。

しかし、島の歴史が島になにを残したかは、外からの眼を追っているだけでは見えてこない。島で日々暮らしている地元の人々が、島の歴史を作ってきた祖先たちの歩みに深く考えを致すことなしに、ほんとうの姿は見えてこないだろう。その営みに学びながら、私もこの重要なテーマを考え続けたいと思っている。

注

(1)　外浜と鬼界島が、現在の方位感覚とは異なって、日本の東西の境界であったことは、たとえば、『十行古活字本曾我物語』巻九「祐経にとゞめさす事」に、「東は奥州外浜、西は鎮西鬼界島、南は紀伊路熊野山、北は越後の荒海までも」とあるのを参照。なお、四つの方位のうち南・北は史料上の登場回数が少なく、中世では日本列島は東西方向に長く横たわっているとイメージされていた。

(2)　シンポジウム当日の基調講演(本書序言xii頁参照)では、タイトルを「古代・中世のキカイガシマ」とし、全六章構成の一を「奄美海賊とキカイガシマ」、二を「カムィヤキの生産と流通」としていた。しかし、一の内容は永山二〇〇八・田中二〇〇八で尽くされており、二は村井二〇〇五の七章「朝鮮渡来の海洋性陶器、カムィヤキの世界」で述べたことの要約にすぎない。そこで本章では、一・二を削除し、時代を中世にしぼって、タイトルも「中世日本と古琉球のはざま」と改めた。

(3)　永享七年(一四三五)に島津好久が伊集院継久に出した宛行状に、嶋津御庄薩摩方河辺郡を、長門入道方知行と五嶋七嶋坊泊津を除いて、料所として与えるとある(『鹿児島県史料　薩藩旧記雑録前編二』一一七五号)。十二島と坊・泊両津の密接な関係がうかがえる。

(4)　拙論発表当時、鹿児島県内の島地名の研究でこの地図が参照されていなかったことは、一九九八年初版の平凡社『日本歴史地名大系47　鹿児島県の地名』が、『海東諸国紀』を典拠史料として用いていないことからもうかがわれる。

(5)　永山一九九七は、六点にわたって拙論を批判し、通説の擁護を試みているので、ここでかんたんに検討を加えておく。第一に、『千竈文書』で屋久島が薩摩側から掌握されているから、同島は十二島にふくまれる蓋然性がある、というのだが、屋久島が中世に薩摩の所属であったことは拙論も共有する前提であり、それだけでは同島を口五島の内とする根拠にはならない。第二に、弥熊が譲られた屋久島下郡は一期分だから、下郡を除く屋久島が嫡子貞泰に譲られていたとも考えられ、貞泰分に屋久島が見えないのは同島が口五島にふくまれていたからである、というのだが、屋久島全体を千竈氏の所領の内と考える必要はなく、下郡だけが千竈氏領となっていて、弥熊一期ののちは嫡子に返された、と考えればよい。第三に、種子島には得宗被官の肥後氏(種子島氏)がおり、屋久島が十二島の外だとすると、種子島より面積の広い屋久島の帰属が不明となる、というのだが、『海東諸国紀』の地図を一見すれば明らかなように、中世では屋久島のプレゼンスはきわめて小さく、『種子島家譜』を通覧すると、種子島の延長として把握されていたようである。第四に、十二島の呼称が成立する一二世紀段階で、宇治・草垣が朝鮮との交易上重要な位置を占めたとは考えられない、というのだが、その断言を支えるような論証が、論文後半の夜久貝論でなされているようには見えない。第五に、一六世紀に十二島の呼称が十島にとってかわることは、屋久・口永良部が文禄四年(一五九五)に種子島氏領から島津領に移ったことを反映している、というのだが、両島が十二島にふくまれていなければ、その帰属の変化と十二島→十島という呼称の変化は無関係となるだけであって、近世に入るころには十二島のうち宇治・草垣が数えられなくなった、と考えることもできる。むしろ、『麑《げい》藩名勝考』に河辺郡として十島を載せているのは、屋久・口永良部が川辺郡に属していなかったことを示すのではないか。第六に、口永良部島で硫黄が採取できるから、硫黄島の汎称をもつ十二島に同島が入るはず、というのであるが、十二島には当然硫黄を産しない島もあるのだから、硫黄産出が十二島に属することの根拠とはならない。

(6)　さいきん吉成直樹・福寛美は、琉球王国の成立と存続にも朝鮮半島との関係が強く作用しているとの見通しを、金達寿『日本の中の朝鮮文化』の指摘や『おもろさうし』の分析を通じて示した。それによると、かの有名な「万国津梁鐘」の銘文の冒頭、「琉球国は南海の勝地にして、三韓の秀を鍾《あつ》め」の句も、「琉球は三韓(朝鮮)の秀れた文化を中心に」と読むべきだとする〔吉成・福二〇〇六：二五頁〕。銘文解釈の当否を措くとしても、「大明」や「日域」よりも先に「三韓」が登場していることの意味を、噛みしめなければなるまい。

(7)　以下の記述は多く屋良二〇一二による。典拠は、とくに断らないかぎり、『鹿児島県史料　旧記雑録拾遺　家わけ四』所収『種子島家譜』七―一二頁である。

(8)　『種子島譜』(種子島時邦氏所蔵、種子島開発総合センター寄託。屋良二〇一二による)には「佞者説云、唐船着岸之処、島民斬取之、島主蔵之云云」とあって、種子島に漂着した中国船を島民が襲撃し、種子島氏が略奪物を隠した、という讒言があったとしている。

（9）回答

種子島殿平時尭公

不違多載之佳例、見投一壺之香華、勝北宛〔苑カ〕先春、醒南華老夢、珍重曼福、表菲礼、線織物五端進呈、一覧多幸、不備、

丙辰大呂（十二月）十又三蓂

琉球国中山王

回答

種子嶋殿平時尭公

北苑は福建省の茶の名産地、南華は荘子の別名であるから、種子島から琉球に送られた品は銘茶であろう。儀礼的な文章であるが、それだけ両者の関係が恒常的になっていたともいえよう。

（10）「浦」を朝鮮固有語で「カイ」という。ゆえに「岐浦」は音読み、訓読みを混ぜて「キカイ」と読むことができる。

（11）道安情報と『海東諸国紀』地図との関係については、引用文中の傍線部に見える「博多・薩摩・琉球相距の地図」と、『海東諸国紀』所収地図との深い関係が、以前より指摘されていた〔中村一九六五：三六一―三六二頁〕。ところが最近、『海東諸国紀』地図よりもさらに道安所持の地図に近いと判断される「琉球国図」という古地図が、沖縄県立博物館で発見された。これは、江戸時代の太宰府天満宮関係者の手にあった一連の地図のひとつだという〔上里・深瀬・渡辺二〇〇五〕。

参考・引用文献

上里隆史・深瀬公一郎・渡辺美季二〇〇五　「沖縄県立博物館蔵『琉球國圖』――その史料的価値と『海東諸国紀』との関連性について」『古文書研究』六〇号

大石直正一九八〇　「外が浜・夷島考」『（関晃先生還暦記念）日本古代史研究』吉川弘文館（同『中世北方の政治と社会』校倉書房、二〇一〇に収録）

小田雄三一九九三　「嘉元四年千竈時家処分状について」『年報中世史研究』一八号

田中史生二〇〇八　「古代の奄美・沖縄諸島と国際社会」池田榮史編『古代中世の境界領域――キカイガシマの世界』高志書院

中村栄孝一九六五　『日鮮関係史の研究 上』吉川弘文館

永山修一一九九三「キカイガシマ・イオウガシマ考」笹山晴生先生還暦記念会編『日本律令制論集　下』吉川弘文館
――一九九七「古代・中世における薩摩・南島間の交流――夜久貝の道と十二島」村井章介・佐藤信・吉田伸之編『境界の日本史』山川出版社
――二〇〇八「文献から見たキカイガシマ」池田榮史編『古代中世の境界領域――キカイガシマの世界』高志書院
橋本　雄二〇〇五「中世の喜界島・南西諸島・環シナ海世界」池田榮史編『喜界島研究シンポジウム古代・中世のキカイガシマ資料集』
村井章介一九九七「中世国家の境界と琉球・蝦夷」前掲『境界の日本史』（本書第Ⅰ部第三章）
――二〇〇五『東アジアのなかの日本文化』放送大学教育振興会
――二〇〇六『境界をまたぐ人びと（日本史リブレット28）』山川出版社
――二〇〇七「鬼界島考――中世国家の西境」『東アジアの古代文化』一三〇号
屋良健一郎二〇一二「中世後期の種子島氏と南九州海域」『史学雑誌』一二一編一一号
吉岡康暢二〇〇二「南島の中世須恵器」『国立歴史民俗博物館研究報告』九四集（特集・陶磁器が語るアジアと日本）
吉成直樹・福寛美二〇〇六『琉球王国と倭寇――おもろの語る歴史』森話社

第三章　古琉球をめぐる冊封関係と海域交流

はじめに

古琉球が明の冊封体制に定置されることで、朝貢貿易による繁栄を謳歌したことはよく知られている。その貿易は、自国産品を明に運ぶよりは、主として東南アジアの産物を買い入れて明に朝貢し、明からの回賜を東南アジアに運んで売る、という中継貿易の形態をとった。その姿を雄弁に語る史料が外交文書集『歴代宝案』である。

しかし、古琉球の存立は、明との冊封関係にのみ拠っていたわけではない。東南アジア諸国との関係は、双方に存在する「華僑」的勢力のネットワークに支えられていたいっぽうで、「明への朝貢品の入手のため」という名目を掲げて、琉球側が積極的に働きかけて実現し、維持したものだった。[1]また、ヤマトとの関係は、『歴代宝案』からはみえない、冊封体制の内側に二重化された私的世界をかたちづくっていたが、[2]尚真王代以降、琉球はヤマト西南周縁部の武士勢力を従える自己中心の外交秩序を創出しようとしていた。

本章では、冊封関係そのものは前提的考察にとどめ、その背後にいるさまざまな媒介者の存在と、かれらの担った海域交流の姿を描きだし、それを通じて琉球が海域世界に臨んだ積極的・主体的な姿勢を浮き彫りにしてみたい。史料的には、『歴代宝案』文書の読みこみと、ヤマト側に残された史料の活用を二本柱とすることになる。

一　冊封体制下の琉球

『歴代宝案』中最古の東南アジア関係文書である洪熙元年（一四二五）暹羅《シャム》国あて琉球国中山王（尚巴志）咨文は、「いま正使浮那姑是《ふなくし》等を遣はし、仁字号海船に坐駕し、磁器を装載して、貴国の出産の地面に前《すす》み往き、胡椒・蘇木等の貨を収買して回国し、以て大明の御前に進貢するに備へんとす」と述べている。③ 琉球の東南アジア交易は、明から下賜された海船（もとは衛所に字号をもって登録された軍船）④を使用し、磁器を中心とする明の産品を礼物として携え、その答礼として胡椒・蘇木などの東南アジア産品をうけとり、それを明に進貢することを目的に掲げていた。海禁政策によって、自国商人を通じた海外産品入手ルートをみずから閉じてしまった明は、琉球という国家に貿易公社の役割を担わせていたといえる。⑤

この文書は、「大明御前」で二字擡頭、「進貢」で一字擡頭、「貴国」で平出しており、⑥ 明皇帝を頂点とする冊封体制の構造がビジュアルに表現されている。様式は中国の公文書に純粋に則ったもので、ほとんど同文の定型的表現が、以後、シャムのみならず他国あて文書にもみられる。冊封体制下の周辺諸国間の関係として、典型的な姿である。

しかし、『歴代宝案』に文書が残っていない明初洪武・永楽年間にさかのぼると、琉明関係はややちがった相貌を呈してくる。進貢品のなかでめだつのが馬と硫黄で、建国後もながくモンゴル残存勢力との対峙を強いられた明が、もっとも欲していた軍事物資だった。⑦ そもそも冊封体制には、現在の日米安保体制と同様の軍事同盟という性格がある。洪武帝が征西将軍懐良《かねよし》親王を「日本国王」に冊立することで成立した初期日明関係にも、双方の思惑のなかに軍事的要因が明瞭にみてとれる。⑧

さらに、高麗・朝鮮との関係に眼を転じると、冊封体制のタテマエでは説明しきれない状況がみえてくる。　一三八九年八月、琉球国中山王察度《さと》の使節玉之《うっち》が高麗に来て、「表を奉りて臣と称し、我（高麗）に倭賊の虜掠を被る人口を帰し」た（『高麗史』巻一三七辛昌、元年八月条）。明皇帝の冊封を受けている中山王が、ほんらい同列のはずの諸国の王に臣下の礼をとるのは異例だが、察度はそれをあえてしたうえで、(9)高麗が希求する倭寇の被虜人の返還を実行した。『高麗史』によれば、察度は、高麗が当年二月に対馬島の倭寇を討ったと聞いて、今回の遣使にふみきったという。対馬討伐の余波が琉球におよばないよう、保険をかける意図が感じられる。

琉球・朝鮮間の往来は、洪武―永楽年間には媒介者なしになされていたが、一四三一年には対馬の客商早田六郎次郎、一四五八年には吾羅沙也文（五郎左衛門）、一四六七年には博多商人道安、一四七〇年には新右衛門尉平義重が外交文書の運び手であった。いずれもヤマト人で、博多・対馬の人間が中心である。一四七〇年の通信にいたっては、琉球出発から朝鮮到着までのあいだに、使節の名も外交文書の内容も別物にすりかわっていた。その後一五世紀末にかけて、しばしば朝鮮を訪れた琉球国王使は、すべて倭寇的勢力が仕立てた「偽使」だった。(10)

以上をまとめよう。明が施行した冊封と海禁という体制のもとで、琉球は明と海外諸国とをつなぐパイプの弁のような役割をはたすことで、「大交易時代」の繁栄を謳歌した。明が琉球に与えたさまざまな優遇措置や、諸国中群をぬいて多い対明通交回数は、その証である。しかし、高麗国王にあえて臣下の礼をとったことは、「三」に述べるヤマトを上位に置く態度とも通ずるもので、状況次第では冊封体制の枠にとらわれない身の軽さがあった。比較的きがるに倭寇的勢力に国王使を任せてしまったことも、偽使の横行という想定外の結果を招いたとはいえ、そうした融通無碍なふるまいのひとつだった。

二　『歴代宝案』から海域交流をかいまみる

「大交易時代」と琉球の積極性

琉球の「大交易時代」の説明にしばしば使われる地図がある。琉球と東アジア・東南アジア諸国とを航路（推定）でつないだもので、高良倉吉作成の「琉球王国交易ルート」と題する図[11]はその一例である。現在のタイ・マレーシア・インドネシア方面への航路が、かならず福州・広東・安南を経由していたように描かれるなど、ルートについても疑問が多いが、さらに問題なのは、どの国との関係も濃淡なく、かつ双方向だったかのようなイメージを与えてしまう点である[12]。

いまは論点を〈琉球と諸国との関係は双方向だったか〉という問いにしぼろう。〔40-11〕宣徳六年（一四三一）の暹羅国あて琉球国中山王咨文に、「更に煩《ねが》はくは、今去《い》く人船は四海一家もて念と為し、官買を寛免し、自ら両平に蘇木等の貨を収買するを行なはんことを。国に回《かえ》りて応《まさ》に大明御前に進貢するに備ふべし」とある。この時期の対シャム関係において、「官買」（官庁との公定価格による取引）の免除、「両平」の実現が、琉球側の焦眉の課題で、交渉が決裂して派船をみあわせたこともあった。「四海一家」は明のスローガンに倣ったものだが、「両平」とは「双方が満足できる」という意味で、具体的には市場価格による取引をさす。琉球が「市場での取引でこそ双方が潤う」と主張し、シャムもそれをうけいれたことは、明への進貢品の買いつけという貿易目的は看板にすぎず、民間ベースの商取引が主流となりつつあったことを物語る（三二八頁参照）。

琉球の同様の論理は、ヤマトとの関係においてもみられた。一四五一年、兵庫津に入港していた琉球船の商人のもとへ、摂津守護細川勝元が人を送り、商物を選《え》って取得しながら、代金の支払いが滞っていた。そこで琉球商人は「先年以来の未払い分が四、五千貫文にもなるうえ、今回また売物を抑留されては、嶋人として堪えがたい」と幕府に訴えた。将軍足利義政は三人の奉行人を兵庫へ送って究明させたが、なお勝元は押し取った物を返さず、奉行人はまだ上洛していない……。ある人からこの話を聞いた中流貴族中原康富は、「前管領ともあろう者がこんな希代の所行におよぶとはなんたることか」と日記にしるしている⑬(『康富記』宝徳三年八月一三日条)。

兵庫津を管轄する摂津国守護の行動は、「官買」の一種たる先買い権の行使である。極端なばあい、権力を笠に着た略奪と大差ない行為となる。琉球商人は、摂津守護の任命権者である将軍に提訴して、舶載品を商物として市場価格で売ることを求めた。この事例のような、国王と貿易港管理者の行きちがいは、シャムの国王と「管事頭目」とのあいだにもみられ、後者の更迭が琉球との「両平」取引の復活につながった(三二八頁参照)。

こうした琉球側の積極姿勢は、相手国とのあいだでトラブルをひきおこすこともあった。〔41‐18〕成化八年(一四七二)琉球国王尚円の満剌加《マラッカ》国王あて咨文に、「旧年差去せる通事林昌・陳泰等の二隻の船、時月の期を過ぐるも未だ回還するを見ず。倘《もし》や風水の不虞或いは船隻の損壊有りて、人口(乗員)の所属(マラッカ領)に漂在せるか、或いは彼処の客商と不睦等の事あらんか」とある。事実は、件の船はマラッカからの帰途西沙群島付近で難破して溺死者多数を出したが、林昌らは生還した〔12‐25〕。また、〔39‐10〕成化一六年(一四八〇)満剌加の楽系麻拿(ラクサマナ、海軍長官で王の補佐役)から琉球国王尚真にあてた書簡には、「宝船一隻打されて交趾《コーチ》にあり、水を失ひ交趾人とあひ殺す」という事件が起き、ラクサマナは人を現地に送って琉球人を保護した、としるされている。

琉球側の積極性、能動的姿勢は、琉球・東南アジア間を往来した船の素性を知ることで、いっそう明らかになる。一般には、先述の地図の与える印象などもてつだって、双方に帰属する船が行き交ったかのように思われているが、『歴代宝案』によるかぎり、相手国の使節と外交文書は、ことごとく琉球船の帰航を利用して琉球に到来している。大交易時代の琉球・東南アジア間の外交は、ほとんど一方的に琉球からの働きかけによって行なわれたもので、東南アジア諸国は受け身の対応に終始した。

『歴代宝案』の記録する東南アジア船の琉球到来は、〔43‐09〕宣徳五年(一四三〇)琉球国王相《おうしょう》(王に亜《つ》ぐ地位で外交を担当)懐機の三仏斉国宝安邦(スマトラ島パレンバン、旧港ともいう)本目娘あて書簡に、「前年の間、貴処(旧港)

の人船、彼（琉球）に到る」とみえる旧港船が唯一の例である。しかし、〔43-04〕宣徳三年懐機の旧港管事官あて書簡によれば、この船は九州から琉球、シャムとリレーされて本国に還送された。例外的な事例であり、しかも琉球あての外交文書を携えていたとは考えられない。

海域交流の実相——旧港通交の開始と実達魯

右の旧港船本国還送の経緯は、国王間の通交を主体とする『歴代宝案』文書のなかにあって、国王よりいちだん低い地位の人物間の連携が露呈した事例として、注目にあたいする（詳細は三二九―三三三頁参照）。一四二一年、日本国九州官源道鎮（九州探題渋川義俊の父満頼）は、博多で保護した旧港の使船[14]を琉球に送致し、琉球から本国へ還送するよう求めた。琉球には旧港への海路を知る者がいなかったので、王相懐機は尚巴志王と謀って、シャムに赴く使節に託して、旧港人の本国転送をシャムに依頼することにした。しかしその結果がどうなったかわからず、今度は直接旧港へ使節を送って状況を尋ね、あわせて貿易関係を開くことを求めた。

旧港の権力の実体は、形式上ジャワ国（マジャパヒト朝）に服属する華僑集団で、「爪哇国旧港宣慰司」と呼ばれ、施氏がそのリーダーとして宣慰使に任じた。いっぽう、九州探題渋川氏も、京都の足利将軍に服属する地域支配者で、旧港の施氏とよく似た存在である。こうした存在と通信するとき、琉球国王がおもてに出てはつりあいがとれない[15]。対旧港関係で懐機が外交文書の発給者・受給者になったのはそのためである。

前述のように、宣徳三年（一四二八）、尚巴志王ははじめて旧港へ外交使節を派遣したが、その正使に任じたのが実《し》達《た》魯《る》なる人物である。かれに託された「琉球国中山王」名の咨文が〔40-06〕にあり、先にふれた暹羅あて咨文とほとんど同文の定型文書である。相手の肩書がしるされず、日下にただ「往旧港」としるす点が異なる。他方、〔42-01〕にこれとまったくおなじ日付をもつ別様式の文書があって、隠れた事情を知ることができる。以下に全文を読み下しにして掲げる。

琉球国中山王、船隻の事のためにす。宣徳三年九月内、王相懐機の呈に拠るに称《いわ》く、「本国頭目実達魯等の告有りて称く、「便ち海船一隻に駕使し、(a)磁器等の貨を装載して、旧港に前み往きて買売せんと欲するも、未だ敢へて擅便せず。文憑（公的証書）なきに縁《よ》り、誠に所在の官司の盤阻（盤《しら》べて阻む）して便ならざるを恐る。告して施行を乞ふ」」とあり。此を准《う》くるに、王府（琉球王国の異称）除外に今、義字七十七号半印勘合執照を給し、本人等に給付して、収執（受領）して前み去《い》かしむ。もし(b)経過の関津の去処を把隘し、および沿海の巡哨官軍の験実するに遇はば、即便に放行（通過を許す）して、留難して不便を得ること勿れ。所有《みぎ》の執照は須らく出給に至るべき者なり。

今開す。

宣徳三年九月二十四日

執照

これは「執照」と呼ばれる文書で、傍線部(b)からわかるように、途中の関津で足止めされたり、コースト・ガードの臨検があったりしたさいに、提示して通してもらうための通行手形である。[16]本文中に王相懐機が王に奉った「呈」が引用され、さらにそのなかに「本国頭目実達魯等」の「告」が引用されている。[17]時系列では順番が逆になり、最初に実達魯らが「告」を懐機に提出して、「文憑」すなわち執照の下付を乞うた。その目的は、傍線部(a)にあるように、磁器などの貨物を旧港にもっていって売りさばくことにあった。懐機はこの告をそのまま自己の「呈」に引用して王にとりつぎ、この呈を受けて王府は執照を実達魯に給付した。

実達魯なる人物は、〔40-06〕の咨文で「正使」の肩書をもついっぽうで、執照のなかでは「本国頭目」と呼ばれている。父は洪武年間に琉球に渡来した福建人で、子蔡璟は長史に任じた。これより先、朝貢使節に通事として加わって福州の女性を娶っており〔17-15〕、一四二五年には明へ謝恩使として〔16-01〕、一四二七年にはシャムへ正使として〔40-04〕、赴いている[18]。「頭目」という呼称については、〔39-08〕満剌加国王の琉球国王あて咨文に「毎歳差来の使臣・通事は倶に好し。只だ是れ以下の頭目、甚だしきは非を為すに至る」とあって、外交使節団のなかで使臣・通事の下の地位で、不法行為を犯しがちな存在とされる。執照にみられる貿易への強い欲求とあいまって、実達魯の本領が商人にあったことを示唆する。

『歴代宝案』の彼方に

『歴代宝案』に収められた外交文書から、国王間の公的通交のみならず、その背後にある海域交流の姿をみてきた。しかし、『歴代宝案』が語るのは、あくまで漢文の外交文書がなんらかの関わりをもった領域でしかなく、そこでみえたものが琉球の海域交流のすべてではない。先に、東南アジア諸国から琉球へ積極的に船を送った例が、『歴代宝案』には見いだせないことを指摘した。ところが、別系統の史料からは、「南蛮」と呼ばれた東南アジア[19]から来た船が、一五世紀の那覇港に碇を下ろしている姿が浮かんでくる。

まず、一四三〇年代ころの那覇港建設をことほいだ有名な歌がある。

一しより　おわる　てだこが　　（首里におわす太陽子《てだ》〔王〕が）
うきしまは　げらへて　　（浮島を造成して）
たう　なばん　よりやう　なはどまり　　（唐・南蛮の寄り合う那覇港〔となさった〕）
又ぐすく　おわる　てだこが　　（お城におわす太陽子が）

（『日本思想大系18　おもろさうし』第十三、七五三号）

つぎに、一四六一年に琉球に漂到した朝鮮人肖得誠の見聞に、「一、市は江辺に在り、南蛮・日本国・中原の商船来りて互市す。一、南蛮は国の正南に在り、順風ならば則ち三月にして乃ち到るべし（以下、日本国と中原の方角・所要日数をしるす）」とある（『朝鮮世祖実録』八年二月辛巳条）。

つぎに、一四七一年に朝鮮で作られた日本・琉球地誌『海東諸国紀』付属の「琉球国之図」の那覇付近をみると、A「石橋」・B「那波皆渡《みなと》／国庫／九面里」・C「宝庫」・D「湾口／江南・南蛮・日本商舶所泊」とあり、同書「琉球国紀」国俗の条にも「海船行商を以て業と為し、西は南蛮・中国に通じ、東は日本・我国（朝鮮）に通ず。日本・南蛮の商舶亦《また》其の国都の海浦に集まる。国人肆《みせ》を海辺に置きて互市を為す」とある。[20] 石橋は首里からの道と浮島をつないで一四五一年ころ造られた「長虹堤」、国庫および海辺に置かれた肆は「親見世」、九面里は福建からの渡来人が集住した「久米村」、宝庫は港内の島に置かれた王家の宝物庫「御物城《みものぐすく》」に比定される。

さらに最近、古琉球時代の琉球を描いた元禄九年（一六九六）の彩色地図「琉球国図」（太宰府天満宮旧蔵、沖縄県立博物館蔵）が紹介された。[21] この図に盛られた情報は、『海東諸国紀』「琉球国之図」との深い関係をうかがわせるが、図像・文字ともにはるかに詳しい。那覇に関しても、a「石橋／此下有五水」・b「那波皆津、日本人・本嶋人家有此／此地王之庫蔵衆多有／波上熊野権現／九面里、江南人家在此」・c「江南・南蛮宝物在此、見物具足広《みものぐすく》」・d「那波皆《みな》津《と》口、江南・南蛮・日本之船入此浦」などくわしい説明がある（記号はA—aのように対応）。[22]

以上四つの史料のいずれにおいても、「南蛮」の存在感が大きいことに驚く。那覇港に入る船を列挙した部分をぬきだすと、「たう・なばん」「南蛮・日本国・中原商舶」「江南・南蛮・日本商舶」「日本・南蛮商舶」「江南・南蛮・日本之船」となり、唐・江南か日本が欠けている例はあるが、南蛮はすべてに入っている。御物城に納められるのも「江南・南蛮宝物」であった。

国設の貿易市場兼倉庫「親見世」に象徴されるように、琉球という国はもっぱら「海船行商」をなりわいとしていた。那覇港に入る「商船」のなかで、『歴代宝案』に収めるような外交文書を携えた公的性格の船は、むしろ少数派だったのではないか。南蛮につぐ存在感を示す日本船がすべてそういう性格でなかったことは確実である(『歴代宝案』にはヤマトとのあいだで応酬された文書は一通も見いだせない)。とすれば、南蛮船や江南船も、その大半は民間ベースの商船だったのではないか。一四七七年、暴風のため与那国島に漂着した済州島人が、本国に送還される途上の那覇で、「江南人及び南蛮国人、皆来たり商販し、往来絶えず」というようすを目撃した(『朝鮮成宗実録』一〇年六月乙未条)ことは、その一端を語るものである。

民間ベースの海域交流においては、南蛮とヤマト諸地域、さらに朝鮮までが、琉球をなかだちとして結ばれていた。一四八六年、朝鮮を訪れた対馬国分寺崇統《すうとう》の使者は、倭寇の被虜として対馬で三〇年を過ごした明人潜巌[23]を同伴していたが、この潜巌は朝鮮側にこんな話をした。「胡椒は倭国の産する所に非ずして、南蛮より出づ、琉球国の商販人、南蛮に入りて求め得、諸島の倭人収買して来り、本国(対馬)に転売するなり」(『朝鮮成宗実録』一七年一〇月丁丑条)。このころ朝鮮は胡椒の栽培をもくろんで、訪れる倭人に種の入手を依頼していた[24]。朝鮮はヤマトとは異なり、琉球と冊封体制下の外交関係をもっていたが、ここにあらわれたつながりはそうした性格ではない。

琉球船が訪れていたことが明らかなのに、『歴代宝案』にあらわれない東南アジアの地域に、ルソンがある。英訳フィリピン関係史料集『フィリピン群島』に収められた一五二五年ころの史料に、「ズブ(セブ島か)から五〇レグア行ったところにチピット(未考)がある。そこから北西に二日間の航海でルソンと呼ばれる大きな島に着く。そこには毎年琉球人の所有する六―八艘のジャンクがやってくる」という記述がある[25]。つぎに、藤原惺窩の『南航日記残簡』によれば、一五九六年、惺窩は中国渡航をもくろんで大隅国内之浦を訪れ、地元の役人竹下宗意や船頭たちと葡萄酒を酌み交わし、ルソンや琉球の風土について歓談した。竹下は琉球に家や妻子があり、異国の事情に通じていた。惺窩はそこで「呂宋琉球路程記録之冊」や南蛮系と思われる「世界図」を実見した。さらに、琉球士族の『那姓家譜』によれば、万暦年間(一五七三―一六一九)に、琉球人新垣筑登之《ちくどの》親雲上《ぺーちん》善房が、王の命を受け、ヤマト人の「自安大円

宋治」とともに、交易のため「南蛮属島呂宋」に渡航したという。㉖

第二、第三の史料にあらわれる「ルソン」とは、一五七一年にマニラを占拠したスペイン人勢力が中心であろう。しかし、それ以前から倭寇勢力がマニラを訪れており、占拠当時にも日本人二〇人と中国人四〇人が在住していたという。㉗第一の史料はマゼランのフィリピン群島到達後ほどない時期のもので、ルソンにヨーロッパ勢力が定着する以前の状況を示している。フィリピン群島から遠くない琉球人は、倭寇勢力の一翼としてルソンを恒常的に訪れていたのである。

三　ヤマトとの私的関係から琉球中心の君臣秩序へ

琉・日国王の往来文書

『歴代宝案』にはあらわれない琉球の対外関係のなかで、もっとも重要なのはいうまでもなくヤマトとの関係である。その性格を端的に物語るのが、双方の君主どうしがやりとりした文書である。㉘残存例はわずかだが、たとえばつぎのようなものがある。

a　御ふミくハしく見申候。しん上の物ともたしかにうけとり候ぬ。
　　応永廿一(一四一四)年十一月廿五日
　　　りうきう国(朱郭)㉙のよのぬしへ

（京都大学所蔵『元亀二年京大本運歩色葉集』）

b　従琉球国書云
畏言上

毎年為御礼令啓上候間、如形奉捧折紙候。随而去年進上仕候両船、未下向仕候之間、無御心元候。以上意目出度帰島仕候者、所仰候。諸事御奉行所申入候。定可有言上候。誠恐誠惶敬白。
応永廿七年（一四二〇）五月六日　　代主印
進上　御奉行所　　十月到来

（天理図書館所蔵『大館記』所収「昔御内書符案」）

a・bともに、純粋のヤマト式文書で私人間の書状の範疇にはいるが、書下年号と印章を使用して、外交文書としての公的性格をにじませている。aの宛先とbの差出にある「代主《よのぬし》」は国王を意味する語で、尚巴志の父思紹に比定される。aの差出とbの宛先は明示されていないが将軍足利義持で、aは将軍が臣下に発する文書として一般的な「御内書」の様式である。bが形式上の宛先「御奉行所」に披露・伝達を依頼するかたちをとるのは、上位者を直接名ざしする非礼を避けるためである。

琉球国王と東南アジア・朝鮮の国王とを往来した文書の様式は、中国の同レベルの官庁間で用いられる公文書「咨」を基本とし、私人間でやりとりされる「書」の様式を用いるばあいも、上下関係をうかがわせるような用語や形式はみられない。これに対してヤマトと琉球との関係においては、将軍と琉球国王のあいだが君臣関係であることを、双方が了解したうえで、通信が行なわれていた。琉球国内では明年号を用いていたのにbがヤマト年号を用いていることも、おなじ文脈で理解できる。

冊封体制の文脈では、ともに明の冊封を受けているヤマトと琉球は横ならびのはずだが、じっさいにはヤマトは琉球をいちだん下に置き、琉球もそれをうけいれていた。ただしその関係は、冊封体制の視野からははずれ、ヤマト中心の一体感で包まれた私的空間のなかで結ばれていた。往来文書が、ヤマトの年号・文体・礼式を採用し、基本的に私人間を往来する書状形式であったことがそれを証している。

島津氏印判制の内実

応仁・文明の乱を境に琉球・京都間の直接の往来がとだえると、琉球渡海ルートののどもとを押さえる島津氏の存在が重みをました。同氏は自己の印判状を帯さない船の琉球渡航を禁止し、違反した船の入港を拒絶するよう琉球に強要した。――通説ではそのようにいわれており、つぎの書状がそれを語る早期の史料として注目されてきた。

日本国薩隅日三州太守藤原忠治奉復。　緬望福地、瑞気日新、神徹森厳、尊候安泰、至祝至禱。抑我国以貴国為善隣焉、実非他国之可比量者。時義近出于不意而互絶音問者、六年于茲。然使僧而（邇カ）年遠銜国命踰海来、説以和好事。殊　天王東堂所伝　貴命、委曲領之。愚意趣具復白于和尚、見達尊聞者歟。仍差安国住持雪庭西堂、述回礼之義、以献方物、表微志而已。専願、自今以後、不帯我印判往来商人等、一々令点検之、無其支証輩者、船財等悉可為　貴国公用。伏希此一件無相違、永々修隣好、而自他全国家者也。暮春過半　順時保重。誠惶恐誠（ママ）敬白。

日本永正伍年（一五〇八）三月十二日　藤原（島津）忠治

奉復琉球（尚真）国王殿下

（『旧記雑録前編二』一八一六号）

永正四年（一五〇七）[30]、六年ぶりの琉球使節が薩摩を訪れ、尚真王の命を伝えた。翌年、その回礼のために琉球へ遣わされた使節に託されたのがこの文書である。傍線部に「島津氏の印判状[31]を携帯せずに琉球へ往来した商人らを、琉球側でいちいち点検し、資格証明書をもたない者については、船積みの財物をすべて没収して、琉球の公用にあててください」とあり、「島津氏独自の意志による琉球渡航船の統制」および「琉球貿易の独占監督」に至る道程の起点に位置づけられている[32]。

しかし、この文書で印象的なのは、島津忠治がきわめて低姿勢なことである。琉球の王および国にかかわる語だけでなく「天王東堂」という使節名にまで欠字を施していることや、「方物を献じ、微志を表す」という表現、「誠惶恐誠（誠恐カ）敬白」という丁重な書止文言にそれがみられる。「我国は貴国を以て善隣と為す」「永々隣好を修し、而して自他国家を全うせん」という表現からは、ふたつの国家としての対等の関係までは窺えても、琉球を従属させようというような姿勢は皆無である。

それどころか、本文書とおなじ日付・差出・宛先をもつもう一通の文書からは、まったく逆の姿勢が認められる。

　　薩隅日三州太守藤原忠治

　奉書

琉球国王殿下。

茲継先業於下国職、未遑達京師、早呈片書於

中山王、専在修隣好。苟非比誠於傾陽之葵藿若〔者カ〕、敢得斉齢於閲歳之松柏乎。四海所帰、一国以富、尽善尽美、惟徳馨故。今差安国住持雪庭西堂、謹致賀忱献方物。伏望寛容。恐惶頓首。不宣。

永正五年三月十二日　　　藤原忠治

拝呈

　　琉球国王殿下

（『旧記雑録前編二』一八一七号）

この文書は四六文の凝った文体にわざわいされて、精確に読解されていない[33]。そこでまず核心部分の読み下しを掲げる。「茲に先業を下国の職に継ぐも、未だ京師に達するに遑《いとま》あらず。早く片書を中山王に呈するは、専ら隣好を修むるに在り。苟《いやしく》も誠を傾陽の葵《き》藿《かく》（ひまわり）に比ぶるに非ずんば、敢へて齢を閲歳の松柏に斉《ひと》しうするを得ん乎。四海帰する所、一国以て富み、善を尽し美を尽すは、惟だ徳馨の故のみ」。

みずからの尚真王に対する熱誠を太陽を慕うひまわりに、王を樹齢を重ねた松柏に喩えたり、琉球を四海の中心とまでもちあげたりといった修辞や、「琉球国王」「中山王」で一字擡頭する表敬の書式もさることながら、傍線部にみえる「下国」「京師」の語が注目される。忠治は当年家督を嗣いだばかりだった。「下国」は明らかに島津家ないし島津領国を指している。「京師」をヤマトの京都と解すると、琉球国王に奉呈した文書でなぜ将軍への襲職報告に言及する必要があるのか、疑問が残る。王の鎮座する首里と解するのがすなおな読みであろう(34)。右の読解から、この文書において忠治はみずからを尚真王の臣下に位置づけていることが明らかになった。逆からみれば、この時期琉球は島津本宗家までも君臣秩序のもとに編成しようとしていたといえよう。

一五〇八年の文書にあらわれた印判制は、一五七〇年に「近年往来の商人、印判を持たず私渡を致すは、沙汰の限りに非ず。尚以て違犯せしめば、船財等貴国の進退たるべし」（推定永禄一三年）三月一日村田経定書状案、『旧記雑録後編一』五五五号）、一五七二年に「此国に干戈休期なきに依り、近年往還の商人正躰なく候。向後正印を帯せず渡船の族は、船財物等貴国の公用たるべく候」（元亀三年琉球国三司官あて島津家老中書状案、『琉球薩摩往復文書案』一四号・『旧記雑録後編一』六三七号）と、ほぼ同内容のまま再確認されている。違反船の財物を琉球が取得する罰則にも変更はない。

その間の一五六〇年ころ、那覇主部中から島津氏老中につぎのような書状が送られた。

> 当年者唐案士来臨、奔走候之間、乍恐申入候。自然従貴邦商船共罷下候ハヽ、先年如申上候、任先例武具・腰刀等、従那覇請取収置候而、出船刻可渡進候。是等趣堅固諸船ニ被仰付候ハヽ、可為祝着候。万一無御印判船者、中合候様、用申間敷候。就其無理子細共候ハヽ、可致其成敗候。
>
> （三月三日付、『島津家文書之二』一一〇六号）

田中健夫は、この文書と、「琉球渡海勘合」の文言をもつ朝倉義景書状（推定永禄一〇年）七月二三日付、『島津家文書之二』一一〇八号）を根拠に、「島津氏は自己の印判状を所持しない船舶の琉球渡航を禁止して、ついにそれを琉球側にも承認させることに成功した」「「印判」の有無が日琉通交の極め手となった」[35]と評価している。しかし、「印判」不所持船の拒絶を琉球・薩摩で合意したこと、違反者は琉球側で処罰すること、のいずれをとってみても、一五〇八年の規定から特段の変化はない。

「唐案士」とは、一五五六年に即位した尚元王の冊封のために来た明使である。琉球にとって一世一度の大事であって、薩摩からの商船にもめごとを起こされては迷惑なので、那覇に滞在中は武器を琉球側で預かるから、その旨を諸船にかたく申しつけてほしい。これが書状の主旨であって、琉球から薩摩への申し入れである。付随して言及される印判制も同断で、琉球から「申合候様」の再確認を求めたにすぎない[36]。

むしろ印判制のねらいは、不携帯船を琉球に処罰してもらうことで、その船を送り出した領国内独立勢力（次項「南九州領主層との君臣関係」参照）の勢いを殺ぐことにあったのではないか[37]。そう考えれば、現在残る渡海朱印状の船籍港が島津本宗家の勢力圏にかぎられる事実にも説明がつく。琉球側はこれに同意を与えるかわりに、違反船の財物の取得権を得た[38]。制度は恒常的に存在していたが、琉球は、律儀に遵守して自己の手を縛る愚は犯さず、船のうけいれの与否はケースバイケースで判断していた。さきの那覇主部中書状で、処罰権の発動に「無理子細共候ハヽ」という条件を付していることをみのがすべきではない。

南九州領主層との君臣関係

応仁・文明の乱後、島津本宗家（奥州家）は衰勢おおいがたく、「三州大乱」と呼ばれる混乱が続き、「薩隅日三州太守」の称号は名ばかりだった。印判制が初見する一五〇八年には、忠昌が肝付《きもつき》氏の反乱に追いつめられて自刃し、弱冠二〇歳の忠治が家督を嗣ぐという危機にあった。その後忠治の弟忠隆・勝久があいついで家督についたが、いずれも弱体で、一五二六年以降、島津相州家の忠良が子息貴久を勝久の養子とし、これに対抗して島津薩州家の実久が実権を握って守護権を行使する、という動揺が続く[39]。貴久が薩摩半島をほぼ掌握して修理大夫に任じたのが一五五二年、嫡子義久に家督を譲ったのが一五六六年、父子がどうにか三州の平定をなしとげたのが一五七〇年代である。

一世紀も続いた南九州の戦乱のなかで、島津本宗家は他に抽んじた勢力ではなく、いちおう領国とされる三国のなかに、相州家・薩州家・豊州家・北郷《ほんごう》氏・伊集院氏などの一門庶流や、伊東・入来院・肝付・禰寝《ねじめ》・種子島などの国人勢力がひしめいて、ほとんど横ならび状態だった。いっぽう同時期の琉球は、最盛期とされる尚真王の治世（一四七七―一五二六）で、奄美群島の内国化を完成させ、一六世紀初頭には先島諸島をも版図に加えようとしていた。勢力と権威を急速に高めていた琉球にとって、南九州における通交相手を島津本宗家に限定するいわれはない。

追而令啓上候。
抑貴国之御船荷口之事、妙満寺於此方御披露候間、那覇之奉行此義依申述三司官候、則達上聞候。然者種子嶋前々為琉球有忠節之義、従今年御船一艘之荷口之事、可有免許由承綸言候。仍為証明進別楮候、万端不宣。
正徳十六年（一五二一）辛巳林鐘十五日　　三司官 印
種子嶋（忠時）武蔵守殿閣下

（『旧記雑録前編二』一九五三号）

一五二一年、琉球は種子島氏に対して、以前から琉球に対して「忠節の義」があったことのみかえりとして、「今年より御船一艘の荷口」を賜与した。「貴国の御船の荷口」とあるように、琉球は種子島を「国」として扱い[40]、島津氏の勢力範囲とは認めていなかった。両者の関係は「忠節」「綸言」の語が示すように君臣関係で、賜与された権益は一年につき一艘の貿易船を琉球に送る権利と解される。これは、朝鮮が対馬などヤマトの諸勢力に認めた「歳遣船」の制度と酷似している[41]。

一五五六年の琉球国中山王回章によれば、種子島時尭《ときたか》が即位したばかりの尚元王に銘茶一壺を贈り、その回礼として王自身が「種子島殿時尭公」あてに朱印状を発し、線織物五端を進呈した（丙辰一二月一三日中山王回章写、『旧記雑録前編二』一九五四号）。さらに一五八二年にいたってもなお、種子島久時は独自に琉球へ渡船を送り、島津本宗家から「先規に相違ひ候か、并びに出帆毎に此方へ其の点合あるべき事」と譴責されている（天正一〇年五月二一日島津家老中連署覚写、『旧記雑録後編一』一二七四号）。「此方」での「点合」とは、琉球渡航にさいして島津氏の役所に出頭し、資格審査を受け、渡海朱印状の交付を受ける手続きをいうのであろう。しだいに制約が加えられてきているとはいえ、琉球と種子島の独自の関係は織豊期までしぶとく続いていた。

以上をふまえて、島津領国に隣接する肥後南部の相良氏の事例を検討しよう。

宝翰三薫捧読、万福々々。抑国料之商船渡越之儀、万緒如意、千喜万歓、無申計候。殊種々進献物、一々達上聴、御感激有余。□至于愚老科々御珍貺拝納、不知所謝候。為表菲礼、不腆方物砂糖百五十斤進献、吒留所仰也。此方時義、船頭可有披露候。万端期重来之便候。誠恐不備。

大明嘉靖壬寅（一五四二）閏五月廿六日　全叢（檀渓）（花押）

晋上

相良近江（義滋）守殿　台閣下

（『相良家文書之一』三五〇号）

檀渓全叢は首里城に隣接する円覚寺の住持で、琉球の僧録に任じ、傍線部にあるように尚清王の秘書的な役目をしていた[42]。「国料之商船」について、田中健夫は「琉球国と通商した博多商人・対馬商人・島津氏・種子島氏、あるいは南方諸地域の商船と同類」の船と説明するが[43]、これでは「国料」が生きてこない。種子島氏の事例と対照させれば、「国」は相良領国を琉球がそのように把握したもの、「料」は給付物の意味であろう。また、傍線部から王と相良氏との君臣関係が窺われる。つまり「国料之商船」とは、琉球が臣従の代償として相良領国に認めた歳遣船ないし類似の権益と解される。相良氏はそれを領国内の「船頭」[44]（船持商人）に給与して、琉球貿易を行なわせていた。

一五二八年、島津豊州家の忠朝は琉球天界寺住持の使僧にあてて、つぎのように述べた。

為御専対（外交使節）御往還之次、奉遂拝顔候之条、祝着之至候。……兼又、先年御光儀之時、前皇様（尚真王）御紹書幷済々致頂戴候。勅答令達之候之処、慮外之次第、不及是非候。於当御代（尚清王）者先加斟酌候。依御助言可得其心候。

（（大永八年）閏九月九日島津忠朝書状写、『旧記雑録前編二』二一三〇号）

これによれば、忠朝は天界寺を介して何度も尚真王の「紹（詔）書」を頂戴していた。尚清王に代替り後「慮外之次第」があって琉球国王との関係が中絶していたが、それを修復すべく天界寺に斡旋を依頼したのがこの書状である。忠朝と琉球国王との関係は、前皇・詔書・勅答といった用語が示すように、君臣関係だった。また忠朝は、日向飫肥《おび》を本拠として大内氏とも昵懇の間柄だった。大内氏と豊州家はともに天界寺を窓口として琉球貿易にのりだしていたのであり[45]、領国内勢力の琉球通交を統制しようとする島津本宗家にとって、大きな障害になっていた。

一五七五年、島津本宗家は琉球三司官に対して、「先年一翰を以て、日州商人の儀申し渡し候と雖も、今に一途なく、剰へ地下人の品に属して滞在候か。殊更彼等才覚に依り、日向に到り数年御膠漆（離れがたいほど親しい間柄）の儀、顕然候。慮外是非に及ばず候」と詰問した（推定天正三年島津家老中書状、『琉球薩摩往復文書案』三九号、「属」の字は『旧記雑録付録一』一〇六五号により補う）。先年島津家は琉球に、日向の商人がかってに琉球へ渡航していると抗議したが[46]、まったく反応がないばかりか、かれらは地下人に紛れて琉球に滞在し、かれらの斡旋で琉球と「日向」がここ数年きわめて親しい間柄になっている。これは島津家にとって思いもよらない事態だ。この「日向」とは、島津に敵対する日向最大の国人伊東氏をさす[47]。その伊東氏の息のかかった商人が、島津家の統制外で琉球へ渡航し、貿易で潤っていることは、島津家にとってゆゆしき事態だった[48]。

種子島氏、相良氏、豊州家、伊東氏らは、いずれも島津本宗家の領国統一事業にたちはだかる難敵だった。琉球がかれらと昵懇の間柄となり、ひいてはかれらを君臣秩序のもとに編成しようとする動きは、領国統一の障害になりかねなかった。

むすびにかえて――薩摩への従属化

以上、ヤマト中心の「私的世界」のなかで、琉球がきわめて積極的に、自己を中心とする独自の秩序を形成しようとした動きをみてきた。しかしある時期以降、その流れが薩摩への従属化へと反転したことは否定しえない。その諸導因は、世界史規模のものまでふくめ複雑にからみあっており、本格的解明は他日を期さざるをえない[49]。ここでは琉薩関係にしぼって、核心的事実を確認することで、本章のしめくくりとしたい。

応仁・文明期以後、琉薩関係において琉球が優位に立てた原因は、島津領国の分裂状態と本宗家の弱体による長期の内乱にあった。庶家から出て力わざで家督を継承した貴久が、嫡子義久とともに領国の統一をなしとげたのは、ようやく一五七〇年代になってからで、七四年の大隅肝付氏滅亡、七七年の日向伊東氏駆逐が、指標となる事件である。長い戦乱のなかできたえぬかれた精強な島津軍は、一五七八年には早くも日向耳川で大友軍を撃破し、戦国大名島津氏は一気に九州の覇者へと上昇しはじめる。

顧みれば、大内氏が琉球貿易に乗りだしていた一五四二年、種子島の船が琉球へ出帆したという情報を得た同氏重臣は、那覇奉行に書状を送って、種子島船を抑留して結果を報告せよと要求し、従わないばあいは種子島船を討ちとるために用意した大内の兵船が琉球へ急行することになる、と脅迫した(「中川文書」天文一一年八月八日相良武任書状[50])。この時期の種子島氏は大内氏の宿敵大友氏の与党だった。那覇に入港する船の受入基準を押しつけられるのは、琉球にとって不条理だが、もし大内クラスの戦国大名が腕力に訴えたばあいに、圧力をはねかえすことができただろうか。

幸いにも大内氏はまもなく滅亡し、大事にはいたらなかったが、一五七〇年代になって島津本宗家とのあいだで同様の問題が起きた。一五七〇年、義久への代替りを琉球に告げるついでに、薩摩は「近年、当家の印判をもたずに自分勝手に旧制を犯す商船が多いから、今後は不法行為をきびしくとりしまってもらいたい」と申し入れた（永禄一三年三月一日川上意釣書状写、『旧記雑録後編一』五五七号）。これは琉薩間の懸案となり、七五年に薩摩を訪れた琉球使は、「ご印判を携帯しない船をうけいれたのはおっしゃるとおりです。その時分は先王の崩御（一五七二年尚元王死去）があって、だれもが諸事を忘却していた最中でしたので、うっかり許可してしまいました」と弁明に勉めている[51]（『上井覚兼日記』天正三年四月一日条）。

島津本宗家の権力が強化され、領国内の自立的勢力が撃破されていったことは、貿易を餌に分立する諸勢力をあやつってきた琉球の手をしばる結果になった[52]。そうなると印判制は、論理に特段の変更はなくとも、薩摩への従属化を強いる鞭へと性格を変える。一五七九年、島津家老中は琉球国三司官に対して、伊東・大友への勝利、九州大半の制圧を誇らしげに語り、琉球の落ちどにより数年間商船の渡航をさしとめたところ、困惑した琉球は何度もその復活を懇望した、と述べている（天正七年三月二七日老中書状案、『旧記雑録後編一』一〇七七号）。薩摩の意向に背いたばあい、武力介入も覚悟しなければならなかった（天正一三年七月一八日老中書状案、『旧記雑録後編二』五七号）。

注

（1）村井章介「東南アジアのなかの古琉球――『歴代宝案』第一集の射程」（『歴史評論』六〇三号、二〇〇〇年。本書第Ⅳ部第一章）。本章はこの論文の続編という面がある。よってこの論文を「前稿」と呼び、これによるばあいは要約的な叙述に留める。

（2）　村井章介『東アジア往還――漢詩と外交』（朝日新聞社、一九九五年）一八七頁。琉球と蝦夷地をふくまない中世日本を本章では「ヤマト」と呼ぶことにする。

（3）　『歴代宝案』第一集巻四十の二番目の文書。これを前稿に倣って〔40‐02〕のように略記する。『歴代宝案』のテキストには、沖縄県立図書館資料編集室編『歴代宝案』校訂本第一冊・第二冊（和田久徳校訂、沖縄県教育委員会発行、ひるぎ社刊、一九九二年）および同訳注本第一冊・第二冊（和田久徳訳注、一九九四年・一九九七年）を用いた。なお、本文書と同一の差出・宛先・日付・様式をもつもう一通の長文の咨文〔40‐01〕については、本書三二〇―三二五頁で丁寧に解釈を施してある。

（4）　岡本弘道「古琉球期の琉球王国における「海船」をめぐる諸相」（『東アジア文化交渉研究』創刊号、二〇〇八年、同『琉球王国海上交渉史研究』榕樹書林、二〇一〇年、第四章）。真栄平房昭「明朝の海禁政策と琉球――海禁・倭寇論を中心に」（『交通史研究』六七号、二〇〇八年）六八頁。

（5）　岡本弘道「明朝における朝貢国琉球の位置付けとその変化――一四・一五世紀を中心に」（『東洋史研究』五七巻四号、一九九九年、岡本注（4）書、第一章）。

（6）　岸本美緒「「中国」の擡頭――明末の文書様式に見る国家意識の一側面」（『東方学』一一八輯、二〇〇九年）一頁によれば、中国語ではそれぞれ「双擡」「単擡」「平擡」というらしい。

（7）　豊見山和行「南の琉球」（入間田宣夫・豊見山『日本の中世5　北の平泉、南の琉球』中央公論新社、二〇〇二年）一八八―一九五頁。真栄平注（4）論文、六三頁。

（8）　村井章介『アジアのなかの中世日本』（校倉書房、一九八八年）第Ⅵ章。

（9）　表は臣下が主君に奉る文書様式である。なお、高麗からの返書も『高麗史』に掲載されており、こちらは「高麗権署国事王昌」から「琉球国中山王殿下」にあてた書簡で、基本的に対等者間で応酬される様式である。表への返事だからといって、明の冊封国を臣下とみなす文書を送ることは、明に対して憚られたのだろう。

（10）　橋本雄『中世日本の国際関係――東アジア通交圏と偽使問題』（吉川弘文館、二〇〇五年）第二章。伊藤幸司「日朝関係における偽使の時代」（日韓歴史共同研究委員会編『日韓歴史共同研究報告書　第2分科篇』二〇〇五年）。

（11）　高良倉吉『琉球王国』（岩波新書、一九九三年）八三頁。

（12）　高良自身の作成した「東南アジア派遣琉球船隻状況」と題する表（『琉球の時代――大いなる歴史像を求めて』筑摩書房、

一九八〇年、一一六―一一七頁)によれば、対シャムが五八隻に対して、対安南はわずか一隻である。シャムにむかうルートがかならず安南を経由していたなら、安南通交がたった一回ということはありえまい。

(13) 宮本義己「室町幕府と琉球使節――琉球船貢物点検問題の実相とその意義」(『南島史学』四五号、一九九五年)。

(14) 従来この船は「貿易の目的で博多に至ろうとした」と考えられている(和田久徳「十四五世紀における東南アジア船の東アジア来航と琉球国」『球陽論叢』所収、ひるぎ社、一九八六年、四〇頁)が、『朝鮮世宗実録』元年(一四一九)六月乙亥条によると、渋川満頼の使者が朝鮮に「近者、南蛮船朝貴国、被賊搶奪、可令海辺以備不虞」と述べているので、ほんらいの目的は朝鮮への朝貢だったことがわかる。

(15) 〔43‐04〕懐機書簡をみると、「旧港管事官」で平出、「(琉球)国王」で一字擡頭している(三二九―三三一頁参照)。

(16) 「半印勘合」については、岡本弘道「琉球王国の半印勘合と明朝の朝貢勘合との関係について」(『第八回琉中歴史関係国際学術会議論文集』二〇〇一年、岡本注(4)書、第三章)参照。

(17) 注(3)所引の訳注本第二冊、四二三頁に、懐機の呈を「告して施行を乞ふ」まで、実達魯の「告称」を「買売せんと欲す」まで、と注釈している。しかし、「告称」の二字目は引用の始まりを示す記号的表現であり(「称《いわ》く」)、「告して施行を乞ふ」は「告」という文書の結尾表現である(三三二頁参照)。呈に独自の内容はなく、告を王にとりついだだけなので、両者ともおなじ「告して施行を乞ふ」で終わるかたちになっている。

(18) 宮田俊彦「実達魯と蔡璟――初期の琉球外交史」(同『琉明・琉清交渉史の研究』文献出版、一九九六年、所収)。岡本注(5)論文、一七頁。

(19) 森克己『続々日宋貿易の研究』(国書刊行会、一九七五年)第十六・十七・十八章。

(20) 田中健夫訳注『海東諸国紀――朝鮮人の見た中世の日本と琉球』(岩波文庫、一九九一年)四五、二三七―二三八、三九〇頁。

(21) 安里進「大宰府神社旧蔵「琉球国図」にみる一五世紀の琉球王国」(『浦添市立図書館紀要』一五号、二〇〇四年)、深瀬公一郎・渡辺美季「沖縄県立博物館所蔵「琉球国図」」(科研報告書『琉球と日本本土の遷移地域としてのトカラ列島の歴史的位置づけをめぐる総合的研究』琉球大学法文学部、研究代表者・高良倉吉、二〇〇四年)、上里隆史・深瀬・渡辺「沖縄県立博物館所蔵「琉球国図」」(『古文書研究』六〇号、二〇〇五年)、佐伯弘次『海東諸国紀』の日本・琉球図と「琉球国図」」(『九州史学』一四四号、二〇〇六年)など。

(22) 上里隆史「古琉球・那覇の「倭人」居留地と環シナ海世界」(『史学雑誌』一一四編七号、二〇〇五年)。同「琉球那覇の港町と「倭人」居留地」(小野正敏・五味文彦・萩原三雄編『考古学と中世史研究3 中世の対外交流 場・ひと・技術』高志書院、二〇〇六年)。

(23) 村井章介『中世倭人伝』(岩波新書、一九九三年)四一—四二頁参照。

(24) この一件については、『朝鮮成宗実録』一三年四月乙卯・一四年二月辛巳・同月甲申・三月丙申・一六年一〇月甲申・同月戊子・一一月戊午・一七年八月辛卯条にも関係記事がある。伊藤幸司『中世日本の外交と禅宗』(吉川弘文館、二〇〇二年)八九頁参照。

(25) It is fifty leguas from Zubu, and is called Chipit. Two days' journey thence to the northwest is found a large island called Lozon, where six or eight junks belonging to the Lequian people go yearly ("The Philippine Islands 1493-1898", Vol. 33, p. 205). 濱下武志「南海海域通航史のなかの琉球——『歴代宝案』と『フィリピン群島』の世界」(科研報告書『琉球をめぐる日本・南海の地域間交流史』一九九八年)八九頁による。

(26) 以上、真栄平房昭「一六〜一七世紀における琉球海域と幕藩制支配」(『日本史研究』五〇〇号、二〇〇四年)五四—六〇頁、および上里注(22)『史学雑誌』論文、一二一—一二五頁による。

(27) 伊川健二『大航海時代の東アジア——日欧通交の歴史的前提』(吉川弘文館、二〇〇七年)二五三—二五七頁。

(28) 両国王間の往来文書についての研究史をかんたんにみておこう。まず田中健夫は、後掲aをはじめ四通の琉球国王あて将軍文書を逐一検討して、かな表記と「よのぬし」称号の使用から「かな文化圏」のかもしだす一体感を、御内書様式から国内の家臣と同等の扱いを、ヤマト年号と将軍の私印の使用から冊封体制からはずれた独自の通交圏の存在を、それぞれ読みとり、ヤマトは琉球をなかば家臣、なかば外国というあいまいかつ親近の態度で扱っていた、と結論づけた(『対外関係と文化交流』思文閣出版、一九八二年、所収「文書の様式より見た足利将軍と琉球国王の関係」)。将軍あて国王文書については、田中は、琉球国内の公文書がかな書きであることから、これもかな書きだったろうと推測していたが、佐伯弘次が後掲bの事例を見いだしたことで、和様漢文でしるされていたことが判明した(「室町前期の日琉交流と外交文書」『九州史学』一一一号、一九九四年)。さらに黒嶋敏は、「将軍から琉球に送る文書は料紙の天地を少し切り縮める」という幕府故実が、琉球国内の公文書の法量と符合する事実を発見し、ヤマトと琉球の王は相手に送る文書に相手国内で通用している様式を採用した、という興味深い結論を導いた(「琉球王国と中世日本——その関係の変遷」(『史学雑誌』一〇九編一一号、二〇〇〇年)。後掲aがかな書き、bが和様漢文というねじれた対称性、とりわけaが御内書としてはやや異例なかな書きを採用する理由が、これでうまく説明される。

(29)　aは写しのため印文不明だが、『蔭凉軒日録』長禄二年一二月一四日条から、この種の文書に将軍の使用する「徳有鄰」の朱印を捺したことが知られる。

(30)　『島津国史』巻一二に「福昌寺年代記」に拠るとして「(永正)四年丁卯、是歳琉球王使天王寺来聘」とある。

(31)　黒嶋敏は、注(28)所引論文、四二—四三頁で、「我印判」を「我が日本の印判」「島津氏が関与する印判」のように、ヤマト中央政府の意向を受けたものと解する余地もある、と述べたが、荒木和憲(「一五・一六世紀の島津氏—琉球関係」『九州史学』一四四号、二〇〇六年)・伊藤幸司(「一五・一六世紀の日本と琉球——研究史整理の視点から」同誌)の批判を受けて、この解釈を撤回した。そのうえで、つぎのように本文書を論断して、永正五年における島津氏印判制の存在を証するものではない、と結論した。㈠家督継承直後の忠治が「奉復」の語を用いたり六年間の往来途絶に言及したりするはずがないから、本文書は「忠昌生存中に用意していた返書案と見るべきもの」で、差出が忠昌から忠治に改竄されているうえ、じっさいに琉球へ送られたものではない。㈡印判制を述べた傍線部は、一五七二年の島津氏老中連署状案(『旧記雑録後編一』六三七号、本文に後掲)と酷似しており、意図的な竄入が疑われる(「印判・あや船——島津氏関連史料を読む」『青山史学』二六号、二〇〇八年、九八—一〇二頁)。しかし、㈠については、忠治を組織体としての島津家を代表する存在ととらえれば、さほど不自然ではないし、㈡についても、両文書は同趣旨ではあるが文言までは一致しておらず、両時期を通じて印判制が存在していたならば生起しうる程度の類似である。琉球が早くから島津に従属していたことを印象づける意図から改竄が行なわれたとすると、その逆の事態を示す同人の同日付書簡(本文に後掲)はなぜ手つかずなのだろうか。印判制が琉球側に一方的に不利な制度だとの思いこみに基づく論のように感じられるが、のちに述べるようにこの制度は琉球の利益になる要素もあり、だからこそ両者合意のうえで運用されたのである。ほかに、二通の忠治書簡がなにから写されたか不明という、伝来上の疑義も述べられているが、状況証拠の域を出ないうえ、同日付のもう一通の書簡までも否定する結果になりかねない。

(32)　田中注(28)書、一四〇—一四一、一五一頁。

(33)『旧記雑録前編二』五九五—五九六頁に掲げる釈文は、読点の誤りがめだつ。田中注(28)書、一四一頁にも全文が掲げられているが、内容についてのコメントはない。荒木注(31)論文については次注参照。原本を検したところ、「苟」は「局」とも読める字だが、田中の釈文に従った。「若」は手書きでは「者」に近い印象を受ける。なお、初出論文では傍線部を「茲継先業於下国、職《みつぎ》未遑達京師」と読んでいたが、続く八字、五字のフレーズ「早呈片書於中山王、専在修隣好」との対句関係からみて、「茲継先業於下国職《しょく》、未遑達京師」と改めた。ただし、これによって本文の解釈に大きな影響が出ることはない。

(34)荒木注(31)論文、三一頁は、「京師」を特段の考証ぬきに「幕府」とし、忠治が家督継承を幕府よりさきに琉球に伝えている、と解釈する。初出論文ではこのあとに、「下国」と「京師」を構文上対偶関係にあると解する立場から、荒木説を批判した文章があったが、前注にしるしたようにこの解釈には誤りがあったので削除した。しかしなお「京師」を幕府と解する荒木説に無理があることは変わらない。

(35)田中注(28)書、一五一—一五二頁。朝倉義景書状にみえる「琉球渡海勘合」について、黒嶋は当時義景の庇護下にあった足利義昭の発給する文書の可能性が大きいという(注(28)論文、五四頁)。

(36)黒嶋注(28)論文、四四頁は、この史料を解釈して「臨時の港湾防衛体制下に島津氏印判制が適用されたことを示してはいるものの、琉球は恒常的制度として受け止めてはいなかった」と述べ、荒木注(31)論文、三五頁、上里隆史『琉日戦争一六〇九』(ボーダーインク、二〇〇九年)、七六頁もこれに賛同する。しかし、臨時の措置として述べられているのは本文書の主旨である武器の留置であって、それに付随して再確認された印判制は、一五七〇・七二年の史料からもうかがえるように、恒常的な制度とみるべきである。

(37)黒嶋注(31)『青山史学』論文、九三頁、上里注(36)書、六五頁に同様の指摘がある。

(38)荒木注(31)論文、三五—三六頁。一四七一年に細川氏が「琉球渡海船」統制をねらって島津氏に提案した印判制においては、細川氏の印判を帯しない船の追却とあわせて、「彼船ニ有積銭」を没収して京都へ送ることが求められている(『島津家文書之一』二七九号)。これと比較すると、島津氏印判制は、違反船の財物を取得できる分、琉球にとって有利だったといえる。なお、橋本雄「撰銭令と列島内外の銭貨流通——〝銭の道〟古琉球を位置づける試み」(『出土銭貨』九号、一九九八年)九八—一〇四頁参照。

(39)山口研一「戦国期島津氏の家督相続と老中制」(『青山学院大学文学部紀要』二八号、一九八七年)。

(40)　山下真一「中近世移行期の種子島氏――島津氏の権力編成との関連で」(『日本歴史』六九四号、二〇〇六年)四一頁。
(41)　福島金治『戦国大名島津氏の領国形成』(吉川弘文館、一九八八年)四〇頁。
(42)　村井注(2)書、一九九―二〇六頁で檀渓全叢の事蹟を述べた。
(43)　田中健夫『東アジア通交圏と国際認識』(吉川弘文館、一九九七年)一四九頁。
(44)　檀渓全叢書状にみえる「船頭」は相良船の船頭で、同書状は同船の帰航に託して義滋のもとへ送られたのだろう。
(45)　伊藤幸司「大内氏の琉球通交」(『年報中世史研究』二八号、二〇〇三年)一九七―二〇〇頁。また、伊藤注(31)論文、一二一一四頁。
(46)　弘治二年(一五五六)四月六日付、琉球王(尚元)あて島津貴久返書の案文(『旧記雑録後編一』四八号一)に、「近歳者兵革蜂起、往反因故障、不慮之中絶候歟、自他国以同前之儀、頗非本懐候」とあるのが、「先年一翰」に相当するか。「他国」よりの「同前之儀」とは、伊東氏と琉球との交際をさすとみられる。
(47)　荒木注(31)論文、三九頁。
(48)　深瀬公一郎「十六・十七世紀における琉球・南九州海域と海商」(『史観』一五七号、二〇〇七年)六頁。
(49)　橋本注(38)論文、上里注(22)『史学雑誌』論文、一八―二六頁、荒木注(31)論文、三九―四三頁など参照。
(50)　黒嶋注(28)論文、五三頁に原文が掲げられている。
(51)　村井注(2)書、一九〇―一九三頁。黒嶋注(28)論文、四六―四七頁は、この一件について、琉球側が粗略な対応を続けたことが島津氏の詰問の原因であり、「老獪な外交戦術をとる琉球に、島津氏側が困惑している」と評価する。しかし、印判制をめぐる「粗略な対応」は一六世紀初めから続いていることで、それに対する詰問に琉球側が逃げ道を失い、苦しい弁明を強いられている状景は、力関係の逆転を明瞭に映しだしている。
(52)　小山博「中世の薩琉関係について――戦国大名島津氏の領国形成と琉球貿易独占化について」(『鳴門史学』七号、一九九三年)参照。

第四章　Lequios のなかの Iapam——境界の琉球、中心の琉球

はじめに

通常、中世の琉球は日本列島の西南の境界領域と考えられている。もちろん、畿内を中心とする定型的な領域観念からすると、日本の西の境界は「鬼界島」で、その外側の琉球は異域に数えられていた。(1) しかし、境界と異域は連続的、相互浸透的な空間であるばかりか、一五世紀に琉球王国が成立すると、琉球は日本(ヤマト)と中国(明)のはざまで生きる境界性濃厚な国家となった。

いっぽう一五世紀の琉球は、明の海禁体制のもと、東南アジア方面との交易を一手に扱う貿易公社のような存在となり、琉球人の足跡は遠くシャム(タイのアユタヤ朝)、マラッカ、パタニ(以上マレー半島の港市国家)、パレンバン、スマトラ(以上スマトラ島の港市国家)、ジャワ、スンダ(以上ジャワ島の港市国家)、安南、そしてルソンにまでおよんだ。大交易時代と呼ばれる琉球の黄金時代である。他方琉球は明、朝鮮、日本という東アジア諸国とも外交・貿易関係を結んでいたから、「海洋アジアの中心」というかつての評言も、(2) あながち誇大とはいえまい。

このように琉球は、日本や中国から見た境界空間であったと同時に、海上交易の視点からすれば、ひとつの中心といってよい地位を占めていた。

琉球の国力が頂点に達するとともに没落への兆しが見えはじめてもいた尚真王代(一四七七—一五二六)、ポルトガル

の勢力がアフリカ南端を回ってインドに到達し、植民都市ゴアを拠点に、香料を求めて東南アジアへと進出してくる。その間一五一一年に占領したマラッカにおいて、かれらは琉球人に出会った。その情報は、ほどなくヨーロッパ人の手になる世界図に書きこまれる。その後一六世紀を通じてくりかえし作成されたヨーロッパ製アジア地図を追跡していくと、[3] 日本を琉球の辺境に位置づけた当初の認識が、日本列島地域に関する知見の増大にともなって、刻々変化していく様相を知ることができる。

一　マラッカのゴーレス人

ポルトガルのマラッカ奪取の立役者である第二代インド総督アフォンソ＝デ＝アルブケルケ Afonso de Albuquerque（一四五三―一五一五）の伝記には、ゴーレスと呼ばれた琉球人がマラッカを訪れていたことがしるされている。[4]

ゴーレス Gores 人は、アフォンソ・ダルブケルケがマラカを占領した時の情報によると――現在ではより確実なことが知られているが――、当時かれらの国は大陸にあるといわれていたが、一般の意見ではかれらの国は島で、同地からマラカに航海して来るということである。当地には毎年二、三隻の船がやって来る。かれらの携えて来る商品は、生糸、絹織物、浮織布、陶器、多量の小麦、銅、明礬、フルセレイラである。[5] かれらはまた煉瓦の形をした黄金を携えて来るが、それには国の王の印が打ってある。この金塊がかれらの国の貨幣なのか、それともそれが運び出される港で刻印されたものかは知ることができない。これはかれらがたいへん口数が少なく、かれらの国のことを誰にも話さないからである。この黄金はかれらの国の近くにある島で産する。そこはペリオコ Perioco と呼ばれ、黄金を豊富に産する。

このゴーレス人の国は琉球《レケア》 Lequea と呼ばれる。かれらは色が白い。かれらの衣服は外套に似ているが頭巾はない。かれらはトルコ人の新月刀のような長剣を身につけているが、それよりも若干細い。かれらはまた二パルモの長さの短剣を身に帯びる。かれらは大胆な人間で、当地では恐れられている。
かれらは到着した港でも、商品を全部一度にではなく、少しずつ運び出す。かれらは真実を話し、人々もまたかれらに対してそれを話すことを望む。もしマラカの商人が誰かその言葉を違えると、かれらは直ちに彼を捕えてしまう。かれらは短い期間に仕事をすませるよう努力し、誰もその土地に留まろうとはしない。これはかれらが自分の国以外の土地に行くことを好まない人々だからである。

かれらは一月にマラカに向けて出発し、八月か九月に帰国する。

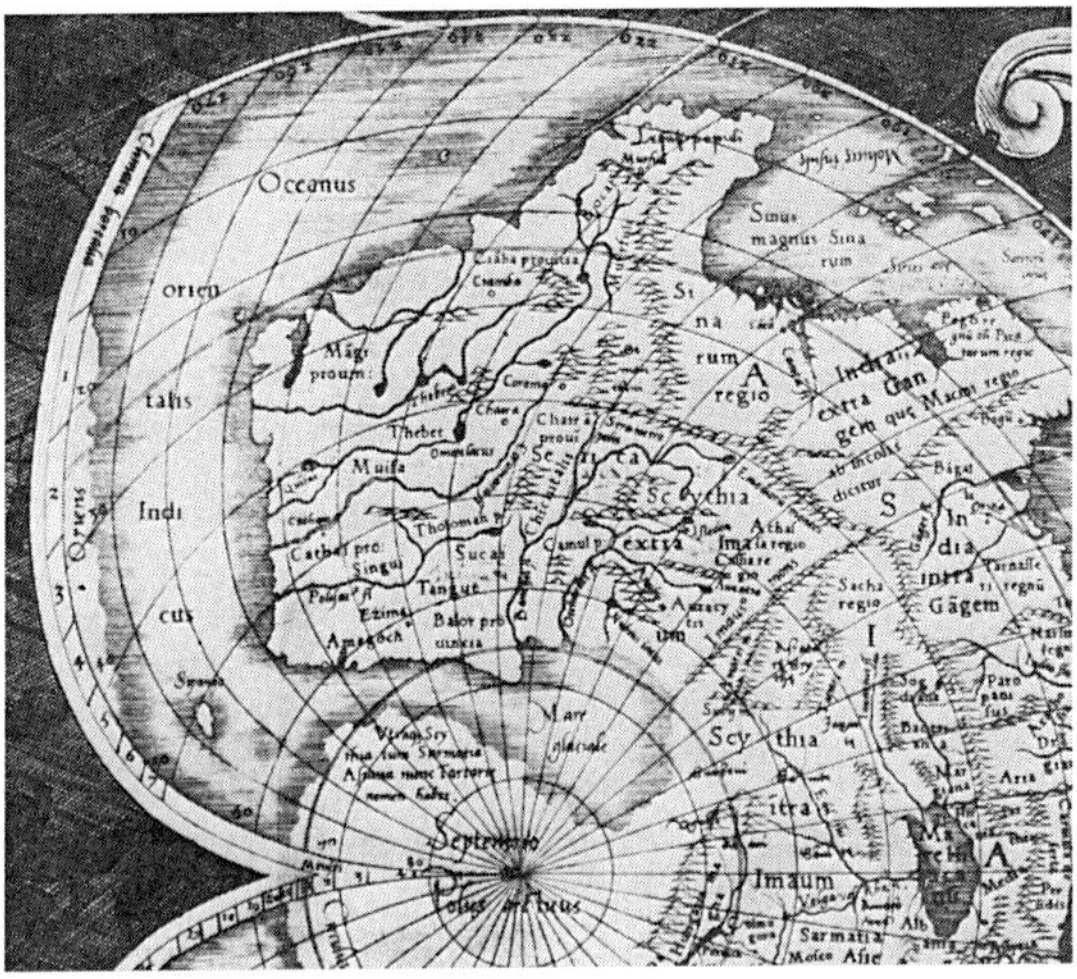

図1　ゲルハルト＝メルカトール作「世界図」
（ニューヨーク公共図書館蔵，1538年）

的場節子によれば、ゴーレスとは刀剣を意味する現地語ゴールの複数形としてポルトガル人が使用した語で、琉球人が交易品として日本刀を東南アジアにもたらしたので、琉球人を指すようになったという。またペリオコ島とは、日本に比定する説があるが、ポルトガル人地図作家ローポ＝オーメン Lopo Homem が一五一九年に作成したアトラス[6]で、南海中にしるされるパリオコ島 PARIOCO INSVLA に相当し、パリオコ(漢文文献では巴撈居)とはルソン島で蘇芳を指す語だという[7]。的場は慎重に「パリオコの位置が熱帯に限定される」と述べるに止めているが、当時豊富な金の産出がヨーロッパ人によって注目されていたフィリピン群島のうちに求めてもよいのではないか。このように一五一〇年代、琉球人は生糸・絹織物・陶磁器などの中国産品のほか、フィリピンの黄金や日本の刀剣を携えて、マラッカにあらわれていたのである。

このようにしてヨーロッパ人の眼にとまった琉球人は、フランドルの地理学者ゲルハルト＝メルカトール Gerhard Mercator（一五一二―一五九四）が一五三八年に作成した「世界図」（ニューヨーク公共図書館 New York Public Library 所蔵、**図1**）に描きこまれることになる。この地図の東南アジア大陸部と覚しき半島状の地形の先端部に、Leqos populi（琉球人）とある。いっぽう、そことはかけはなれたユーラシア大陸東北方の海中に Sipango という島がある。『東方見聞録』の「ジパング」に由来する記述で、じっさいに日本列島の存在を確認した結果ではない。このように本図では、琉球人の本国は所在不明であり、また琉球と日本はなんら関連づけられていない。

二　Lequios のなかの Iapam

これとほぼ同時代、一五三五年ころの作とされるポルトガル製アジア図[8]（**図2**）には、まったく別な琉球の姿が見られる。この地図は中国南端部をふくむ東南アジア全域を収めており、スマトラ島、ジャワ島北岸、ボルネオ島、インドシナ半島、マレー半島はかなりじっさいのかたちに近く描かれている。その広東あたりの東南方、ボルネオの東北方の海中に、多数の黒点がまるく凝集した群島が描かれ、右脇に os Leaquos の文字が添えられている。東南アジアや広東まで進出したポルトガル人が、琉球のおよその位置を知った段階を反映した描出と考えられるが、その形態からみて「多数の島の集まり」という以上の具体的認識はない[9]。日本にいたってはまったく描かれていない。

一五四五―一五五〇年ころの制作になる「無名ポルトガル製世界図」（ローマ、ヴァリチェリアーナ図書館 Biblioteca Vallicelliana 蔵、**図3**）にいたって、琉球の描出に注目すべき変化があらわれる。中国大陸の東方海上に逆L字形にゆるやかに折れ曲がった列島が描かれ、西端の大きい島の右下にlequio menor（小琉球）、屈曲部の大きい島の右にlequio major（大琉球）、その北の大きい島の右にIapam（日本）と記入されている。大きい島以外はほぼ二列に小さい島がつながり、その北端にIlhas de Miacoo（都群島）とある。そして列島全体の東に大きな字でLEQVIOS（琉球）としるさ

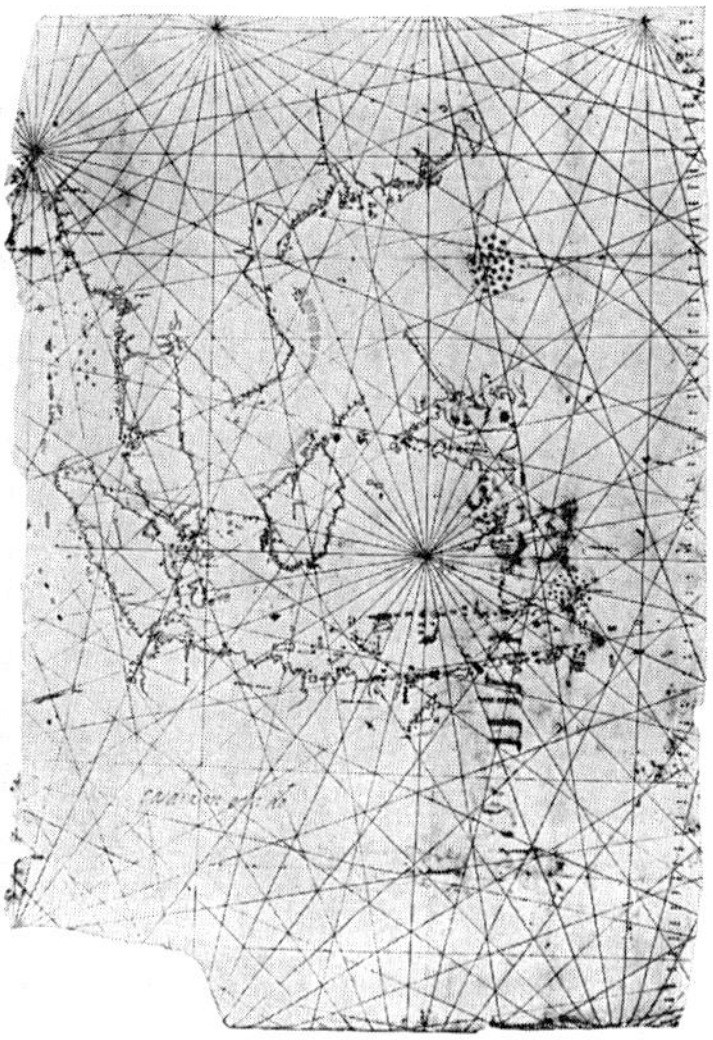

図2　「ポルトガル製アジア図」(1535年頃)

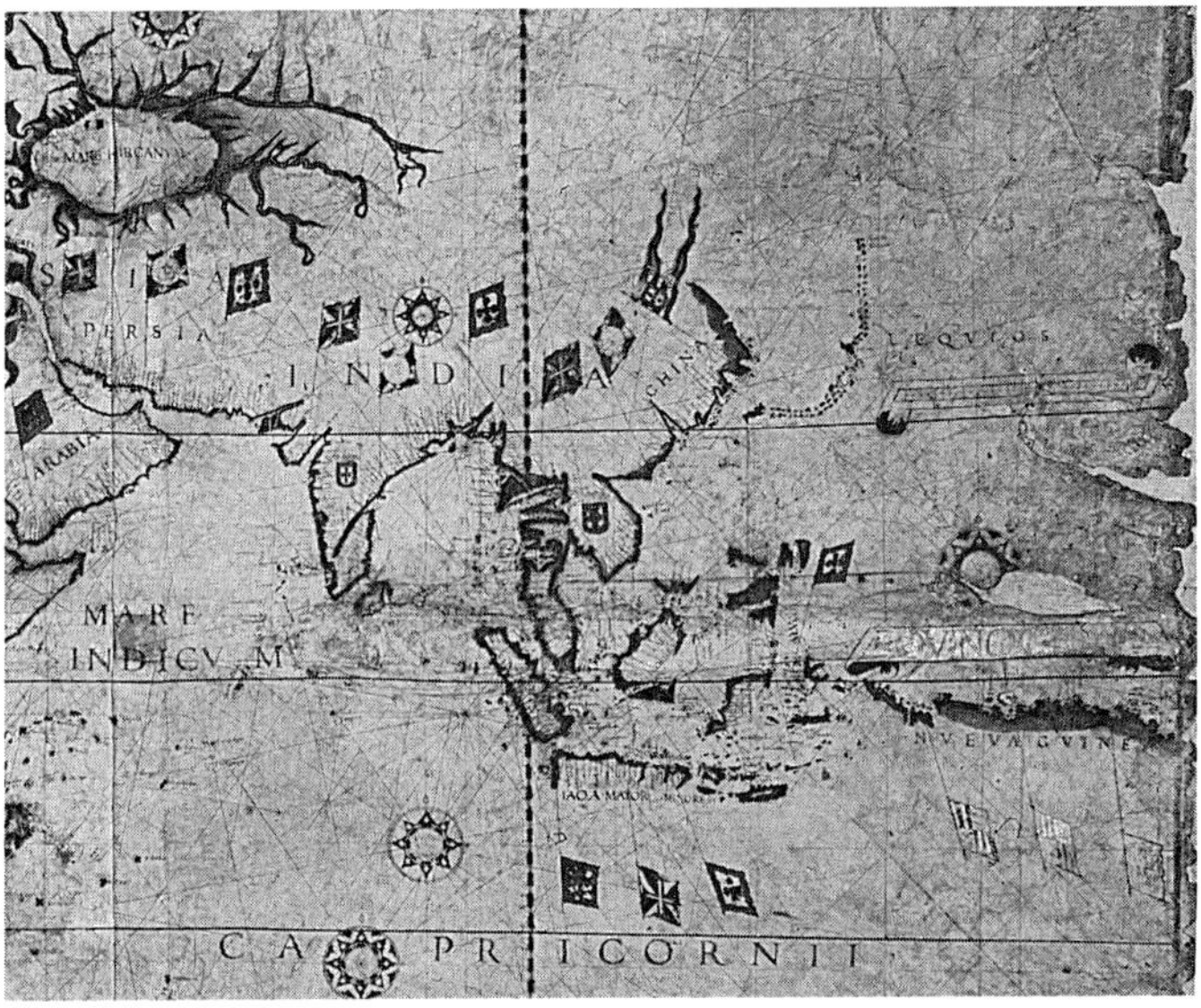

図3　「無名ポルトガル製世界図」(ローマ，ヴァリチェリアーナ図書館蔵，1545-1550年頃)

れている。

明人は現在の沖縄島を大琉球、台湾を小琉球と呼んだが、その情報がとりこまれていると同時に、台湾から日本にかけて、島が南西から北東へと連なっているという地理的知識も成立していたことがわかる。そしてなにより注目すべきは、この列島域全体の名称が琉球であり、その一部として日本および都群島が位置づけられていることである。この地図でLEQVIOSの文字は、ARABIA、PERSIA、CHINA、NVEVA GVINEA（ニューギニア）とおなじサイズの大文字で書かれている（INDIAの文字サイズはもっと大きい）。琉球はアラビアや中国と肩をならべる大地域の名前だったのである。

これに対して、琉球に属する日本列島地域は、Iapam島と都群島をつなぐ島の連鎖にすぎず、独自のまとまりをもつ地域としては認識されていない。なお、Miacooは京都情報の反映であるが、のちに日本知識の増大により日本島が大きくなり、なかに多くの地名が書きこまれるようになってからも、その北岸に接する南北方向の列島として、都群島は描かれ続ける（たとえば、一五七〇年のオルテリウス Abraham Ortelius「東インド図」）。この系列の日本図を「メルカトール型」と呼んでいるが、そこでは「都」は日本の首都を指すことばとは理解されていない。

ロ－ポ＝オーメンが一五五四年に作成した「世界図」（フィレンツェ、科学史博物館 Museo di Storia delle Scienza 蔵、図4）は、日本に関する具体的認識が反映されたはじめてのヨーロッパ製地図である。琉球列島の先に大陸から南にのびるかたちで複雑な群島が描かれているが、その南端の地形が九州南端につき出る薩摩・大隅両半島に少し似ている。九州と覚しき群島の左肩に小さくIapamの文字が見える。そして九州の東方洋上には、地図の枠をはみだして無名の大群島が大胆な形と色で描かれている。後述する一五六七年のオルテリウス「アジア図」では、その位置に相当する陸地にZIAMPAGVの名が付されているから、この大群島は『東方見聞録』のジパングを描いたものと考えられる。そして新旧日本の橋わたしをするような位置に、Os lequiosと大きな文字で書かれている。

ローポの息子ディオゴ Diogo が一五五八年に作った「アジア図」(ロンドン、大英博物館 British Museum 蔵、図5)は、「ジパング」が消えている以外は父のものと酷似するが、九州東方海上に Mare leucorum(琉球海)、九州の北、大陸との接合部に Leucorū prouintia(琉球地方)と、大きな文字で書かれている。どちらの図も、琉球のなかに日本があるという考えに立っており、ディオゴの図ではユーラシア大陸の一部にまで琉球が広がっていたことになる。

オーメン父子の地図では琉球内部の地名も格段にくわしくなっている。ローポの図では、西から順に I. fermosa(フェルモーサ島=台湾)、I. dos reis magos(東方三博士島=八重山諸島)、Ilhas dos lequios、lequios、I. do fogo(火

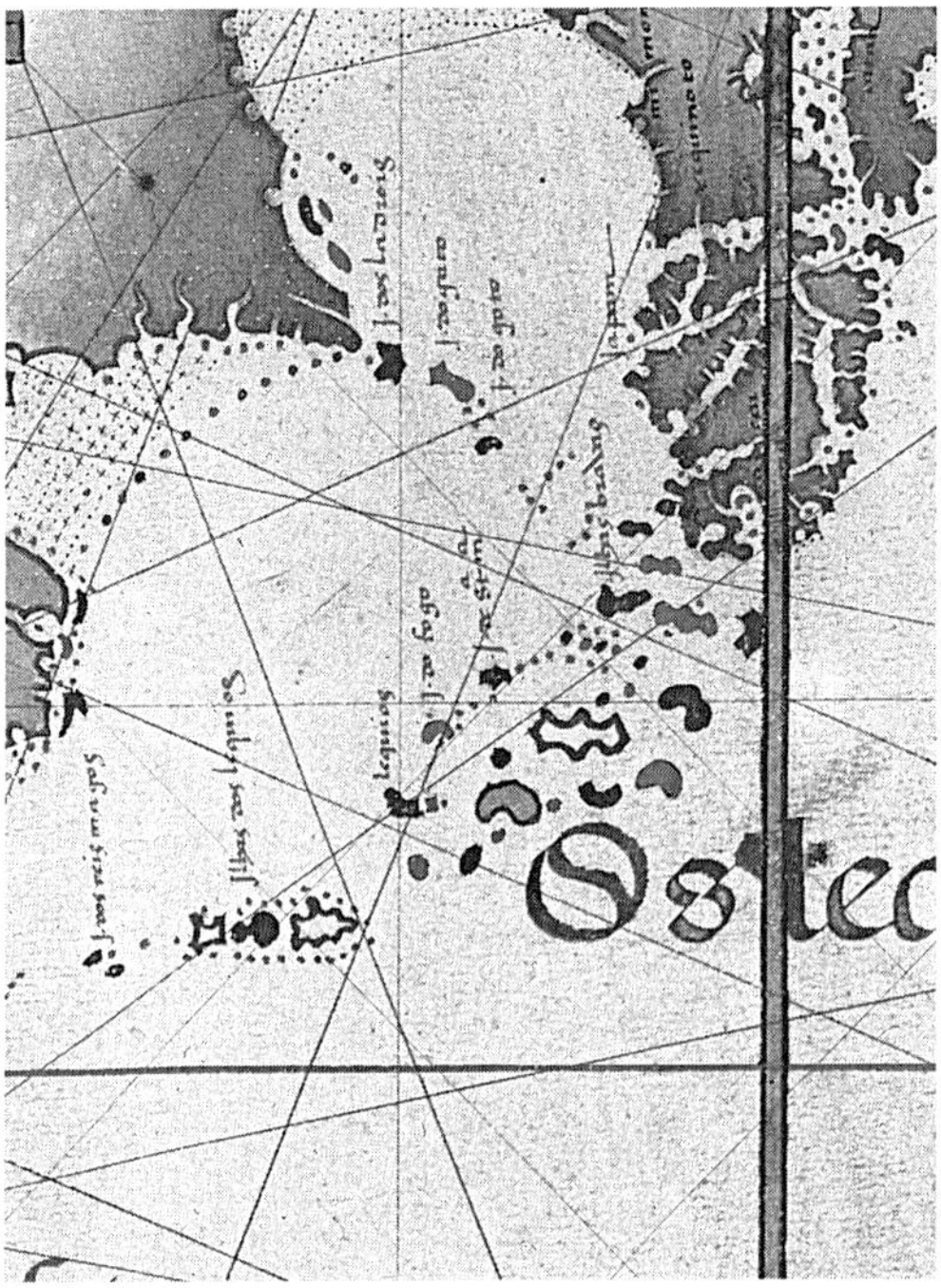

図4　ローポ＝オーメン作「世界図」(フィレンツェ，科学史博物館蔵，1554年)

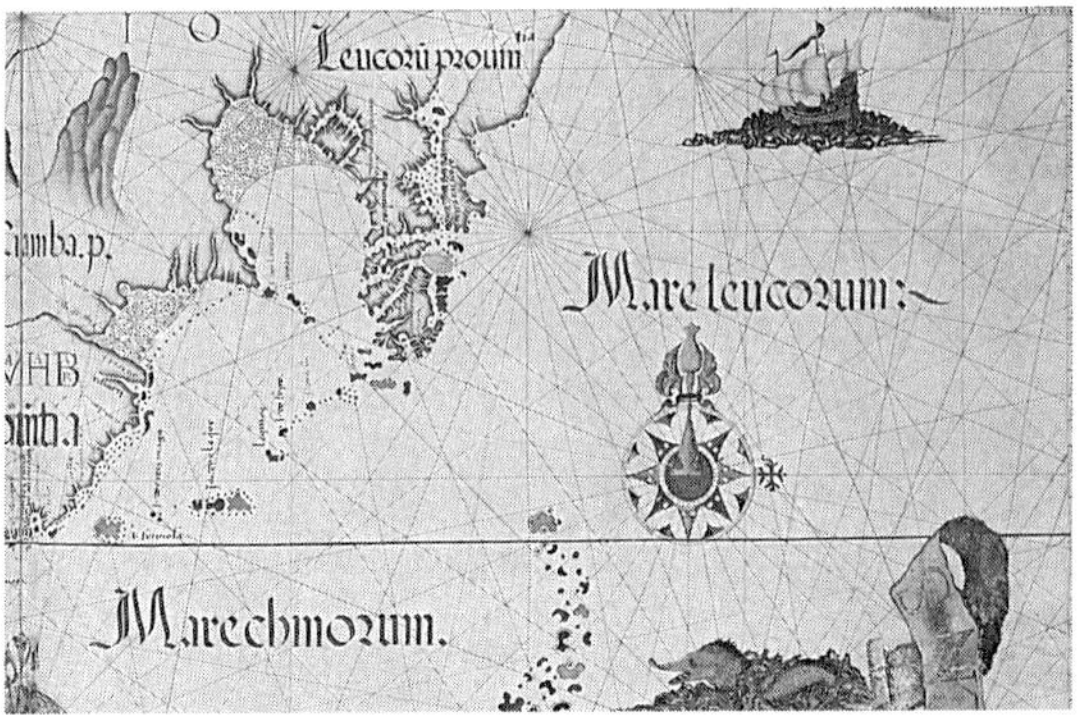

図5　ディオゴ＝オーメン作「アジア図」(ロンドン，大英博物館蔵，1558年)

山島＝硫黄鳥島)、I. de Santa maria(聖母島＝奄美大島)、Ilhas brabas(＜erabas 永良部島)と続き、九州から西北に朝鮮半島と覚しい突出にむけて、I. do goto(五島)、I. do gato、I. dos ladrois(盗賊島＝対馬)がならんでいる[10]。これらはすべて赤字で、字の大きさは Iapam とおなじである。九州の北の大陸とつながった陸地には、黒い字で mimo-noxeque(下関)、xequinoto[11]があり、その右の半島には terara xicola(四国の地)、caian(不明)とある。認識が中国・四国に届いていたことがわかる。ディオゴの図もほぼこれを踏襲する。ちがいは、brabas が doino に変わったこと、Iapam、I. do goto、caian が消えてしまったこと、九州に amago(山川《やまがわ》?)、caxefume(鹿児島?)、ninata(湊)が見えることである。この描出法の系譜をひく日本図を「オーメン型」と呼んでいる。I. dos ladrois およびそれと類似の記載は、ローポの図を初見として、日本周辺を描いた地図に——対馬に比定される場所にとどまらず——しばしばあらわれるが、倭寇情報が中国人をへて伝わったものと思われる。

三　Velho と Luiz——日本認識の飛躍

「琉球のなかの日本」という認識が逆転して、現代人の眼から見て「正しい」姿に大きく近づいたのが、一五六一年ポルトガル人地図作家バルトロメウ＝ヴェーリョ Bartolomeu Velho 作の「世界図」(フィレンツェ、美術学院 Accademia di Belle Arti 蔵、**図6**)である。台湾—薩南諸島の描出はオーメン父子の図に類似するが、その上方に縦長に九州から北海道までが描かれ、左側に大きい字で IAPAM とあり、海をはさんで朝鮮半島とあい対している。おもしろいことに、地図の左端、太平洋を越えた極西にもうひとつ日本が描かれている。東まわりでも西まわりでも日本は地の果てであった。

細部に眼をむけると、九州・四国・本州が CA/GA/XV/MA(鹿児島)、BV/GO(豊後)、TOMSA(土佐)、MA/

GV/CHE（山口）、MIACOO（都）、BANDOV（坂東）の六つの地域に分かたれ、境界線でくぎられた各地域はうっすらと色わけされている。これは中世末の日本の政治地図をかなり正確に反映しており、鹿児島は島津氏、豊後は大友氏、土佐は長宗我部氏、山口は大内氏、都は室町幕府、坂東は古河公方の支配領域に比定できる。北海道らしい島のなかには「金銀を産する島」と判読できる文字が書かれている。

さらに、tanasuma（種子島）、minas da prata（銀鉱山）、osaqua（大坂）など重要な地名を、はじめて記載した図でもある。その他、細字でおびただしく記入された地名を挙げつくすことは避けるが、対馬あたりの海域にI. dos lobos（泥棒島）とI. de core（高麗島）がならんでおり、都の右上隅にladroes（盗賊）とある。山口と都の領内にひとつずつminas da prataがあり、前者はまちがいなく石見銀山であるが、後者は生野銀山であろうか。本図以降、盗賊（倭寇）と銀山のふたつが、日本列島地域をなによりも特徴づける要素として、ほとんどの地図に記載されていく。

図6　バルトロメウ＝ヴェーリョ作「世界図」（フィレンツェ，美術学院蔵，1561年）

ヴェーリョ図の二年後、これもポルトガル人の地図作家ラザーロ＝ルイス Lazaro Luiz が作ったアトラス（リスボン、科学アカデミー Academia das Ciências 蔵、**図7**）は、実証性・実践性を特徴とするポルトガル製世界図の頂点に立つ作品である。その東アジア部分を見ると、台湾—薩南諸島の描出はやはりオーメン父子の図に類似するが、永良部島が erambo となっている。これ以前の地図にはない大きな特徴は、九州西側の島々と瀬戸内海の港町（下関—大坂・堺）が異様にくわしく、かつ正確なことで、航海者がこのルートをじっさいに航行して得た情報がベースになっていると思われる。いっぽうで種子島も都も描かれないことは、徹底した実証性を裏側から照明している。航海者は上記ルートをたどって——このルートだと種子島は通らない——ozaqa（大坂）かsaquai（堺）に入港したが、上洛はしなかったのだろう[12]。

また、東の大半島を東日本とする説と紀伊半島とする説があるが[13]、実証性という本図の特徴からすると、想像で東日本を描くことは避けたと考えるべきである。むろん北海道の描出もない。半島内部にあるbamdolは、ヴェーリョにあるBANDOVをどこかに入れようとした結果であろう。そうすると半島南端のC. do Sestoは潮岬になるが、岬

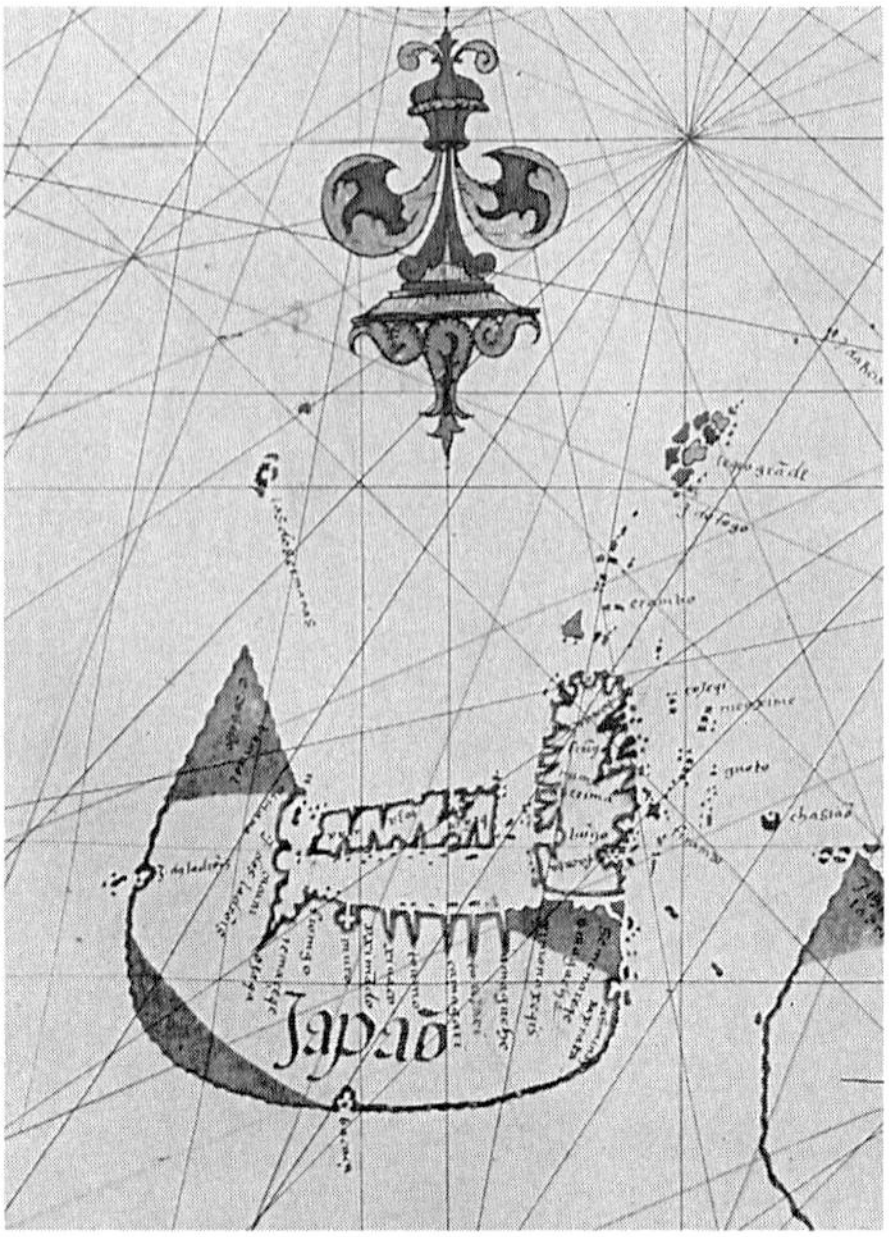

図7　ラザーロ＝ルイス作「世界図」
（リスボン，科学アカデミー蔵，1563年）

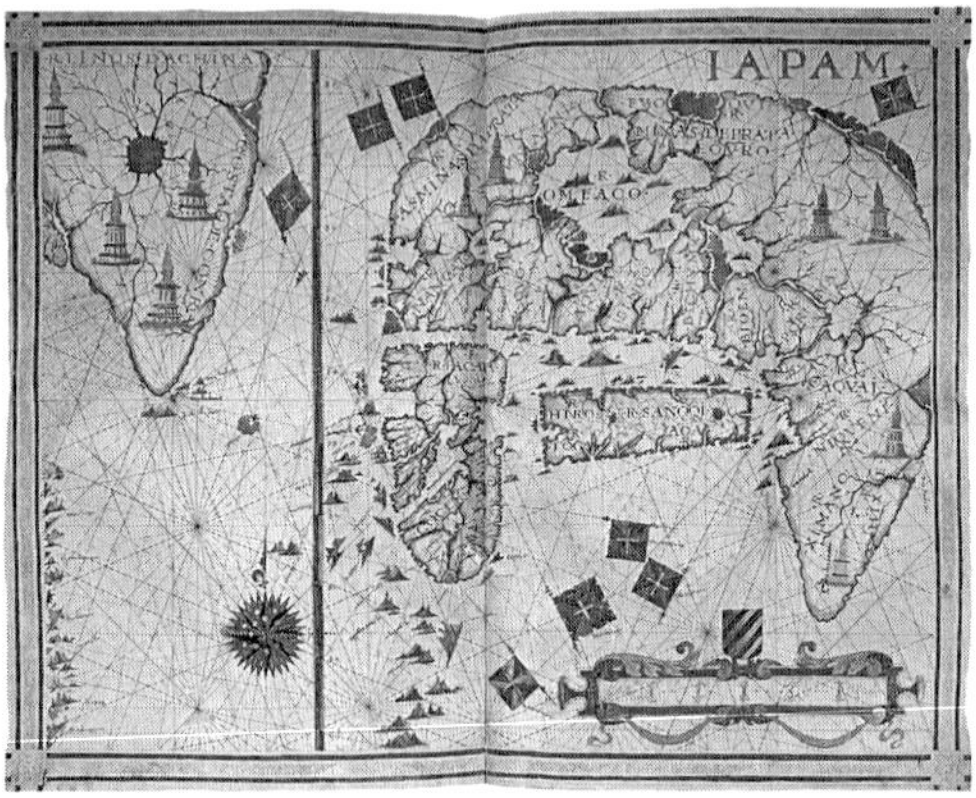

図8　フェルナン＝ヴァス＝ドゥラード作「日本図」（マドリード，アルバ公爵蔵，1568年）

に至って観測したわけではなく、伝聞情報で緯度を大きく南に誤っている。本州の西端、semenaxeqe(下関)の下にある as minas da prata は石見銀山の位置を正しく指しており、朝鮮半島南端と紀伊半島の東西の三か所にある I. dos ladrôis の文字は、対馬の倭寇集団、紀州の雑賀《さいか》衆、志摩の九鬼水軍にそれぞれ対応するだろう(14)。

一五六八年、ポルトガルの地図作家フェルナン゠ヴァス゠ドゥラード Fernaõ Vaz Dourado の作ったアトラス(マドリード、アルバ公爵 Duque de Alba 蔵、**図8**)に収める IAPAM 図は、はじめて日本だけを一枚に収めており(朝鮮半島の一部をふくむ)、美しい彩色とあいまって人気が高い。しかし、地図の構成要素から見ると、日本国内の国名の一部を載せるのが目あたらしい程度で、大半はルイス図の全面的踏襲である。通常これを「ドゥラード型」日本図の嚆矢とするが、むしろ「ルイス型」と呼ぶほうが適切であろう。東端の国名が HIXE(伊勢)で東日本を欠いていることは、本図のもとになったルイス図の大半島が紀伊半島である証拠となろう。中国地方の中央に大きな湖水があること、九州がオーメン図・ヴェーリョ図のようにいくつかの島に分かれていることなど、実証性ではルイス図よりむしろ後退している。八本も描かれたポルトガル国王の旗針が示すように、航海にとっての実用性よりは政治的主張がまさっている感じがする。

琉球の描出は、オーメン、ヴェーリョ、ルイス図のいずれも大差がない。日本の描出が大きく、かつくわしくなるにしたがって、相対的に琉球の比重は小さくなり、中心と境界の関係が逆転していく。ドゥラード図では、収録範囲のせいで琉球は隅に追いやられ、北端が顔をのぞかせるにとどまっている。

四　Ortelius――商品としての世界図

アブラハム゠オルテリウス(一五二七―一五九八)はフランドルのアントワープに生まれ、地図彩飾から身を起こして

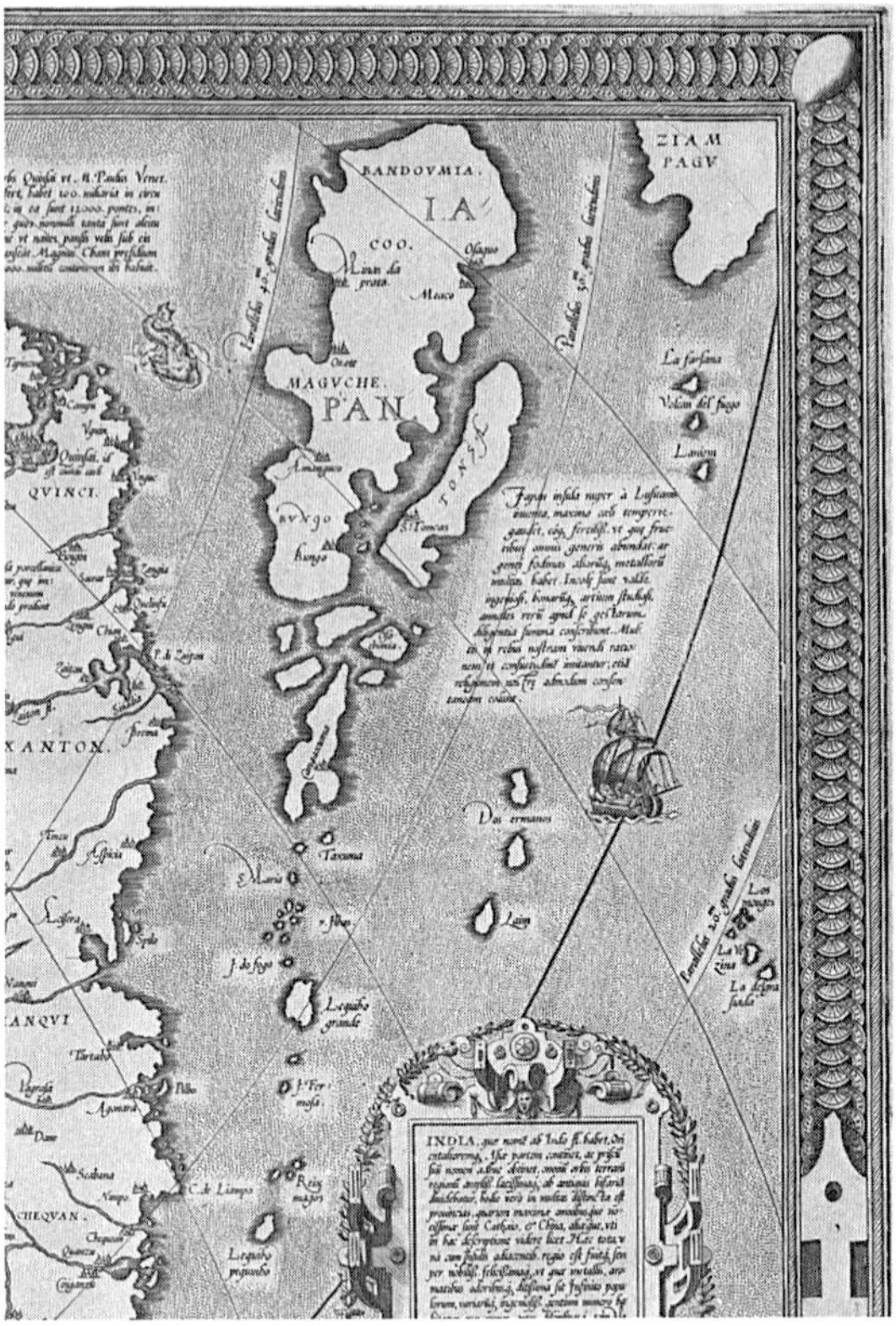

図9　アブラハム＝オルテリウス作「アジア図」（バーゼル大学図書館蔵，1567年）

メルカトールに師事し、ヨーロッパ各地における地図製作の流れを統合し、ある種の企業化をなしとげた人物である。近代的地図製作の創始者とされる。[15] かれの工房で製作される地図は、前節までに紹介した作品が手書きだったのに対して、単色印刷に加彩した大量生産品で、一五七〇年以降、「世界の舞台 Theatrum Orbis Terrarum」というタイトルの世界アトラスのかたちでくりかえし出版され、[16] 富裕層に大人気を博した。日本の博物館で見かける一六―一七世紀のヨーロッパ製世界図・地域図は、かれとその弟子たちの手になるものが多い。[17]

「世界の舞台」初版刊行前の一五六七年、オルテリウスが銅版印刷で刊行した「アジア図」（無彩色。バーゼル大学図書館 Universitäts Bibliothek Basel 蔵、[18] 図9）中の日本は、ふつう最初の「オルテリウス型」日本図とされるが、地形・地名ともほとんどヴェーリョ図の踏襲であり、オルテリウスの他作品には「メルカトール型」等他系統の日本図を採用したものもあるから、不適切な名称である。むしろ「ヴェーリョ型」とすべきだろう。地形はヴェーリョ図の日本を横倒しにしたものに酷似しており、本州内に大きくIA/PANとしるす。地方名もヴェーリョを踏襲して、BANDOVMIA、COO、MAGVCHE、BVNGO、TONSAとしるし、都市名としてMeaco(都)、Osaquo(大坂)、Oxote(不明)、Amangco(山口)、Bungo(豊後=府内)、Osochimia(細島?)、Cangaxuma(鹿児島)などをしるす。東方海上にはなんとZIAM/PAGVがよみがえっている。北海道・朝鮮半島の描出はない。COOの下にMinas da prataがあり、種子島はTaxumaになってしまっている。

BANDOVMIA、COOという奇妙な記載は、下敷きにしたヴェーリョ図のBANDOV、MIACOOを誤記したものだが、その後の地図にこれを踏襲するものが少なくない。琉球方面では、東から西へLequiho grande(大琉球=沖縄)、I. Fermosa(フェルモーサ島)、Reix magos(八重山)、Lequiho pequinho(小琉球)とならんでいる。中国由来の小琉球とヨーロッパ由来のフェルモーサ島というふたつの台湾情報を、ともにとりいれた結果の錯誤である。つまりこの地図にはIAPANとZIAMPAGVというふたつの日本、Lequiho pequinhoとI. Fermosaというふたつの台湾が共存しているのである。この「アジア図」は「世界の舞台」一五七〇年版の「新アジア図」にまるごと採りいれられ、誤記もそのままひきつがれた。

おなじ「世界の舞台」一五七〇年版所収の図でありながら、「東インド図」中の日本(**図10**)は「新アジア図」中の日本とまったくちがうかたちをしている。琉球列島の上に団子状のIAPANがあり、その北にIns. de Miaco(都群島)が角のようにのび、IAPAN島内部にはCangaxina(鹿児島)、Frason(＜Fiason 比叡山)、Negru(根来《ねごろ》)、Amaguco(山口)、Homi(近江)、Bandu(坂東)、Miaco academia(都学院)、Chela(高野《こうや》?)という実在のもの[19]とならんで、Dinlai、Menlai、Malao、Hormarという地名が見える。これは、二世紀の人プトレマイオスに源流を引くとされる世界図にしるされるTaprovanaという島のなかに、一三七五年の「カタロニア地図 Carta Catalana」(ただし島の名はTRAPOBANAに変形)が書きこんだ地名を、一五六九年のメルカトール「大世界図」が日本のものとして採用し、さらにそれをオルテリウスがとりこんだものである[20]。

このように、富裕層むけの高額商品だった「世界の舞台」は、ヨーロッパ人の日常にほとんど無関係の極東地域の描出においては、実証性・正確性よりは、どんな情報であれごった煮のようにもりこんでしまうサービス精神にあふれていた。

しかし一六世紀も末となると、日本でキリスト教が急速に広まり、日本銀を求めて訪れるヨーロッパ人商人も急増した。伝統的な「行基図」系統の日本図もかれらの眼にふれるようになったらしい。それらの諸情報を集約した地図

図 10　アブラハム＝オルテリウス作「東インド図」(1570 年)

図 11　ルイス＝テイセラ作「日本図」(1595 年)

が、ポルトガル人地図作家ルイス＝テイセラ Luiz Teixera 作「日本図」（図11）で、「世界の舞台」一五九五年版に収載されている。全体の名前は IAPONIA で、西方には朝鮮が COREA INSVLA という島として描かれ、さらにその西に中国沿海部が図の左辺を占めている。

北海道を欠くものの、日本国内の国名がすべてしるされ、琵琶湖・淀川の水系や東京湾・伊勢湾の湾入もほぼ正確である。石見銀山の位置に Argenti fodinae（ラテン語で銀鉱山の意）があり、朝鮮島南端に Punta dos ladrois（盗賊岬）、その先の海と関東東方の海に Ilhas dos ladrois（盗賊島）がある。東方の盗賊島はルイス図で紀伊半島にあったものが追いやられた結果らしいが、島の内部に Toy としるされているのは、東夷の音写であろうか。

おわりに

以上のように、薩南諸島から台湾にかけての描出は、第二節で述べたオーメン父子の地図で基本要素が出そろい、フェルモーサ島の誤った描出を除いて、あまり大きな変化はなかった。その間に極東の地域名称は琉球から日本にとってかわられ、やがて日本地域を一枚に収める地図が登場すると、琉球はその左下隅に追いやられ、北半分しか描かれなくなる。むろんこれはフレーミングの都合によるが、ひとつの独自の地域としての琉球が退場したことに相応してもいた。

ときあたかも、東南アジアから琉球船が姿を消し――その最後は一五七〇年にシャムを訪れた船である――、いれかわるように朱印船が東南アジア各地に渡航して、「日本町」が形成された。琉球には中国王朝との冊封にもとづく外交＝貿易の関係だけが残され、一六〇九年の薩摩による征服の結果、琉球は日本（江戸幕府と薩摩藩）が確保した中国情報チャネルとして、近世を生きていくことになった。地図史でいえば、幕府が各藩に命じて作成した「国絵図」

のなかに、薩摩藩調製の「琉球国絵図」が加えられることになる。

注

（1）村井章介「中世日本列島の地域空間と国家」（『アジアのなかの中世日本』校倉書房、一九八八年所収）。
（2）村井章介「〈地域〉と国家の視点」（『新しい歴史学のために』二三〇・二三一合併号、一九九八年）。
（3）本章で参照した地図の所在情報、画像閲覧、記入文字の読み取りなどは、ほとんどが松本賢一の労作『南蛮紅毛地図集成』（鹿島出版会、一九七五年、以下『南蛮紅毛』と略記）に依拠しており、本章はそれに「琉球」という視点から多少のアレンジを加えたにすぎない。この書物に基づく記述をいちいち注記すると煩瑣になりすぎるので、とくに注意を要するばあいをのぞいて、割愛した。松本は一九〇三年広島県呉市に生まれ、一九五四年から呉市長を二期八年、一九六二年から参議院議員（日本社会党）を二期一二年務めた。古地図遍歴は一九三四年から始まり、『南蛮紅毛』には、驚嘆すべき粘り強さをもって、地図の所在現地を訪れ調査・撮影した成果が、ふんだんにもりこまれている。なお、本章でとりあげたいくつかの地図のカラー図版を、村井章介『歴史は眠らない・海がつないだニッポン』（二〇一一年三月NHKテレビテキスト、NHK出版）の図版特集「16世紀ヨーロッパの地図に描かれた日本列島周辺――盗賊島と銀山のクニ」に掲げておいた。
（4）大航海時代叢書Ⅳ、トメ＝ピレス『東方諸国紀』（岩波書店、一九六六年）補注、五七三―五七四頁所引の「アルブケルケ伝」。
（5）「真鍮の削り屑を集めて作った塊」といった意味をもつ古いポルトガル語で、銅や錫、鉛などの粗質の合金のこと（http://nonomurakaoru.blogspot.com/2008_08_01_archive.html）。
（6）『南蛮紅毛』三二一頁に写真を掲載。
（7）的場節子『ジパングと日本――日欧の遭遇』（吉川弘文館、二〇〇七年）八八―九六頁。
（8）アメリカ人政治家ボアーズ＝ペンローズ Boiese Penrose 旧蔵、現在原本所在不明。通称 Penrose map。『南蛮紅毛』三一一頁に写真を掲載。
（9）琉球が登場する図として、本図とつぎに掲げる「無名ポルトガル製世界図」とのあいだの年代に、①フランス人地図作家ジャン＝ロッツ Jean Rotz が一五四二年に作ったアトラス中の東南アジア部分(Luis Flipe F. R. Thomaz, "The image of the Archipelago in Portuguese cartography of the 16th and early 17th centuries", *Archipel*, vol. 49, 1995, PL. XVI)と、②アロンソ＝デ＝サンタ＝クルス Alonso de Santa Cruz 著『世界諸島誌』(マドリード、一五四五年)所載「極東島嶼海域図略図」(的場注(7)書、二七頁の図5)がある。①はインドシナ半島東方海上に南北方向に多数の島が五つのグループに分かたれて描かれ、その脇に Ilhas dos Léquios の文字がある。しかしこれに相当する群島は Penrose map にも琉球とは別に描かれており、西沙・中沙・南沙群島との混同があるように見うけられる。②は一五二一年にマゼラン Fernando de Magallanes がフィリピンで死んで以来のエスパニア人のアジア認識を示すもので、mendanao(ミンダナオ島)北方の地図上辺部に Lequios が見える。ポルトガル製の地図とくらべて、全体に位置関係が混沌としている。

(10) 松本賢一は lequios を徳之島、I. do gato を壱岐に比定する(『南蛮紅毛』三三頁)が、琉球と五島がダブって記載された可能性もある。

(11) 松本賢一は佐賀関に比定(『南蛮紅毛』三三頁)。

(12) 村井章介「銀山と海賊——地図にみる日欧のであい」(『岩波講座 世界歴史 月報』一八号、一九九九年)。ただしこの小文は補訂を要する点が多い。なお、一六世紀のポルトガル製地図のもつ「無用なもの、仮想のものは描かない」という実践的・実証的精神については、応地利明『「世界地図」の誕生』(日本経済新聞出版社、二〇〇七年)二四〇—二四六頁が、一五〇二年の「カンティーノ図」に即して指摘している。

(13) 『南蛮紅毛』四〇頁参照。

(14) 村井注(12)論文。

(15) コルネリス＝クーマン著、長谷川孝治訳『近代地図帳の誕生——アブラハム・オルテリウスと「世界の舞台」の歴史』臨川書店、一九九七年。

(16) オルテリウス死後の一六一二年まで、四十数版を数えたという。

(17) 神戸市立博物館の蔵品を中心とする、三好唯義編『図説 世界古地図コレクション』(河出書房新社、一九九九年)参照。

(18) 同館にはオルテリウスの一五六四年刊「世界図」も所蔵され、「世界の舞台」以前にかれが刊行した地図三点のうち二点を占める。

(19)　このうち鹿児島と山口をのぞく六つは、ザビエル Francisco Xavier の一五四九年一一月九日鹿児島発の手紙に「都に……一つの大きな大学があって、その中に五つの学院が附属しているという。……都の大学のほかになお有名な学校が五つあって、うち四つは都からほど近いところにあるという。それらは高野・根来寺・比叡山・近江である。……しかし日本でもっとも有名でもっとも大きいのは、坂東(足利学校)であって、都を去ることもっとも遠く、学生の数もはるかに多いという」とあるのが情報源と考えられる。村井章介『世界史のなかの戦国日本』(ちくま学芸文庫、二〇一二年)一五一頁参照。

(20)　『南蛮紅毛』二五、四五頁。タプロバナはプトレマイオス地図が「世界最大の島」として描くもので、現在のセイロン島やスマトラ島にあてる説がある。「カタロニア地図」については、杉山正明『世界史を変貌させたモンゴル――時代史のデッサン』(角川書店、二〇〇〇年)二七頁以下にくわしい。

あとがき

二〇一三年三月末日、私は定年により東京大学を退くことになる。その時点で、一九六九年一二月に文学部国史学科（当時）に進学してから四三年余、一九七四年四月に東京大学史料編纂所に職をえてから三九年、一九九一年に同大学文学部に配置換えになってから二二年の歳月が流れる計算になる。この長い間私は、ドイツおよびヨーロッパ諸国での一〇か月、韓国での三か月、中国での四か月余という海外滞在と、十数回の集中講義をふくむ非常勤講師としての出講をのぞけば、本郷キャンパス以外の場所を通学・通勤先としたことは一度もなく、平穏な研究生活を送ることができた。波乱には乏しいが、おおむね幸せな来し方だったと感謝している。

定年の日が近づくにつれて、さまざまな機会に執筆してそのままになっている文章たちを、なんとかしっかりした著書にまとめたいという気もちが強くなってきた。あれこれ思案しているうちに、境界論と文化交流というふたつのテーマに即して、二冊の本が頭のなかでかたちをなしてきた。しかし、そこに排列されるべき文章群は、近年の学問状況を反映して、シンポジウム報告や講演がもとになっているものが多く、熟成度や文体などでバラツキがめだつ。それらを整理しつつ、複数の文章をひとつに統合したり、目にあまる体裁の相違を整えたりの作業を進めているうち、時はすみやかに流れ、あと三か月余をあますのみとなってしまった。

そして今ようやく境界論のほうを上梓できる運びとなった。ときあたかも、日本の境界領域における複数の「領土問題」が同時に風雲急を告げるというご時世である。もとより、この困難な課題にすぐ効くような処方箋を出すことなどできるはずもないが、行きづまった近代の領土・境界原則を超える展望を、私の研究対象である中世に見いだすことはできないか、という思いは、つねに頭のどこかにあった。

上梓にあたってなによりも嬉しいのは、本書の出発点となった「中世日本列島の地域空間と国家」(一九八五年)と、本書の冒頭に掲げた「王土王民思想と九世紀の転換」(一九九五年)という、ふたつの『思想』論文を世に出すさいに尽力いただいた、岩波書店の小島潔氏に、本書の産婆役をお願いできたことである。また、索引の作製は東京大学大学院生佐藤美咲氏にお願いした。

医者とほとんど縁のなかった私も、還暦をすぎるころから、発見が遅れると死にいたる病を、二度も経験した。さいわい、毎年の人間ドックと至近距離にある大学附属病院のおかげで、考えうるかぎりもっとも軽い処置で、生活の質を維持することができている。これも恵まれた職場環境の賜物と、感謝の念で一杯である。現在の健康をできるだけ保持して、もう一冊の著書をすみやかに刊行し、さらに約束だけはあるなん冊かの本を幻に終わらせることのないよう、歩みをつづけたいと思う。

二〇一二年一二月

村井章介

■岩波オンデマンドブックス■

日本中世境界史論

2013年3月28日　第1刷発行
2016年10月12日　オンデマンド版発行

著　者　村井《むらい》章介《しょうすけ》

発行者　岡本　厚

発行所　株式会社　岩波書店
〒101-8002　東京都千代田区一ツ橋2-5-5
電話案内　03-5210-4000
http://www.iwanami.co.jp/

印刷／製本・法令印刷

ISBN 978-4-00-730501-6　　Printed in Japan

索　　引

朝鮮名・中国名は通常の漢字音の読み方で配列した.

人名索引

ア 行

カ 行

サ 行

タ 行

ヤ 行

ラ 行

地名索引

ア 行

カ行

タ 行

ナ 行

ハ 行

マ 行

ヤ 行

ラ 行

ワ 行